现代远程教育系列教材

管理学简明教程

（第二版）

李宏林　孙琪恒　赵驰　主编

经济科学出版社

图书在版编目（CIP）数据

管理学简明教程（第二版）/李宏林，孙琪恒，赵驰主编．—北京：
经济科学出版社，2013.8（2014.7 重印）（2016.3 重印）
现代远程教育系列教材
ISBN 978 - 7 - 5141 - 3669 - 2

Ⅰ.①管…　Ⅱ.①李…②孙…③赵…　Ⅲ.①管理学—远程教育—教材
Ⅳ.①C93

中国版本图书馆 CIP 数据核字（2013）第 167743 号

责任编辑：范　莹
责任校对：靳玉环
技术编辑：李　鹏

管理学简明教程（第二版）

李宏林　孙琪恒　赵　驰　主编

经济科学出版社出版、发行　新华书店经销

社址：北京市海淀区阜成路甲 28 号　邮编：100142

编辑室电话：88191417　发行部电话：88191540

网址：www.esp.com.cn

天猫旗舰店：jjkxcbs.tmall.com

北京汉德鼎印刷有限公司印刷

华玉装订厂装订

710×1000　16 开　27.25 印张　600000 字

2013 年 8 月第二版　2016 年 3 月第 3 次印刷

印数：15001 - 18000 册

ISBN 978 - 7 - 5141 - 3669 - 2　定价（含习题手册）：45.00 元

现代远程教育系列教材
编审委员会

总　序

随着知识经济和信息化时代的到来，终身学习成为社会大趋势，网络教育作为现代远程教育的一种先进模式正在成为人们终身学习的首选形式。

网络教育具有开放性、交互性、共享性、协作性、自主性等特点，突破了时间和空间的限制，使高等学校的优秀教育资源冲破校园围墙的限制，被更多的学习者共享。现代远程教育的"学习环境"，提供了学生自建构知识的空间，帮助人们随时随地学习，实现学生个体与群体的融合，从而满足人们在校园外接受高等教育的愿望。

经历了近十年的光阴，现代远程教育已经发展到67所远程教育试点院校，学生近百万人。各高校网络教育学院结合财经、管理学科专业适合网络教育的特点，近年来推出了远程教育高等学历课程体系，最大限度地满足学生个性化自主学习的需要和社会对财经、管理人才的需要。为了确保网络教育质量，本着"我们的产品是教育服务"的宗旨，各高等学校网络教育学院正在努力建立标准化的网络教育管理系统，为学生提供全面周到的服务，建设有中国特色的一流网络大学。

网络教育的不断发展对网络学习教材建设提出新的挑战。如何在尊重传统教育系统性的同时，在教材的内容上更能满足人们继续学习的需要，增强教材的实用性和适用性；在教材的表现形式上更直观、更易理解、更便于自学，是我们正在努力解决的一个重大课题。为此，我们结合网络教学和课件的特点，组织具有丰富教学经验的老师编写了这套现代远程教育系列教材，尽力做到知识点明确，突出重点、要点。同时，在教材内容上也更强调实用性和适用性。意在使这套教材既适用于现代远程教育学习者使用，同时也适合财经管理在校修学的学生和在职人员学习。

教材的改革是教育理念转变的结果，而教育理念的转变是一个长期而艰巨的过程。它不仅需要教师的努力，更需要广大学生和读者的积极参与。我们热切地希望读者对这套教材提出自己的意见和建议，使这套教材不断得以完善。

这套丛书的编写得到了经济科学出版社的大力支持。他们对此套丛书从选题策划到整体设计都提出了中肯的、有建设性的意见，并为其能够及时出版与广大读者见面付出了大量的、艰辛的努力，在此表示衷心的感谢！

现代远程教育系列教材编审委员会

前　言

人类的管理能力，也就是有目的的组织能力，可以说是我们与生俱来的天性，在经历了无数个世纪的探索，先人们留下了丰富的管理理念和实践案例。正因为有了无数先人的积累和研究，才产生了管理这门学问，管理学是人类智慧的结晶，正如美国著名管理学家彼得·德鲁克所说："在人类历史上，还很少有什么事比管理学的出现和发展更为迅猛，对人类具有更为重大和更为激烈的影响。"

管理学的源头虽然可以追朔到19世纪中期甚至更远，但是正式作为一门学科却仅是上个世纪的事情。在不足百年的发展过程中，管理学正逐渐发掘出自己真正的优势，将科学性和艺术性完美统一，将复杂、专业的知识转化成实用的、具体的操作。管理学的魅力使其不单是一门饶有兴趣的学问，更是每一位探索智慧奥秘的学子们通向美好生活的桥梁。因此，管理学作为国家教育部指定的全国高等院校管理类专业的核心课程之一也是水到渠成。

《管理学简明教程》（简称《教程》）是按照国家教育部对经济管理类专业的课程开设要求，以及工商管理类本科主干必修课的教学指导计划，结合远程教育的特点而编写。本书的编写体现了我们对管理学教育认知变革的理解和追寻。经过多年的使用，我们对内容重新做了修订，现改版为《管理学简明教程（第二版）》，为体现案例的实效性，我们将原版中大量案例材料、部分内容和习题进行了更新和修改。以便能让学生紧跟时代脉搏，可以按照自己的方式来选择获取管理学知识，并且通过与其他的媒体材料相配合实现进一步提升的可能。

正是遵循了这一使命，我们力图将经典的理论用朴实、清晰的方式表达出来、将专业性管理知识的学习寓于各类启发性的思考之中，将各种有效的管理方法穿插于直观的案例分析过程，将人类成功的技术成果——电子网络融入到每个教学环节。正如一位管理学者所言，"技术的进步给管理学带来了新的挑战"，技术进步同样也给书籍编写带来了革命。书本不再是教材的全部，面对众多的网络求学者，我们力求用不同的媒体形式传达广泛、丰富的信息，而把这本《教程》作为指导学生学习的"旗舰"。作为"旗舰"，不需要重量级的武器，而是清晰、准确的指导。

本《教程》注重基本原理和一般方法，指导学生结合多种媒体材料完成自学。全书共分十五章，由李宏林博士主编和审定，并负责第1、2、3章的编写和修订工作，其它章节修订分别由孙琪恒博士（第9、10、11、12、13、14、15章）、赵弛博士（第4、5、6、7、8章）完成。本《教程》可作为大专院校经济管理类专业主干课教材，也可作为经济理论工作者的参考书，或供各级组织的在职管理人员培训和自学使用。

最后，感谢经济科学出版社范莹副编审、东北财经大学网络教育学院张树军副院长对本书的支持，在此表示诚挚的谢意。同时，本书参考、借鉴了国内外理论界诸多前辈和同仁的大量学术思想和文献资料，一并深致谢意。

由于管理学的博大精深以及我们能力所限，书中难免存在不足与失误，敬请专家与读者批评指正，我们将认真修订和完善。

目／录

第一篇　总论

第三篇　组织

第四篇　领导

管理学简明教程(第二版)

3

第五篇 控制

第一篇

总 论

第一章 管理与管理学

学习目标

1. 了解管理的概念、特征、性质、职能和作用
2. 掌握管理者及管理研究的对象、研究方法等内容

学习索引

```
                概念
                特征：目的性、组织性、人本性、艺术性
                      ┌ 自然属性（指挥劳动）——与生产力相联系
                性质 ┤
                      └ 社会属性（监督劳动）——与生产关系相联系
                      ┌ 是促进人类社会进步的重要因素
          管理  作用 ┤ 既是形成生产力的条件，又是创造生产力的源泉
                      └ 是决定人类社会组织存在和发展的重要条件
                职能：计划、组织、领导、控制
                对象：人、财、物、时间、信息
                            ┌ 含义
                            │ 职责
                    管理者 ┤          ┌ 按地位分类：高层管理者、中层管理者、
                            │          │              基层管理者
                            └ 分类 ┤
  概论                                 └ 按职责分类：决策指挥者、职能管理者、
                                                       决策参谋人员
                      ┌ 内容：生产力方面、生产关系方面、上层建筑方面
                      │ 特点：一般性、综合性、实用性、社会性
                管理学┤ 研究方法：比较研究方法、案例分析法、实地研究方法、
                      └            实验法、其他研究方法
```

1.1 管理的概念与特证

1.1.1 管理的概念

管理起源于人类的共同劳动，自古有之。当人们开始组成集体去达到共同目标，就必须有管理，以协调集体中每个成员的活动。缺乏管理，人类社会就无法存在，更谈不上发展。虽然管理有相当长的历史，但人们对于什么是"管理"，却未形成统一的认识。多年来，许多西方学者从不同的研究角度，对管理的概念作出了不同解释，其中具有代表性的：科学管理的创始人泰罗（Frederick W. Taylor）认为，管理就是"确切知道要别人干些什么，并注意他们用最好最经济的方法去干"。与泰罗同一时期的经营管理理论创始人，法国的法约尔（Henri Fayol）认为，管理就是实行计划、组织、指挥、协调和控制。决策理论学派的代表人物，美国管理学家西蒙（Herbert Simon）认为，管理就是决策。

对于管理的概念还有很多种不同的认识，它们从不同的侧面揭示了管理的含义，或者是揭示了管理某一方面的属性。这对管理理论的发展是有益的。我们知道，形成一种管理活动，首先要有管理的主体，即谁来进行管理；其次要有管理的客体，即管理的对象；再次要有管理的目的，即为什么要进行管理。这样才具备了形成管理活动的基本条件。当然要进行管理活动，还要运用一定的管理职能和方法，即解决如何管理的问题；还要了解管理活动是在一定的环境和条件下才能进行。

小知识

自 20 世纪 50 年代以来，随着社会生产的不断发展，人们对管理的认识又进一步拓展。马丁·J·坎农则认为：管理是一种为取得、分配并使用人力和自然资源以实现某种目标而行使某些职能的活动。美国的小詹姆斯·唐纳利（Donnelly）等又把管理定义为：管理就是一个人或更多的人来协调他人的活动，以便收到单个人单独活动所不能收到的效果，而进行的各种活动。

当代管理过程学派的代表，美国管理学家哈罗德·孔茨（Harold Koontz）把管理定义为：管理就是设计和保持一种良好环境，使人在群体里高效率地完成既定目标。斯蒂芬·P·罗宾斯（Stephen P. Robbins）对管理定义是一个协调工作活动的过程，以便能够有效率和有效果地同别人一起或通过别人实现组织的目标。

1.1.2　管理的特征

为了更全面地理解管理的概念，理解管理学研究的特点、范围和内容，需要对管理的以下特征作进一步的分析。

1. 管理的目的性

管理是人类一种有意识、有目的的活动，具有明显的目的性。这是我们区别自然界和人类社会中那些非管理活动的重要标志。在自然界中动物本能的没有明确目的群体活动就不是管理活动。另外，只有一个组织的共同目的（不是单个成员或管理者的目的），才是管理的目的。在实际工作中，管理的目的往往具体表现为管理的目标，所以，组织的目标，就是任何一个组织管理的出发点和归宿点，也是评价管理活动的基本依据。

2. 管理的组织性

管理的"载体"就是"组织"。因为，无论从改造自然或改造社会的任务来看，个体的能力都是有限的，个体的无序组合也是不能发挥作用的。因此，现实社会普遍存在着两个或两个以上的人组成的，为一定目标而进行协作活动的集体，这就形成了组织。显然，组织是社会生活中广泛存在的现象。同时，对任何性质、任何类型的组织都要保证组织中的各种要素合理配置，从而实现组织目标，这就需要在组织中实施管理。所以，组织是管理的载体，管理是组织中必不可少的活动。

3. 管理的人本性

所谓人本性是指以人为根本，在管理过程中做到以人为中心，把理解人、尊重人、调动人的积极性放在首位，把人视为管理的重要对象及组织最重要的资源。因为在任何活动中，人都是决定性的因素，管理也不例外。从管理者来看，实施管理的管理者的能力直接影响组织管理的水平；从被管理者来看，如果被管理者的素质过低，无法正确接受和理解管理者发出的各种管理信息，或无法自我约束、自主管理，就不能保证实施有效的管理；从管理过程中人与物的关系来看，物的数量与质量很大程度上受人的影响，物的要素再先进，也必须由人来使用和管理，否则只是一堆废物；从人与科技的关系来看，科技成果是人类智慧的结晶，离开人的实践与思维活动，就不会有科学技术。管理的核心是处理各种人际关系。所以，在管理过程中，只有把人这一要素作为根本，才能协调好其他要素，实现高水平的管理。

4. 管理的艺术性

管理的艺术性是指在掌握一定理论和方法的基础上，灵活运用这些知识和技能的技巧和诀窍。这就强调了管理人员必须在管理实践中发挥积极性、主动性和创造性，因地制宜地将管理知识与具体管理活动相结合，才能进行有效的管理。这是因为影响管理的因素，不仅有确定的、相对稳定的因素，还有非确定的、突发性的、偶然性的因素。这些影响因素的复杂多变，就决定了管理不仅要制定具有普遍意义的科学原则，运用能解决规律性问题的科学方法，而且还要有随机应变的能力和灵活发挥的艺术，否则就不会取得管理的最佳效果。

管理的艺术性还表明，仅仅学习书本上的管理理论，能熟记管理的原理与原则是不可能成为成功的管理者的，成功的管理者必须学会熟练地掌握实际情况，学会因势利导，学会总结经验，学会理论联系实际。

管理的艺术性与管理的科学性二者之间是不矛盾的。管理需要科学的理论指导，没有理论指导的盲目的实践是要失败的。而每一项具体的管理活动都是在特定条件下展开的，这又要求管理者把理论和实际结合起来进行创造性的管理。同时，也应看到，管理艺术是对管理科学理论的合理发挥，一个不懂管理理论的人很难掌握管理的艺术性。

管理的艺术性，对管理者搞好管理提出了更高的要求，它可以促使管理者既注重管理理论的学习，也要重视因地制宜地灵活运用管理理论，这是成功管理的一项重要保证。

6

■ 1.2 管理的性质与作用

1.2.1 管理的性质

管理的自然属性和社会属性被称为管理的二重性，这是马克思在《资本论》中首先提出来的。他指出："凡是直接生产过程具有社会结合过程的形态，而不是表现为独立生产者的孤立劳动的地方，都必然会产生监督和指挥劳动，不过它具有二重性"[①] 我们把管理的指挥劳动称为管理的自然属性，指挥劳动是同生产力直接相联系的，是由共同劳动的社会化性质决定的，是进行社会化大生产的一般要求和组织协作劳动过程的必要条件，它体现了管理的自然属性；我们把管理的监督劳动称为管理的社会属性，监督劳动是同生产关系直接相联系的，是由共同劳动所采取的社会结合方式的性质决定的，是维护社会生产关系和实现社会生产目的的重要手段，它体现了管理的社会属性。

管理的自然属性表明凡是社会化大生产的劳动过程都需要管理，它不取决于生产

---

① 《资本论》第三卷，人民出版社 2004 年版，第 447 页。

关系的性质，而主要取决于生产力的发展水平和劳动社会化程度，因而它是管理的一般属性，反映了不同社会制度下管理的共性。管理的社会属性主要取决于生产关系的性质，并随着生产关系性质的变化而变化，因而它是管理的特殊属性，反映了不同社会制度下管理的个性。在资本主义制度下，社会属性体现为剥削雇佣的关系，具有阶级对抗的性质；在社会主义制度下，剥削被消灭了，但劳动仍然是谋生的手段，劳动者还缺乏应有的思想道德素质。因此，管理仍然起着某些强制的作用，但它不再体现阶级对立关系，不再体现剥削劳动的职能，而是成为巩固和加强集体劳动的条件，为满足整个社会的物质和精神需要服务。

马克思的管理二重性原理，深刻地揭示了管理的根本属性和根本职能，是指导人们认识和掌握管理的特点和规律的有力武器。只有认识和掌握二重性原理，才能分清资本主义和社会主义管理的共性和个性，正确处理批判与继承、学习与创新、吸收外国管理经验与结合中国实际之间的关系，做到去其糟粕，取其精华，在适应管理自然属性的要求、充分体现社会主义生产关系的基础上，分析和研究中国的管理问题，建立起具有中国特色的管理科学体系。

1.2.2 管理的作用

1. 管理是促进人类社会进步的重要因素

人类文明的发展不仅表现在生产力的发展水平上，也表现在对人类活动的组织管理水平上。所以，一部人类的文明史，在一定意义上说，也是一部人类的管理史。

随着生产力的发展和科技的进步，人类社会有组织的活动的规模越来越大，协作的范围越来越广，管理的作用也就更为突出和重要。现代社会出现的大科学、大工程、大企业，既是科学技术发展的结果，也为现代管理科学的发展提供了可能。这些大科学、大工程、大企业取得的成就又大大地促进了社会的发展。因此，人们把科技和管理比作推动社会进步的两个轮子。但是这两个轮子的作用是不同的，科技固然提供动力，使历史的车轮转动得更快，但管理影响甚至决定着把科技成果转变为动力的可能性和速度，而且决定整个历史车轮转动的方向。所以管理这个轮子是起决定作用的。

2. 管理既是形成生产力的条件，又是创造生产力的源泉

任何生产活动都必须具备劳动者、劳动手段和劳动对象等生产要素。但仅有这些生产要素是不够的。要进行生产活动，就必须首先决定生产什么、生产多少，然后才能决定怎样使生产要素实现最佳结合，并按照什么样的流程运转。这些问题的解决过程，就是管理活动过程。所以管理是使生产要素变成现实生产力的条件。

生产力不仅有一个能否实现的问题，还有一个高低的问题。在生产要素一定的情况下，生产力的高低就直接取决于管理。马克思在论协作时指出"不仅是通过协作提高了个人生产力，而且是创造了一种生产力，这种生产力本身必然是集体力。"① 而任何集体劳动都需要管理。所以，从这个意义上说，管理是创造一种新力量的源泉。正如拉丁美洲流行的说法："发展中国家并不是在发展上落后，而是在管理上落后"，"凡是在第二次世界大战以后取得经济和社会上迅速进步的地方，都是由于系统而有目标地培养管理人员和发展管理的结果"②。现在有人把管理看做是一种资源，并疾呼要大力开发管理资源，也就是要充分发挥管理创造生产力的作用。

3. 管理是决定人类社会组织存在和发展的重要条件

人是社会性高级动物，人类的生产活动当然要组织起来进行，就是文化、教育、科研、政治、军事等活动也都要组织起来才能进行。而要使组织起来的集体活动顺利进行就必须依赖于管理。正如穆尼和赖莱说的，管理是开动、指挥和控制组织的计划和程序的生命的电火花。所以，管理既是组织存在的前提，又是组织兴旺发达的决定性因素。在中国改革开放中，有不少大中型工商企业集团，就是从很小的、简陋的企业发展起来的，它们兴旺发达的原因固然很多，但是归根到底是管理有方。

 小资料

少林景区因管理混乱被要求限期整改

据《瞭望东方周刊》2012 年 1 月 30 日报道，少林景区因管理混乱，被全国旅游景区质量等级评定委员会要求限期整改。对此，少林寺方面表示，少林景区如被摘牌与少林寺关系不大。

"整改通知"说，2011 年 10 月下旬，全国旅游景区质量等级评定委员会对少林景区进行了暗访复核，结果发现，少林景区的游览环境、旅游接待设施、旅游秩序、管理服务方面存在一定问题，服务质量和环境质量评分较低，距离 5A 级旅游景区标准差别较大。

走进少林景区，会发现社会车辆乱停乱放、黑车拉客、小商贩围追兜售，假冒的"僧人"摆地摊、算卦算命等现象十分严重。少林寺外联处主任郑书民说，这些问题很多年都存在，主要是港中旅这块管理比较混乱，与少林寺没有关系。

资料来源：《瞭望东方周刊》，2012 年 1 月 30 日，题为："少林景区被勒令'限期整改'在暗访中得分最低"选编，http://news.sohu.com/20/20/03/n333192680.shtml。

---

① 《资本论》第一卷，人民出版社 2004 年版，第 396 页。

② 彼得·德鲁克：《管理：任务、责任、实践》（Management：Tasks，Responsibilities，Practices），1973 年版，引文选自"第二章：管理热潮及其教训"，第 10 页。

1.3　管理的职能、管理对象与管理者

1.3.1　管理的职能

管理的职能就是管理者实行有效管理必须具备的功能，或者说管理者在担任其职务时应该做些什么工作。最早对管理的具体职能加以概括和系统论述的是管理过程学派的创始人法约尔。他在1916年发表的《工业管理与一般管理》一书中指出，管理就是实行计划、组织、指挥、协调和控制。法约尔对管理职能的论述，形成了自己的学派，被称为"五功能学派"。后来许多管理学者对管理职能又从不同的角度用不同的语义进行了阐述，出现了不同的学派。但从总体上看，只是繁简不同，表述不一，并没有实质上的差异（见表1－1）。

表1－1　　　　　　　　　　对管理职能的不同认识

年份	代表人物	计划①	组织	指挥②	协调	控制③	激励④	人事	调集资源	通信联系⑤	决策	创造革新
1916	法约尔	○	○	○	○	○						
1934	戴维斯	○	○			○						
1937	古利克	○	○	○	○	○		○		○		
1947	布朗	○	○						○			
1947	布雷克	○			○	○	○					
1949	厄威克	○	○			○						
1951	纽曼	○	○	○	○	○				○		
1055	孔茨	○	○			○		○				
1964	艾伦	○	○			○						
1964	梅西	○	○			○		○			○	
1964	米	○	○			○	○			○		○
1966	希克斯	○	○			○	○			○		
1970	海曼和斯科特	○	○			○	○	○				
1972	特里	○	○			○	○					

注：○表示各代表人物所列举的各项管理职能；①计划包括计划、预测；②指挥包括指挥、命令、指导；③控制包括预算控制；④激励包括鼓励、促进；⑤通信联系包括报告。

由表 1-1 可见，在法约尔之后，众多有影响的管理学家都没有再把协调列为一项管理职能。这主要是基于协调是管理的实质，其他各项职能均有协调的作用，因而不应作为一项独立的管理职能。自 20 世纪 30 年代以后，人际关系学说兴起，人们在管理中从重视技术研究转向重视对人的研究，因而古利克等人把人事、激励、通信联系等作为管理职能。以后西蒙和马奇等创立了决策理论，强调决策在管理中的作用，又把决策从计划职能中分出，列为一项管理职能。由于新技术革命浪潮的冲击，为了突出创造和革新在管理中的作用，一些学者如希克斯等人将创造和革新作为一项管理职能。总之，随着社会发展的不断进步，人类对于管理的认识也在不断提升和发展，对管理职能的诠释也在不断丰富和深化。

1.3.2　管理对象

管理的对象，也称管理的客体，是指能够被一定管理主体影响和控制的客观事物，即管理者对什么实施管理活动。在现代，由于管理几乎无所不包，无处不在，而且还在不断开辟新的领域，因此，管理对象也具有极为广泛的外延。从工商企业组织来看，管理的对象主要指人、财、物、信息、时间等资源要素，其中最主要的是对人的管理。

1.3.3　管理者

1. 管理者的含义

谁是管理者？传统观点认为，管理者是对其他人的工作负有责任的人，或是指在一个组织中主要从事指挥别人工作的人员。管理者与非管理者的区别在于前者有下属，后者则没有。这种传统观点强调的是以正式职位和职权为基础的有权指挥别人的人员。然而，在现实中的一些管理者，他们并不一定仅仅是对其他人的工作负责，而且还以他们的职位和知识，影响组织的决策和成果，以个人的方式做出贡献。如大公司的财务主管，他们可能有下属，从传统的定义来看，他是一个管理者。但他的主要工作是负责公司的财务管理工作而不是领导多少下属。从这点来看，传统管理者的定义明显不全面。

另外，在现今的组织中的专业人员，如高级成本会计师、高级化验师、高级经济师等，他们通常不是什么人的上司，但他们对组织的发展、盈利能力及经营状况有着很大影响，按传统定义将他们排除在管理者之外显然不妥。因此，传统的管理者定义又显得过于狭窄。

小故事

袋鼠与笼子

一天动物园管理员发现袋鼠从笼子里跑出来了，于是开会讨论，一致认为是笼子的高度过低。所以他们决定将笼子的高度由原来的10米加高到20米。结果第二天他们发现袋鼠还是跑到外面来，所以他们又决定再将高度加高到30米。没想到隔天居然又看到袋鼠全跑到外面，于是管理员们大为紧张，决定一不做二不休，将笼子的高度加高到100米。

一天长颈鹿和几只袋鼠们在闲聊，"你们看，这些人会不会再继续加高你们的笼子？"长颈鹿问。"很难说。"袋鼠说："如果他们再继续忘记关门的话！"

管理心得：事有本末、轻重、缓急，关门是本，加高笼子是末，舍本而逐末，当然就不得要领了。管理者要怎么做？管理者就是先分析事情的主要矛盾和次要矛盾，认清事情的本末、轻重、缓急，然后从重要的方面下手。

著名管理学者德鲁克对管理者的定义提出了新的观点。他在《管理：任务、责任和实践》一文中指出，在确定组织中谁是负有管理责任的人时，最首要的标志不是谁有权命令别人，管理人员的责任在于有贡献、职能，而不是权力。这就是判别管理人员的明确标志。管理人员之所以是管理人员，在于对其所经营的企业成果负责，而不是对他人的工作负责，管理人员的责任在于对其本身的工作负责。一位管理人员有其自身的工作，这就是各种管理工作。

德鲁克对管理者的定义，从内涵来看，强调的核心问题是责任，即对组织做出贡献的责任。从外延来看，德鲁克则将专业人员列入了管理者的范畴。同时，德鲁克也指出这些专业人员是指作出的决策能够影响组织成果的少数人员，并非所有的专业人员都是管理者。显然，德鲁克对管理者的定义，符合现代组织对具有高水准专业人员需求迅速增加的情况。

综上分析，我们可知在对管理者的概念上存在两种观点：一是强调组织中正式职位和职权的传统观点；二是德鲁克提出的强调在组织中应承担贡献责任的观点。从职权与责任同是事物的两个方面看，这两种观点不应是对立的，而是互相补充的。用现代管理标准来衡量，管理者应既是拥有正式的主管职位而能进行指挥的人，也应是通过决策等管理工作承担对组织做出贡献的人。

所以，从广义上讲，管理者的含义应是泛指所有执行管理职能，并对组织目标实现做出实质性贡献的人。这个概念既包括执行传统意义上的管理职能，对他人工作负有责任的人，也包括承担特殊任务不对他人工作负有责任的人，或者介于这两者之间的人。只要他利用其职位和知识，以个人的方式对组织做出实质性的贡献，使该组织工作有成果，就是一位管理者，而不管他对他人是否具有管理监督的权力，是否有下属。

2. 管理者的职责

（1）管理者是目标的提出者。管理能否取得成效以及成效的大小，关键在于能否制定出适合本组织的发展目标。这个目标要体现管理者和大多数成员的意志，要符合社会发展的趋势。因此，管理者要能够为组织制定一个切实可行的能激励组织成员奋发向上的发展目标。

（2）管理者是计划者。制订计划是管理者的首要任务，也是管理者指引组织发展，调动组织内成员积极性的重要手段。一个管理者必须善于制订计划。亨利·法约尔说："缺乏计划或一个不好的计划是领导人员无能的标志。"因此，管理者必须根据实际制订适合组织发展而又切实可行的计划。

（3）管理者是组织者。组织是保证管理活动顺利进行的必要条件，是管理者的重要职责。管理者应把管理活动的各个要素和环节与劳动的分工和协作在时间和空间上做到很好的结合，使组织不断适应客观条件的变化，发挥出最大的效能。

（4）管理者是指挥者。管理者要不断地在管理过程中发布命令，下达指示，制定措施，以此来统一组织及其成员的意志和行为。所以，管理者又是一个指挥者，他的任务就是要在严密组织的基础上，合理分配任务和布置工作，并督促和检查执行情况，及时处理管理中出现的问题。如果没有高效统一的指挥，组织的目标就不能实现，计划就无法完成，也就不能实行有效的管理。

（5）管理者是协调者。有效的管理必须保证在生产过程中各要素，管理的各职能之间实现高度的协调。这种协调的实现，需要管理者在管理活动中不断地进行统筹和调节。所以，管理者又是一个协调者，他必须使生产过程的各环节相互配合、紧密衔接，保证组织目标的实现。协调的形式有纵向协调和横向协调、内部协调和外部协调，既包括人、财、物的协调，也包括各种关系的协调。

3. 管理者的分类

按管理者在组织中所处的地位可按以下划分。

（1）高层管理者。指负责制订组织的发展战略和行动计划，有权分配组织拥有的一切资源的管理人员。他们的典型头衔通常是首席执行官、首席运营官、董事会主席或者执行副总裁、总裁等。组织的兴衰存亡取决于他们对环境的分析判断，以及目标的选择和资源运用的决策。他们还要代表组织协调与其他组织（或个人）的关系，并对组织所造成的社会影响负责。因此，高层管理者知识要广、能力要强、素质要高。

（2）中层管理者。指负责制订具体的计划及有关细节和程序，贯彻执行高层管理者做出的决策和计划的管理人员。大公司的地区经理、分部（事业部）负责人、生产主管、车间主任等都属于中层管理人员。他们主要将高层管理者的决策和指示传达给基层管理者，同时将基层的意见和要求反映到高层管理部门。是连接高层管理者与基层管理者的桥梁和纽带。中层管理者还要负责协调和控制基层生产活动，保证完成各项任务，实现组织目标。

（3）基层管理者。基层管理者又称一线管理人员。具体指工厂里的班组长、小组长等。他们的主要职责是传达上级计划、指示，直接分配每一个成员的生产任务或工作任务，随时协调下属的活动，控制工作进度，解答下属提出的问题，反映下属的要求。他们工作的好坏，直接关系到组织计划能否落实，目标能否实现，所以，基层管理者在组织中有着十分重要的作用。一般来说，对基层管理者的技术操作能力要求较高，但对统筹全局的能力要求较低。

按管理者的职责任务还可按以下划分。

（1）决策指挥者。指在组织各层次中拥有决策指挥权的管理者。他们的基本职责是负责组织或组织内各层次的全面管理任务，拥有直接调动下级人员，安排各种资源的权力。通常指各管理层的"一把手"。

（2）职能管理者。指负责组织中某一专门管理职能的管理人员，如计划管理人员、市场营销管理人员、财务管理人员、生产（业务）管理人员、人事管理人员等。通常也称为业务管理人员。这类管理人员的职责是负责组织或组织内某一层次中的某一专门管理职能，以他们的专业知识对组织目标的实现做出贡献。

（3）决策参谋人员。指为各级决策指挥人员提供决策建议的智囊人员。这类人员没有直接的决策指挥权，但他们以自己的知识影响组织决策，有时这种影响还比较大。所以通常将他们也称为管理人员。决策参谋人员的职责是收集、整理、提供与决策相关的各种信息，为决策者提供合理的建议、方案。

1.4　管理学的内容、特征及研究方法

1.4.1　管理学的研究对象与内容

管理学是一门系统地研究管理活动基本规律和一般方法的科学。我们知道，管理活动千差万别，如一位政府的首脑和一名公司的经理要处理的问题，可能有本质差别，但他们却都要通过一定的计划、组织、领导、控制等职能来实现组织的目标。在实施这些管理职能时，其内容会有不同，但要遵循的基本原理及原则却是一样的，这就是管理的共性，也就是管理学所要研究的对象。

根据管理学研究的对象、性质和特征，管理学在研究管理的基本规律时，具体涉及了以下的一些内容。

（1）生产力方面。管理学主要研究生产力诸要素之间的关系，即合理组织生产力的问题。研究如何合理配置组织中的人、财、物等各要素，使各生产要素充分发挥作用的问题；研究如何根据组织目标、社会的需要，合理使用各种资源，以求得最佳经济效益和社会效益的问题。可见，合理组织生产力，是管理学研究的一个极其重要的内容。

（2）生产关系方面。管理学主要研究如何正确处理组织中人与人之间的相互关系；研究如何激励组织内成员，从而最大限度地调动各方面的积极性和创造性；研究如何完善组织机构与各种管理体制问题，研究组织与组织之间的关系，提供妥善处理这些关系的准则，为实现组织目标服务。

（3）上层建筑方面。管理学主要研究组织的规章制度如何反映经济基础的要求，使其与社会的政治、经济、法律、道德的要求保持一致，从而维持正常的生产关系，促进生产力的发展。

以上三个方面的研究内容是密不可分的，它通过管理的具体工作，融合为一个管理总体，并通过管理的具体工作，表现为管理的实践活动。

1.4.2 管理学的特点

1. 一般性

管理学是从一般原理、一般情况的角度对管理活动加以研究的，并从中找出一些规律性的东西。从研究对象上看一般没有具体的管理主体和管理客体，它区别于专门研究各个空间领域特殊规律的领域管理学科，如社会管理学、军事管理学、科技管理学等；也区别于业务管理学，如计划管理学、领导科学、管理会计学等。它一般不涉及具体的业务和方法，但对具体的业务和方法研究具有指导作用。管理学中阐述的管理理论是管理活动中最普通、最基本的知识，是从事任何组织的任何专业管理活动都必须掌握的知识。它是学习其他专业管理知识的理论基础。

2. 综合性

管理学的综合性表现为，在内容上，它涉及的领域十分广阔，需要从社会的各个领域，各个类型组织的管理活动中概括出具有普遍指导意义的管理思想、原理和方法；在方法上，它把自然科学和社会科学的研究成果加以改造和运用，具有社会科学与自然科学相互渗透的特点。影响管理活动的因素复杂多变，要搞好管理工作，必须广泛应用自然科学和社会科学的研究成果，从不同角度进行综合研究。这样才能正确认识和把握管理规律，并提出普遍适用、行之有效的管理原则和方法。所以管理学是一门综合性学科。

3. 实用性

实用性也称实践性。管理学与其他纯理论科学比较，具有很强的实践性。管理学是为管理者提供管理理论、原则和方法的实用性学科，这些原理、原则和方法是实践经验的总结和提炼，它的基础是管理实践。同时，理论只有和实践结合起来，才能真正发挥它的作用。管理学只有服务于实践，才具有生命力，才能不断发展。管理学的实践性还表明，管理学的研究不能闭门造车，也不能盲目照抄照搬他国管理学理论。借鉴的同时要深入到本国的管理实践之中去，总结本国管理实践的新经验、新成果。

4. 社会性

管理学研究的是管理活动中的各种关系及其一般规律，而在管理活动中，人是最主要的管理主体和客体，这也就决定了管理学的社会性。同时，管理学的社会性还意味着它总是带有一定的生产关系特征，没有超阶级的管理学，所以，我们在学习、借鉴他国的管理理论时，尤其要注意这一点。

1.4.3 管理学的研究方法

1. 比较研究的方法

有比较才有鉴别。比较的方法是科学研究中通常用的一种研究方法。它把不同的或相类似的事物放在一起作比较，用以鉴别事物之间的异同，分辨出一般性和特殊性的东西，可为我借鉴的东西和不可为我借鉴的东西。从西方"古典管理理论"的形成到现在，出现了许多不同的管理理论和流派，观点各不相同。如何从这种纷繁的现象中理出头绪，就需要采用比较法，以找出各学派的特色，区别其实质，真正做到兼收并蓄，丰富中国管理学的内容。

2. 案例分析法

案例分析法，是指在学习研究管理学的过程中，通过对典型案例的分析，从中总结出管理的经验和方法。这是一种非常有效的方法。在西方管理理论的研究中，从古典管理理论到现代管理理论，其中许多结论都是从大量的案例分析中得出来的。例如，泰罗所提出的定额管理原理、计件工资原理、操作标准化原理等都来自他对米德维尔钢铁厂的大量案例分析。又如，权变理论中所提出的"超 Y"理论和行为科学理论中所提出的"人是社会人"的结论，也都是通过大量的实际案例分析得出的。由此可见，案例分析法是管理理论研究的一种最基本、最常用的方法。这种方法的最大优点是能够体现理论联系实际的原则，使一般管理原理的抽象建立在大量的实际案例分析基础上。

3. 实地研究法

实地研究法，即到现场去调查收集所需数据的方法。实地研究法是认识管理活动、总结管理经验、探索管理规律的基本方法，管理理论的研究必须通过直接或间接地调查后而取得大量可靠的材料为依据，实地研究能增加研究的真实性和精确性。实地研究主要有访谈、问卷调查、观察法等。这些方法可以单独使用，也可混合使用。

4. 实验法

实验法是指在控制的条件下对所研究的现象的一个或多个因素进行操纵，以测定这些因素之间的关系的方法。实验法是科学方法中最严密的方法，它必须有两个要素：研究者掌握一些自变量（如价值观、态度、激励等）；观察和测量的结果，即因变量，同时使所用其他变量保持原状。实验有两种类型：实验室实验和实地实验，如霍桑实验中的工厂照明实验和继电器装配室实验就属于实验室实验。

5. 其他研究方法

其他研究方法有历史研究的方法和归纳演绎法。历史研究的方法就是运用管理理论与实践的历史文献，全面考察管理的历史演变和重要的管理思想和流派，从中找出规律性的东西，寻求对现在仍有意义的管理原则、方式和方法。归纳和演绎是两种不同的推理和认识事物的科学方法，归纳是指由个别到一般，由具体事实到抽象概括的推理方法。演绎是指由一般到个别，由一般原理到个别结论的推理方法。管理学的研究要运用这种方法才能从实践中总结出全面、可靠的理论。

本章小结

管理是指在一定组织中的管理者运用一定的职能和手段来协调他人的活动，使别人同自己一起高效率地实现既定目标的活动过程。它是有目的、有组织，以人为本的活动，同时也是科学性和艺术性的统一。管理有指挥劳动的自然属性和监督劳动的社会属性。管理的职能主要是计划、组织、领导和控制。管理活动中要有管理的主体即管理者，他负责提出目标和制订计划，同时进行组织、指挥和协调。按地位可分为高层、中层和基层管理者；按职责任务可分为决策指挥者、职能管理者和决策参谋人员。在管理活动中还要有管理的客体即管理对象，主要的是人、财、物、信息、时间等资源要素，其中最主要的是人。管理学是一门系统地研究管理活动的基本规律和一般方法的科学，主要涉及生产力、生产关系和上层建筑三方面的内容，它有一般性、综合性、实用性和社会性的特点。管理学主要采取比较研究方法、案例分析法、调查研究法、历史研究方法和归纳演绎法。

思考题

1. 你认为什么是管理？管理对于组织是否重要？为什么？

2. 为什么说管理既是科学又是艺术?

3. 不同层次的管理者所要具备的知识和技能有何不同?

4. 美国 IBM 公司创始人托马斯·沃森（Thomas J. Walson ）曾经讲过一个故事:一个男孩子在穿一条长裤时，发现裤子长了一些。于是他请奶奶帮忙将裤子剪短一点。可奶奶说，她现在太忙，让他去找妈妈。而妈妈则回答他，今天她已经同别人约好去打桥牌。男孩子又去找姐姐，但是姐姐有约会。时间已经很晚了，这个男孩非常失望，他担心明天穿不上新裤子，怀着不安的心情入睡了。奶奶忙完家务事，想起了孙子的裤子，就拿剪刀将裤子剪短了一些；姐姐约会回来心疼弟弟，也把裤子剪短一点；妈妈打完桥牌回来后又把裤子剪去一截。结果想修理的长裤却变成了短裤。

讨论内容：请你从管理的角度来分析为什么会出现这种情况? 对现代企业管理有什么启示?

第二章　管理理论的形成和发展

学习目标

1. 了解管理学的形成与发展
2. 掌握主要管理先驱者对管理理论和实践的贡献
3. 掌握管理活动的演变和历史
4. 了解中国管理思想的产生及发展
5. 了解比较完整的管理理论的形成过程

学习索引

管理理论的形成和发展

早期的管理思想

古典管理理论
- 科学管理理论：泰罗（创立者）、吉尔布雷斯夫妇（追随者）、甘特（追随者）
- 一般管理理论：法约尔的五职能说
- 组织理论：韦伯认为通过职务或职位而不是通过个人或世袭地位来管理

组织行为学的发展
- 霍桑实验：工场照明试验、谈话研究、观察研究
- 人际关系学说：职工是"社会人"、企业中存在着"非正式组织"、新的领导能力在于提高职工的满足度
- 组织行为学：自我实现人、复杂人

现代管理理论：管理过程学派、社会系统学派、决策理论学派、系统管理学派、社会—技术系统学派、经验主义学派、管理科学学派、经理角色学派、人际关系学派、群体行为学派、权变理论学派

中国管理思想的产生和发展
- 古代管理思想
- 近代的企业管理思想：实行科学管理、有民族特色、以人为本、培养企业精神

2.1 资本主义早期的管理思想

2.1.1 早期管理思想的产生

在长期的管理实践中，由于社会化生产的发展需要，管理思想逐渐形成为系统的管理理论。管理的实践由来已久，在古代埃及、中国、希腊和印度的文献中，就有对公共事业进行管理并取得辉煌成就的记载。不过，那时的管理活动主要表现在处理事务，安排教会活动，指挥军事战役、治国施政方面。18世纪末工业革命之后，由于工厂管理实践的结果，管理思想已得到相应的发展，尽管管理思想不够系统、全面，也没有形成专门的管理理论和学派，在西方特别在欧洲出现了一些早期管理思想家。

小资料

古埃及人建造了世界七大奇迹之一的金字塔，完成这样巨大的工程，不仅需要技术方面的知识，更需要大量的组织管理工作。古巴比伦国王汉谟拉比曾经颁布的汉谟拉比法典中对人的活动作了许多规定，比如，百姓应遵守一定的规范；货物贸易应该如何进行；臣民之间的隶属关系；等等，都涉及了许多管理思想。

古希腊也留下了许多宝贵的管理思想。希腊学者色诺芬对制鞋过程中的分工的描述与后来泰罗的思想非常接近，尽管他们所处的时代相差2200多年。希腊人主张在劳动中推行标准动作，并采用音乐律奏的方法，将速度与节奏引入劳动中去，以提高劳动的效率。苏格拉底和亚里士多德等提出了管理活动的普遍意义，并将管理活动与技术知识及经验区别开来，承认管理是一种独立存在的活动。

罗马天主教会最早采用了职能式的组织形式，并建立了分级管理的权力等级制度，现代管理理论中所推崇的"参谋式管理"也在教会中得到了普遍运用。

2.1.2 早期管理思想家及管理思想

第一，英国重商主义经济学家詹姆斯·斯图亚特提出许多重要的管理思想，如实行刺激工资的思想、工作方法研究、管理人员与工人之间的分工等。

第二，英国古典经济学家亚当·斯密提出了"经济人"的观点，指出了管理控制和计算投资回收期的必要性。

第三，英国数学家和机械学家查尔斯·巴贝奇在亚当·斯密劳动分工的理论基础上，对专业化有关问题进行了系统的研究，提出了以专业技能作为工资与奖金的基础，主张实行有益的建议制度，并对有益的建议给予不同的奖励。

第四，空想社会主义者英国的罗伯特·欧文最早提出企业内部人力资源的重要性。

第五，德国军事战略理论家卡尔·冯·克劳塞维茨提出以科学而不是预感为依据来做决策，以分析而不是以直觉为依据进行管理的思想。

以上这些有代表性的管理实践、管理思想，对促进生产，加强早期企业管理和以后的管理理论及学派的形成，都起着积极的影响和作用。

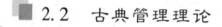 2.2 古典管理理论

2.2.1 古典管理理论的产生

古典管理理论是指 19 世纪末 20 世纪初在美国、法国、德国等西方国家形成的有一定科学依据的管理理论，它是生产力发展的要求。在美国表现为泰罗及其追随者创建的科学管理理论，即泰罗制；在法国表现为法约尔创建的一般管理理论；在德国表现为韦伯创建的行政组织理论等。尽管这些古典管理理论表现形式各不相同，但其实质都是采用当时所掌握的科学方法和科学手段对管理过程、职能和方法进行探讨和试验，进而确定一些以科学方法为依据的理论、原则和方法。

 小知识

早期的管理思想和管理实践特点

▲管理重点：为了解决企业劳动分工与协作的问题。

▲管理内容：局限于生产管理、工资管理、人事管理。

▲经验管理：管理成败取决于管理者个人的能力和经验。

▲管理者：企业的管理者是由企业的所有者承担。

注意：此时未形成理论，管理不被看成是科学。

 小资料

分工的好处

英国古典经济学家亚当·斯密在 1776 年发表的《国富论》一书中，以制针为例说明劳动分工的好处：因分工协作，一个工人一天可生产 4800 枚针；如果单个人完成制针的所有工序，说不定一天连一枚针也生产不出来。斯密进一步指出分工的优势在于：①劳动者熟练程度的增进，势必增加他所能完成的工作量；②分工可免除从一种工作换到另一种工作损失的时间；③许多简化劳动和节省劳动的机械的发明也因于分工。从而使一个人能够做许多人的工作。亚当·斯密的劳动分工理论，对资本主义的经济管理具有重大意义。

2.2.2　泰罗的科学管理理论

1. 科学管理之父——泰罗

1881 年，美国人泰罗在米德维尔钢铁厂开始进行劳动时间和工作方法的研究，这为他以后创建科学管理奠定了基础。泰罗作为科学管理理论的主要倡导者，在管理思想的发展上起着极为重要的作用，被称为"科学管理之父"。他的著作主要有《计件工资制》、《工厂管理》、《科学管理的原理和方法》和《科学管理》等。

2. 科学管理的主要内容

泰罗倡导的以科学为依据的管理理论，其要点有以下几个方面。

（1）科学管理的中心问题是提高劳动生产率。泰罗认为，最高的工作效率是工厂主和工人共同达到富裕的基础。泰罗的科学管理研究都是围绕如何提高工作效率而展开的，并且主要集中在定额研究以及人与劳动手段的匹配上。

（2）科学挑选工人。泰罗认为为了提高劳动生产率，必须为工作挑选"一流的工人"。"一流的工人"就是适合于其工作而又有进取心的人，并对他们进行培训和教育，从而最大限度发挥他们的能力。

（3）工时研究与标准化。工时研究是泰罗制的基础，它是通过对工人操作的基本组成部分的测试与分析，确定最佳工作方法、工时定额和其他劳动定额标准。同时，建立各种明确的规定、条例、标准，并使工人掌握标准化的操作方法，使用标准化的工具、机器和材料，使一切工作制度化、标准化、科学化。

（4）差别计件工资制。泰罗提出了差别计件工资制，即根据工人完成定额的不同而采取不同的工资率，而不是根据工作类别来支付工资，以激励工人。

（5）职能管理。为了提高劳动生产率，泰罗主张把计划职能与执行职能分开，泰罗的计划职能实际上就是管理职能，执行职能则是工人的劳动职能。

（6）管理上实行例外原则。泰罗提出规模较大的企业不能只依据职能原则来组织管理，而必须应用例外原则，即企业的高级主管人员把处理一般事务的权限下放给下级管理人员，自己只保留对例外事项的决定权和监督权。

科学管理的实质是工人和雇主双方进行的一场心理革命。对工人来说，是他们对待工作、同伴和雇主的义务上进行的一次彻底的心理革命。对雇主来说，是他们对待工人、同事和所有日常问题的责任上进行的一次彻底的心理革命。没有这种全面的心理革命，科学管理就不能存在。

小思考

如何看待科学管理呢？科学管理促进了当时工厂管理的普遍改革，由于科学管理方法逐步代替了单凭经验的方法，并形成一整套管理制度，使得美国一些主要企业长期得以稳定发展。科学管理所造成的影响不仅在当时发挥了重要作用，对以后管理理论的发展也有深远影响，其贡献是世界性的。

虽然泰罗的科学管理有很大的历史贡献，但也有一些局限性：第一，"经济人"的假设。泰罗认为雇主的目的是获取最大限度的利润，工人的目的是获取最大限度的工资收入，他们都是把经济动力当作唯一的动机，显然泰罗的这个观点是不科学的。第二，泰罗把计划职能和执行职能分开后，把工人仅仅看成是接受监督人员命令的人，是一种被动的生产工具，有关企业管理当局对生产过程组织中的改变，工人不用理解。这种忽视人的因素，忽视计划和执行两者的统一性，也是泰罗的最严重的缺点之一。

3. 其他一些管理学家对科学管理理论的贡献

（1）吉尔布雷斯夫妇。他们在科学管理中的主要功绩是：提出动作研究和动作经济的原则；强调进行制度管理；探讨工作、工人和环境之间的相互影响；提出管理人员发展计划。吉尔布雷斯夫妇不但在动作研究、疲劳研究、制度管理等方面做出了出色的贡献，而且还重视企业中人的因素，这对以后的行为科学的出现也产生了重要影响。

（2）甘特。亨利·甘特是泰罗在创建和推广科学管理制度时的紧密合作者，是科学管理运动的先驱者之一。甘特在管理思想方面的贡献主要有：提出一种工作任务和奖金的工资制度；②制定了用于生产控制的生产计划进度图，即甘特图；强调对工人进行培训，强调工业民主，重视对人的领导方式。

2.2.3 法约尔的一般管理理论

法国人亨利·法约尔提出的一般管理理论成为后来管理过程学派的理论基础，也是以后西方的各种管理理论和管理实践的重要依据之一，对西方管理理论的发展具有重大的影响。法约尔与泰罗的研究偏重于车间、工场的生产管理研究不同，他着重于企业全面经营管理的研究。法约尔认为经营和管理是两个不同的概念，并把整个企业经营活动概括为六项活动，即技术活动、商业活动、财务活动、安全活动、会计活动和管理活动。在这六项活动中，管理活动居于核心地位。而且还指出，管理活动包括五种职能，具体是：（1）计划，这是管理的首要职能；（2）组织，它包括有关组织结构、活动和相互关系的规章制度，以及职工的招募、评价和训练；（3）指挥，是指对下属活动的指导；（4）协调，是结合、统一及调和所有企业活动与个人活动的努力，以实现共同的目标；（5）控制，是指为了保证实际工作按已订计划和命令完成的那些活动。

法约尔第一次对管理的一般职能做了明确的划分，使其形成了一个完整的管理过程，因此，他被称为管理过程学派的创始人。此外，法约尔还认为管理能力可以通过教育来获得，他大力提倡在大学和专科学校中讲授管理学，把管理视为一门科学的思想。

法约尔关于管理职能、原则和过程等方面的研究，从较高层次上弥补了泰罗科学管理思想的不足，为形成一般管理学做出了巨大贡献。

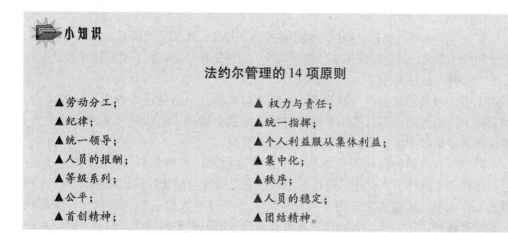

小知识

法约尔管理的 14 项原则

▲劳动分工；　　　　　　　▲权力与责任；

▲纪律；　　　　　　　　　▲统一指挥；

▲统一领导；　　　　　　　▲个人利益服从集体利益；

▲人员的报酬；　　　　　　▲集中化；

▲等级系列；　　　　　　　▲秩序；

▲公平；　　　　　　　　　▲人员的稳定；

▲首创精神；　　　　　　　▲团结精神。

2.2.4　韦伯的组织理论

马克斯·韦伯是德国社会学家、经济学家和古典管理理论的代表人物。韦伯对管理理论的贡献主要是提出了理想的行政组织体系理论，因此被称为"组织理论之父"。所谓理想的行政组织体系理论，原意是通过职务或职位而不是通过个人或世袭地位来管理。这是一个有关集体活动理性化的社会学概念。"理想的"不是指最合乎需要，而是指现代社会最有效和最合理的组织形式。韦伯的理想的行政组织体系理论主要包括以下内容。

1. 实行职责分工

把组织中为了实现目标所需要的全部活动都划为各种基本作业，作为任务分配给组织中的各个成员。组织中的每一个职位都有明文规定的权利和义务。

2. 自上而下的等级系统

各种职务和职位按职权的等级原则组织起来，形成一个指挥体系或阶层体系。每个下级接受他的上级的控制和监督，在对自己的行动负责的同时，还要对自己的下级的行动负责，为此，他必须对自己的下级拥有权力，能发出下级必须服从的命令。

3. 人员的任用

组织中人员的任用，完全根据职务上的要求，通过正式考核或教育训练来实现，每个职位上的人员必须称职，同时，也不能随意免职。

4. 职业管理人员

即除了某些规定必须通过选举产生的公职外，管理人员是有固定的薪金和明文规定的升迁制度，是一种职业管理人员。这些管理人员并不是他们所管理单位的所有者，只是其中的工作人员。

5. 遵守规则和纪律

即管理人员必须严格遵守组织中规定的规则和纪律。组织要明确规定每个成员的职权范围和协作形式，避免感情用事，滥用职权，以便正确行使职权，减少摩擦和冲突。

6. 组织中人与人的关系

组织中人与人的关系是一种不受个人感情影响的完全以理性原则为指导的关系。这种公正不倚的态度，不仅适用于组织内部，而且也适用于组织同外界人员的关系。不能任意解雇组织中的人员，应鼓励大家忠于组织。

韦伯认为，理想的行政组织体系最符合理性原则，效率最高。在精确性、稳定性、纪律性和可靠性方面优于其他组织形式，它能高度精确地计算出组织的领导人和成员的工作成果。所以，能适用于各种管理工作和各种大型组织，如教会、国家机构、军队和各种团体。韦伯对完善古典管理理论做出了重要的贡献，而且，对以后的管理理论，如社会系统理论有着一定的影响。

2.3 人际关系学说与行为科学理论

2.3.1 霍桑试验与人际关系学说

1. 霍桑试验

20 世纪 20 年代至 30 年代，以美国哈佛大学教授乔治·埃尔顿·梅奥为代表的研究人员在美国西方电器公司霍桑工厂进行了有关工作条件、社会因素与生产效率之间关系的试验。在霍桑试验的基础上，梅奥创立了早期的行为科学——人际关系学说。霍桑试验分为四个阶段。

（1）工场照明试验。工场照明试验是要证明工作环境与生产率之间有无直接的因果关系。研究人员将接受试验的工人分成两组：一组采用固定照明，称为控制组；另一组采用变化的照明，称为试验组。研究人员原以为试验组的产量会由于照明的变化而发生变化。但结果是，当试验组的照明强度增加时产量提高了，控制组的产量也提高了，当照明度减弱时，试验组的产量非但没有减少，反而还有所提高，控制组的产量也相应提高。试验结果说明，照明度与生产率之间并无直接的因果关系，照明灯光仅是影响产量的一个因素，还有其他因素对工人劳动生产率产生影响。两组的产量都得到提高，是因为被测试人员对试验发生了莫大的兴趣所致。

（2）继电器装配室试验。继电器装配室试验目的是，通过试验发现各种工作条件变动对生产率的影响。研究人员将装配继电器的 6 名女工从原来的集体中分离出来，成立单独小组，同时改变原来的工资支付办法，以小组为单位计酬；撤销工头监督；增加工作的休息时间，实行每周 5 日工作；工作休息时免费供应咖啡等。采取这些措施后，女工们的日产量增加了 30% 以上。试验一段时间后，梅奥又取消了所有这些优待，但是生产率并没有因此而下降，反而仍在上升。这是为什么呢？梅奥等人发现，是社会条件和督导方式的改变导致了女工们工作态度的变化，因而产量仍在增加。同时也说明，各种工作条件，包括福利待遇，也不是提高工人劳动生产率的唯一因素。

（3）谈话研究。梅奥还进行了另一方面的试验，即用两年多的时间对两万多名职工进行了调查。调查涉及的问题很广泛，允许职工自己选择话题，提建议、发牢骚，结果收到很好的效果，生产量大幅度上升。通过这个试验，梅奥等人又一次发现，物质条件的变化往往对生产率的影响不大，人们的工作成绩还受其他人的因素影响，即不仅仅取决于个人自身，还取决于群体成员。

（4）观察研究。梅奥又组织了"接线板小组观察室"试验。目的是想搞清楚社会因素对激发工人积极性的重要性。研究人员选择了 14 名接线板工人，通过 6 个月的观察，发现许多行为准则会影响工人的行为。这些准则包括，工作时干多少活、与管理人员的信息交往等，如活不应干得太多，也不应干得太少；不应向上司告密同事中发生的事情等。梅奥等人由此得出结论：实际生产中，存在着一种"非正式团体"，在决定着每个人的工作效率，对每个职工来说，其在群体中的融洽性和安全性比工资、奖金等物质因素有更重要的作用。

通过以上试验，梅奥等人认识到，人们的生产效率不仅要受到生理方面、物质方面等因素的影响，更要受到社会环境、心理因素等方面的影响。这个结论对科学管理只重视物质条件，忽视社会环境、心理因素对工人的影响来说，无疑是一个很大的进步。根据霍桑试验，梅奥于 1933 年出版了《工业文明中人的问题》一书，提出了与古典管理理论不同的新观点——人际关系学说。

2. 人际关系学说的主要内容

（1）职工是"社会人"。梅奥等人以霍桑试验的成果为依据，提出了与在人际关系学说产生以前西方社会流行的把职工看成是"经济人"的观点不同的"社会人"的观点，强调金钱并非刺激职工积极性的唯一动力，新的激励重点必须放在社会、心理方面，以使人们之间更好地合作并提高生产率。

（2）企业中存在着"非正式组织"。由于人是社会高级动物，在共同工作过程中，人们必然发生相互之间的联系，共同的社会感情形成了非正式群体。在这种无形组织里，有它的特殊感情、规范和倾向，并且左右着群体里每一位成员的行为。古典管理理论仅注重正式组织的作用，忽视了"非正式组织"对职工行为的影响，显然是不够的。"非正式组织"同正式组织是相互依存的，对生产率的提高有很大影响。

（3）新的领导能力在于提高职工的满足度。因为生产率的高低主要取决于职工的士气，即职工的积极性、主动性，而士气的高低则主要取决于职工的满足度，这种满足度首先表现为人群关系，如职工在工作中的社会地位，是否被上司、同事和社会承认，其次才是金钱的刺激。职工的满足度越高，士气也越高，生产效率也就越高。所以，领导的能力在于要同时具有技术——经济的技能和人际关系技能，在于如何保持正式组织的经济要求同"非正式组织"的社会需求之间的平衡，平衡是取得高效率的关键。人际关系学说的出现，开辟了管理和管理理论的新领域，纠正了古典管理理论忽视人的因素的不足。同时，人际关系学说为以后行为科学的发展奠定了基础。

 小资料

人际关系学说产生的历史背景

20世纪20年代前后，工人日益觉醒，工会组织日益发展，工人组织起来对雇主进行反抗和斗争。经济发展和周期性危机的加剧，以及科学技术的发展和应用，单纯用古典管理理论和方法已不能有效地控制工人，来达到提高生产率和增加利润的目的。一些学者开始从生理学、精神病理学方面进行"疲劳研究"和"动作研究"，提出了"性格检查"的方法，按工人的性格分配工作。还有一些学者从营养卫生、墙壁色彩、车间照明、空气调节和个人欲望方面进行试验和研究，力图平息工人的不满。在美国国家研究委员会的帮助下，西方电器公司邀请哈佛大学心理学专家梅奥和罗特里斯伯格等来厂进行研究和试验。这就是管理史上著名的霍桑试验，由此创建了人际关系学说。

2.3.2　组织行为学

组织行为学是研究一定组织中人的行为规律的科学。组织行为学基本上可以分为两个时期，前期叫做人际关系学说，后期叫做组织行为学。人际关系学说侧重于"社会人"的论述，关心的是职工在生产中的人际关系和职工的社会需要的满足。而组织行为学则侧重于"自我实现人"和"复杂人"的论述，关心的是职工在工作中能否自我实现，有成就感和自我满足、群体的行为和组织中的领导行为及组织发展变革等。组织行为学对人的行为的研究远比人际关系学说要复杂得多。

2.3.3　对西方人际关系学说和组织行为理论的评价

如何评价西方组织行为学是一个有争议的问题，组织行为学至少在以下几个方面对我们具有重要的借鉴意义。

（1）在管理的指导思想上，组织行为学把以人为中心的管理思想、重视群体的作用，以及把系统论、权变理论引入管理中来，反映了现代化大生产的共同要求。

（2）在具体理论方面，组织行为理论反映了现阶段大多数人的心理规律，对我们研究调动职工的积极性有一定的借鉴意义。

（3）组织行为学提供的管理措施和研究方法具有更广泛的参考价值。

组织行为学的局限性主要表现在：组织行为学所提出的理论和措施都以承认和维护私有制为前提；组织行为学所研究的对职工的满足，都是以满足个人需要作为激励动机的根本；组织行为学离开阶级分析来研究人的行为，把人看成抽象的人。

由此可见，组织行为学具有两重性。一方面它有符合客观规律的科学性，是当代一系列科学成果在管理中的应用；另一方面它也反映了资本主义生产关系的要求。然而，科学性、合理性是主要方面。只要在研究应用时注意它的局限性，取其精华，弃其糟粕，是可以为我所用的。

2.4　现代管理理论

第二次世界大战之后，特别是进入 20 世纪 70 年代之后，许多学者和管理专家都从各自不同的背景、不同的角度、用不同的方法对现代管理问题进行研究，相继出现许多管理理论和新学派，这些理论和学派，在历史渊源和内容上互相影响和联系，形成了盘根错节、争相竞荣的局面，被称为"管理理论的丛林"。

小知识

管理理论的演变过程

▲19 世纪末 20 世纪初以前　　　　　早期的管理思想和管理实践

▲19 世纪末 20 世纪初　　　　　　　泰罗的科学管理理论是管理理论的形成标志

▲19 世纪末 20 世纪初至 30 年代　　古典管理理论

▲20 世纪 30 年代至 60 年代　　　　人际关系学说与行为科学理论

▲20 世纪 60 年代至 90 年代　　　　现代管理理论的丛林

▲20 世纪 90 年代至今　　　　　　　现代管理理论的新思潮

1961 年 12 月，美国著名管理学家哈罗德·孔茨在美国《管理学杂志》上发表了《管理理论的丛林》的文章，把当时的各种管理理论划分为 6 个主要学派。1980 年孔茨又发表了《再论管理理论的丛林》一文，指出管理理论已经发展到 11 个学派：经验学派、人际关系学派、群体行为学派、社会协作系统学派、社会技术系统学派、决策理论学派、系统学派、数学（或管理科学）学派、权变理论学派、经理角色学派、经营管理（或管理过程）学派。

2.4.1 管理过程学派

管理过程学派又叫管理职能学派、经营管理学派。它的开山祖师就是古典管理理论的创始人之一法约尔。

管理过程学派的研究对象是管理过程和职能。它试图通过对管理过程和管理职能进行分析，从理性加以概括，把应用于管理实践的概念、原则、理论和方法糅合到一起，以形成一个管理学科。他们认为，各个企业和组织以及组织中各个层次的管理环境都是不同的，但管理却是一种普遍而实际的过程，同组织的类型或组织中的层次无关。把这些经验加以概括，就成为管理的基本理论。有了管理理论，就可以通过对理论的研究、实验和传授，改进管理实践。

管理过程学派的管理理论是以几个基本信念为依据的：（1）管理是一个过程。可以通过分析管理人员的职能从理论上很好地对管理加以分析。（2）根据在企业中长期从事管理的经验，可以总结出一些基本管理原理，这些基本管理原理对认识和改进管理工作能起到一种说明和启示的作用。（3）可以围绕这些基本原理展开有益的研究，以确定其实际效用，增大其在实践中的作用和适用范围。（4）这些基本管理原理只要还没有被实践证明不正确或被修正，就可以为形成一种有用的管理理论提供若干要素。（5）管理是一种可以依靠原理的启发而加以改进的技能，就像医学和工程学一样。（6）管理中的一些基本原理是可靠的，就像生物学和物理学中的原理一样。（7）管理人员的环境和任务受到文化、物理、生理等方面的影响，但也吸收同管理有关的其他学科的知识。

2.4.2 社会系统学派

社会系统学派是以组织理论为研究重点，从社会学的角度来研究组织的。其创始人是美国的管理学家切斯特·巴纳德，他的代表作是1937年出版的《经理的职能》一书。

巴纳德把组织看做是一个社会协作系统，即一种人的相互关系的协作体系。这个系统的存在取决于三个条件：（1）协作效果，即组织目标能否顺利达成；（2）协作效率，即在实现目标过程中，协作的成员损失最小而心理满足较高；（3）组织目标应和环境相适应。巴纳德还指出，在一个正式组织中要建立这种协作关系，还要满足三个条件：（1）共同的目标；（2）组织中每一个成员都有协作意愿；（3）组织内部有一个能够彼此沟通的信息系统。此外，巴纳德还对一个管理者提出的责任要求：一是规定目标；二是善于使组织成员为实现组织目标做出贡献；三是建立和维持一个信息联系系统。这一学派虽然主要以组织理论为其研究的重点，但它对管理所做的贡献是巨大的。

2.4.3 决策理论学派

该学派是当代西方影响较大的管理学派之一，代表人物是著名的诺贝尔经济学奖金获得者，美国卡内基梅隆大学（Carnegie Mellon University）的教授西蒙。西蒙认为，决策程序就是全部的管理过程。决策贯穿于管理的全过程。决策过程是从确定组织目标开始，再寻找为达到该项目标可供选择的各种方案，经过比较做出优选决定，并认真执行控制，以保证既定目标的实现。西蒙采用"令人满意的准则"代替传统决策理论的"最优化原则"。他认为，不论从个人生活经验中，还是从各类组织的决策实践中，寻找可供选择的方案都是有条件的，不是漫无限制的。他还研究了决策过程中冲突的关系，以及创新的程序、时机、来源和群体处理方式等一系列有关决策程序的问题。

西蒙的决策理论是以社会系统理论为基础的，以后又吸收了行为科学、系统理论、运筹学和计算机科学等学科的内容，既重视了先进的理论方法和手段的应用，又重视了人的积极作用。

2.4.4 系统管理学派

系统管理学派是运用系统科学的理论、范畴及一般原理，分析组织管理活动的理论。其代表人物有美国的卡斯特、罗森茨韦克等；其理论主要观点是：（1）组织是一个由相互联系的若干要素所组成的人造系统。（2）组织是一个为环境所影响，并反过来影响环境的开放系统。组织不仅本身是一个系统，它同时又是一个社会系统的分系统，它在与环境的相互影响中取得动态平衡。系统管理和系统分析在管理中被应用，提高了管理人员对影响管理理论和实践的各种相关因素的洞察力。该理论在20世纪60年代最为盛行，但由于它在解决管理的具体问题时略显不足而稍有减弱，但仍然不失为一种重要的管理理论。

2.4.5 社会—技术系统学派

社会—技术系统学派是第二次世界大战以后社会系统学派进一步发展形成的新的管理学派。这一学派是由英国的特里斯特等人通过对英国达勃姆煤矿采煤现场的作业组织进行研究基础上形成的。他们根据对煤矿中"长壁采煤法"研究的结果认为，既要把组织看成是一个社会系统，又要把它看成是一个技术系统，而且技术系统对社会系统有很大的影响；要两者协调起来，从而提高劳动生产率，而管理者的一项主要任务就是要确保这两个系统相互协调。

这一学派认为，就环境对企业的影响而言，可以发现：一是企业产品的市场变动在多大程度上可为企业承受，而不至于引起企业组织结构上的变动，取决于企业的技术系统的灵活性。二是一个企业对它所需的资源市场的变动能在多大程度上承受，也取决于它的技术系统的灵活性，因此，企业作为一个系统，必须是一个社会—技术系统，而不只是一个社会系统。社会—技术系统学派的研究内容和成果，有些是符合社会化大生产的发展规律的，特别是在当前新技术革命和产业革命的条件下，更有现实意义。

2.4.6 经验主义学派

经验主义学派又称案例学派，其代表人物是美国管理学家彼得·德鲁克和欧内斯特·戴尔。其中心是强调管理的艺术性。他们认为，古典管理理论和行为科学都不能完全适应企业发展的实际需要，有关企业管理的科学应该从企业管理的实际出发，以大企业的管理经验为主要研究对象，加以概括和理论化，向企业管理人员提供实际的建议。他们主张通过案例研究经验，不必企图去确定一些原则，只要通过案例研究分析一些经理人员的成功经验和他们解决特殊问题的方法，便可以在相仿情况下进行有效的管理。

经验学派的主要观点是：（1）关于管理的性质，他们认为管理是管理人员的技巧，是一个特殊的、独立的活动和知识领域。（2）关于管理的任务，德鲁克认为，作为主要管理人员的经理，有两项别人无法替代的特殊任务：一是必须造成一个"生产的统一体"，经理好比一个乐队的指挥，他要使企业的各种资源，特别是人力资源得到充分发挥。二是经理在做出每一决策和采取每一行动时，要把当前利益和长远利益协调起来。（3）提倡实行目标管理。

2.4.7 管理科学学派

管理科学学派又叫做数量学派，是泰罗"科学管理"理论的继续和发展。这一学派的特点是利用有关的数学工具，为企业寻得一个有效的数量解，着重于定量研究。

管理科学学派认为，管理就是制定和运用数学模型与程序的系统，就是用数学符号和公式来表示计划、组织、控制、决策等合乎逻辑的程序，求出最优的解答，以达到企业的目标。这个学派还提倡依靠电子计算机管理，提高管理的经济效率。管理科学学派其实主要不是探索有关管理问题，而是设法将科学的管理原理、方法和工具应用于管理。

管理科学学派强调数量分析，主张用先进的技术成果和科学研究成果对管理学进行研究，其意义也是十分明显的。但管理活动纷繁复杂，并非所有的管理问题都能定量化，能用模型来分析，因此，过分依赖于模型，也会降低决策的可信度，所以在管理活动中，应用一分为二的态度来对待数学模型。

2.4.8 经理角色学派

经理角色学派是 20 世纪 70 年代在西方出现的一个以经理所担任的角色的分析为中心管理学派。其主要代表人物是加拿大麦克吉尔大学管理学院教授明茨伯格。

在经理角色方面，这一学派认为经理一般都担任十种角色，源于经理的正式权力和地位。可归纳为三类，组成一个相互联系的整体。第一类是人际关系方面的角色，共有三种：挂名首脑的角色、领导者角色、联络者的角色。第二类是经理作为组织信息的神经中枢，充当三种角色：信息接受者角色、信息传播者角色、发言人角色。第三类是决策方面的角色，共分四种：企业家角色、故障排除者角色、资源分配者角色、谈判者角色。经理角色理论受到了管理学派和经理们的重视，但是经理的工作并不等于全部管理工作，管理中的某些重要问题，经理角色理论也没有详细论述。

2.4.9 人际关系学派

这一学派把社会科学中的许多理论、方法和技术应用于研究管理中人际间及个人的各种现象。他们强调职工是由不同的个人所组成，是群体中的一分子，他们的各种需要由组织来满足。也有些人致力于研究激励和领导的问题，提出了许多对管理者很有益的见解。但是不能说人际关系就包括了管理的一切。

2.4.10 群体行为学派

这一学派与人际关系学派关系密切，甚至易于混同。该学派注重研究的是组织中群体的行为，包括群体的文化、行为方式和行为特点等，也常被称作组织行为学派。

2.4.11 权变理论学派

权变理论是 20 世纪 70 年代在经验主义学说基础上进一步发展起来的管理理论。权变理论认为，在组织管理中要根据组织所处的环境和内部条件的发展变化随机应变，没有什么一成不变、普遍适用的"最好的"管理理论和方法。权变管理就是依据环境自变数和管理思想及管理技术的因变数之间的函数关系来确定一种最有效的管理方式。它要求具体情况具体分析。

权变理论的基本观点主要有几个方面：（1）权变管理思想结构。权变管理的思想结构就是认为管理同环境之间存在着一定的函数关系，但不一定是因果关系。所谓函数关系，就是作为因变数的管理思想、管理方法和技术随环境自变数的变化而变化。这种函数关系可以解释为"如果—就要"的关系，即"如果"某种环境情况存在或发生，"就要"采用某种管理思想。（2）权变理论的组织结构观点。它是以权变思想为基础，把组织看成是一个既受外界环境影响，又对外界环境施加影响的"开式系统"。组织内部机构的设计，必须与其组织任务的要求、外在环境要求及组织成员的需要等互相一致，组织才能有效。（3）权变的人事管理观点。在人事管理方面的权变观点也是以权变管理思想为基础，认为在不同的情况下要采取不同的管理方式，不能千篇一律。（4）权变理论的领导方式观点。权变理论学派认为并不存在一种普遍适用的"最好的"或"不好的"领导方式，一切以组织的任务、个人或小组的行为特点，以及领导者和职工的关系而定。

权变理论的出现，对于管理理论有着某些新的发展和补充。主要表现在它比其他一些学派与管理实践的联系更具体一些，与客观的现实更接近一些。但是，权变理论在方法论上也存在着严重的缺陷，主要问题是仅仅限于考察各种具体的条件和情况，而没有用科学研究的一般方法来进行概括；只强调特殊性、否认普遍性；只强调个性，否认共性。这样研究，不可避免地要滑到经验主义的立场上去。

在 20 世纪 70 年代后期，在美国又产生了一个新的学派，即管理文化学派，又称企业文化学派，以威廉·大内的《Z 理论》、特里迪尔和阿伦·肯尼迪合著《企业文化》为代表，是 80 年代最有影响的管理学派之一，在一定程度上反映了当代企业管理的客观要求和发展趋势。

2.5　中国管理思想的产生及发展

2.5.1　中国古代管理思想

中国是一个历史悠久的文明古国，在社会实践中形成的管理思想源远流长、丰富多彩。

 小资料

"一举三得"重建皇宫

宋真宗时期，内宫失火，楼榭亭台，付之一炬，贞宗命晋国公丁渭修葺宫廷。由于工程规模宏大，规制宏丽，建筑分为 2610 区，共计有 3600 余楹。工程除了钱外有 3 个难题：一是盖皇宫要很多泥土，可是京城中空地很少，取土要到郊外去挖，路很远，得花很多的劳力；二是修建皇宫还需要大批建筑材料，都需要从外地运来，而汴河在郊外，离皇宫很远，从码头运到皇宫还得找很多人搬运；三是工程上原有很多碎砖破瓦等垃圾清运出京城，同样很费事。经过周密思考，丁渭制订出科学施工方案：首先，从施工现场向外挖了若干条大深沟，把挖出来的土作为施工需要的新土备用，以解决新土问题。其次，从城外把汴水引入所挖的大沟中，利用木排及船只运送木材石料，解决了木材石料的运输问题。最后，等到材料运输任务完成之后，再把沟中的水排掉，把工地上的垃圾填入沟内，使沟重新变为平地。一举三得，不仅节约了时间和经费，而且使工地秩序井然，使城内的交通和生活秩序不受施工太大的影响。工程原先估计用 15 年时间建成，而丁渭征集动用数万工匠，严令日夜不得停歇，结果只用了 7 年时间便建成，深得皇帝赞赏。

1. 组织方面的管理思想

周公的《周礼》中的官僚组织制度，层次分明，职责清楚；孙武的《孙子兵法》中的军队编制层次关系明晰，编制也比较完备，这些中都蕴涵了丰富的组织管理思想；中国古代有许多伟大工程，如秦代蒙恬征募 30 万人，修筑万里长城；隋炀帝动员近百万民工修运河，这些浩大工程的建成，都是古代管理思想在劳动组织上实践的范例。

2. 经营方面的管理思想

春秋初期管仲编撰的《管子》一书，是中国最早的、成就最高的一部经济著作。书中体现了"上下不和，虽安必危"的和气生财人际关系，"言而不可复者，君不言也；行而不可再者，君不行也。凡言而不可复，行而不可再者，有国者之大禁也"的信誉观，"事无备则费""以备待时"的统筹思想等。西汉司马迁编写的《货殖列传》是一篇有名的经济论著，它使中国古代治生的管理思想有了较为完整的理论体系。司马迁的"自然之验"论认定发展商品经济，满足人们的物质需要和求富要求，是社会发展的自身规律。此外，《史记》中还列出了一些生产原则，如重视货币资本、利润率不可过高、商品要注重质量、经营人们喜欢和需要的商品等。

3. 以人为本的管理思想

《道德经》有"城中有四大，而人居其一焉"。"四大"指道、天、地、人大。孟子认为"以佚道使民，虽劳不怨；以生道杀民，虽死不怨杀者"，都体现着以人为本的思想。在用人方面中国素有"选贤任能""任人唯贤"的主张，以及"禅让制度"。在重视人才方面，墨子主张"不辨贫富、贵贱、远近、亲疏、贤者举而尚之，不肖者抑而废之"。

4. 理财方面的管理思想

"开源节流""崇俭拙奢"是中国历来倡导的思想。孔子在《论语》中指出："节用而爱人，使民以时"。墨子主张"俭节则昌，淫佚则亡"。荀况主张富国与富民并举，提倡"上下俱富"，为此必须"节其流，开其源，使天下必有余，而上不忧不足"。在理财手段上，中国古代曾实行会计、成本核算、统计等一些核算制度。

5. 管物方面的管理思想

中国古代对物管理的一个指导思想，就是"利器说"。孔子在《论语》中说："工欲善其事，必先利其器。"另外，在定额管理、规范操作方面，宋代李诫编修的《营运法式》一书早有系统记载。对财物保管和收纳支出也早有制度，并有专门官员分类管理。

中国古代的管理思想宝库中，还有韩非法制的管理思想。北宋沈括（公元 1031～1095 年）在《梦溪笔谈》里所记载的丁渭重建被焚皇宫，阐述了系统运筹的思想。在人性的研究方面，有孟子的"性善论"与荀子的"性恶论"，主张"从人之性，顺人之情"满足人的需要。"性善论"与"性恶论"与西方行为科学中所提出的"X 理论"

与"Y 理论"相类似，但要比西方早 2000 多年。

总之，中国古代的管理思想极为丰富，有不少内容至今仍闪耀着光彩，现代管理学中的一些观点、理论和方法也都可以从中国古代思想宝库中直接或间接地找到有益的借鉴。

2.5.2　中国近代的企业管理思想

中国民族资本企业，从一诞生就受到帝国主义、官僚资本和封建势力的重重挤压，技术设备落后，管理制度和方法上也带有半殖民地半封建的色彩。但许多企业都能长期生存，并积累一些管理经验。这些管理经验、管理思想是值得研究和借鉴的，也是中国管理历史遗产的重要组成部分。这些管理经验和管理思想主要有以下表现。

1. 实行科学管理

（1）废除工头制，建立管理机构。穆藕初（1876～1943）是中国最早推行科学管理的企业家。1914 年首先在他创建的德大、厚生和豫丰等纱厂，推行科学管理方法，废除工头制，建立管理机构，把文武场改为科室、车间。还聘请技术人员指挥生产，按规定填报考核生产情况的各种报表。东亚毛呢纺织有限公司，简称东亚公司，创建于1932 年，也较早建立了管理机构，公司内设进货、营业、广告、会计、统计、人事等部，以及毛、麻、化学等生产单位，且公司人员具有较高文化水平。

（2）实行生产标准化。1922 年创建于上海的康元制罐厂，对工人的生产操作所需时间，制定适中的生产效率标准。

（3）建立规章制度。东亚公司对行政和生产部门都建立了严格的工作责任制、操作规程和考核产品质量的标准。

2. 有民族特色的经营思想

（1）采取"人弃我取"的经营策略。中国民族实业家运用中国古代经营家白圭的"人弃我取，人取我与"的经营思想，避免与强大的外国竞争对手硬拼。如实业家陈家庚在新加坡初办黄梨罐头厂时，就选择了许多厂家都不愿生产的黄梨杂装罐头，还有不少企业，为了避免与强大外国竞争对手硬拼，为了争取主动，把市场转向农村。

（2）加强经济核算，努力降低成本。刘鸿生在章华毛纺厂推行一套成本会计制度，当时几家银行的调查认为："厉行成本会计"是"最有价值"的方式，主张"此种严密之算法，各厂宜急仿"。中国著名印制出版企业之一——商务印书馆，也较早改进财务管理，施行成本核算，根据出版物性质和生产特点，将编稿、制版、印刷、装订四项工作，按其难易粗精，各分若干等级，计算各级每一单位的标准成本，通过成本核算和对比，确定生产费用的多寡和工作效率的高低，同时发现企业经营管理方面的问题。

（3）创造名牌产品。这是中国民族资本企业与外国企业竞争，克敌制胜的又一成功经验。中国民族资本家范旭东的永利制碱公司，成功地制成了红三角牌纯碱，行销全国，还打破了国际垄断，进入了日本和南洋市场，并在万国博览会上获得金质奖章，为中国发展民族化工争了一口气。此外，天厨味精、华新"松鹿"32支纱、东亚"抵羊"毛线、茂新"兵船"面粉、五洲"固本"肥皂、大降棉纺机等高质量名牌产品，都是同外国企业竞争取胜的"拳头"产品。

3. 以人为本的管理思想

中国的一些民族资本企业，也注意在管理中实行以人为中心的管理。东亚公司为了调动职工的积极性，推行"职工股东化"，搞了一个"职工特别优待股份规则"，规定连续3年不犯厂规的分别"赠给"少量股票。公司还兴办一些福利事业，如职工宿舍、职工医院、病伤津贴等，使职工对公司产生好感。以人为本还表现在重视人才、知人善任方面。实业家吴旭东认为："事业的真正基础是人才"，他用重金聘用有成就的专家，作为企业管理骨干。刘鸿生也认为："所愁的是有了资本和资源，却得不到一批能运用资本和资源的人才。"

4. 培养企业精神

中国很多民族实业家在办工厂的实践中认识到精神灌输的重要作用，并且结合工厂的具体情况，培养企业精神，以激励员工的士气。东亚公司在公司大楼的山墙上用大字写着"己所不欲，勿施于人""你愿人怎样待你，你就先怎样待人"等东亚厂训，编制了《东亚精神》。康元制罐厂厂训内容："勤、俭、诚、勇、洁"；要求职工"不偷懒，说老实话，有过改过，遵纪守法"。

综上所述，中国近代民族资本企业在经营管理方面积累的一些经验是丰富的，其中不少是符合科学管理原理的。但因特定的社会历史条件的限制，不可避免地还存在着时代和阶级属性的局限性，这是我们今天在研究借鉴时，应该予以注意的。

新中国成立后，在照搬和学习苏联的模式与方法的同时，也进行了自我探索，管理水平有了很大的提高。但由于中国历史上的原因，在相当一段时期内，企业管理受到了削弱甚至破坏，更谈不上对管理理论的研究。

十一届三中全会以后，管理科学作为一类独立学科得到了确认，初步形成了一个具有中国特色的管理科学的学科体系。但改革开放改变了中国建设与发展的基本指导思想和政治、经济体制。因此，在管理理论方面发生了根本的变化，对管理的基本问题也需要重新认识。随着改革的发展，管理理论有待进一步研究。

本章小结

资本主义管理思想的发展大体经过早期管理思想、古典管理思想和现代管理思想三个阶段。早期的管理思想主要以詹姆斯·斯图亚特、亚当·斯密和罗伯特·欧文等人在管理实践的基础上总结出来的一些观点为主。如斯图亚特的刺激工资的思想，斯密提出的"经济人"的观点和欧文最早提出的重视企业内部人力资源的思想等。在这些观点和思想的基础上，到了 19 世纪末 20 世纪初在美法德等国家又形成了有一定科学依据的管理理论。就是以泰罗及其追随者创建的科学管理理论，法国工程师法约尔创建的一般管理理论和德国社会学家韦伯创建的行政组织理论为代表的古典管理思想。在 20 世纪管理理论继续发展，20 年代至 30 年代，以哈佛大学教授梅奥为代表的研究人员在霍桑试验的基础上创立了早期的行为科学——人际关系学说，后来这个理论又进一步发展成为组织行为学说。第二次世界大战后，特别是 70 年代后，许多学者和管理专家都从各自不同的背景、不同的角度、用不同的方法对现代管理问题进行研究，相继出现许多新的管理理论和学派，如经验学派、人际关系学派、群体行为学派、决策理论学派、系统学派、管理科学学派、权变理论学派、经理角色学派、经营管理学派等 11 个学派，这些管理理论形成了盘根错节、争相竞荣的局面，被美国管理学家孔茨称为"管理理论的丛林"。从此，管理思想进入了一个空前繁荣的时代。

思考题

1. 西方古典管理理论包括哪些内容？如何评价西方古典管理理论？
2. 泰罗的科学管理制度包括哪些内容？如何评价科学管理理论？
3. 法约尔提出的管理活动职能有哪些？
4. 韦伯的行政组织体系理论的主要内容包括哪些？
5. 人际关系学说的主要内容是什么？如何对它进行评价？
6. 现代管理理论的丛林包括哪些学派？你对各学派是如何评价的？
7. 案例分析：

联合邮包服务公司的科学管理

联合邮包服务公司（UPS）雇用了 15 万员工，平均每天将 900 万个包裹发送到美国各地和 180 个国家。为了实现他们的宗旨，"在邮运业中办理最快捷的运送"，UPS 的管理当局系统地培训他们的员工，使他们以尽可能高的效率从事工作。让我们以送货司机的工作为例，介绍一下他们的管理风格。

UPS 的工业工程师们对每一位司机的行驶路线进行了时间研究，并对每种送货、暂停和取货活动都设立了标准。这些工程师们记录了红灯、通行、按门铃、穿院子、上楼梯、中间休息喝咖啡时间，甚至上厕所时间，将这些数据输入计算机中，从而给出每一位司机每天工作的详细时间标准。

为了完成每天取送 130 件包裹的目标，司机们必须严格遵循工程师设定的程序。当他们接近发送站时，他们松开安全带，按喇叭，关发动机，拉起紧急制动，把变速器推到 1 挡上，为送货车完毕的启动离开做好准备，这一系列动作严丝合缝。然后，司机从驾驶室出溜到地面上，右臂夹着文件夹，左手拿着包裹，右手拿着车钥匙。他们看一眼包裹上的地址把他记在脑子里，然后以每秒 3 米的速度快步跑到顾客的门前，先敲一下门以免浪费时间找门铃。送完货后，他们回到卡车上的路途中完成登录工作。

　　这种刻板的时间表是不是看起来有点繁琐？也许是，它真能带来高效率吗？毫无疑问！生产率专家公认，UPS 是世界上效率最高的公司之一。举例来说，联邦捷运公司平均每人每天不过取送 80 件包裹，而 UPS 却是 130 件。在提高效率方面的不懈努力，看来对 UPS 的净利润产生积极的影响。虽然这是一家未上市的公司，但人们普遍认为它是一家获利丰厚的公司。

　　讨论内容：结合联合邮包服务公司的实际讨论科学管理的核心内容。

第三章　现代管理的理论基础

学习目标

1. 了解系统理论的产生和发展过程
2. 掌握系统理论的基本概念和思想
3. 了解系统理论对管理的贡献
4. 重点掌握现代管理的基本原理及内容

学习索引

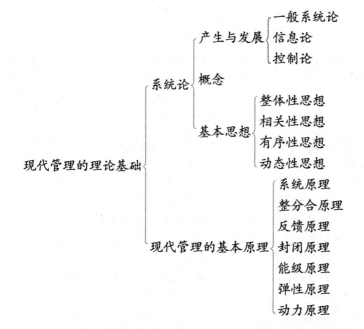

3.1　系统理论与管理

3.1.1　系统理论的产生和发展

系统理论最初是20世纪40年代由美籍奥地利生物学家路德维希·冯·贝塔朗菲（Ludeig von Bertalanffy，1901~1972）提出的，后经过许多科学家发展形成的一门科学，它包括贝塔朗菲提出的一般系统论，维纳提出的控制论，申农提出的信息论，普里高津提出的耗散结构理论，哈肯提出的协同学，托姆提出的突变论等。

1. 系统论的产生

系统论又称普通系统论，或一般系统论（GST）。它是把事物当成一个整体或系统来研究，并用数学模型去描述和确立系统的结构和行为的理论。系统论意在确立适用于系统的一般原则，探索适用于一切综合系统或子系统结构的功能优化的模式、原则和系统运动规律并结合数学和逻辑方法加以定量化研究。

　小知识

系统论的产生轨迹

现代系统论虽然产生于欧美，但中国古代劳动人民和思想家却最早实践了系统思想，产生了古代系统观。如历史上记载的田忌与齐威王赛马、四川都江堰的修建等事例，中国古代的"五行说"、《太极图说》等都体现了古代卓越的系统观。近代系统观则以布莱尼兹的"单子论"、康德的范畴系统和整体美思想、黑格尔的系统思想等为标志。

古典系统观 → 近代系统观 → 机体系统论 → 一般系统论 → 系统自组织理论

贝塔朗菲总结了20世纪上半叶生物学实验成果和思想成果，深刻剖析了长期进行激烈论争的机械论生命观与活力论生命观的本质特征和思想根源，提出了超越两者的第三种生命观——机体论生命观的基本原理。他用机体论概念揭示了现代科学诸学科基本原理的逻辑相应性或同型性，在机体论的基础上确立了普遍适用于各学科领域、富有新世界观意义的"一般系统论"的基本法则，为科学的统一或科学的整体化提供了新的方法论。

系统论产生以后，又出现了许多把对象作为"系统"加以考察的新学科，如管理学、科学学、系统工程学、运筹学等。同时用系统观点考察复杂系统从无序到有序，从较低有序到高度有序的转变过程和规律，逐渐形成了一般系统研究的另一个新领域，这就是20世纪60年代末发展起来的系统自组织理论。几十年来，由于研究的出发点不同，建立理论的目的和方法不同解决问题的角度也不同，已形成了四种一般系统理论，这就是贝塔朗菲的类比型系统理论、普里高津的耗散结构理论、哈肯的协同学和乌也莫夫的参量型系统论。

2. 信息论的面世

信息论（Information Theory）是用概率论和数理统计的方法，从量的方面来研究系统的信息如何获取、加工、处理、传输和控制的科学。众所公认的信息论创始人是美国贝尔电话研究所的数学家申农。他为解决通讯技术中的信息编码问题，突破古老框框，把发射信息和接收信息作为一个整体的通讯过程来研究，提出发通讯系统的一般模型，如图3－1所示，同时建立了信息量的统计公式，奠定了信息论的理论基础。1948年申农发表的《通讯的数学理论》一文，成为信息论诞生的标志。

$$信源 \xrightarrow{消息} 编码 \xrightarrow{信号} 信道 \xrightarrow{信号+噪声} 译码 \xrightarrow{消息} 信宿$$

图3－1 通讯系统的一般模型

信息论对管理学的作用十分重要，例如对沟通的研究是建立在信息模型的基础上的。进行沟通首先要将想表达的思想进行编码，经过各种方式加工成各种语言和信号等，通过各种媒介如纸张、电子媒介等传递给接收对象，接收对象对接收到的信息进行加工解码，从而理解其真实的含义。

3. 控制论的产生

控制论（Cybernetics）是研究动态系统在变化的条件下，如何保持平衡状态，即研究系统控制规律的理论，系统管理理论的建立同控制论的出现是分不开的。企业组织是一个完整的系统，在这个系统中，企业的基本职能必须用系统观点来考察，计划、组织、领导、控制是一个循环往复的链条，同时又构成自己的子系统，发挥着系统的整合作用。

控制论的产生和发展大体上经过了三个阶段：1942年以前是酝酿阶段；1943～1948年是形成阶段；1948年以后是发展阶段。今天，控制论基本上沿着三个方向发展：一是向人类知识的最高层次渗透，形成理论控制论并丰富哲学和哲学方法；二是在科学方法论层次上的发展，大体经历了经典控制论、现代控制论、大系统控制论三个阶段；三是向各门具体学科渗透，与其结合形成具体科学方法。

3.1.2 系统论的基本概念

1. 系统

所谓系统，是指由若干个可以相互区别、相互联系和相互作用的要素所组成，处于一定的环境之中，为达到整体目的而存在的有机集合体。其中的"要素"是系统内相互联系、相互作用的各组成部分。

（1）系统的分类。系统按其各种属性进行的分类，具体见表3-1所示。

表3-1　　　　　　　　　　　系统分类

按自然属性分	自然系统	指自然界客观存在的系统，如宇宙系统、生态系统、生物系统等
	人造系统	指经过人改造或由人创造的系统，也叫有人系统，如国民经济系统、企业系统等
按运动属性分	动态系统	指系统状态在一段时间内持续发生变化的系统
	静态系统	指系统状态不随时间的变化而变化。这里的静态是相对的
按物质属性分	实体系统	指由客观物质组成的系统，如自然系统、行政系统、神经系统等
	概念系统	指由主观概念和逻辑关系等非物质组成的系统，如学科体系统、制度体系统等
按与环境的关系分	开放系统	指系统与环境经常进行物质、能量和信息等交换的系统，如自然界存在的系统都是开放系统
	封闭系统	指那些不与环境进行物质、能量和信息交换的系统
按反馈属性分	开环系统	指系统内不存在反馈线路和机制
	闭环系统	指系统内存在反馈线路和机制

（2）人造系统的特征。人造系统具有集合性、相关性、目的性、整体性和环境适应性的特征（见表3-2）。集合性是分析解决系统组成的合理性；相关性分析建立组成系统的要素间的合理关系，以扫除要素间的盲目联系和无效行动；目的性分析解决系统有无存在价值的问题；整体性分析解决整体与局部、局部与局部间的关系及系统内部的协调的问题；环境适应性是解决系统与外部协调的问题，从而使系统具有生命力。

表3-2　　　　　　　　　　　人造系统特征

集合性	系统至少是由两个或两个以上的要素组成的。这个特征告诉我们系统是可以分解的
相关性	组成系统的要素是相互联系、相互作用的，彼此不发生联系的要素构成不了一个系统
目的性	任何一个人造系统都是为了一定的目的而建立起来的。没有目的的系统是没有存在的价值的

（续表）

整体性	有独立功能的系统要素及要素之间的相互联系只能逻辑地协调和统一于系统的整体之中。不能离开系统的整体独立地研究系统的要素，对系统某一个要素的研究，不能得出关于系统整体的结论
环境适应性	任何一个系统都是存在于一定物质环境（更大的系统）之中的，它要和外部环境发生物质、能量和信息的交换，必须适应外部环境的变化。不适应环境变化的系统是没有生命力的

2. 系统论的基本思想

系统论从唯物辩证法原理出发，结合现代科学技术成果，提出了有关系统的基本思想，反映了各类系统的共同特征。

（1）整体性思想。这是系统中最基本的思想。在建立系统目标时，系统要素的功能必须服从系统的整体功能，从而达到整体功能大于部分功能之和的要求。

（2）相关性思想。这是整体性思想的延续。它揭示了系统内各要素间的联系表现为相互影响、相互作用和相互制约的关系。

（3）有序性思想。系统要素在空间排列和时间运行上是有序的，充分发挥系统的整体功能主要在于合理安排系统要素的秩序。

（4）动态性思想。任何系统的正常运转，不但受系统本身条件的限制和制约，还受相关系统的影响和制约。所以，随着系统内外条件的变化，就加快了系统内外因素的重新组合，更加激化了系统运动的动态性。

小资料

在管理学的研究中运用系统思想，并非开始于管理的系统学派。社会系统学派的代表人物巴纳德最早提出了协作系统的概念，并指出管理的职能就在于保持组织同外部环境的平衡。在20世纪30年代，福莱特也明确地提出了管理的整体性思想，他把企业组织视为一个不断运动着的统一整体，指出管理必须着眼于整体内部的协调。此后，管理科学学派也把系统分析作为一种基本方法用于解决某些工程项目的规划和复杂管理问题的决策。但是，应用一般系统理论建立一种管理理论并形成一个学派，则是60年代的事情。

第二次世界大战之后，企业组织规模日益扩大，企业内部的组织结构也更加复杂，从而提出了一个重要的管理课题，即如何从企业整体的要求出发，处理好企业组织内部各个单位或部门之间的相互关系，保证组织整体的有效运转。以往的管理理论都只侧重于管理的某一个方面，它们或者侧重于生产技术过程的管理，或者侧重于人际关系，或者侧重一般的组织结构问题，为了解决组织整体的效率问题，系统理论学派于是产生了。

在企业管理中，系统理论学派亦称系统学派，是指将企业作为一个有机整体，把各项管理业务看成相互联系的网络的一种管理学派。该学派重视对组织结构和模式的分析，应用系统理论的范畴、原理，全面分析和研究企业和其他组织的管理活动和管理过程，并建立起系统模型以便于分析。这一理论是弗理蒙特·卡斯特（F. E. Kast）、罗森茨·威克（J. E. Rosenzing）和约翰逊（R. A. Johnson）等美国管理学家在一般系统论的基础上建立起来的。

3.1.3　系统理论对管理学的贡献

系统理论不仅作为一般世界观和方法论充实和发展了当代哲学，而且对管理学，以致整个科学技术的发展都有直接而巨大的贡献。系统理论对管理学的发展至少有以下三个方面的贡献。

1. 推动了管理观念的更新

人们从系统的整体性及相互制约性得到启发，加强了管理工作中统筹兼顾、综合优化的意识，使人们在决策时能克服传统思维容易造成的片面性。

2. 提供了解决复杂问题的分析工具

对于一些用传统思维难以解决的课题，系统理论及其工程方法提供了有效的思维工具。例如，利用系统整体相关概念及多目标规划方法，可以较好地处理多元目标系统优化问题；利用模型模拟和马尔科夫方法、系统动力学方法帮助解决动态系统的预测和控制问题。

3. 促成了管理新模式的出现

对管理的历史考察表明，现代管理中广为采用的全面质量管理、全面设备管理、目标管理等新模式的出现，与系统论的应用直接有关。

3.2　现代管理的基本原理

现代管理的基本原理，就是研究如何正确而有效地处理人、财、物、信息、时间、机构和章法这些基本要素及其相互关系，以达到管理的基本目标。现代管理的基本原理包括：系统原理、整分合原理、反馈原理、封闭原理、能级原理、弹性原理和动力原理。

3.2.1　系统原理

现代管理的每一个基本要素，都不是孤立的，它既在自己的系统之内，又与其他各系统发生各种形式的联系。因此，为了达到现代管理的优化目标，必须运用系统理论对管理进行充分的系统分析，这就是管理的系统原理。系统原理要求在进行管理时，要把管理对象看成是一个系统，从整体出发，分析系统的构成要素及要素之间的结构关系，以及分析系统与外部环境的联系，在系统分析的基础上，为达到管理的目标而制定出合理的管理决策。

3.2.2 整分合原理

现代高效率的管理必须在整体规划下明确分工，在分工的基础上进行有效的综合，这就是整分合原理。

没有分工只能是每况愈下的低效率。如果管理者把所有事情都抓在手里不实行分工，就在很大程度上挤压了下一级人员的工作空间，让下一级工作人员无所适从。而下属，因为没有足够的工作表现机会，也很难真正学到东西，很难提高，更难以获得晋升的机会。而老板做了很多应该由下属做的事情，本职工作就必然会做得不够，那么整体工作就会做得有问题，结果必然导致整体成就感全部丧失，效率每况愈下。

应该指出，分工并不是管理的终结。分工也不是万能的，它也会带来许多新的问题，分工的各个环节，特别容易在时间和空间上产生脱节。因此，必须进行强有力的组织管理，使各个环节协调、有计划、按比例地综合平衡发展，才能创造出真正高水平的生产力。这就是有分有合，分而后合。

3.2.3 反馈原理

面对着永远不断变化的客观实际，管理是否有效，其关键在于是否有灵敏、正确、有力的反馈系统，其灵敏、正确、有力的程度，是一个管理功能单位是否有生命力的标志。这就是现代管理的反馈原理。

据研究发现，优秀的企业都注重客户的意见和反馈，并能有效地改进自己的客户服务工作；优秀的企业还会注意自己的竞争者，即竞争者在做什么，没有做什么或做得不尽如人意之处；成功的企业还善于从营销人员（尤其是客户服务人员）那里获得大量的需求及趋势性资料，因为客户服务代表往往会与客户一直保持接触并承担着主要的服务责任甚至起到促进销售的积极作用。

成功的客户服务机构（组织）在为企业各部门搜集情报、提供建议、总结经验、反馈信息等方面起着极其重要的作用。根据这些有价值的信息，企业就可以更好地研究和发现"趋势"性信息，并利用这些信息在未来向市场提供更好的服务。

小资料

星巴克注重客户感受

星巴克非常理解客户，注重客户感受，他们很清楚知道客户是企业产品走向的决定。星巴克对于客户感受方面正是该公司成功的原因之一。星巴克真正的长久的原因是其提供的产品非常适合于消费者的定位和口感，而这些成就跟他们长久注重客户感受有密切的关系，众所周知星巴克每推出一款新的咖啡，都会十分注重客户感受的反馈，任何人去星巴克消费咖啡时，都会额外地品尝一些新款的咖啡，并告知自己对该产品的感受，更为重要的是星巴克十分重视二次法则，在该店里如果你第二次要了同样的咖啡，那么你就会被问及你对该款产品感受，为什么会喜欢该种类的咖啡，这款咖啡给您什么样的感受？并为星巴克填写一张调查问卷，然后他们把客户的感受加以总结，以讨论哪种新品应该进入市场。

星巴克的客户感受是通过系统进行体系管理的，星巴克无时不在重视客户感受，但又让客户不会觉得做作，那么贴近顾客是最重要的学问，走进星巴克的客户都有一种很放松的感觉。

3.2.4 封闭原理

封闭原理是指任何一个系统内的管理手段必须构成一个连续封闭的回路，才能形成有效的管理运动，才能自如地吸收、加工和运作。管理系统的封闭回路如图 3－2 所示。要实现封闭，就要从后果评估出发，从各种后果中循踪追迹，找出管理手段各环节中产生后果的原因，加以封闭，或者只对后果进行封闭。也要注意到管理中的封闭只是相对的，绝不能把它僵化凝固。

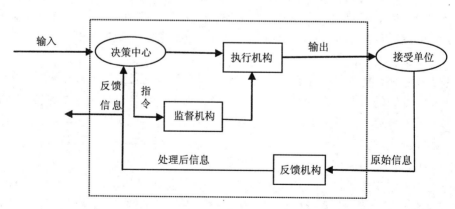

图 3－2 管理系统的基本封闭回路

一劳永逸的封闭是没有的，有效的管理要求动态地不断地进行封闭。我们的管理改革可以有各式各样的方案，但都应该是考虑了各种可能涉及的因素，权衡各种可能预见的利弊后果的"封闭模式"。当然任何封闭的模式都不可能是十全十美、天衣无缝的，这就要依靠反馈原理，不断反馈，使之日益完善，封闭起来。

> **小提示**
>
> 不封闭的管理害处极多。例如，如果管理系统缺少反馈机构，那么它的职能由执行机构代为行使，变成自己执行自己反馈，这会带来很多弊病：第一，执行者往往忙于日常事务，无暇顾及深入的调查研究和分析评价，因此反馈的信息不成系统。第二，执行者自己反馈，由于同切身利害有关，容易报喜不报忧。第三，执行机构的功能不同于反馈机构，它要求坚决地、不折不扣地贯彻决策中心的指令，才能使管理按预定的目标进行。而反馈机构却需要根据调查情况提出自己的不同看法，供决策者参考。

3.2.5　能级原理

能级原理指任何一个稳定的领导活动的目标都是一个具有不同层次、不同能量的复杂系统，在这样的系统中，每一个单元根据本身能量的大小而处于不同的地位，以此来保证结构的稳定性和有效性。

管理能级是不以人们意志为转移的客观存在，而且正是它构成了不同的管理层，使管理得以有规律的运动，以获得最佳的管理效率和效益。

正确运用能级原理必须做好以下工作。

（1）能级的确定必须保证管理结构具有最大的稳定性。理论和实践都证明了，稳定的管理结构应该是金字塔形的；而倒立的三角形、棱形之类结构是不稳定的状态。

（2）对不同能级应给予不同的权力、物质利益和精神荣誉。为了充分发挥一个管理系统的效率，除了合理划分和组织能级以外，还必须使系统的各个不同能级与相应的权力、物质利益和精神荣誉相对应。能级原理要求管理系统中的每一个元素都能在其位、谋其政、行其权、尽其责、取其酬、获其荣、惩其误。

（3）各类能级必须动态的对应。现代管理要求使具有相应才能的人处于相应的能级岗位上去。也就是人尽其才，各尽其能。例如，指挥人才应具有高瞻远瞩的战略眼光，有出众的组织才能，善于识人用人，善于判断决断，有永不枯竭的进取心。执行人员必须忠实坚决，埋头苦干，任劳任怨，善于领会领导意图等。现代管理必须善于将不同才能的人，放在合理的能级上使用。

3.2.6 弹性原理

弹性原理即管理必须保持充分的弹性，及时适应客观事物可能发生的变化，有效地实现动态管理。要理解弹性原理的重要性，必须理解管理的四大特性：管理所碰的问题，总是众多因素有机地联系在一起对管理发生作用的；管理永远处于活生生的普遍联系之中，科学的管理必须考虑尽可能多的因素，在综合平衡中求得最佳的经济效益；管理在运动中带有更大的不确定性；管理是行动的科学，它有后果问题。正是由于这四个特性，就要求现代管理必须十分重视保持弹性。

管理的弹性有两类：一是局部弹性，它是指任何一类管理必须在一系列管理环节上保持可调节的弹性，特别是在重要的关键环节上要保持足够的余地。二是整体弹性，它是指每个层次的管理系统的整体弹性，它标志着系统的可塑性和适应能力。

3.2.7 动力原理

所谓动力原理，就是管理必须有强大的动力，只有正确地运用动力，才能使管理的运动持续而有效地进行下去。此处的动力是广义的概念，不仅是管理的能源，而且是一种制约因素。没有它，管理就不能有序的运动。动力得不到正确运用，不仅会使其效能降低，而且还会起到截然相反的作用。要正确认识和处理个体动力和集体动力、眼前动力和长远动力的辩证关系。现代管理必须正确处理个体与集体之间的矛盾，因势利导，综合平衡，以取得任何情况下的最佳效率。一种比较理想的模式是让个体在大方向基本一致的前提下充分地、自由地发展。

小提示

在运用各种动力时，要注意"刺激量"这个概念。刺激量不足或刺激量过大，都不能有效地发挥动力的作用。因此，各种动力的量要适中，才能更好地激发人的积极性。

本章小结

系统理论使人们从整体的观点出发，通过对组织的研究来分析管理行为，体现了管理哲学的改变。使人们对组织的各个子系统的地位和作用，以及它们之间的相互关系，得到了更清楚的了解。同时，它也使人们注意到任何社会组织都具有开放系统的性质，从而要求管理者不仅要分析组织的内部因素，解决组织内部因素的相互关系问题，还要了解组织的外部环境因素，注意解决组织与外部环境的相互关系问题，为人们处理和解决各种复杂组织的管理问题提供了一种十分有用的方法和思路。

现代管理的基本原理有：系统原理、整分合原理、反馈原理、封闭原理、能级原理、弹性原理、动力原理。管理者只有在管理实践中灵活的运用，才能有效地达到管理的目的。

思考题

1. 小生产管理习惯于"平安无事"，"以不变应万变"，你认为现代管理的优势在哪里？应该从哪些方面进行管理？

2. 案例分析：

福布斯 100 强的启示：应变之痛

根据 1978 年《福布斯》全美 100 强排名（当时该杂志还没有进行全球企业的排名）可以发现，在当年的 100 家企业中，38 家已经不复存在，其中 3 家破产，35 家被收购。在幸存至今的企业中，有 30 家已经无力问津《福布斯》。

为什么如此多的企业都在应对商业环境快速变化的过程中痛苦不堪？波士顿咨询联合董事会主席施德恩认为，主要原因有三点：一是很多公司没有正确认识到这些变化所带来的威胁。摩托罗拉就是一个例子。尽管它曾经在技术领域占据一席之地，但却莫名其妙地错失了数字电话的发展良机，个中原因耐人寻味。而摩托罗拉并不是唯一的例子。作为一家实力超群的企业，索尼在传统电视领域的地位不容动摇，同时在其他很多生活消费用品领域也处于领先，但是它却没有抓住纯平显示器的机遇，只得无限懊恼地从三星那里购买设备。二是一些企业在竞争压力下进入了一些自己无法胜任的业务领域，难以从中脱身。例如，零售领域中的 Kmart 和工业行业中的美国钢铁公司。三是一部分企业意识到了变化的威胁所在，而且也有能力应对挑战，只是它们没有胃口消化应对挑战将带来的重大变革，于是，它们千方百计地回避变化的威胁。令人遗憾的是，包括美国的汽车公司在内的众多企业都处在这样的境地之中。它们想把企业做大、做强，可尽管意识到了问题出在什么地方，却不愿意面对并处理这些问题。快餐业的麦当劳也一度位于这样的企业之列，不过它现在已经进行了改革。施德恩认为，在当今的商业世界中，忽视了潜伏的巨大危险就意味着彻底失败。正如一位 CEO 所说："你永远都看不见打死你的那颗子弹长得什么样。"那些关键的信号往往容易在管理者们埋头处理繁多的非关键性事务的时候被错失。日常营运往往会分散人们对于决定性挑战的注意力。

然而对企业来说，应对颠覆性挑战还不是最难的事情，比它更难的是应对企业内部员工的心理变化。老板们不能再像以前一样简单地把任务布置给员工，希望员工能带来解决方案。今天，企业中的大部分员工都可以被称为"创造性"阶层。他们更关心自主权、自我实现、自我提高、工作的灵活性和绩效考核的合理性。具有创造性阶层特征的新一代员工在企业迎接颠覆性变化的过程中会起到什么样的作用呢？他们会使这一工作既容易又困难。一方面，由于今天的员工不再像过去那样顺从，旧的管理方式也不会奏效。另一方面，如果能够正确地管理员工，他们的适应性会比过去更强。为此，施德恩向企业领导者提出了三点建议：第一条建议是，领导者的核心任务是当颠覆性挑战出现时进行合理应对，但更重要的是及时调动企业全体员工应对挑战。因为这不是一个人可以完成的任务。而且，颠覆式挑战即将来临的信号往往是出现于企业外围或是竞争前线。因此，管理者需要赢得企业全部员工的合作，让他们对变化时刻警觉。这可不是口头上说说就能办到的。最好的方法是从公司内部提拔管理人员。这听起来似乎是显而易见的道理，可一旦着手实施，就会发现这么做不太轻松。如果不听取上面的第一条建议，就会在企业中被孤立。可如果管理者完全照搬，又会被大量的信息所淹没。第二条建议便是，管理者要有选择地听取意见，取其精华去其糟粕。理想的做法是对掌握的信息进行过滤、判断，每几年中只确定一两个关键性挑战，然后集中精力进行应对。第三条建议是，一旦管理者确定了关键性挑战并决定应对时，同时也要调动整个企业上下进行应对。领导者需要充分利用自己所掌握的企业来实现这一点。要在一两个关键问题上进行集中的长期交流。同时也要把握好时机，否则整个公司可能还没有完全准备就绪。

　　施德恩认为，如果按照上述三条建议进行操作的话，就很有可能带领企业成功地度过颠覆性变革。而如果管理者表现出色的话，甚至可以取得意想不到的成功。但与此同时，管理者也要意识到，这样做也给企业带来了巨大压力。没有人会喜欢压力。公司上下会千方百计地回避压力。大部分人会采取一些消极行为，诸如预算不足等。企业管理者必须顶住这些压力和借口。最糟糕的行为就是把责任都推给管理层。但是，需要不断学习、拓宽视野、改变旧行为的是企业而不是管理者自身。因此，最后也是最难实施的一条建议就是：让整个企业来承担迎接颠覆性挑战的任务。

　　讨论内容：（1）试运用管理学中的有关原理分析此案例。（2）从本案例中你得到了什么启示？

第四章　管理与社会

学习目标

1. 了解组织与外部环境的关系
2. 了解环境对组织的决策和发展的影响力
3. 掌握组织对其利益相关者的社会责任
4. 了解企业社会责任的特征
5. 理解企业承担社会责任的模式和行为规范

学习索引

管理与社会
- 外部环境
  - 分类：自然环境和社会环境
  - 特征：复杂性、变动性、交叉性
  - 内容（PESTIN分析）：政治与法律环境、经济环境、社会文化环境、科技环境、国际环境、自然环境
- 社会责任
  - 含义
  - 内容：企业对职工的社会责任、企业对消费者的社会责任、企业对生态环境的社会责任、企业对社区的社会责任
  - 特征：变动性、有限性、相关性、延续性
  - 企业承担社会责任的模式
    - 社会大众期望企业承担社会责任
    - 企业承担社会责任是一种长期的自利
    - 企业拥有解决社会问题的资源与能力
    - 企业应对社会问题负责

4.1 组织的外部环境

4.1.1 组织与环境

任何组织都不是孤立存在的。组织是在不断与外界交流信息的过程中，得到发展和壮大的。所谓环境（environment），是指对组织绩效起着现在影响的外部机构或力量。在当代，由于全球化的影响，组织赖以生存的外部环境越来越趋于多变、剧变，因此管理者必须非常重视对环境因素的了解和认识。现代管理一般将组织的环境分为自然环境和社会环境。

1. 自然环境

自然环境，有时也被称为地理环境。它所强调的是外在物质要素的条件、状况对人类活动的制约和影响。对于组织，它往往是指作为生产资料和劳动条件的各种自然条件，常常表现为组织经营地域内的能源供应情况，自然资源的种类、品位、储量和分布以及开采利用的程度、铁路、公路、水运、客运的条件等；对于医院，它则包括医院在服务区域中的位置、交通情况、药品，以及设备情况、病人的数量等。

自然环境主要决定组织的资源优势或劣势，组织可以根据自然环境的特点，趋于利而避其劣。例如海湾国家的石油资源优势。自然环境的变化，应当引起管理者们的充分注意，以把握面临的危机或机遇。相对来说，自然环境的变化速度还是比较缓慢的，社会环境的变化周期则要快得多，对组织的威胁也要更大一些。

 小思考

温水煮蛙

彼得·圣吉（Peter Senge，1995）在其名著《第五项修炼——学习型组织的艺术与实务》一书中，用一则温水煮蛙的寓言来说明：导致许多企业失败的原因，不是因为突发性事件带来的威胁，而是常常对于缓缓而来的致命威胁习而不察。如果将一只青蛙放进温水中，不去惊吓它，它将待着不动。现在，如果慢慢加温，当温度从华氏70度升到80度，青蛙仍显得若无其事，甚至自得其乐。可悲的是，当温度慢慢上升时，青蛙将变得愈来愈虚弱，最后无法动弹。虽然没有什么限制它脱离困境，青蛙仍留在那里直到被煮熟。为什么会这样？因为青蛙内部感应生存威胁的器官只能感应出环境中激烈的变化，而感应不到缓慢、渐进的变化。

您能从"温水煮蛙"现象得到哪些启示呢？

2. 社会环境

社会环境，与自然环境相区别，在于它通常是指人们在一定物质生产活动基础上建立起来的各种相互联系、相互作用的状况的总体。它强调的是反映与一定生产力发展水平相适应的生产关系及在生产关系基础上建立、衍生出的各种社会关系。例如对于一个人或一个组织，除了他所从事的职业关系之外，他还有政治关系、法律关系、技术关系、文化关系等多方面的社会关系。这些关系不是各自孤立开来发生作用，而是有机复合，从不同方面以不同角度发生影响与制约作用的，人与人、组织与组织间的经济关系，就同时反映着政治、法律、技术、文化方面社会制度的规定性。

人们虽然把组织环境分为自然环境和社会环境，但作为组成组织环境的主要因素的自然环境和社会环境，二者并不是完全割裂的，它们之间实际上也是在人类社会实践基础上建立起来的相互联系的统一体。社会环境固然都离不开自然环境，然而自然环境也并不是纯粹自在的自然界，它同样是与人类社会实践紧密联系着的。

4.1.2 组织外部环境的特征

1. 复杂性

构成组织外部环境的因素是多方面的、复杂的，既有经济、技术、文化方面的因素，又有政治、社会方面的因素。这些因素中，有的对组织直接发生影响，有的则是间接发生影响，有时是一种因素起重要影响作用，有时则是多种因素综合发生作用。因此，组织必须全面分析各种因素的影响，特别是着重分析那些对组织影响重大的环境因素，并及时做出正确的反应，才能掌握各种活动的主动权。

2. 变动性

组织的各项活动是在外部环境处于不断变化的过程中进行的。组织外部环境变化有的是渐进的，变化比较缓慢，不易察觉和把握；有的是突变的，很快就会对组织的活动发生直接的影响。因此，组织应当注重组织外部环境的研究，及时掌握和分析有关的信息和情报，把握环境因素变化的趋势，制定正确的应对策略，来适应组织外部环境变化的需要。

3. 交叉性

构成组织外部环境的各种因素之间客观上存在着相互依存、相互制约的关系。某一种环境因素发生变化，都会直接或间接引发其他因素相应的变化。例如，社会因素的变化引起市场需求的变化，市场需求的变化会影响生产及其资源的分配，从而引起经济环境、科技环境的变化等。

4.1.3 组织与外部环境的关系

组织的外部环境是组织从事各种活动所直接或间接涉及的各种社会关系的总和。任何组织要实现自身生存与发展的目的，都需要从外部环境取得必要的能量、资源、信息，例如人力、财力、物力和有关信息等，并对这些输入进行加工、处理，然后将生产出的产品与劳务输出给外部环境。这种"输入—转换—输出"是组织连续不断、循环往复的行为过程。

社会外部环境对组织的作用：第一，社会环境对组织的决定性作用。这种作用首先表现为社会外部环境是组织存在的前提，没有以社会化大生产为技术前提的商品经济运行，就无组织而言。具体的要素环境直接地决定组织的生存与发展，而任何具体工作环境又总是一般社会外部环境的组成部分。因此说社会外部环境对组织具有决定性作用。第二，社会环境对组织的制约作用。制约作用，主要是指社会外部环境作为外在条件对组织生存发展的限制与约束。这里仅以法律环境为例，组织生活在庞大而复杂的法律环境之中。这些法律规范体系以一定的标准衡量组织进入市场运行的资格；衡量组织在市场中动作的合法性，制止和惩罚"犯规动作"。由此可见，法律规范对规范和控制组织行为具有重要制约作用。第三，社会环境对组织的影响作用。这主要是指某一事物行为对他事物或周围的人或社会行为的波及作用。如习俗观念，甚至迷信对组织经营也有重要影响。不同的民族文化或同一文化区域人们的不同观念，都对组织经营产生重要影响。

组织对环境的适应，主要是指组织对其社会环境的觉察和反应。组织适应外部环境有两种基本的形态：一是消极、被动的适应；二是积极、主动的适应。

消极、被动的适应，是指组织用其自身条件去适应现实的环境，按照环境的限制来组织生产经营活动。这种适应形态，在现实的组织经营中是存在的。但是，这种适应形态的本质是组织对外界环境的依附。实际上，组织对外部环境并不是完全无能为力的。虽然这种能力是有限的，其后果也不一定理想。

积极、主动的适应，是指组织尽可能多地掌握环境变化的信息、情报，科学地分析预测环境因素变化的趋势，并采取有效、主动的措施，顺应环境变化的需要。即改造环境、征服环境、创新环境，随后用组织自身条件去适应已被改造、创新了的环境。比如，为社会提供新产品、新服务，以改变人们的生产方式和生活方式等。

小资料

　　2011 年 5 月 24 日，台湾媒体称，5 月 23 日是台湾食品安全的崩坏日，除其他食品安全问题外，还出现了塑化剂饮料。上万吨"致癌起云剂"流入 30 多家下游厂商，制造出各类饮品和果冻，波及全台湾食品生产销售领域。

　　之所以事件引起各方高度重视，因为原本起云剂是一种合法的食品添加物，可促进食品乳化，常用于果汁、饮料、果冻和优格粉末。但某些厂家为降低成本，用 DEHP 代替起云剂，DEHP 属于环境荷尔蒙，会危害男性生殖能力，促使女性性早熟，台湾已列为第四类毒性化学物质，不得添加在食品里。台湾卫生署 5 月 30 日表示，含致癌塑化剂 DEHP 的问题起云剂的相关食品已流通到香港、大陆及东南亚地区。6 月，大陆开始就台湾塑化剂事件展开社会热议，尤其以微博等网络平台的网民关注更是引起大陆对于塑化剂的恐慌。随后，各大传统媒体也进行了实时报道，塑化剂事件从而成为整个社会关注的热点。

　　分析：较之三鹿毒奶粉等危机个案，此次台湾塑化剂事件的致命软肋在于事件发端便波及整个食品行业，"统一"等行业大佬更是黑榜有名，严重挫败台湾食品行业的生产销售。此次事件中，无论是台湾官方还是涉事企业自身，都积极应对危机，配合调查并及时公开相关进展与结果。可以说在危机处理上较为及时。然而，我们不得不看到，危机处理，必须建立在产品质量与行业法律的监管规范之上。危机公关只能基于事实的基础上，引导媒体报道、公众舆论与相关事态的良性发展，绝不能规避产品本身的严重问题，而掩过饰非。

55

4.1.4　组织外部环境的内容：PESTIN 分析

1. 政治与法律环境

　　政治环境，是指制约或影响组织的各种政治要素及其运行所形成的环境系统。包括一国的政治体制、政党制度、政府颁布的政策、政治气氛等诸多因素。政治环境既有相对稳定的成分，又有动态变化的要素。国体、政体、政党制度等属于一国政治环境中的结构性要素，具有较强的稳定性，一般不会有大的调整和变化；而政府颁布的各种政策由于要受国内与国际各种因素的影响；通常处于动态的变化中，往往会对企业产生意想不到的影响。

小提示

　　PESTIN 分析，即为政治与法律环境（politics）、经济环境（economy）、社会文化环境（society）、科技环境（technology）、国际环境（internationat）、自然环境（nature）的缩写。

　　如 2003 年刘永好的东方希望集团与黄河铝电集团、美国的杰德金属公司和先锋投资公司四家联合出资 46 亿元在河南三门峡市上马了 105 万吨氧化铝项目，但同年底政府采取了防止经济过热的宏观调控政策，氧化铝属于调控中的重中之重，该项目不得不中途停工，各方因此蒙受巨大损失。可以说，动态变化的政治环境要素是政治环境中最重要的部分，企业必须给予足够的重视。

组织的法律环境是指与组织相关的社会法制系统及其运行状态。组织的法律环境包括多种环境要素，主要有法律规范、国家司法和执法机关、法律意识等。其中，法律规范是最基本、最重要的要素，是一个完整的体系。由社会法律体系中与组织及其活动相关的一系列法律规范所组成。组织的法律环境是以经济法律规范为核心的。由于法律法规的制定与政治环境中的政治体制、政党、政府等要素密切相关，所以法律环境和政治环境本质上是一体的。法律的强制性决定法律环境对组织的影响具有硬性约束和刚性约束的特征，它规定了哪些事情能做，哪些事不能做，从而确定了组织的行为边界，对组织的行为具有导向和规范的作用。不过，需要指出的是不同国家的法律有可能是不一样的，这是一个企业在跨国经营中必须特别注意的。

 小资料

中日关系因钓鱼岛问题恶化 对日企不利影响显现

据东方早报报道，2012 年 9 月，日本政府实施所谓钓鱼岛"国有化"导致近期中日关系骤然恶化，当前形势对于日企的不利影响正在显现。受中日关系恶化影响，日本汽车在中国的生产和销售也出现困难。中国国内的反日游行导致日本汽车在中国市场的销售出现大幅下滑，因此日本各汽车公司通过减产来调整库存量。中国国内 9 月 30 日至 10 月 7 日为国庆节连休，日本各汽车公司在华工厂均延长了休假时间。今年有望成为世界首家年间销售 1000 万台汽车的丰田公司，但中国市场的萎缩或将导致这一计划化为泡影。

2. 经济环境

经济环境是指影响组织生存与发展的社会经济状况，以及国家经济政策，包括社会经济水平、经济周期、产业结构、居民的购买力水平、消费结构、价格、财政税收制度、利率与通货膨胀水平以及国家的经济管理体制等要素。经济环境可能是一般环境中对组织特别是企业的经营管理活动影响最为直接的部分，比如一个国家或地区经济的居民购买力水平会直接决定在该地区开展经营的沃尔玛（Wal－Mart）、宜家（Ikea）等零售组织的产品销售结构、销售总额、利润总额甚至营销方式。

环境的另一个特征是其内部的各种因素通常会发生连锁反应，一种因素的变化有可能引起诸多因素不同程度的变化，甚至导致整个经济形势发生逆转。比如当消费者的收入减少，或者他们对工作保障的信心减弱，或者他们预期今后的消费支出会大幅度增加，他们就会减少或者推迟目前一些非必需品的消费，这会导致这些部门的投资不足，进而导致整个社会的投资需求不足，为避免经济出现衰退，政府又会采取积极的财政政策来刺激经济需求。不过，有时候政府投资又可能对民间投资产生"挤出效应"，从而进一步加剧经济衰退的步伐。而在经济衰退期，人们对服务愿意支付的价格不但会降低，而且还要求服务质量不断提高。

3. 社会文化环境

文化环境，是指社会环境中由文化诸要素及与文化要素直接相关联的各种社会现象而构成的实际状态。文化环境涉及的范围十分广泛，大体上包括文化的基本要素系列、文化的价值系统和文化教育事业状况。文化的基本要素系列包括哲学、宗教、语言与文字、文学等。价值系统主要是指存在于文化之中的普遍的价值观，也称文化价值观。文化教育事业是提高社会文化水平的决定性因素。

置身于一定的文化环境中的组织，必然要受到文化环境的影响和制约。因此，组织应当充分认识文化的作用及其作用方式，强化组织的文化环境意识，建设具有自己特色的组织文化。

4. 科技环境

科技环境主要是指组织所处的社会环境中的科技要素及与该要素直接相关的各种社会现象的总和，包括新技术、新设备、新材料、新工艺的开发和采用，以及以此为基础形成的组织的经营管理方式的改变与国家科技政策的制定等内容。

近二十年来，一般环境中变化最迅速的就是技术。目前，人类的基因密码已经破解；利用通讯技术，整个世界都变成了一个地球村；微处理器等信息载体变得更加小巧，而功能与速度却更强更快。此外，基于互联网的电子商务正在开创崭新的经营模式，很难想象它会为世界的未来创造出什么样的图景。

5. 国际环境

国际环境指包括国外产生的各种影响企业经营的事件或者是机遇。国际环境对于其他外部环境因素都有影响。当今世界，在跨国公司、世界贸易组织、东盟、北美自由贸易协定等区域性贸易联盟的共同推动下，全球化成为一股不可阻挡的潮流，这使管理不再局限于某个国家的边界。麦当劳和肯德基在全球各地都有连锁店；可口可乐和百事可乐在世界各地都建立了瓶装厂，零售业巨头沃尔玛、家乐福、乐购也纷纷进军中国，和中国本土大型超市形成了异常激烈的竞争态势。任何组织都面临着全球环境的机遇和挑战，这迫使每个管理者不得不认真思考在国际市场中它的消费者在哪里、它的竞争者是谁。

6. 自然环境

上述五个环境的一个共同特征是它们都属于社会环境，是人们在一定物质生产活动基础上建立起来的各种相互联系、相互作用的总和。自然环境则强调的是外在物质要素的条件、状况对人类活动的制约和影响，对于组织而言，常常表现为组织经营地域内的能源供应情况、自然资源种类、地理位置、铁路、公路、空运、水运的条件等。

4.2 组织的社会责任

4.2.1 问题的由来

组织作为社会环境的一个子系统，既要适应环境的发展和变化，又要对环境的发展和变化做出自己的贡献，即要承担一定的社会责任。

企业的社会责任问题是伴随着西方国家工业化进程中出现的问题而提出来的。工业革命的发展和市场的不断扩大，加速了城市化的进程，一批工业城市出现了。在这一历史时期，尽管一些国家对企业所引发的社会问题采取了立法及政策管制措施，但企业社会责任问题还远没有引起社会的重视。

进入 20 世纪，特别是 40 年代以来，世界各国经济普遍发展。现代科学技术在能量、电子、化学合成及交通运输等方面的广泛应用，更使人类的生产与消费水平迅速提高，企业对物资资源的需求量和废物的排出量都达到了空前的程度。现代社会中企业的经营管理与环境问题、社会问题、政治问题乃至国际间关系都融合到一起，而且许多问题都直接关系到一个国家、一个地区的经济发展、社会安定、人民的健康幸福，乃至整个人类社会的生存与发展。因此，企业活动的社会后果越来越受到普遍的重视。鲍恩（Bowen）的《工商业家的社会责任》一书的出版，大大地推动了有关社会责任的研究。

4.2.2 企业社会责任的含义和内容

1. 企业社会责任的含义

社会责任（social responsibility）是指企业追求有利于社会的长远目标的一种义务，它超越了法律和经济所要求的义务。社会责任加入了一种道德要求（不是法律或者准则要求），促使人们从事使社会变得更美好的事情，而不是去做那些有损于社会的事情。一个具有社会责任感的组织从事有助于改善社会的事情，绝不只限于法律要求必须做的或者经济上有利的事情，它之所以如此做是因为它觉得这些事情是应该做的、正确的或是合乎道德的。一个具有社会责任感的组织做正确的事情，是因为它觉得有责任去做。

2. 企业社会责任的内容

企业社会责任的内容与范围是十分丰富和广泛的。除了企业经营绩效之外，至少还可以列举出被称为企业"永恒的社会责任"的四大类问题，即企业与职工关系、企业与消费者关系、企业与社区关系和企业与生态环境关系。

（1）企业对职工的社会责任。企业与职工的关系在企业生产经营成本中仅仅表现为工资和若干福利费用。然而在实际社会生活中，企业与职工的关系就要复杂得多。从企业和职工的关系建立来看，聘用或雇佣的原则和标准乃至程序就反映着企业的社会责任观念。在企业内部，职工对工作的满意程度、工作环境对职工安全与健康的保障、职工劳动素质的培养和提高，以及职工参与企业管理等，都涉及劳动者法定权益是否受到企业的尊重与切实保证。企业不能只关心职工在生产经营中的使用，还必须重视政治、文化、科技等多方面素质的培养与提高。

 小案例

惠普：帮助员工制订职业发展计划

美国惠普公司汇集着大量素质优秀、训练有素的科技人才，他们是企业发展与竞争力的主要源泉，被惠普视为公司最宝贵的财富。

惠普能吸引、留住并激励这些高级人才，不仅靠丰厚的物质待遇，更重要的是靠向这些员工提供良好的提高、成长和发展机会，其中，帮助每位员工制定令他们满足、具针对性的职业发展计划，是一个重要因素。例如，惠普公司的科罗拉罗泉城分部有一种职业发展自我管理的课程，该课程主要包括两个环节：让参加者用各种测试工具及其他手段进行个人特点的自我评估；将评估结论结合员工工作环境，制订出每位员工的发展计划。对于员工的自我评估，部门经理逐一进行进一步的了解，在此基础上再总结出员工目前的任职情况。这些信息可供高层领导制定公司总体人力资源规划，确定所要求的技能。

当公司对未来需要的预测结果与某员工所定的职业发展目标相符时，部门经理可据此帮助该员工绘制出在公司内的发展升迁路径图，标明每一升迁前应接受的培训或应增加的经历。在实施过程中，部门经理负责监测员工在职业发展方面的进展，并对其提供尽可能的帮助与支持。

（2）企业对消费者的社会责任。企业是通过提供商品和劳务而与社会发生直接关系的。在企业所处的各种社会关系中，又主要是由于企业与消费者的关系而建立起来的各种社会关系。

企业对消费者的社会责任核心是保护消费者权益。自西方发达国家倡导"消费者利益主义"以来，保护消费者权益运动已风靡世界。企业有责任使消费者从消费其商品和劳务的过程中获得最大的效用和满足。但在现实生活中，损害消费者权益的问题大部分都是企业造成的。因此，企业必须端正经营道德，承担起所应当承担的社会责任。

小资料

"上海日立"的质量管理模式

"质量体现人格，产品反映人品。"这是海立集团公司（上海日立电器有限公司为其子公司）董事长沈建芳经常挂在嘴边的一句话。在产品质量管理上，"上海日立"独特的"3M、4N、5S"管理模式已享誉业界，其创新性的"质量金字塔"概念更是引人注目。

"3M、4N、5S"管理模式的精髓是将市场上的客户、制造者和供应商的供需关系导入生产的全过程，使员工在同一岗位上扮演3种不同的角色，做到"不接受、不制造、不转交"不合格产品，努力追求"零缺陷"的质量目标。而"质量金字塔"则突出以顾客为导向，按业务流程，从顾客要求、设计开发、工艺技术到制造加工层层传递、环环相扣，实现对顾客的承诺。"始终把顾客的完全满意作为我们工作的出发点和归宿点，努力向客户提供超值服务和优质产品，是'上海日立'十多年来的宗旨。"沈建芳说。

调查数据显示，多年来，"上海日立"的客户满意度达到80%以上，成为业内声誉极佳的制造企业。

（3）企业对生态环境的社会责任。20世纪以来，特别是40年代以来，世界各国普遍面临着生态环境恶化的严重问题。在人类以全球范围的规模、以前所未有的速度与深度改造大自然的同时，大自然面临破坏甚至被毁灭的危险。企业经营中存在着人类对大自然的征服与损害的尖锐矛盾。企业对维护生态平衡、保护环境有着不可推卸的责任。维护生态平衡，主要是指保护自然环境和控制工业污染。企业在维护生态平衡方面：首先，要严格遵守一切有关维护生态平衡的法规，在减轻噪声和减少"三废"排放量上不断采取措施，尽可能减轻对生态环境的污染；其次，要重视物质资源的开发利用，提高原材料、燃料的利用率；最后，要以积极的态度与政府相配合，承担起保护环境的社会责任。

（4）企业对社区的社会责任。企业是生活在具体的社会环境之中的，这就产生了企业与社区的关系问题。企业的员工大部分来自所在的地区，其顾客也主要是社区居民。因此，重视社区利益也是企业永恒的社会责任。"迪斯尼志愿者"每天都会大规模外出参加各种社区劳动。迪斯尼还资助那些处在困境中的家庭，包括"9·11"事件中的受害者。2002年，迪斯尼捐助了价值1.4亿美元的现金、捐赠品和公共服务广播时间，支持全球的公益事业。企业作为社区的居民，在社区内从事生产经营活动，凭借社区实现其经济目标，自然也应当尽社区的社会责任。这包括响应社区政府的号召、为公益事业来做力所能及的贡献、为社区居民承担义务等。

企业社会责任的内容涉及广泛，内容具体复杂。总之，对企业的社会责任问题要从企业对社会和社会对企业两个方面去认识和把握，才能提出正确的结论。

4.2.3 企业社会责任的特征

1. 变动性

企业社会责任具有变动性的特点。在 20 世纪 40 年代以前,人们评价企业承担社会责任主要是利润最大化标准。而在当代,人口过剩、资源短缺和环境污染已成为全球性的问题。企业的社会责任也就围绕这三大基本问题而展开。因此说,企业承担社会责任是一个发展的、变化的概念。

2. 有限性

企业以其产品或服务而获得尽可能多的利润,如果企业完成这个使命的能力受到减弱或损害,还谈得上履行什么社会责任呢? 因此,企业承担社会责任是有一定的前提和限度的,它是由企业所取得的经济成就的能力所决定的。企业在任何时候,只要忽略了在经济上取得成就的限制,承担了它在经济上无力支持的社会责任,就会很快陷入困境。

社会对企业的评价标准也应当是看它是否重视经济效益与社会效益的结合,在于它实现经济目标时所采取的方式是否损害了其他社会企业和个人的利益,在于它是否出色地完成了社会所赋予它的职责和使命。

3. 相关性

一个发达的社会需要有各种特殊的分工、特殊目标的机构。这些机构所能做出的最大贡献、最大的社会责任,就在于在它们的职责范围内取得成就。企业在进行生产经营的过程中必须承担社会责任。但企业的社会责任不等于企业办社会。企业办社会,或者称社会的社会责任企业化,实质上是社会机能失调的产物。如果企业能够解决一切社会问题、承担一切社会责任,那么政府和社会公用福利部门就没有存在的必要了。因此,必须把企业的社会责任与社会的社会责任区别开来。

企业社会责任的相关性,实质上还有另一种含义。企业行为的"外溢因素"或称"社会影响"总是具有一定的相互联系,而不是各自单一独立地发挥作用。例如,企业排放"三废"不仅会影响到企业附近的生产经营、居民生活,还会影响到周围相当范围的区域;不仅在经济领域,而且还有可能引发社会问题和政治问题。企业必须和有关的社会、社区、政府等诸方面共同合作,尤其是与各级政府的积极合作,才能有益于社会问题的解决。

4. 延续性

工业革命初期,企业在向社会提供商品和劳务的同时,也把废气、废渣大量丢弃在地面上。但对这些工业废物的处理费用却未计入成本。延续至今,现代企业也仍然未把这笔费用计入自己的成本。这样,就把这些隐蔽而沉重的费用转嫁给了社会。其后果或是提高了公共赋税和公共支出，或是破坏了环境。

早期企业存在的社会影响问题，在今天的企业活动中不但仍然存在，而且随着社会化大生产的发展更为严重了。企业的发展产生了越来越多的"外溢因素"，经济学家称为"外部成本"。而今天的企业却要代前人受过，但同时也在对后人制造新的影响。新出现的经济部门、行业的企业所产生的"外溢因素"的影响，往往需要一段时间才能被人们所感受到和认识到。在现实中，人们普遍感知和认识到的企业的社会影响，一般已经是持续了很长的时间了。而制止这种影响，挽回影响所造成的损失，则要付出巨大的费用和漫长的时间代价。

4.2.4　企业承担社会责任的模式

社会责任模式认为企业被各种利益相关者（stakeholder），包括股东、社团、顾客、劳工和员工，各级政府、供应者、资金提供者和其他利益集团所环绕。这些相关群体与企业息息相关，或是企业行为对其产生重大影响，反过来，他们也可能影响企业。关于社会责任模式的主要论点有以下几个。

1. 社会大众期望企业承担社会责任

支持社会责任模式论点之一是根据"社会契约"的观点。社会契约的观点是美国的一个民间团体"经济发展委员会"在 1971 年所提出的。它的基本含义是：企业的运营必须由社会大众同意，企业基本目的是要满足社会的需要——要令社会满意。这种观点认为一旦企业不能满足社会的需要，不能履行其服务社会的角色，社会就可能采取私人所有权以外的其他机构安排方式来满足它的需要。

企业只有提供对社会有价值的服务才能存在，社会才会给予企业存在的特许权。而在企业未能符合社会的预期时，社会可随时修改或撤销它给企业的特许权。因此，企业如果想要保留它现有的社会角色和社会权力，它必须对社会的需要有所反应，并把社会想要的事物供给社会。

2. 企业承担社会责任是一种长期的自利

企业承担社会责任，从长期来看，实质上是一种自利行为。对其社区需要敏感的厂商，将会有一个的较好的社区可供它在其中运营。招募劳工将比较容易，劳工的品质也将较高；由于社会改良的结果，犯罪将减少，从而可以节省花在保护财产上的支出，也将缴纳较少的税去支援警力；企业社会行动可使大众对企业产生良好的印象，提高商誉等。较好的社会可以产生较好的企业环境。

3. 企业拥有解决社会问题的资源与能力

企业拥有可使用于社会问题的宝贵资源，应该加以利用。企业拥有大量的管理人才，也拥有庞大的资金，因此可比其他机构更能有效率地执行社会行动。

4. 企业应对社会问题负责

社会问题有些是企业的营运造成的，有些是社会自发性的问题。对于企业所造成的问题，不论是有意的还是无意的，企业都应对其行为负责；至于自发性的问题，虽非企业造成的，但对企业而言，也是一项挑战、一个机会。企业应动员其创新力量，将社会问题转变为企业进一步成长的机会，帮助解决各种社会问题。

4.2.5 企业承担社会责任的行为规范

在我们这个由各种各样的企业组成的社会中，企业保持纯粹的经济立场是不可能的。那么如何使企业承担社会责任呢？

企业承担社会责任显然超出了自发的"市场选择"所能提供的作用范围。纯粹的市场功能无力客观评价企业活动对于社会的不经济性，也无力公正地评价企业单独承担社会责任为自身带来的经济负担。例如，企业成本中没有能够包括消除水污染、大气污染、废物丢弃、社区生活干扰、消费者权益侵犯等诸方面的因素，而将消除这些公害的责任与负担转嫁给国家与社会。自发"市场选择"对此采取默认的态度。然而某个企业试图单独承担其社会责任时，由于行业内的其他企业依然我行我素，这就必然导致承担社会责任的企业为此付出的生产成本无法转化为可以取回的市场价值，企业就要因此而蒙受不应有的经济损失，此时的"市场选择"或称"市场评价"竟无丝毫宽容和公正而言。企业作为利益主体，它为利益所驱动，有背离社会利益的倾向；企业作为法人企业，企业的行为又必须严格遵守各项法律条款和规章，自觉维护社会利益；企业作为道德主体，其行为要受特定社会条件下的道德观的约束，应该具备道德行为的特征，虽然道德约束不具有强制性。企业社会责任问题，无论表现在能源或资源的利用、环境污染、社区关系、消费者权益方面或其他任何方面，都直接关系到社会公共利益、国家利益乃至人类的根本利益。因此，国家与社会协同起来，利用法律规范、政策规范、道德规范的力量，辅之以必要的经济手段，就成为督促企业自觉承担其社会责任的主要途径。

本章小结

任何组织都处在一定的环境之中，环境因素直接影响着组织的决策。组织的外部环境包括自然环境和社会环境，组织要充分认识其外部环境的复杂性、变动性和交叉性的特征，积极、主动地应对环境的变化给组织带来的影响。

企业社会责任牵涉一个企业怎样处理本企业与社会的关系。在衡量企业社会责任时，通常要考察企业行为对企业利益相关者所产生的影响。将社会对企业的期望转化成企业的社会责任，需要考虑三个方面的因素：一是社会的需要；二是企业的承受能力；三是企业满足社会期望的方式。在社会发展的不同阶段，社会责任表现出不同的内容和形式。同时，国家与社会要协同起来，利用法律规范、政策规范、道德规范的力量，辅之以必要的经济手段，督促企业自觉承担其社会责任。

思考题

"T 公司的成功转型"

始于 2007 年的美国次贷危机席卷了世界各地的实体组织，在金融风暴的冲击下，许多公司只能申请破产保护。但是以生产玩具为主营业务的 T 控股有限公司不仅成功转型为研发制造型组织，而且实现了公司的跨越式发展，主要得益于以下几个方面的管理方略。

（1）发展核心技术。T 公司 1980 年来到深圳，是最早一批"三来一补"的外资组织，1997 年在香港上市。在当年亚洲金融风暴中，T 公司与某大学电子信息工程研究院牵手合作研发智能机器人，实行自主创新的发展方略。到 2008 年 T 公司的产品中，OEM 占了 65%，ODM 占了 30%，OBM 仅占 5%。尤其是金融危机期间，T 公司坚持发展自有技术，实现了组织的成功转型。

（2）严格控制成本。在金融危机期间，原材料价格波动幅度比较大，而且许多原材料又不能通过期货市场规避风险，因此，控制成本对于实现组织效益，渡过金融危机的难关就非常有必要。因此 T 公司将原来由铜制造的配重块，用新的合金代替，从而使一个机器人成本降低 3 元钱；公司建议在中午休息时间将显示器关掉，只要天气好就拉开窗帘不开灯，精打细算的管理方式在劳动力成本上涨和人民币升值的背景下更具特殊意义。

问题：（1）如果你是 T 公司的管理者，除了发展核心技术和严格控制成本以外，在金融风暴期间你将会实施哪些管理策略？（2）在组织外部环境发生变化的时候，组织首先应该做哪些方面的工作？(3）外部环境的动荡对组织既是威胁，又是机会，如果你是一个组织的管理者将会如何将"危"转"机"？

第二篇

计 划

第五章　计划工作

5.1 计划工作概述

5.1.1 计划与计划工作的含义

计划（plan）与计划工作（planning）是两个不同的概念。计划是一种结果，它是在计划工作所包含的一系列活动顺利完成之后产生的。计划工作有广义和狭义之分。广义的计划工作是指制订计划、执行计划和检查计划的执行情况三段紧密衔接的工作过程。狭义的计划工作是指制订计划，即根据实际情况，通过科学的预测，权衡客观需要和主观可能，设立组织的未来目标，确定达到目标的一系列政策和方法，其目的就是使组织在将来获得最大的绩效。本章中所讲的是狭义的计划工作概念。

 小知识

"5W1H"是什么

What——做什么？目标与内容。

Why——为什么做？原因。

Who——谁去做？人员。

Where——何地做？地点。

When——何时做？时间。

How——怎样做？方式、手段。

实际上，一个完整的计划还应包括控制标准和考核指标的制定，也就是告诉实施计划的部门和人员，做成什么样、达到什么标准才算完成计划。

5.1.2 计划工作的作用

计划工作的重要性表现在其结果对组织的工作既能起积极影响，也可产生消极影响，甚至使组织陷入严重的困境。计划工作的积极意义应当体现在以下几方面。

1. 指明方向，协调活动

未来的不确定性和环境的复杂多变使组织运行犹如船在大海上航行，应明确现在的位置和处境，把注意力集中在正确的航向上。良好的计划可以明确组织目标，指导组织各部门协调有序地开展工作，使主管人员能集中精力关注对未来的不确定性和变化的把握，制定相应的对策，实现组织与环境的动态协调。

2. 预测变化，减少冲击

计划是面向未来的，而未来无论是组织生存的环境还是组织自身都具有一定的不确定性和变化性。比如，由于一场火灾，一个主要客户可能取消一项订货单。而计划工作则可以让组织通过周密细致的预测，尽可能地变"意料之外的变化"为"意料之内的变化",制定相应的补救措施,并在需要的时候对计划做必要的修正,变被动为主动,变不利为有利,减少变化带来的冲击。

3. 减少重复和浪费

计划工作的一项重要任务就是要使未来的组织活动均衡发展。预先对组织的活动认真研究,以期消除重复的活动所带来的不必要的浪费,并可以避免在今后的活动中,由于缺乏依据而进行轻率判断所造成的损失。计划工作还有助于用最短的时间完成工作,减少迟滞和等待时间,减少误工损失,促使各项工作能够均衡稳定的发展。

4. 有效地进行控制

组织在实现目标的过程中离不开控制,而计划则是控制的基础,控制中几乎所有的标准都来自计划。如果没有既定的目标和规划作为衡量的尺度,管理人员就无法检查组织目标的实现情况,也就无法实施控制。

5.1.3 影响计划工作重点的权变因素

计划要根据组织自身及环境特点来制定,不同的组织及所处环境的不同,计划工作的重点也不相同。影响计划工作重点的权变因素有以下几种。

1. 组织层次

在通常情况下,高层管理者主要制订具有全局性、方向性、长期性的计划,计划工作的重点是战略计划,基层管理者主要制订局部的、具体的、短期的计划,其计划工作的重点在操作层面上。中层管理者制订的计划内容介于高层与基层管理者制订的计划之间。图5-1表明了组织层次与计划重点之间的关系。

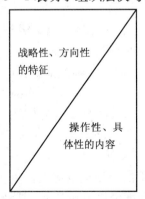
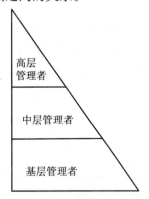

图5-1 组织层次与计划工作重点

2. 组织的生命周期

任何组织都要经历一个从形成、成长、成熟到衰退的生命周期。在组织生命周期的各个阶段上，计划工作的重点也不一样，如图5-2所示。组织处于形成期时，各类不确定因素很多，目标是尝试性的，要求组织具有很高的灵活性，因而计划也应随时按需要进行调整。所以，计划工作的重点应侧重方向性、指导性，计划的期限宜短。在成长阶段，随着目标更确定，不确定因素减少（如资源更容易获取、顾客忠诚度提高），因此，计划的重点应关注具体的操作。当组织进入成熟期，面临的不确定性和波动性最少，计划工作的重点可放在长期性、具体的可操作性上。当组织进入衰退期时，目标要重新考虑，资源要重新分配，计划工作的重点又重新回到短期的、指导性的内容上。

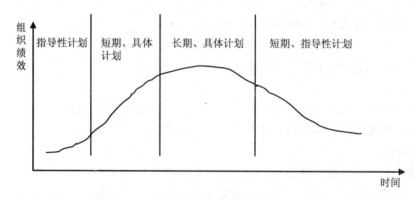

图5-2 组织生命周期和计划工作重点

3. 组织文化

组织文化有强弱之分，员工对组织基本价值观念的接受程度和承诺越大，文化就越强，而且并非所有的文化都对员工有同等程度的影响，强文化（strong cultures）比弱文化（weak cultures）对员工的影响更大。在强文化（强烈拥有并广泛共享基本价值观的组织）背景下，组织成员所共有的价值体系也会对计划工作的重点产生影响。在手段倾向型的组织文化中，组织的计划更侧重于具体的操作性内容；而在结果倾向型的组织文化中，组织的计划则会倾向于目标性和指导性内容。

4. 环境的波动性

若环境波动的频率高，即变化较多，则组织的计划重点应放在短期计划内容上，反之，计划的重点则可偏向于长远的规划；若环境变化的幅度大，计划的内容重点则应放在指导性的内容上，反之，组织的计划则可侧重于操作性的具体内容。

5.2　计划工作的特征

计划工作的特征可以概括为五个方面，即目的性、首位性、普遍性、效率性和创新性。

1. 目的性

任何组织或个人制订计划都是为了有效地达到某种目标。在计划工作开始之前，这种目标可能并不具体。在计划工作过程的最初阶段，制定具体明确的目标是其首要任务，因为以后的所有工作都是围绕目标进行的。例如，某百货公司的经理希望明年的销售额和利润额有较大幅度的增长，这就是一种不明确的目标，为此就需要制订计划，根据过去的情况和现在的条件确定一个可行的目标，比如，"销售额增长 20%，利润增长 15%"，这种具体的明确的目标不是单凭主观愿望就能确定的，而要符合实际情况，以大量的预测和分析工作为基础。计划工作要使今后的行动集中于目标，要预测并确定哪些行动有利于达到目标，哪些行动不利于达到目标或与目标无关，从而指导今后的行动朝着目标的方向迈进。可以说，没有计划的行动或多或少是一种盲目的行动。

2. 首位性

计划工作在管理职能中处于首要地位。因为在有些情况下，计划职能是唯一需要完成的管理工作。计划工作可能得出一个结论，即没有必要采取进一步的行动。比如，原打算在某地建立一个新的钢铁厂，首要的工作是进行可行性分析，如果分析的结果表明在此地建立钢铁厂是不合适的，那么所有工作也就告一段落，无须实行其他的管理职能。

另外，管理过程中的其他职能都是为了支持、保证目标的实现。因此，这些职能只能在计划工作确定了目标之后才能进行。一位主管人员只有在明确目标之后才能确定合适的组织结构、下级的权力与责任，以及怎样控制组织和个人的行为不偏离计划等。所有这些组织、领导、控制职能都是依计划而转移的。图 5-3 概略地描述了这种相互关系。

计划工作对组织工作的影响，可能是需要在局部或整体上改变一个组织的结构，设立新的职能部门和改变原有的职权关系。例如，一个企业要开发一种重要的新产品，可能为此专门成立一个项目小组，并实行一种矩阵式的组织形式和职权关系。

计划工作对人员配备的影响是可能需要委任新的部门主管，调整和充实关键部门的人员以及培训员工等。而组织结构和员工构成的变化，必然会影响到领导方式和激励方式。

计划工作和控制工作是分不开的，它们是管理的一对双生子。未经计划的活动是无法控制的，因为控制就是纠正脱离计划的偏差，以保持活动的既定方向。没有计划

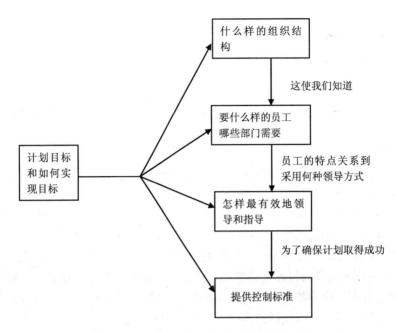

图 5 - 3　计划领先于其他管理职能示意

指导的控制是毫无意义的，计划为控制工作提供标准。此外，控制职能的有效行使，往往需要根据情况的变化拟订新的计划或修改原定计划，而新的计划和修改过的计划又被作为连续进行控制工作的基础。计划工作与控制工作的这种连续不断的关系，通常被称为计划—控制—计划循环。

3. 普遍性

任何管理者或多或少都有某些制订计划的权力和责任。高层管理者不可能也不必要对组织内的一切活动作出确切的说明，这也是有效的管理者所必须遵循的一条原则。最常见的情况是高层管理人员仅对组织活动制订结构性的计划。换句话说，高层管理人员只负责制订战略性的计划，而那些具体的计划由下级完成。因为人的精力是有限的，即使是最聪明、最能干的领导人，也不可能包揽现代企业中极为繁重的计划工作。此外，授予下级某些制订计划的权力，有助于调动下级的积极性，挖掘下级的潜在能力，使下级有体现自身价值的感觉，这无疑对贯彻执行计划、高效地完成组织目标大有裨益。

4. 效率性

计划工作不仅要确保实现目标，而且要从众多方案中选择最优的资源配置方案，以求得资源的合理利用和高效率。既要"做正确的事"，又要"正确地做事"。所谓计划的效率是指实现目标所获得的利益与执行计划过程中总消耗的比率，也就是所有的产出与所有的投入之比。如果能达到计划的目标，但它需要的代价太大，这个计划的效率就很低，就不是一份好的计划。只有能够实现收入大于支出，并且顾及国家、集体和个人三者利益的计划才是一个完美的计划，才能真正体现出计划的效率。例如，某位劳动集约化企业的经理，一上任就制定出使企业在短期内实现技术集约化的转变，这样的计划不一定是一个高效率的计划。因为，我国劳动力的成本很低，而技术和设备相对就比较昂贵。在执行计划时，肯定要花费巨额资金，而且还会导致许多职工无事可做，对人们的心理也会造成巨大的压力。所以，制订计划时不但要考虑经济方面的利益，还要考虑非经济方面的利益。

5. 创新性

计划工作总是对需要解决的新问题和可能出现的新变化、新机会作出决定的，因而它是一个具有创新性的管理过程。计划类似于一项产品或工程的设计，它是对管理活动的设计。正如一种新产品的成功在于创新一样，成功的计划也依赖于创新。

▊ 5.3 计划体系

5.3.1 计划类型

计划的种类很多，依据不同的标准可将计划分为不同的类型。不同类型的计划不是割裂开的，而是由分别适用于不同条件的计划组成的一个计划体系。最普遍的划分方法是根据计划的广度、明确程度、组织层次、职能、内容和时间跨度来分类。不同的分类方法有利于我们了解计划的各种类型。表5-1表示出了按不同方法分类的计划类型。

表 5-1   计划的类型

分类标志	类　　型
广　度	战略计划和作业计划
明确程度	指导性计划和具体计划
组织层次	高层计划、中层计划和基层计划
组织职能	生产计划、营销计划、财务计划、人事计划等
内　容	专项计划和综合计划
时间跨度	长期计划、中期计划和短期计划

5.3.2 计划的表现形式

计划的不同表现形式是计划多样性的重要方面，确定计划形式对于发挥计划职能有着重大意义。不同的计划形式可描述为一个等级层次，如图 5－4 所示。

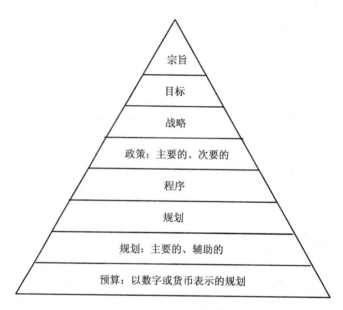

图 5－4　计划的表现形式

1. 宗旨

一个组织的宗旨可以看做是它最基本的目标，也是一个组织存在的基本理由。它反映的是组织的价值观念、经营理念和管理哲学的根本性的问题。一个组织的宗旨可概括为两类：或者是寻求贡献于组织以外的自然、社会；或者是寻求贡献于组织内部的成员的生存和发展。这两类宗旨是彼此相连、相辅相成的。

2. 使命

使命是管理人员选择的实现组织宗旨的途径。例如，一家旅行社和一家电子企业，同样为了创造利润，一个选择了提供旅游服务，一个却选择了提供电子产品；一所学校和一家法院同样服务于社会，前者的使命是教书育人，后者的使命是解释和执行法律。这里应该强调的是，使命只是组织实现宗旨的手段，而不是宗旨存在的理由。组织为了自己的宗旨，可以选择这种事业，也可以选择那种事业。

3. 目标

组织的使命说明了组织要从事的事业，而组织的目标则更加具体地说明了组织从事这项事业的预期结果，是宗旨、使命的具体化。组织的目标包括了组织在一定时期内的目标以及组织各个部门的具体目标等两个方面的内容。目标不仅是计划工作的终点，而且也是组织工作、人事工作、领导工作和控制活动所要达到的结果。

 小资料

四家世界著名公司的使命和目标描述

公司	使命和目标描述
丰田公司	以提供有利于环保的安全型产品为使命，通过所有的企业活动为创造更美好更舒适的生存环境和更富裕的社会而不懈努力。在各个领域不断开发和研究最尖端的科学技术，为满足全球顾客的需求提供充满魅力的产品和服务
沃尔玛公司	我们为您而工作。我们把自己看做是我们顾客的采购人员，我们发挥我们的最大优势为您提供最佳的价值。我们将尽最大努力使我们顾客的购物更加方便
Facebook 公司	让世界上每个人都互相联系、让每个人都能够发表自己的意见、并帮助改造世界是一个巨大的需求和机遇。科技的规模和基础设施的打造是空前的，我们相信这是我们必须关注的最重要问题
麦肯锡公司	为高层管理者综合研究和解决战略上的问题和机遇；对高层主管所面临的各种选择方案提供全面的建议；预测今后发展中可能出现的新问题或各种机会，并制定及时的、务实的对策

4. 战略

战略是为实现组织长远目标所选择的发展方向、所确定的行动路线以及资源分配方案的一个总纲。战略是指导全局和长远发展的方针。战略一词来自军事用语，因此引用到管理学中来，它仍然含有对抗的含义。所以组织在制定战略时不可能闭门造车，而是要仔细研究其他相关组织，特别是竞争对手的情况，以取得优势地位获得竞争胜利为目标制定出自身的战略。例如百年竞争中的两个主角——可口可乐公司和百事可乐公司，它们在制定各自的战略时必定要研究对方的战略。

5. 政策

政策是组织在决策时或处理问题时用来指导和沟通思想与行动方针的明文规定。

它指明组织活动的方向和范围，鼓励什么和限制什么，以保证行动同目标一致。政策有助于将一些问题事先确定下来，避免重复分析相同情况。制定政策还有助于主管人员把职权授予下级，发挥下级的判断潜力，做出更符合实际的决定。

政策的种类很多，例如企业销售部门鼓励客户用现金支付货款的政策；国家对经济特区实行的吸引外资和进出口方面的特殊政策等。因为政策是指导决策的，所以它对某些事情必须有斟酌处理的自由。政策要规定范围和界限，但其目的不是要约束下级使之不敢擅自决策，而是鼓励下级在规定的范围内自由处置问题，主动承担责任，是要将一定范围内的决策权授予下级，这是政策与规则的主要区别。组织为了促成目标的实现，必须保持政策的一贯性和完整性。

6. 程序

程序规定了如何处理那些重复发生的例行问题的标准方法，所以也是一种计划。通俗地讲，程序就是办事手续，是真正的行动指南而不是思想指南，即对所要进行的行动规定时间顺序。因此，程序也是一种工作步骤。管理者一般把反复出现的业务编制出程序，一旦该项业务再次出现，执行人员只要按照以前编好的程序去做就能得到较好的效果。因此，程序可以看做是一种经过优化的计划，它是对大量日常工作过程及工作方法的提炼和规范化。制定程序的目的是减轻主管人员的决策负担，明确各个工作岗位的职责，提高管理活动的效率和质量。管理的程序化水平是管理水平高低的重要标志，制定和贯彻各项管理工作的程序是组织的一项基础工作。

7. 规则

规则是对具体场合和具体情况下，允许或不允许采取某种特定行动的规定。规则像其他计划一样是从若干可供选择方案中选出的必要行动。因此，它也是一种计划，只不过是一种最简单的计划。规则常常与政策和程序相混淆，所以，要特别注意区分。规则与政策的区别在于规则在应用中不具有自由处置权，而政策在决策时则有一定的自由处置权（虽然这种自由处置权在多数情况下，往往是狭窄的）；规则与程序的区别在于规则不规定时间顺序，可以把程序看成是一系列规则的总和。规则与程序，就其实质而言，旨在抑制思考。所以，有些组织只是在不希望它的员工运用自由处置权的情况下才加以采用。

8. 规划

规划是为实施既定方针所必需的目标、政策、程序、规则、任务分配、执行步骤、使用的资源以及其他要素的复合体。规划有大有小，如为实现我国社会经济发展的大目标，国家制定了一个个五年规划，而一个大学校园里的小零售店为实现向小型超市发展的目标，也可以制订一个改变货架的规划。组织的规划是一份综合性的、粗线条的、纲要性的计划。大的规划往往派生有许多小的规划，而每个小的派生规划都会给总规划带来影响，它们相互依赖、相互影响。因此，规划工作的各个部分彼此协调需要有严格的技能，以及系统思考和行动的方法。

9. 预算

预算作为一种计划，是以数字表示预期结果的报告书，它也可称为"数字化"的计划。例如企业中的财务收支预算，勾勒出未来一段时期的现金流量、费用收入、资本支出等的具体安排。预算可以帮助组织各级管理部门的主管人员，从资金和现金收支的角度，全面地、细致地了解组织经营管理活动的规模、重点和预期成果。预算还是一种主要的控制手段，是计划和控制工作的连接点——计划的数字化产生预算，而预算又将作为控制的衡量基准。

5.4 计划工作的程序

虽然计划的类型和表现形式各式各样，但科学的编制计划所遵循的步骤却具有普遍性。管理者在编制各类计划时，可遵循以下步骤：估量机会、确定目标、确定前提条件、确定备择方案、评价备择方案、选择方案、制订派生计划及编制预算。

1. 估量机会

在实际的计划工作开始之前，管理者应该对环境中的机会做一个扫描，确定能够取得成功的机会。管理者应该考虑的内容包括：组织期望的结果，存在的问题，成功的机会，把握这些机会所需的资源和能力，自己的长处、短处和所处的地位。例如，一家食品公司通过市场调查和分析，发现儿童营养食品具有非常广阔的市场，该食品公司又有能力研究开发和生产此类产品，这就是一种市场机会。估量机会的工作就是要根据现实的情况，对可能存在的机会作出现实的判断。确切地说，这项工作并非计划的正式过程，但它是整个计划工作的真正起点。

2. 确定目标

在估量机会基础上，计划工作的第二步就是确定整个组织的目标和每个下属部门的目标。上述食品公司确立生产儿童营养食品的目标，就要确定具体生产何种产品，每年生产多少，需要投入多少人力、物力和财力，各部门具体应做哪些工作等。确立目标时要注意解决以下三个问题。

（1）确立目标的内容和顺序。首先，要确定组织在一定的时间内到底要取得哪些成果。其次，在一定的时间和一定的条件下，某一目标可能比其他目标更为重要。不同的目标内容和顺序将导致不同的政策和行动，也会有不同的资源分配顺序。

（2）选择适当的目标时间。这是指要用多长的时间来达到目标。选择目标时间的最好办法是按承诺原则确定。我们做了某项选择就是对未来将采取的某一串行动作了"承诺"，合理的目标时间应当与合理承诺所包括的时间相同。例如，目标时间应与采用某一方案所使用的投资能充分回收的时间相等。

（3）目标要有明确的科学指标和价值。目标不能含糊其词，应尽可能量化，以便度量和控制。而且应反映出事物的本质并确切地反映目标。不仅要有数量指标，而且要有质量指标；不仅要有绝对指标，而且要有相对指标。如利润与利润率、单位流动资金所创造利润、单位总投资所创造利润、企业评估的分数和名次等。

3. 确定前提条件

计划工作的第三步是确定一些关键性的前提条件，并使计划制订人员对此取得共识。计划工作的前提条件就是计划工作的假设条件，即计划实施时的预期环境。例如，食品公司确定生产儿童营养食品，应分析当时消费者的消费水平、公司制造儿童营养食品的能力、生产什么产品、什么价格、需要何种设备和原材料、原材料的供应情况和价格情况、产品成本多少、市场的潜力有多大、竞争者的情况等，同时也应考虑计划参与者对计划的看法是否一样，具有哪些限制条件和困难。要提高这种"情景模拟"的准确程度，一般来说，对以下几个方面的环境因素的预测是必不可少的：①宏观的社会经济环境；②政府政策，包括政府的税收、价格、信贷、能源、进出口、技术、教育等；③组织面临的市场环境；④组织的竞争者，包括国内外的竞争者、潜在的竞争者等；⑤组织的资源，如资金、原料、设备、人员、技术、管理等。

4. 确定备择方案

计划工作的第四步是探讨和制定可供选择的行为过程，即可行方案。完成某一项任务总是有许多方法，即每一项行动均有异途存在，这叫做异途原理。有些异途是潜藏着的，只有发掘了各种可行的方案才有可能从中选择出最佳方案。例如，食品公司决定生产儿童食品，有各种各样类型的儿童营养食品可供选择，食品公司应决定几种比较可行的方案供决策者做出选择。如果只有一种方案，就无所谓选择。管理界有个说法，"若某一事物只有一个方法，则此方法大半会是错误的方法"。在管理的实践中，管理者发掘方案的才能与正确选择的才能同样重要。然而，要发掘多种可行方案，既要群策群力，集思广益；又要思路开阔，大胆创新。

5. 评价备择方案

在找出了各种备择方案并考察了它们各自的优缺点后，计划工作的第五步就是按前提和目标来权衡各种因素，并以此对各个备择方案进行评价。评价备择方案的尺度有两个方面：一方面是评价的标准；另一方面是各个标准的相对重要性，即权数。在评价时要考虑以下几点。

（1）特别注意发现每一个方案的制约因素或隐患。所谓制约因素是指那些妨碍目标达成的因素。在评价各种可行方案时，对制约因素认识得越深刻，选择方案时的效率就越高。

（2）在评估时，即将一个方案的预测结果和原有目标进行比较时，既要考虑到许多有形的可以用数量表示的因素，也要考虑到许多无形的不能用数量表示的因素。

例如，一个人或一个企业的声誉和人际关系等。

（3）要用总体效益的观点来衡量方案。这是因为对某一部门有利的不一定对全局有利，对某项目标有利的不一定对总体目标有利。

6. 选择方案

选择方案就是选择行为的过程，正式通过方案。选择方案是决策的关键。为了保持计划的灵活性，选择的结果往往可能会选择两个方案，并且决定首先采取哪个方案，并将另一个方案也进行细化和完善，作为后备方案。

7. 制订派生计划

完成选择之后，计划工作并没有结束，还必须帮助涉及计划内容的各个下属部门制订支持总计划的派生计划。基本计划要靠派生计划来扶持，派生计划是主计划的基础；只有派生计划完成了，主计划才有保证。

 小资料

宝洁公司的产品计划

宝洁公司确定了在其产品领域建立市场支配地位的长期计划。该长期计划规定了公司预期的市场地位，描述了达到并维持这一地位需要进行的各项工作，例如，2005 年，宝洁研发人员正计划推出一款香薰类新产品，这一新产品将有助于帮助纷必适（Febreze）成为宝洁又一个10亿美元品牌，宝洁公司在上市流程中导入全程的项目管理制，将所有工作模块分解为80～100项工作任务，以一个新产品上市计划将所有的任务进行统一规划。每个任务都事先安排好时间、负责人、资源估计及量化目标。该计划的操作要求明确、步骤清楚。计划执行主体明确，还规定了相应的行为与责任。

8. 编制预算

完成以上几步之后，最后一项便是把决策和计划转化为预算，通过数字来反映整个计划。这主要有两个目的：第一，计划必然涉及资源的分配，只有将其数字化后才能汇总和平衡各类计划，分配好各类资源；第二，预算可以成为衡量计划是否完成的标准。例如食品公司可根据销售预测，确定每年销售各类儿童食品的数量、价格、销售收入及现金收入情况的销售预算，接着编制生产预算、直接材料、直接人工和制造费用预算，并编制销售及管理费用预算、预计损益表、预计资产负债表和预计财务状况变动表等。通过各项预算来反映计划执行后收入与支出总额、利润的数额，以及现金流动情况、资产与负债情况等。

5.5 计划的工具和技术

计划工作效率的高低和质量的好坏，在很大程度上取决于所采用的计划方法。下面介绍几种主要的计划工具和技术。

1. 滚动计划法

滚动计划法是一种定期修订未来计划的方法。这种方法是根据计划的执行情况和环境变化情况定期修订未来计划，并逐期向前推移，使短期计划、中期计划和长期计划有机地结合起来。对于长期计划，由于很难准确地预测将来影响经济发展的各种变化因素，而且，随着计划期的延长，这种不确定性就越来越大。所以，如果硬性地按几年以前的计划实施，可能导致巨大的错误和损失。滚动计划法可以避免这种不确定性带来的不良后果。由于这种方法在每次编制和修订时，都要根据前期计划执行情况和客观条件的变化，将计划期向前延伸一段时间，使计划不断向前滚动、延伸，故称滚动计划。这种计划方法的特点如下。

（1）计划期分为若干个执行期，近期计划内容制订得详细、具体，是计划的具体实施部分，具有指令性；远期的内容较粗略笼统，是计划的准备实施部分，具有指导性。

（2）计划执行一段时期，就要根据实际情况和客观条件的变化对以后各期的计划内容进行适当的修改、调整，并向前延伸一个新的执行期。例如，某公司在2004年底制定了2005～2009年的五年计划。采用滚动计划法，到2005年底，就要根据2005年计划的实际完成情况和客观条件的变化，对原定的五年计划进行必要的调整和修订，在此基础上编制2006～2010年的五年计划，其后以此类推，如图5-5所示。

滚动计划法的特点：一是可使计划更加切合实际，极大地提高了计划的准确性，更好地保证了计划的指导作用，提高计划的质量。二是使长期计划、中期计划与短期计划相互衔接，短期计划内部各阶段相互衔接，这就保证了当环境变化出现某些不平衡时，能及时进行调整，使各期计划基本保持一致。三是滚动计划大大增加了计划的弹性，这在环境剧烈变化的时代尤为重要，它可以提高组织的应变能力。

2. 运筹学的方法

运筹学是计划工作最全面的分析方法之一，是管理科学理论的基础。就内容讲，运筹学又是一种分析的、实验的和定量的科学方法，用于研究在物质条件（人、财、物）已定的情况下，为了达到一定的目的，如何统筹兼顾整个活动所有各个环节之间的关系，为选择一个最好的方案提供数量上的依据，以便能最经济、最有效地使用人、财、物做出综合性的合理安排，取得最好的效果。甘特图是运筹学方法中最常见的方法之一。

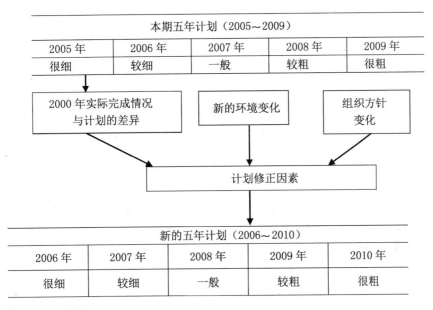

本期五年计划（2005～2009）				
2005 年	2006 年	2007 年	2008 年	2009 年
很细	较细	一般	较粗	很粗

2000 年实际完成情况 与计划的差异	新的环境变化	组织方针 变化

计划修正因素

新的五年计划（2006～2010）				
2006 年	2007 年	2008 年	2009 年	2010 年
很细	较细	一般	较粗	很粗

图 5 – 5 滚动计划法示意

甘特图是在 20 世纪初由亨利·L·甘特（Henry L. Gantt）发明的。它是一种线条图，横轴表示已经过去的时间，纵轴表示要安排的工作，线条表示在整个期间内计划和实际任务完成情况。甘特图直观地表明计划任务的起始时间，以及实际进度与计划要求的对比。它既简单又实用，它使管理者对计划任务的完成情况可以一目了然，以便对计划工作进行正确的评估。图 5 – 6 绘出了一本图书出版的甘特图。

从图 5 – 6 中可以发现，除打印长条校样活动外，其他各项活动都是按计划完成，而打印长条校样的实际进度比计划进度落后了两周。给出这些信息，项目的管理者就可以采取纠正行动，或是赶出落后的两周时间，或是保证不再有延迟发生。因此，甘特图可以作为一种控制工具，帮助管理者掌握实际进度偏离计划的情况。

3. 线性规划

线性规划自 1939 年提出后，经过许多学者的研究完善，已成为一种相当成熟的计划方法。线性规划试图在给定的各种可能用途和资源限制下确定资源的最佳分配方式。具体地说：一类是最大化问题，即在有限资源条件下，如何使效果最好或完成的工作最多；另一类是最小化问题，即在工作任务确定的前提下，怎样使各种消耗最少。这种方法可以求解具有约束条件和未知变量的优化问题，但建立线性规划模型必须具备四个条件：（1）变量之间是线性关系。（2）问题的目标可用数字表示。（3）问题中存在能够达到目标的多种方案。（4）这些方案必须满足一定的约束条件，这

管理学简明教程（第二版）

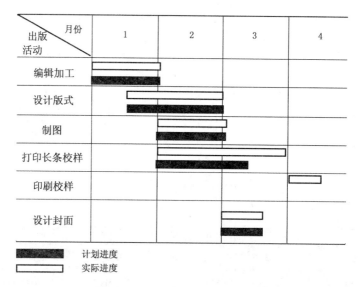

图 5 - 6　图书出版的甘特图

些约束条件可用不等式加以描述。

　　线性规划可用于选择时间或货币成本相联系的各种方案。例如，当用户下了一个订单后，制造商就可用线性规划来确定最佳的运货方式，有卡车运送、铁路或航空运送等。每种方案都有时间因素和特定的成本与之相联系。管理者可以根据定量的测试来评估费用和日期，做出正确的选择。

　　4. 计量经济学方法

　　计量经济学的奠基人是挪威经济学家弗瑞希（Frisch Ragnar）。计量经济学是运用现代数学和各种统计的方法来描述及分析各种经济关系。这种方法对于管理者调节经济活动，加强市场预测，以及合理地安排生产计划，改善经营管理等都具有很大的实用价值。严格地说，所谓计量经济学，就是把经济学中关于种种经济关系的学说作为假设，运用数理统计的方法，根据实际统计资料，对经济关系进行计量，然后把计量的结果与实际情况进行对照。

　　用计量经济学方法解决实际问题的程序如下。

　　（1）因素分析。即按照问题的实际情况分析影响它们的因素种类、因素之间的相互关系，以及各因素对问题的影响程度。

　　（2）建立模型。根据分析的结果，把影响问题的主要因素列为自变量，所有次要因素都会用一个随机误差项表示。而把问题本身作为因变量，然后建立起含有一些未知参数的数学模型。

（3）参数估计。由于模型有许多参数需要确定，这就要用计量经济方法、利用统计资料加以确定。参数估算出来以后就要计算相关系数，以检查自变量对因变量的影响程度。此外，还要对参数进行理论检验的统计检验，如果这两项结果不好就要分析原因，修改模型，重新进行第三步骤，直至模型满意为止。

（4）实际应用。计量经济模型主要有三种用途：一是经济预测，即预测因变量在将来的数值。二是评价方案，即对计划工作或决策工作中的各种方案进行评价以选择出最优方案。三是结构分析，即用模型对经济系统进行更深入的分析，深化认识。计量经济模型的这三种用途都可以应用于计划工作，它能够使计划更加完善、更加科学。

本章小结

计划是一种结果，它是在计划工作所包含的一系列活动完成之后产生的。计划工作是指管理人员根据实际情况，通过科学的预测，权衡客观需要和主观可能，设立组织的未来目标，确定达到目的的一系列政策和方法，其目的就是使组织在将来获得最大的绩效。计划工作的积极意义体现在：指明方向，协调活动；预测变化，减少冲击；减少重复和浪费；有利于有效地进行控制。影响计划工作重点的权变因素主要有：组织层次、组织的生命周期、组织文化、环境的波动性四个方面。计划工作的特征可以概括为五个方面，即目的性、首位性、普遍性、效率性和创新性。

计划可按广度、明确程度、组织层次、职能、内容和时间跨度分成不同类型。计划一般表现为：宗旨、使命、目标、战略、政策、程序、规则、规划和预算。

计划工作的程序为：估量机会、确定目标、确定前提条件、确定备择方案、评价备择方案、选择方案、制订派生计划和编制预算。

计划的工具和技术有很多，滚动计划法、运筹学的方法、线性规划法和计量经济学的方法等是目前广泛应用的技术和方法。

思考题

1. 你是如何理解计划和计划工作的？
2. 影响计划工作的权变因素有哪些？
3. 说明计划工作的步骤。
4. 计划工作的技术和方法有哪些？各有什么优缺点？
5. 案例分析：

真功夫餐饮管理有限公司的五年目标

2011年真功夫召开了战略规划会议，董事长蔡达标为公司制定了五年战略规划。涵盖公司五年经营目标、完善内部培训体系、上市规划等几方面内容，例如：（1）2011年在全国实现新增60家门店。（2）2012年成为中国中式快餐第一品牌。（3）2013年内门店数量将达到800～1000家。（4）2016年实现上市，总产值将超过50亿元。

同时，董事长蔡达标透露，真功夫未来店面选址将从商业区向社区转移，"我们以前选址一般常会选写字楼、交通枢纽，目前要加速在二线城市的开店计划"。蔡达标表示，真功夫开设一家门店的成本大概在150万元。当门店规模达到800～1000家时，比较符合上市的最佳需要。

公司内外对公司制订的发展目标产生了质疑。

首先，公司员工普遍对新拓展门店的经营状况表示担忧。有员工表示，真功夫75%的门店集中在广东市场，除了广、深、莞外，其他市场门店盈利能力都不强。究其原因是菜品更新速度较慢，比起肯德基、麦当劳每月都有新的菜品推出，真功夫的菜品显得单一，很难让消费者产生新鲜感，甚至出现反作用，产生厌倦心理，而且菜色偏于南方，口味清淡。中国市场幅员广阔，不同地区的饮食风格，迥然不同，北方好面食，西北好牛羊肉，川蜀好辣，东部好甜，众口难调，以单一的菜品去进入新的市场，很难产生优势。因此，员工担心真功夫在华东、华北等地难有作为。

其次，业内人士担忧，真功夫这一增长速度未必能如期实现，其原因在于，商业模式已经相对成熟的真功夫在二三线城市的扩张将会面临与一线城市不同的挑战，其后台供应链体系能否支持这样快的扩张速度也存在疑问。真功夫的门店基本在一线城市或者二线经济发达城市，产品定位是中等偏上，在对二线城市进行大力拓展的时候，会面临原有产品定位与当地消费水平有冲突的问题。

讨论内容：（1）你认为蔡达标董事长为公司制订的发展目标合理吗？为什么？你能否从本案例中概括出制订目标需注意哪些基本要求？（2）蔡达标董事长的目标制订体现了何种决策和领导方式？其利弊如何？（3）假如你是真功夫的董事长，如何提出更合理的公司发展目标？

第六章　目标与目标管理

学习目标

1. 掌握目标的概念和作用
2. 重点掌握确定目标应注意的问题
3. 理解目标管理的基本理论
4. 掌握目标管理的内容和特点

学习索引

目标与目标管理
- 目标定义及性质
  - 目标的定义
  - 目标的性质
- 目标的作用
- 目标的确定
  - 确定原则
  - 注意问题
- 目标管理的产生
  - 目标管理的发展
  - 基本内容
  - 基本特点
- 目标管理基本活动过程
  - 制定目标
  - 展开目标
  - 实施目标
  - 评价

6.1 目标和目标的性质

6.1.1 目标的概念

对目标的简单理解，目标就是组织在某一方面、某一预定时期所要达到的成果指标。从完整意义上来说，目标是组织在一定时期内通过努力争取达到的理想状态或期望获得的成果，它包括组织的目的、任务，具体的目标项目和指标，以及指标的时限。组织的目的是任何一个组织的最基本的目标；组织的任务是组织目的的明确化和具体化，它从战略角度概括地确定实现组织目的的活动领域、内容和对象等；目标项目和指标是组织任务的进一步具体化、明确化和定量化；目标的时限是指目标要在一定的时间内完成，没有时间限制的目标是没有意义的。

组织的各种管理活动都要以管理目标为依据，有序、有效的展开。管理活动的终结又要以管理目标为标准，进行合理、有效的评估。

 小资料

美国大型公司正式陈述的目标

财务目标	战略目标
较快的收入增长	较大的市场份额
较快的收益增长	较高的、更巩固的产业排名
较高的红利	较高的产品质量
较高的毛利空间	相对于关键竞争者的更低的成本
较高的投资回报率	较宽的和更有吸引力的产品线
较优良的债券和信用评级	更强的顾客利益
大量的现金流	优质的顾客服务
不断增长的股票价格	公认的技术或产品创新领导者
被列为"蓝筹"公司	不断增长的国际市场竞争能力
更多元化的收入基础	不断扩大的增长机会
在经济萧条时期保持稳定的收益	

6.1.2　目标的性质

目标具有以下几方面的性质（如表6-1所示）。

表6-1　　　　　　　　　　　　　　　　**目标的性质**

客观性	组织的存在是社会发展的客观需要，与组织同体同根的目标的客观性亦不容抹杀
纵向性	从目标含义表述上看，组织的目标是组织的任务、目标项目和指标的总称，层层剖析，是从宏观到微观，从全面到具体，从纵向流程规律说明的。从组织纵向结构的要求看，组织目标是分层次、分等级的
多样性	凡是与组织生存发展有关的活动都要通过目标来组织实施和监控，横向来看，组织目标又是多种多样的
网络性	组织的各种活动都是相互联系、相互促进和相互制约的，所以，反映活动的计划目标也必然形成上下沟通、左右衔接的系统网络
时间性	目标是一定时期内所要达到的预期成果，如果没有"一定时期"的时间约束条件，目标就失去了存在的意义。所以，任何目标都有时间性。如长期目标和短期目标
可考核性	使目标具有可考核性的最简单方法就是使之定量化，对于定性目标应从全局上、整体上、宏观上加以考核

小知识

组织目标从另一个角度去考察，可以进一步概括为三个层次：环境层，即社会加于组织的目标。例如企业的目标是：为社会提供所需要的优质产品和服务，并创造出尽可能多的价值。组织层，即作为一个利益共同体和一个系统的整体目标。例如企业提高经济效益、增强自我改造和发展的能力、改善员工生活、保障员工的劳动安全，以及创造文明的工作环境等目标。个人层，即组织成员的目标，例如经济收入、工作丰富化、兴趣爱好、荣誉和成就感等。

6.1.3　目标的作用

目标的作用主要体现在以下几个方面。

1. 为管理工作指明方向

管理是一个为了达到一定目标而协调集体活动做出的努力的过程，如果不为达到一定的目标，就无需进行管理。因此，目标的作用首先在于为管理工作指明方向。

2. 激励作用

目标对组织成员具有激励作用。从组织成员个人的角度来看，目标的激励作用主要表现在：一是个人只有明确了目标后才能调动起潜在的积极性；二是个人只有在达到了目标后，才会产生成就感和满意感。要使目标对组织成员具有激励作用，目标首先要符合组织成员的需要，还要具有挑战性。

3. 凝聚作用

组织是一个社会协作系统，它是靠目标使组织成员联系起来的。组织的凝聚力受到很多因素的影响，其中一个主要的因素就是组织目标，特别是在组织目标充分体现了组织成员或者是变成了组织成员的共同利益和共同追求时，就能够大大地激发组织成员的工作热情、献身精神和创造力，使组织成为生机勃勃的群体，进而形成奋发向上的团队精神。

6.2 目标的确定

6.2.1 确定目标的原则

在确定目标的具体问题上，由于组织的各部门职能不同，不同时期、不同条件的目标不同，其目标的确定肯定是各有千秋，不过从总体上考察，要使目标合理有效，就必须遵循表 6 - 2 中的基本原则。

表 6 - 2 确定的目标原则

统一性	组织内的各部门、各层次、各方面、各员工的目标都必须服从于总目标，维护总目标的统一性、权威性，以充分发挥组织整体的优势
系统性	组织内各层次、各方面、不同时间跨度的目标要形成一个协调一致的目标系统，目标的上、下、左、右的关系要符合客观的内在联系
预见性	目标的确定要认真估计组织外部的环境和组织内部条件的发展变化情况，尽量做到目标同将来事物的发展状态相吻合，战略上具有预见性
科学性	目标在对象、要求和时限上是明确的和单义的，且要有科学明确的考核指标和考核标准
应变性	组织的外部环境和内部条件都是在不断发展变化的，组织的目标应当随着情况的变化而相应地调整或做出必要的修改

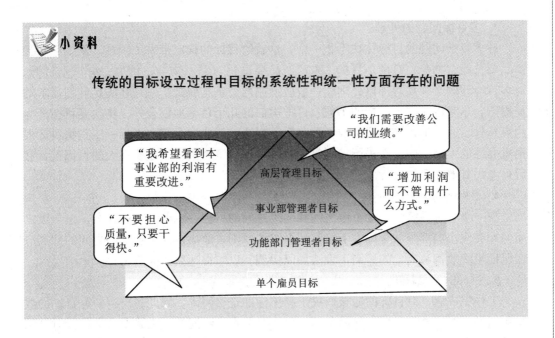

6.2.2　确定目标应注意的问题

确定目标是计划和管理的首要问题。如何确定目标，除了坚持上述原则外，还会遇到很多具体问题，现介绍以下几点。

1. 确定目标的依据

目标的确定取决于制订计划所需要解决的问题。在对计划所要解决的问题的实质、特点和范围有明确了解的基础上，以差距的形式反映出问题的症结，同时能认真找出产生差距的真正原因，制定出有针对性的目标。

2. 目标的约束条件

目标可以分为有条件目标和无条件目标两大类。有条件目标是指目标的确定有一定的附加条件。例如，产值、利润等指标的实现，必须以规定的产品质量和品种结构作为附加条件，否则，即便完成了规定的利润或产值也不算实现目标。这些附加条件统称为约束条件。不附加任何约束条件的目标称为无条件目标。多数实际问题的目标属于有条件目标，其约束条件大致有三个：一是可以运用的资源条件，包括人力、物力、财力、时间等；二是法律、条令、制度等方面的限制性规定，如国家计划规定、产品质量标准、政策允许范围、环境保护法令等；三是一些次要目标规定的必须达到的起码要求，从而形成约束的条件。

3. 多目标问题的处理

许多复杂问题的目标往往不止一个，这就给目标的确定带来了困难。例如：购买商品要价廉、物美，有两个目标；生产产品要适销对路、物美、价廉，有三个目标。对多目标问题必须妥善加以处理。一般应遵循两个基本原则：一是在满足计划需求的前提下，尽量设法减少目标的个数，可把类似的几个目标加以合并，将次要目标降为约束条件，通过加权平均或构成函数关系等方法，形成一个综合指标；二是将目标根据重要性的大小排序，在进行计划管理时，可把注意力集中于重要性大的目标上，然后再考虑其他次要的目标。

4. 目标的冲突问题

在一个管理系统中，上下级之间和同级之间的目标存在着一定的冲突。上下级之间的冲突应按局部服从全局、下级服从上级的原则去解决；同级各部门之间的冲突应在保证组织效益最大化的原则下设法加以协调，以求得冲突的妥善解决。

5. 目标的衡量标准

工作完成后，对目标的考核取决于具体标准是否明确。因此，应当研究目标的数量化问题。对于数量目标，如销售额、税金、成本、利润等，在确定这类目标时已明确规定了数量标准，将来目标实现情况如何能够确切地衡量出来；对于定性目标，单纯用一个或几个数字目标考核说明不了问题，此时必须用综合目标及从全方位、多角度、多种方法进行评价，才能够做得比较准确。如对干部的评价要采用多种方法，有领导评价、群众评价、具体政绩目标评价和同级部门领导间的评价等，综合评定的结果才有可能符合客观实际。目标的数量化，不仅有利于明确衡量目标达到与否的标准，而且还便于采用现代化的方法和手段进行处理，使管理水平不断提高。

 小知识

制定目标的 SMART 原则

S – specific：明确性，要用具体的语言清楚地说明要达成的行为标准。

M – measurable：衡量性，目标应该是明确的，而不是模糊的。应该有一组明确的数据，作为衡量是否达成目标的依据。

A – attainable：可接受性，目标是要能够被执行人所接受的，如果上司利用一些行政手段，利用权力的影响力一相情愿地把自己所制定的目标强压给下属，下属典型的反映是一种心理和行为上的抗拒。

R – relevant：实际性，在现实条件下是否可行、可操作。

T – time – based：时限性，目标设置要具有时间限制，根据工作任务的权重、事情的轻重缓急，拟定出实现目标项目的时间要求，定期检查项目的完成进度，及时掌握项目进展的变化情况。

6.3 目标管理的产生和发展

6.3.1 目标管理的产生

目标管理（managing by objectives）的基本概念是由美国企业管理专家德鲁克首先提出来的，1954 年德鲁克在《管理的实践》一书中以通用汽车公司联邦分权制的实例，对目标管理进行了具体的介绍。

德鲁克提出必须明确企业本身的目标，主张企、事业组织必须为每个领域制定努力方向，并指出企事业组织的各项目标能否完成，完全取决于经营管理人员如何进行管理。德鲁克根据通用汽车公司经营管理急剧变化的实例，强调了明确目标对于企业经营管理的作用，还说明了企业目标的展开问题。他指出，为了把企业推向前进，每项业务目标都必须同整个企业目标一致，尤其是管理人员的目标，更要以整个企业的成果为中心来考虑。企业每个经营管理人员都必须以整个企业的目标为总目标，并以此制定各个分目标，由各经营管理人员分担企业的任务。他还主张，企业各级管理人员也必须根据下级为实现目标所做贡献的大小对下级进行考核。在目标的实施过程中，实行权力下放和民主协商，职工参与管理，自我控制，让职工自己管理自己，独立自主地实现目标。要重视成果评价，强调职工培训，提倡能力主义。这就是德鲁克目标管理的基本思想。

小资料

目标管理是德鲁克被其他管理学家误解最深的管理概念之一。

美国著名心理学家马斯洛率先批评了德鲁克的假设。马斯洛指出，目标管理基于"有责任心的工人"的假设，实际上隐含了"每个人都是成熟的人"这样一个心理学命题。马斯洛证明现实生活中只有少数人在心智上符合"成熟"的标准，所以要求每个工人成为"有责任心的工人"是违背人的基本特性的。马斯洛认为，德鲁克所倡导的目标管理是一种"理想管理"，他批评道，如果我们有一些进化良好的人能够成长，并且急切地要求成长，那么在这样的地方，德鲁克的管理原理就好像很不错。这些原理是有用处的，可是也只能在人类发展的顶层才能奏效。

被誉为美国企业"质量革命"之父的质量管理专家 W·德华·戴明博士对目标管理怀有很深的敌意。戴明指出，目标管理以目标为导向，而不是以过程为导向，仅注重结果，而不注重过程，与他倡导的质量管理观念有很多冲突的地方。戴明把德鲁克的目标称为"定额"，他批评：

"定额是改进质量与提升生产力的一大障碍。我还没有见过任何一家公司在确定定额时，会同时建立一套帮助员工改善工作方法的系统。"戴明挖苦地把目标管理比喻为"交通警察每天都要开出一定数量的违章罚单"。

6.3.2 目标管理的发展

德鲁克提出目标管理的基本思想后，将其理论具体展开的是美国著名的经营顾问西勒，其著作主要有《根据结果的管理》，从此目标管理在应用研究中不断发展，日趋完善。

1. 目标管理在应用实践中不断发展

目标管理方法一诞生，就被企业界广泛采用。从应用实践证明，目标管理不仅可以应用于工业企业，并且也可以应用于金融、事业单位等各行各业的管理，使其提高管理效果。

2. Y 理论对目标管理的贡献

按着 Y 理论的说法，由于现实条件的改善，人们物质方面的低级需求已经基本得到满足，精神方面的高级需求开始占主导地位，继续沿用传统的"诱饵与鞭子"、"指挥与控制"的管理方式来实现目标，是无能为力的。管理战略上的改变，应该是满足职工的高级需要，使他们发挥潜能，自我控制，达到个人与组织目标的统一。因而 Y 理论有力地支持并发展了目标管理。Y 理论是目标管理的基础理论之一，它给企业管理带来了相当大的影响，导致了西方企业管理思想和管理方式发生了较大的变化。

3. 莱文森对目标管理的重要补充

目标管理在美国出现以后，在企业界和学术界曾有过不同的评价。有一些企业管理专家在基本肯定的基础上，又提出了改进意见，这就使目标管理得到了不断发展和完善。哈佛大学的企业管理专家亨利·莱文森在 1970 年发表了一篇题为"根据谁的目标进行管理"的文章，认为现行的目标管理有几个缺陷：没有被目标所包括的工作，容易被忽视；有时人们只注意个人目标，而忽视了工作的相互依赖关系；目标管理仍有忽视"人性"的地方。莱文森针对这些问题，提出了相应的解决办法，如人与人、部门与部门之间应建立"真诚的同伴关系"，不应"把人当做物来看待"；每项目标应符合由集体制定的整个部门的目标；每个人对集体的贡献也应采取集体评价的办法，依据整个集体实现目标的程度决定奖励的多少；除个人与集体目标以外，还应该制定由个人和顶头上司共同完成的目标，这样不仅有利于上下级之间的密切合作，而且还有利于下级对上级的监督和评价。

莱文森等人对目标管理的深入研究和重要补充，丰富了目标管理的基本理论，充实了目标管理的具体做法，有力地推动了目标管理的应用实施。

6.4　目标管理的基本内容

6.4.1　目标管理的概念

目标管理是依据外部环境和内部条件的综合平衡，确定组织在一定时期内预期达到的成果，制定出目标，并为实现该目标而进行的组织、激励、控制和检查工作的管理制度。此制度包含了以下几个方面的含义。

1. 目标管理追求工作效果

目标管理建立在工作目的的基础上，充分发挥工作者的主观能动性，在明确工作范围和工作业务的前提下，自己和组织共同制定出某时期内要完成的工作成果和措施，自始至终围绕实现目标而尽心竭力。目标管理是调动人们努力工作并达到目标的科学管理方法。

2. 目标管理是一种综合的科学管理方法

目标管理把"以作业为中心"的管理理论和方法同"以人为中心"的管理理论和方法综合起来，使人们认识自己工作的价值，产生工作兴趣，自我控制去实现目标，取得成果后能享受工作欲望的满足感。同时个人分目标的实现也保证了组织的总体目标的完成，这种全面的管理使"作业"和"人性"两个方面得到较好的统一和综合。

3. 目标管理是一种立体的、多维的管理体制

目标管理以预定优化的最终成果为目标，通过横向协调和综合平衡，把目标层层展开，逐级落实。它使各级组织、每个职工都明确其在实现企业目标的总体活动中以及在每一阶段担负何种任务、何时完成，它使职责在时间上、空间上明确化和具体化。它还体现了员工的"责、权、利"的密切结合，从而形成了一种立体的、多维的新的经济责任制既体系，使企业的各项活动都围绕目标的实现而统筹运动。

4. 目标管理与传统的责任制既有区别又有联系

传统的责任制以静态的岗位为对象，其条文与管理目标联系得不够紧密，且多强调分工。而目标管理是针对企业现实制定出的一定时期的具体目标，密切联系总体目标而采取对策措施，目标层层展开落实到每个部门及岗位，越到基层，其目标和措施越具体，所承担的责任也就越明确。总之，目标管理是组织在一定时期内确定目标、制定方针、分解目标、落实措施、安排进度、具体实施、取得效益、严格考核的组织内部自我控制达到管理目标的一种科学管理方法。

6.4.2　目标管理的基本特点

目标管理与其他管理方法相比较，具有以下几个方面的特点。

1. 具有目标体系，是一种总体的管理

目标管理围绕组织某一时期特定的战略目标，发动群众自下而上、自上而下地把组织的工作目的和任务转化为全体职工的明确目标，并在组织内部建立起一个纵横交错、相互联系的目标体系，充分发挥组织各部门和全体职工的积极性。

2. 实行参与管理，是一种民主的管理

目标管理实际上也是一种参与管理制度。在目标管理的实施过程中，它让全体职工参与管理，实行企业管理民主化。在制定目标时，尽量尊重目标制定者的愿望，使人们增强责任感和提高工作兴趣，缓和内部矛盾，有利于调动职工的积极性和创造性。

3. 实行自我控制，是一种自觉的管理

目标管理以目标激励员工，以自我控制实现组织和个人的目标，是一种"主动"的管理方式。目标管理注重人性，以目标激励人们，使人们把隐藏的潜力尽量地发挥出来，并以自我控制实现组织和个人的目标。这种主动自觉的管理比以往的管理方法更能适应现代化工业的发展，更能使企业在激烈的竞争中立于不败之地。

4. 注重管理实效，是一种成果管理

目标管理非常强调成果，注重目标的实现，重视目标的评定，因此也叫做"根据成果进行企业管理的方法"。目标管理对目标的实现和成果的评定，都规定得比较明确、具体、客观、公平，以成果评定的结果，作为奖励、调动、晋级或降级的依据。这种把企业的业绩提高和职工个人晋升等个人利益结合起来的做法，能够调动职工的积极性，促进他们的勤学向上和能力开发，从而大大提高企业的劳动生产率。

 小思考

山田本一是日本著名的马拉松运动员。他曾在 1984 年和 1987 年的国际马拉松比赛中，两次夺得世界冠军。记者问他凭什么取得如此惊人的成绩，山田本一总是回答："凭智慧战胜对手！"

大家都知道，马拉松比赛主要是运动员体力和耐力的较量，爆发力、速度和技巧都还在其次。因此对山田本一的回答，许多人觉得他是在故弄玄虚。

　　10年之后，这个谜底被揭开了。山田本一在自传中这样写道："每次比赛之前，我都要乘车把比赛的路线仔细地看一遍，并把沿途比较醒目的标志画下来，比如第一标志是银行；第二标志是一个古怪的大树；第三标志是一座高楼……这样一直画到赛程的结束。比赛开始后，我就以百米的速度奋力地向第一个目标冲去，到达第一个目标后，我又以同样的速度向第二个目标冲去。40多公里的赛程，被我分解成几个小目标，跑起来就轻松多了。开始我把我的目标定在终点线的旗帜上，结果当我跑到十几公里的时候就疲惫不堪了，因为我被前面那段遥远的路吓到了。"

　　目标是需要分解的，一个人制定目标的时候，要有最终目标，比如成为世界冠军，更要有明确的绩效目标，比如在某个时间内成绩提高多少。最终目标是宏大的，引领方向的目标，而绩效目标就是一个具体的，有明确衡量标准的目标，比如在四个月把跑步成绩提高1秒，这就是目标分解，绩效目标可以进一步分解，比如第一个内提高0.03秒等。当目标被清晰地分解了，目标的激励作用就显现了，当我们实现了一个目标的时候，我们就及时地得到了一个正面激励，这对于培养我们挑战目标的信心的作用是非常巨大的。

6.4.3　目标管理的基本内容

　　目标管理是一种管理制度，按目标管理工作包含的范围及其性质，目标管理的基本内容包括以下几方面。

　　（1）工作目标管理。围绕工作目标的制定、展开、执行、评估等一系列工作内容。

　　（2）领导授权管理。为了使下级更好的完成任务，领导要适度授权，授予的权力不仅要求明确还要履行一定的手续，按照一定的程序办事。做到有据可查，有法可依，并进行档案式管理。

　　（3）工作成果管理。对工作目标的评价标准、方式方法管理，奖惩管理，对部门和个人的成果管理。

　　（4）员工行为管理。在尽量满足员工物质需求的基础上，更要重视员工的精神需求，提高员工素质，培养良好组织风气，形成团队精神。

6.5　目标管理的基本活动过程

　　目标管理主要由目标制定、目标实施和目标成果评价三个阶段形成一个循环周期。预定目标实现后，又要制定新的目标，进行新的一轮循环。

1. 目标的制定与展开

在实行目标管理中，目标的制定是一项工作量繁重的重要工作，它要求建立一个以组织总目标为中心的一贯到底的目标体系。组织应该在对其外部环境和内部条件充分分析研究的基础上，通过领导意图和职工意图的上下沟通，反复商讨、评议、修改，将组织的总目标分解到各部门、各单位直至职工个人，保证每个部门都有明确的目标，每个目标都有人员负责（见图6-1）。目标制定一般采取协商的方式，由上级向下级提出方针目标，让下级制订各自的目标方案，通过协商为下级创造参与规划的机会，充分调动下级的积极性。制定的目标既要保证提高企业的业绩，又要能激励和提高广大职工的积极性和创造性。

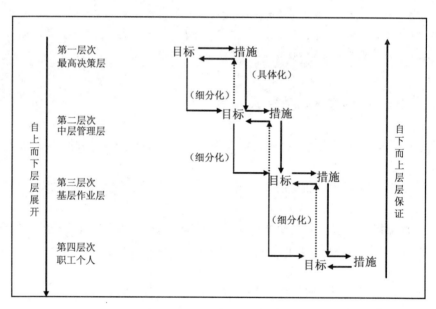

图6-1　组织目标展开示意

2. 目标的实施

目标确定以后，管理人员就应该充分放权，将关心的重点放在下级是否根据方针达到了目标。但在目标实施过程中还应该加强检查和控制，因为权力下放并不意味着放任自流，管理者应当要求下级报告目标实施进展情况、自己所做的主要工作、遇到的困难、希望得到的帮助等，自查报告要制度化，以利于管理者对目标实施动态控制。

3. 目标成果的评价

目标成果的评价一般实行自我评价和上级评价相结合，共同协商确认成果。目标成果的具体评价一般采用综合评价法，即对每一项目标按目标的达到程度、目标的复杂困难程度和完成目标的努力程度三个要素来评定。首先确定各要素的等级分，再加上修正值，得出单项目标的系数值；考虑单项目标在全部目标中的权数，计算出综合目标成果值；根据目标成果值确定目标成果的等级。目标成果评价是目标管理的重要内容，它是确认成果、考核业绩并决定个人收益和待遇的重要阶段。

小知识

综合评价法的具体步骤如下：

第一步，评定"达到程度"。一般采用实际成绩值与目标值之比，根据达到率定为A、B、C三个等级。通常A级为100%～110%，B级为90%～100%，C级为80%～90%。如果目标是无法量化的，则可按事先规定的成果评定要点，确定A、B、C三个等级。

第二步，评定"复杂困难程度"。各人的实际能力和条件不同，因而确定的目标复杂困难程度亦各不相同。如果评定时仅着眼于"达到程度"，就无法衡量每个人的成绩大小，因此只有把目标的复杂困难程度考虑在内，才能对每个人的成绩做出比较。"复杂困难程度"通过协调确认，也分为A、B、C三个等级。

第三步，评定"努力程度"。对于达标过程中属个人职责范围内应当克服的不利条件，经过本人的努力，情况有了多大改变？据此对个人的努力程度进行评价，可区别是经过努力没有获得成果，还是没有努力或努力不够而没有获得成果。根据对达标过程中的种种条件分析，将"努力程度"确定为A、B、C三个等级评定。

第四步，规定三个评价要素在目标项内的比重，做出单项目标的初步评定值。三个要素的比重一般可定为"达到程度"50%，"复杂困难程度"30%，"努力程度"20%。由于部门的不同，所处管理层次的不同，三个要素的比重可以适当调整。

第五步，对达标过程中出现的非本人责任和努力所能排除的不利条件，酌情采用一定的修正值进行修正，得出各单项目标评定值。

第六步，将各单项目标评定值分别乘以其在全部目标中的权数，得出单项目标的比重值，然后加总，便得出该个人的目标成果综合评定值，然后按A、B、C三等，评定目标成果的等级。各部门的目标成果也可用同样的方法进行评价。

本章小结

目标是组织在一定时期内通过努力争取达到的理想状态或期望获得的成果，它包括组织的目的、任务，具体的目标项目和指标，以及指标的时限。目标具有多样性、时间性、可考核性等性质；具有激励、凝聚作用，为管理工作指明方向，是考核的客观标准。确立目标应遵循系统性、预见性、应变性等原则，并注意相应的问题。

目标管理是依据外部环境和内部条件的综合平衡，确定组织在一定时期内预期达到的成果，制定出目标，并为实现该目标而进行的组织、激励、控制和检查工作的管理制度。目标管理是一种总体的、民主的、自觉的、成果管理；内容包括：工作目标、领导授权、工作成果、员工行为管理；由目标制定、目标实施和成果评价三个阶段组成的循环系统。

思考题

1. 何为组织目标？它具有什么性质，对企业的管理有哪些作用？
2. MBO 中有哪些基本因素使之成为设立目标的一种符合逻辑的技术？
3. 试述目标管理及其制定过程。
4. 案例分析：

浙江电信温州分公司发现，公司的固网话音业务在不断下滑，为此，分公司建立 Top－N 目标管理机制，对分公司年内的重大工作事项进行目标管理。

公司采用 Top－N（最重要的 N 项工作）目标管理的方式，实现内部管理的精细化，目的是减缓话务量的下滑，提高转型业务的业务量。首先，责任主体部门根据项目的可行性研究报告、立项计划、预算等要求，确定 Top－N 项目过程性目标和运营效益目标。其次，由公司副总经理召集责任主体部门和项目关联部门开会商议，确立目标以及对其他关联部门的具体支撑要求，而后由综合部汇总后将项目的《Top－N 目标管理责任书》上报总经理办公会议批准。《Top－N 目标管理责任书》的关键要点包括：项目责任主体、Top－N 项目的目标及进度安排、关键里程碑（关键点）、项目支撑要求、项目关联部门及对关联部门的进度要求、综合评估方法等。

Top－N 实行项目责任主体部门负责制。责任主体部门承担一定的职责，同时被赋予一定的权力。责任主体部门的职责包括：一是对整个 Top－N 项目进度的推进、成果的实现负责；二是将项目总体目标按时间进度进行层层分解并制订具体的落实计划；三是确定各分解目标和举措的具体执行人；四是督促关联部门做好支撑工作。

温州分公司在推进 Top－N 目标管理办法时，选择把"优化宽带、固话安装服务流程"列为实施项目。分公司首先设定了总目标：固话、宽带装机时限为 7 天，明确将该项工作列为 Top－N 项目管理和考核。确定运维部为主要责任部门，负责制订计划、立项、组织实施，明确分管副总经理为项目总负责人。分析原安装流程运作结果与项目所确定目标的差异原因，并按部门职责分工进行细化，找出分散在各个部门中的各流程段有待优化的环节。继而，据总的目标倒推算出在各流程段应达到的时间要求，并由各部门按项目进度要求提出相应的解决方案。由运维部统一协调，具体指挥相关部门协同配合，共同完成整个项目的实施。经过一段时间的磨合后，运维部负责制定新的固话、宽带安装流程，并持续改进和优化。此时由运维部会同人力资源部和综合部一起，对项目实施的结果进行考核和奖励，并进行跟踪和后期评估。该项目的实施，使温州分公司的安装服务水平明显提高。以前，固话、宽带的安装时限一般需要 10 天，对外承诺是 15 天，最长要 22 天。现在，新流程运行一个月后，90% 以上可达到 5 天以内，99% 以上达到 7 天以内，大大提高了工作效率，提升了企业形象和核心竞争力。

　　讨论内容：（1）温州分公司的做法是否符合 SMART 原则？（2）你认为温州分公司目标分解这一做法是否有效？

第七章　预测与决策

学习目标

1. 掌握预测的概念、作用
2. 掌握预测的分类及经济预测的方法
3. 了解决策的概念和特征
4. 掌握决策的类型划分
5. 掌握决策的程序
6. 重点掌握决策的方法

学习索引

预测与决策
- 预测
  - 预测的定义及类型
  - 预测的步骤
  - 预测的方法
    - 定性预测方法：德尔菲法、用户意见法、集合意见法
    - 定量预测方法：指数平滑法、回归预测法
- 决策
  - 决策的定义及类型
  - 决策的步骤
  - 实施目标
    - 定性预测方法：畅谈会法、征询法、哥顿法、方案前提分析
    - 定量预测方法：确定型决策方法、风险型决策方法、不确定型决策方法

7.1　预测

7.1.1　预测的概念与特征

1. 预测的概念

预测是面向未来，对未来事物及其发展变化趋势预先做出的推断。预测是一个完整的管理活动过程。预测的结果是对所预测的事物以过去为基础进行了一系列的科学分析后做出的。这一系列科学分析包括：预测目标的确定、预测信息资料的收集、预测方法的选择和应用、预测模型的选定及估计、预测结果的评价等一整套过程。因此，预测是在科学分析的基础上，运用相应的预测方法，对预测对象在未来的状态及发展变化趋势进行预料推测的过程。

2. 预测的特征

预测具有以下特征（如表 7 - 1 所示）。

表 7 - 1　　　　　　　　　　预测的特征

不确定性	预测的基础和未来都具有不确定性，所以预测也具有随机性。其目的正是减少这种不确定性，以更好把握事物的发展
科学性	预测以揭示事物发展的内在规律性为科学依据，采用科学的方法和步骤对未来事物发展状况进行推测
近似性	预测的结果与将来的实际情况存在着一定的偏差，不可能完全重合，只能大致接近
局限性	由于预测对象受到许多随机因素的影响，加上人们认识上的限制等原因，建立预测模型时，需舍去一些因素，并拟定某种假设，以至预测不能表达事物发展的全貌，使其结果具有一定的局限性

7.1.2　经济预测的作用

经济预测是预测的一个重要分支。经济预测可以应用于经济的各个方面，具体作用表现在以下方面。

管理学简明教程（第二版）

首先，经济预测为计划工作提供可靠信息及科学依据。经济预测对未来的经济过程进行科学的定量和定性分析，揭示和描述事物现象的变化规律、发展趋势，为选定计划目标、编制计划提供可靠的信息资料。同时，对计划执行中可能出现的各种因素的影响及计划执行后对未来可能产生的各种影响的预测，为及时修改计划提供科学依据。

其次，经济预测为科学决策提供可靠保证。决策中方案的制订、评价和选择的基础和依据是预测的结果，所以，经济预测为科学决策提供可靠保证。

最后，经济预测可以促进统计工作的有效开展。经济统计是收集经济变量或经济指标历史数据的主要途径，要提高预测的准确性，必须保证用于预测的历史资料的质量，从而在客观上要求统计工作应该提供准确的数据资料；此外，要使统计成为经济管理的有力助手，就不能局限于对经济过程的简单描述和数据的收集汇总，还要进一步运用这些数据预测未来。所以，经济预测可以促进统计工作的有效开展。

7.1.3　经济预测的类型

经济预测可根据不同的标准划分为以下几种类型（如表7-2所示）。

表7-2　　　　　　　　　　　　预测的分类

预测的范围	宏观经济预测	社会未来预测	社会未来预测是研究与社会发展有关的社会问题，它的主要对象是由于科学技术的发展而产生的种种社会问题，如环境污染
		科学技术预测	科学技术预测是研究与科学技术发明、创造与应用有关的一系列问题。预测即将出现的新的科学技术发明及其效果、科学技术发明与新产品的关系等。包括：跨学科综合性课题的进展情况；各部门的发展情况及具体产品和工艺的发展情况等
		经济预测	经济预测是为制定国民经济规划、经济战略和制定经济政策服务的预测。包括：预测自然资源的状况及劳动力资源的状况；预测再生产的社会条件；预测价格、税收等因素的变化对社会生产和市场供求的影响等

（续表）

预测的范围	微观经济预测	市场需求预测	是预测市场对本企业产品的需求量的状况，开拓潜在市场的可能性等
		市场占有率预测	是对企业的产品在市场销售的同类产品中所占比重及其发展趋势的预测，即对本企业产品竞争能力的预测
		产品寿命周期预测	是预测本企业产品的寿命周期及产品所处的寿命周期阶段，决定产品的取舍，为企业决定产品发展方向提供可靠依据
		价格预测	包括产品及原材料的变动趋势、比价及消费者对价格的接受程度等的预测
		科学技术发展预测	是指对本行业的科学技术发展动向、新产品、新工艺的发展对市场需求的影响所作的预测，是指导企业合理调整产品结构，研制和开发新产品的依据
		资源预测	是指企业对开展生产经营所需要的人财物等各种资源未来发展变化趋势的预测，为企业生产经营活动顺利进行提供了重要保证
预测时间		长期预测	预测时间一般在五年以上的预测。它属于战略预测
		中期预测	预测时间从一年到三年的预测
		短期预测	预测时间在一年以内的预测，一般是一周、一个月或几个月
预测的方法		定性预测	是靠预测人员的知识、经验和综合分析能力，对未来预测对象的发展状况做出推断和估计
		定量预测	是通过对经济现象的分析，揭示经济现象的变化规律或发展趋势，对未来经济发展的程度和数量关系进行的预测

管理学简明教程（第二版）

103

7.1.4 预测的步骤

科学的预测一般应遵循图7-1中的步骤。

7.1.5 预测的准确度

预测的准确度关系到预测的作用能不能充分发挥的问题。预测是对未来的一种估

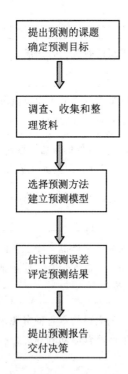

提出预测的课题 确定预测目标	确定预测要解决什么问题，达到什么要求预测的目标、任务、对象、预测范围、时间和假定条件以及研究方法等
调查、收集和整理资料	收集与预测对象有关的过去的、现在的资料（包括计划、记录材料、调查报告等）及预测的背景材料（如经济、文化等方面的材料）。并对资料加以分析、整理，为预测提科学的依据
选择预测方法 建立预测模型	预测方法要以预测目标、资料的数量和可靠程度来加以确定。经济模型依据有关经济理论，利用数理统计技术，以数学为工具，建立表示因果或时间序列关系的模型
估计预测误差 评定预测结果	对预测值进一步进行分析，估计预测误差大小，并进行必要纠正，将预测结果进一步征询专家意见，以检验预测结果，并检验预测模型
提出预测报告 交付决策	在预测结果的基础上提出预测报告并将预测报告交付决策机构

图 7－1　预测的步骤

计，所以它不可能百分之百的准确，总会有一定的误差。

1. 影响预测准确度的因素

（1）客观情况在不断迅速地变化，而人们的认识总是滞后的。这是影响预测不准确的主要原因。

（2）客观事物发展有渐变，也有突变。在突变的情况下预测是难以准确的。

（3）预测研究是一门年轻的科学，无论是人员、资料和方法都需要在实践中不断完善。

（4）限制预测实现的因素太多等。

2. 怎样提高预测的准确度

（1）从预测资料的来源看。资料是否完全、正确，直接影响着预测结果的准确。因此，每次预测工作，要求在收集资料时注意资料的准确性、来源、时间，逐步积累，建立常用的数据库。

（2）从预测的方式看。要善于利用各方面的预测成果的报告；要集思广益，广泛地吸收不同意见，最后由集体评定。

（3）从预测的方法看。要注意研究预测的方法，不断改进预测技术；要针对不同的问题，选择不同的预测方法，以保证预测的准确性。

7.1.6　经济预测的方法

1. 定性预测方法

定性预测方法是靠决策人员的知识、经验和综合分析能力，对未来预测对象的发展状况做出推断和描述的预测方法。定性预测方法主要有以下几种。

（1）德尔菲法。德尔菲法又称专家调查法。它是把所要预测的问题和必要的资料，用信函的形式向专家们提出，得到答复后，把各种意见经过综合、整理和反馈，如此反复多次，直到预测的问题得到较为满意的结果的一种预测方法，具有匿名性、反馈性和统计性等特点。

应用德尔菲法时要注意的问题：①预测问题要十分清楚明确，其含义只能有一种解释；②问题的数量不要太多，一般以回答者在两个小时内答完为宜；③要忠于专家们的回答，避免个人倾向；④对于不熟悉这一方法的专家，应事先讲清楚预测的过程与方法。

（2）用户意见法。用户意见法是预测人员通过对用户进行调查和征求意见来进行预测的方法。其优点是调查结果较切合实际，但成功与否主要取决用户是否真正与预测人员合作。

（3）集合意见法。集合意见法是预测组织将有关的管理人员或工作人员召集起来，就预测事物的发展发表意见，交换看法，然后由预测人员将各种意见汇总起来，进行综合分析与研究，以形成预测结果的预测方法。其优点是：面对面的讨论可以互相启发，互相补充；方法简单易行。缺点是：偏重于主观估计，容易产生失误。该方法主要适用于缺乏历史资料的预测对象。

2. 定量预测方法

定量预测方法是通过对经济现象量的方面的分析，来揭示经济现象的变化规律或发展趋势，并在定性分析基础上，对未来经济发展的程度和数量关系进行预测的一种方法。定量预测方法具有比定性预测方法更完善、更成熟；预测结果更详尽、更精确。它适用于经常性的预测等。

常用的定量预测方法主要有：时间序列平均数预测法、指数平滑法和回归预测法。下面主要介绍常用的指数平滑法和回归法。

（1）指数平滑法。它是采用一个平滑系数来调整实际数，反映数据近期性影响，对下一期进行预测的一种方法。其公式为：

$$\hat{Y}_t = \alpha Y_{t-1} + (1 - \alpha)\hat{Y}_{t-1} = \hat{Y}_{t-1} + \alpha(Y_{t-1} - \hat{Y}_{t-1})$$

式中：$\hat{Y}_t$ 为本期预测值；$\hat{Y}_{t-1}$ 为前期预测值；Y_{t-1} 为前期实际值；α 为平滑系数（$0 \leqslant \alpha \leqslant 1$）。

［**例 1**］某企业 8 月份的销售额为 123 万元，对该月的预测数为 115 万元。若取 α 为 0.7，则 9 月份的预测值为：

$$\hat{Y}_t = 0.7 \times 123 + (1 - 0.7) \times 115 = 120.6 （万元）$$

预测中，平滑系数 α 的取值可根据实际情况凭经验来确定。当前期预测值与实际值误差较大时，则 α 要大一些；当误差较小时，说明前期预测值比较准确，则 α 可小一些；α 的作用就是平滑修正误差，使预测值更接近实际值。如当 $\alpha = 0.3$ 时，表示 30% 的误差需要修正；$\alpha = 0.9$ 时，表示 90% 的误差要修正。α 取值越大，考虑前期实际值占的比重大，前期预测值占的比重小。若 $\alpha = 1$，则 $\hat{Y}_t = Y_{t-1}$；若 $\alpha = 0$，则 $\hat{Y}_t = \hat{Y}_{t-1}$。

指数平滑法的优点是：计算方便，只需要少数数据即可求出预测值，而且可以灵活选择 α 值进行平滑修正。不足之处是只能向前预测一期的数值。它只适用于短期预测。

（2）回归预测法。回归预测法是在研究经济变量之间因果关系的基础上，以一个或数个自变量的变化来推测另一个因变量变化的预测方法。回归预测法又分为一元回归预测法和多元回归预测法。一元回归预测法又分为一元线性回归预测法和非线性回归预测法两种。这里主要介绍一元线性回归预测法。

一元线性回归预测法又称直线回归预测法。它是对两个互为因果并呈线性关系的变量数列，建立直线回归方程，并通过自变量的取值来预测因变量发展趋势的预测方法。主要步骤如下。

第一步，建立预测模型。一元线性回归预测法的自变量（主要因数）只有一个，而且与因变量（预测目标）之间具有线性关系，故可用一元线性回归方程来模拟，其数学模型为：

$$\hat{Y} = a + bX$$

式中：$\hat{Y}$ 为预测值；X 为影响因素；a、b 为回归系数。

回归系数 a、b 可用最小二乘法求得的公式计算而得：

$$a = \bar{Y}_i - b\bar{X}_i \qquad b = \frac{\sum X_i Y_i - \bar{X}_i \sum Y_i}{\sum X_i^2 - \bar{X}_i \sum X_i}$$

第二步，模型检验。即对预测数学模型的合理性和影响因素对预测值的影响进行显著性检验，可用相关系数 γ 来进行。γ 的计算公式为：

$$\gamma = \frac{\sum X_i Y_i - \bar{X} \sum Y_i}{\sqrt{[\sum X_i^2 - \bar{X} \sum X_i][\sum Y_i^2 - \bar{Y} \sum Y_i]}}$$

当 $|\gamma| \to 1$ 时，说明影响因素 X 与预测值 $\hat{Y}$ 之间具有线性关系，可用一元线性回归预

测法来进行预测。当 $\gamma^2 \to 1$ 时,说明 X 对 $\hat{Y}$ 的影响显著,X 是预测值 $\hat{Y}$ 的主要影响因素。

第三步,求 $\hat{Y} = a + bX$ 回归直线方程,根据已知数据资料,求出回归系数 a、b 值,将 a、b 值代入 $\hat{Y} = a + bX$ 回归直线方程,即得出反映自变量与因变量变化的回归方程。

第四步,确定预测值。将自变量 X 值代入回归直线方程 $\hat{Y} = a + bX$ 中,即得预测值 $\hat{Y}$。

 小资料

预测技术

技术		描述	应用
定量预测技术	回归模型	根据已知的或假设的变量预测另一个变量	找出能够预测特定销售水平的因子(如价格、广告支出等)
	时间序列分析	用数学模型拟合某个趋势曲线,然后根据此方程预测未来	依据前四年的销售数据预测下一个季度的销售
	经济计量模型	采用一组回归模型模拟经济的某个部分	税法修改前后汽车销售量的变化
	经济指标	采用一个或多个经济指标预测经济的未来状态	运用 GNP 的变化预测支配收入的变化
	替代效应	采用数学公式预测一种新产品或新技术怎样、何时及在怎样情况下将替代原有的产品或技术	预测 DVD 播放机对磁带录像机销售的影响
定性预测技术	评审小组意见	综合和平衡专家的意见	召集公司人力资源管理者预测下年度院校毕业生的招聘需求
	销售人员意见构成	综合某个领域销售人员的估计,以确定顾客期望的购买意向	预测下年度工业激光器的销售
	顾客评价	综合依据现有的顾客购买情况所做的估计	调查某家制造商的主要轿车经销商以决定市场期望的产品品种和数量

管理学简明教程 (第二版)

107

7.2 决策的概念与类型及程序

7.2.1 决策的概念与特征

决策是指在一定的环境条件下，决策者为了实现特定目标，遵循决策的原理和原则，借助于一定的科学方法和手段，从若干个可行方案中选择一个满意方案并组织实现的全过程。它既包括制订各种可行方案、选择满意方案的过程，又包括实施满意方案的全过程。它具有以下几个特征。

（1）目标性。决策就是通过解决某个问题来达到某个目标，而决策目标就是决策所要解决的问题。

（2）选择性。决策必须具有两个以上的备选方案，通过比较评定来进行选择。

（3）可行性。决策所制订的若干个备选方案应在技术、经济、社会等方面是可行的，这样才能保证决策方案切实可行。

（4）动态性。由于外部环境和内部条件随时都在发生变化，决策要随着外部环境和内部条件的变化而做出适当修改或调整保证决策的正确。

7.2.2 决策在管理中的作用

一个组织的决策水平高低对其在市场经济中兴衰存亡起到决定作用。表现在以下几方面。

第一，决策是决定组织管理工作成败的关键。组织的管理工作成效的大小，首先取决决策的正确与否。决策正确，可以提高组织的管理效率和经济效益，使组织兴旺发达；决策失误，则一切工作都会徒劳无益，会给组织造成直接经济损失或灾难性的损失。

第二，决策是实施各项管理职能的根本保证。决策贯穿于组织各项管理职能中，在组织管理过程中，计划、组织、领导和控制各管理职能的实现过程都需要决策，决策是各个管理职能实现的根本保证。

小资料

管理职能中的决策

计划	领导
组织的长期目标是什么？ 什么战略能够最佳的实现这些目标？ 组织的短期目标应该是什么？ 个人目标的难度应该有多大？	我应该怎样处理雇员情绪低落的问题？ 在给定的条件下什么是最有效的领导方法？ 某项具体的目标变革会怎样影响职工的生产率？ 什么时候是鼓励冲突的合适时间？
组织	控制
直接向我报告的职员应该有多少？ 组织应当有多大程度的集权？ 职位应当怎么设计？ 什么时候应当实行不同的结构？	需要对组织中的哪些活动进行控制？ 怎么控制这些活动？ 绩效差异偏离到什么程度是显著的？ 组织应当具有什么类型的信息管理系统？

7.2.3 决策的类型

决策所要解决的问题是多方面的，不同类型的决策，采用不同的决策方法。为了进行正确决策，必须对决策进行科学分类。一般来说，决策是按照以下标志进行分类的（如表7-3所示）。

表7-3　　　　　　　　　　决策的类型

决策的作用范围	战略决策	战略决策是为了适应外部环境的变化、组织全局的长期的发展采取的对策（如经营方针决策）。战略决策影响的时间长，风险也大。分为总体战略决策和职能战略决策
	战术决策 （管理、策略决策）	是带有局部性的具体决策，关系着为实现战略决策所需要的资源的合理组织和利用，如财务决策等
	业务决策 （日常管理决策）	指组织为了提高日常业务活动而做出的决策，针对短期目标，考虑当前条件而做出的决定，直接关系到组织的生产经营效率和工作效率的提高，具有很大灵活性

（续表）

决策的时间长短	中长期决策	一般需要一定数量的投资，具有实现时间长和风险较大的特点，属于战略性决策。（一般为3~5年，甚至达15~20年）
	短期决策	一年以内或更短时间内实现的决策，一般属于战术或业务决策
决策的层次	高层决策	组织中最高管理人员（厂长、经理）所做出的决策，要解决的是组织全局性的，以及与外界环境相关的重大决策问题，大部分属于战略决策、战术决策
	中层决策	组织中层管理人员（处级）所进行的决策，涉及的问题多属于安排组织一定时期的生产经营任务，或是为了解决重要问题而采取一些必要措施的决策（多为战术和部分业务决策）
	基层决策	组织内基层管理人员所进行的决策，主要解决作业任务中的问题。它包括日常性的作业安排和生产经营活动中偶然要解决的问题两方面内容
决策的重复程度	程序化决策规范化决策重复性决策	指经常重复发生，能按原来规定的程序、处理方法和标准进行的决策，多属于业务决策。如签订购销合同等
	非程序化决策（一次性决策）	指没有常规可循，对不经常重复发生的业务工作和管理工作所做的决策，例如，新产品开发决策等
决策的时态	动态决策序贯、多级决策	随着事物的发展进程对所处理的问题，针对可能出现的情况确定出一系列对应的决策
	静态决策单项、一级决策	指对所处理的问题，只做出一个决策就可以把决策问题确定，没有再规定出随事物发展进程和可能发生的变化，进一步采取对策
具备的条件和可能程度	确定型决策	确定型决策是指各种方案只有一种确定的结果。确定型决策各种可行方案的条件都是已知的，问题的各种未来的自然状态非常明确，只要比较各种方案的结果，就可以选择出最优方案。例如，任务分配的决策等
	风险型决策	风险型决策的各种方案都存在着两种以上的自然状态，决策人可以根据已知概率计算出执行结果，进而做出决策
	不确定型决策	这种决策的各种方案出现的自然状态是已知的，其概率是未知的，每个方案的执行后果，决策人不能肯定，主要凭决策人的经验和估计做出的决策。例如，在市场变化不能肯定时，投产方案的决策等

（续表）

决策目标与使用方法	定性决策 非计量决策	指在决策过程中，充分发挥专家集体的智慧、能力和经验，在系统调查研究分析的基础上，根据掌握的具体情况与资料，进行决策的方法
	定量决策 计量决策	定量决策又称计量决策。它是指能够应用数学方法和数学模型，借用电子计算机进行决策的一种方法

7.2.4 决策的程序

决策不是瞬间的行为，是一个发现问题、分析问题和解决问题的系统分析判断的过程。为了保证决策正确，一般应按图 7 - 2 程序进行。

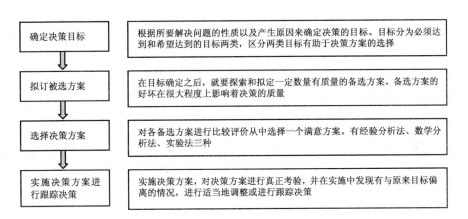

图 7 - 2 决策实施的程序

7.3 决策的方法

随着社会生产、科学技术、决策实践与决策理论的发展，人们创造出许多决策方法。归纳起来可以分为两大类：定性决策方法和定量决策方法。

7.3.1 定性决策方法

定性决策方法又称决策的"软"方法。它是指在系统调查研究分析的基础上，根据掌握的情况与资料，充分发挥专家集体的智慧、能力和经验进行决策的方法。常用的定性决策方法如下。

1. 畅谈会法

畅谈会法，又称头脑风暴法。它是一种邀请专家内行，针对组织内某一个问题发表个人的看法，相互启发，集思广益进行决策的方法。这种方法的关键是开好畅谈会。开畅谈会议有四条规矩：（1）鼓励每个人独立思考，开阔思路，不要重复别人的意见；（2）意见和建议越多越好，不要限制，也不怕矛盾；（3）对别人的意见不要反驳，不要批评，也不要做结论；（4）可以补充和发展相同的意见等。

这种方法的主要目的是集思广益，鼓励创新。

2. 征询法

征询法是一种被征询意见的人，事先不接触，事后接触的一种决策方法。首先，让他们在不接触或不事先讨论的前提下分别用书面方式提问题，提建议或回答所提问题；其次，由组织者把每个人的书面材料合并一份汇编材料，然后公布（公布时只公布结果，不公布是谁提出的）；最后，充分讨论。这种方法可以使参加讨论人员毫无顾虑地各抒己见，并把好的意见逐步集中起来。

3. 哥顿法

哥顿法又称提喻法。它的特点是不讨论决策问题本身，而用类比的方法提出相关问题，或者把决策问题分解为几个局部小问题，以启示专家发表见解，避免与会者之间的个人利害冲突，让大家充分发表意见。

4. 方案前提分析法

方案前提分析法的出发点是每个方案都有几个前提假设作为依据，方案是否正确，关键在于它的前提假设是否成立。因此，这种方法是让与会者只分析讨论方案的前提能否成立，而不涉及决策方案的内容。

哥顿法和方案前提分析法既防止了当事人的偏见，使他们能够客观地分析问题，又避免了当事人之间的利害冲突，保证了决策方案的正确选择。

此外，还可以用德尔菲法等。

定性决策方法不同于传统的经验决策。经验决策是完全依靠决策者个人的局部经验进行决策的；而定性决策是在对决策过程进行全面系统分析的基础上，把专家内行组织起来，为科学决策当参谋、做顾问。这就是现代决策中不可缺少的智囊团和思想库。

定性决策方法具有灵活简便、费用较少，特别适用非规范化的综合决策问题；还有利于调动专家、职工的积极性，提高他们的创造力；而且便于统一思想为决策实施创造有利条件。但是，这种方法主观性较强，有时还会因参加者的知识类型使决策意见有很大倾向性，甚至会造成传统的观念占优势，使决策者趋于保守。

7.3.2　定量决策方法

定量决策方法又称决策"硬"方法。它是指应用数学模型，借助电子计算机进行决策的一种方法。定量决策方法又分为静态决策分析法和动态决策分析法。

1. 确定型决策方法

确定型决策问题，应具备以下条件：存在决策者希望达到的一个明确目标；只存在一个确定的自然状态；在可供决策者选择的两个或两个以上的行动方案；不同的行动方案，在确定状态下的损益值可以计算出来。

确定型决策常用的有以下方法。

（1）直观法。它是从已有的定量分析资料中就可以直观明确地选出最优决策方案的方法。例如，某企业经销某种产品，有甲、乙、丙三种方案，各自的经销费用分别为 260 万元、240 万元和 230 万元，从中选择最优方案，通过对比，选择经销费用最少的丙方案。

（2）量本利分析法。量本利分析法又称盈亏分析法。它是根据对业务量（产量、销售量、销售额、工作量）、成本（费用）和利润三者之间的依存关系进行综合分析，用以进行企业经营决策，利润预测，成本控制，生产规划的一种简便可行的方法。其中心内容是盈亏平衡点的分析。所谓盈亏平衡点是指产品销售收入等于产品总成本时的销售量或销售额。其中，产品成本分为固定成本和变动成本，固定成本是指在一定范围内不随产量变动而变动的成本，变动成本是指随产量变动而变动的成本。

寻找盈亏平衡点的方法主要有三种。

第一种，图解法。它是在直角坐标系中，以横坐标 X 表示销售量，纵坐标 Y 表示成本或销售收入。在坐标系中划出固定成本、变动成本、总成本和销售收入线，只要产品销售单价大于产品单位变动成本，销售收入线与总成本线必能相交于一点，这点即盈亏平衡点。一般用该点相对应的销售量或销售额表示。

[**例 2**] 某企业生产某种产品，单位售价为 300 元，单位产品变动成本为 200 元，生产该产品的固定成本为 4000 元，用图解法确定盈亏平衡点。

解：根据所给的条件画盈亏平衡图（见图 7 - 3）。

销售收入 = 单位产品销价 × 销售量 = 300X

总成本 = 固定成本 + 变动成本 = 4000 + 200X

变动成本 = 单位变动成本 × 销售量 = V·X

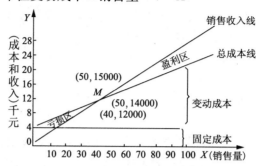

图 7 – 3　盈亏平衡

图 7 – 3 中 M 点即盈亏平衡点。求得盈亏平衡点的销售量为 40 件，盈亏平衡点的销售额为 $300 \times 40 = 12000$（元）。若销售量小于 40 件，企业就亏损，销售量大于 40 件，企业就有盈利。

第二种，公式法。盈亏平衡点是产品销售收入与总成本相等时的销售量与销售额。现设总成本为 Y，则 $Y = F + VX$；销售收入为 S，则 $S = PX$。式中：F 为固定成本；V 为单位变动成本；W 为单位产品销价；X 为销售量。

在盈亏平衡时有：$Y = S$，即 $F + VX_0 = WX_0$（X_0 为盈亏平衡点销售量）

得：$X_0 = \dfrac{F}{W - V}$（此为量本利分析法的基本模式）

若将此公式两边同乘以 W，则有：

$$W \cdot X_0 = \frac{F}{W(W - V)}$$

$$S_0 = \frac{F}{1 - \dfrac{V}{W}}$$（S_0 为盈亏平衡点销售额）

承例 2：

$$盈亏平衡点销售量（X_0）= \frac{F}{W - V} = \frac{4000}{300 - 200} = 40（件）$$

$$盈亏平衡点销售额（S_0）= \frac{F}{1 - \dfrac{V}{W}} = \frac{4000}{1 - \dfrac{200}{300}} = 12000（元）$$

2. 风险型决策方法

风险型决策方法又称随机型决策。风险型决策需要具备以下条件：具有一个决策者企图达到的明确目标；存在两个以上可供选择的行动方案；存在着不以决策者意志为转移的两种以上自然状态；各个行动方案在各个自然状态下的损益值可以计算出来；决策者对未来可能出现何种自然状态不能确定，但出现的概率可以大致估计出来。

风险型决策常用的方法是决策树分析法，具体树型如图 7-4 所示。

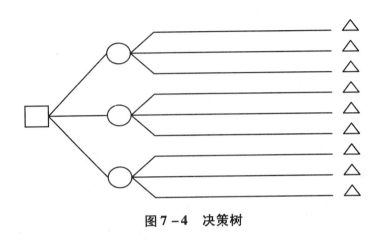

图 7-4　决策树

图 7-4 中：□表示决策点；从决策点引出的分枝称方案枝，每一条方案枝代表一个方案，并在该方案枝上标明该方案的内容；○表示自然状态点，从它引出的分枝称概率枝，每个概率枝代表一种随机的自然状态，并在概率枝的上面标出自然状态的名称，在概率枝的下面标出这种自然状态的概率值；每条概率枝的末端的△符号称结果点，在该点上标出该自然状态下的损益值；在方案枝上加 ‖ 为剪枝符号，表示对该方案的舍弃。

运用决策树法，首先要画出决策树形图，画决策树应从左向右，即先在左边画出决策点，从决策点出发引出若干方案枝，方案枝末端画出自然状态点，从自然状态点引出概率枝，概率枝末端标出损益值。然后进行计算和分析。计算和分析是由右向左，即按右端结束点后的损益值与相对应的概率值，计算出各方案在不同自然状态下的损益期望值，并注明在各方案状态点上，再比较其大小后进行优选。

（1）单级决策举例。

［例3］某企业准备今后五年生产某种产品，需要确定产品批量。根据预测估计，这种产品的市场状况的概率是畅销为 0.3，一般为 0.5，滞销为 0.2。产品生产提出大、中、小三种批量的生产方案，怎样决策才能取得最大经济效益？有关数据如表 7-4 所示。

表7-4　　　　　　　　　　各方案损益值　　　　　　　　　　单位：万元

自然状态损益值方案 概率	畅销	一般	滞销
	0.3	0.5	0.2
大批量（Ⅰ）	30	25	12
中批量（Ⅱ）	25	20	14
小批量（Ⅲ）	18	16	15

解：第一步，从左向右画决策树形图，见图7-5。

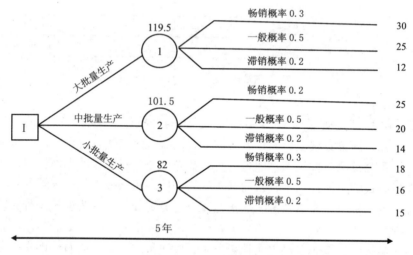

图7-5　单级决策树

第二步，计算各方案的损益期望值，其计算公式是：

某方案损益期望值 = $\sum$（各方案某种自然状态的概率×该自然状态下的损益值）

大批量生产①的期望值 =（$30 \times 0.3 + 25 \times 0.5 + 12 \times 0.2$）$\times 5 = 119.5$（万元）

中批量生产②的期望值 =（$25 \times 0.3 + 20 \times 0.5 + 14 \times 0.2$）$\times 5 = 101.5$（万元）

小批量生产③的期望值 =（$18 \times 0.3 + 16 \times 0.5 + 15 \times 0.2$）$\times 5 = 82$（万元）

第三步，选择最佳决策方案。把以上计算结果注明在各个方案结点上，然后在各个方案之间比较期望值，从中选出期望值最大的作为最佳方案，并把此最佳方案的期望值写到决策结点方框的上面，以表示决策的结果。根据比较，剪去中批量和小批量方案枝，选择大批量方案。

（2）多级决策举例。

[**例4**] 某地为适应市场对某产品的需求，提出三个方案：第一方案是建大厂，需投资 800 万元，销路好时年可获利 300 万元，销路差时年亏损 100 万元。第二方案是建小厂需投资 300 万元，销路好时年可获利 100 万元，销路差时仍可获年利 30 万元。大小厂经营期均为 10 年，估计未来销路概率是 0.7、0.3。第三方案是先建小厂，3 年后销路肯定好时再扩建，追加投资 500 万元，经营期 7 年，估计每年获利 350 万元，应如何决策？

解：第一步，绘决策树型图（见图 7 - 6）。

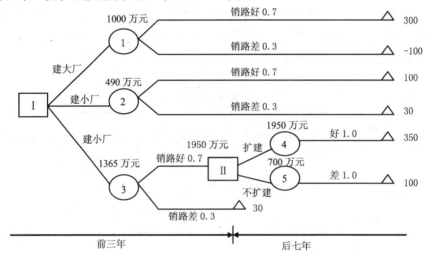

图 7 - 6 多级决策树

第二步，由右向左计算各种状态下的损益值。

点④的期望值 = 350 × 1.0 × 7 - 500 = 1950（万元）

点⑤的期望值 = 100 × 1.0 × 7 = 700（万元）

第三步，第一次决策：经比较④ > ⑤，即 E4 > E5，不选用 3 年后不扩建方案，选用扩建方案。这是第一次决策。决策点 Ⅱ 的期望值应为 1950 万元。

第四步，计算点③的期望值，它包括两部分：一是前 3 年是建小厂，销路好时的期望值 = 0.7 × 100 × 3 = 210（万元），后 7 年扩建后，期望值为 1950 万元。二是前 3 年销路差时，建小厂则持续 10 年，其收益期望值 = 0.3 × 30 × 10 = 90（万元），则点③的期望值 E3 = （0.7 × 100 × 3）+（0.7 × 1950）+（0.3 × 30 × 10）- 300 = 1365（万元）。

点①的期望值 E_1 = [0.7 × 300 + 0.3 ×（-100）] × 10 - 800 = 1000（万元）

点②的期望值 E_2 = （0.7 × 100 + 0.3 × 30）× 10 - 300 = 490（万元）

第五步，第二次决策：经过比较，先建小厂，后建大厂的期望值最大，应为优化方案，其他两个方案不再考虑，这是第二次决策，其决策点Ⅰ的期望值为1365万元。

3. 不确定型决策方法

不确定型决策是在客观自然状态的概率完全不能确定的情况下进行的决策。这种决策主要取决于决策者的经验和智慧。由于决策者各具特点，便有不同的评价标准，因而产生了多种具体的决策方法。下面用实例说明不确定型决策的方法。

[例5] 某企业准备生产一种新产品，估计这种产品在市场上的需求量（自然状态）大体有四种情况：需求量较高、需求量一般、需求量较低、需求量很低，对每种情况出现的概率确无法预测。为了生产这种产品，企业考虑了三种方案（见表7-5）：A方案是自己动手，改进原有设备；B方案是淘汰原有设备，购进新设备；C方案是购进一部分关键设备，其余自己制造。该产品准备生产5年，据测算，各个方案在各种自然状态下5年内的损益值。

表7-5　　　　　　　　　　各方案损益值　　　　　　　　　　　单位：万元

损益值 / 方案 \ 自然状态	需求量较高	需求量一般	需求量较低	需求量很低
A方案	95	60	-12	-15
B方案	70	45	10	-5
C方案	80	40	15	5

（1）悲观法（小中取大法）。这种方法决策的程序是：一是从每个方案中选择一个最小的收益值，A方案-15万元，B方案-5万元，C方案5万元；二是从这些最小收益值中选取数值最大的方案（C方案5万元）作为决策方案，见表7-6。这种决策方法的主要特点是依据悲观的原则，总是从最坏的结果着想，但又想从最坏的结果中选择最好的结果。

表7-6　　　　　　　　　　最小收益值比较　　　　　　　　　　　单位：万元

损益值 / 方案 \ 自然状态	需求量较高	需求量一般	需求量较低	需求量很低
A方案	95	60	-12	-15
B方案	70	45	10	-5
C方案	80	40	△15	5

（2）乐观法（大中取小法）。这种方法的程序：一是从每个方案中选择一个最大收益值，即 A 方案 95 万元，B 方案 70 万元，C 方案 80 万元；二是从这些最大值中在选出一个最大值（A 方案 95 万元），作为决策方案。如表 7－7 所示。这种决策方法的主要特点是依据乐观的原则，不放弃任何一个获得最好结果的机会，争取好中取好。

表 7－7　　　　　　　最大收益比较　　　　　　　　　　单位：万元

损益值 方案	自然状态 需求量较高	需求量一般	需求量较低	需求量很低	最大收益值
A 方案	95	60	－12	－15△	95
B 方案	70	45	10	－5	70
C 方案	80	40	15	5	80

（3）平均法（又称等概率法）。这种方法的程序：一是将每个方案在各自然状态下的收益值相加后，除以自然状态的个数，求得每个方案的平均值，A 方案 32 万元，B 方案 30 万元，C 方案 35 万元；二是从中选择均值最大的方案（C 方案 35 万元）作为决策方案。这种决策方法的特点是以平均值作为评价方案的标准，依据的是平均原则，是一种折中的、平稳的决策方法，如表 7－8 所示。

表 7－8　　　　　　　平均收益比较　　　　　　　　　　单位：万元

损益值 方案	自然状态 需求量较高	需求量一般	需求量较低	需求量很低	最大收益值
A 方案	95	60	－12	－15	32
B 方案	70	45	10	－5	30
C 方案	80	40	15	5	35

（4）后悔值法（大中取小法）。此方法的基本思想是如何使选定决策方案后可能出现的后悔达到最小，蒙受的损失也较小。所谓后悔值就是应采取方案的最大收益值与实际采用方案的收益值之间的差额。这种决策方法的程序：一是从各种自然状态下找出各个方案的最大收益值（如表 7－9 用※表示）；二是将每种自然状态下各种方案的收益值与最大收益值相比较，求得后悔值见表 7－10；三是从各个方案后悔值中找出最大后悔值；四是从中选择最小后悔值（C 方案 20 万元），最后选择 C 方案为

决策方案。这种方法是以后悔值作为评价方案的标准，依据的是遗憾原则。它既不过于保守，又不过于冒险，是一种比较稳当的决策方法。

表 7 – 9　　　　　　　　最大收益值　　　　　　　　单位：万元

损益值 / 方案 \ 自然状态	需求量较高	需求量一般	需求量较低	需求量很低
A 方案	95※	60※	– 12	– 15
B 方案	70	45	10	– 5
C 方案	80	40	15※	5※

表 7 – 10　　　　　　　最大后悔值比较　　　　　　　　单位：万元

损益值 / 方案 \ 自然状态	需求量较高	需求量一般	需求量较低	需求量很低	最大后悔值
A 方案	0	0	27	20	27
B 方案	25	15	10	– 5	25
C 方案	15	20	05	△0	20

上述四种不同决策方法，分别以不同标准和原则作为评选方案的依据，因而同一问题会得到不同的决策结果。在实际工作中，解决不确定型决策问题时，首先同时运用以上四种方法进行分析对比；其中被认定为最佳方案次数最多的方案，作为最后选定的决策方案。如例5中C方案被选中3次，因而C方案可以作为最终的决策方案。

定量决策方法的发展，是与电子计算机在组织管理中的应用分不开的。因为电子计算机的运用使运算和逻辑判断的时间大大缩短。定量决策方法的运用可以提高决策的准确性、时效性和可靠性，并且能大大地节省决策者花费在常规决策上的时间和精力。但它也存在一定的局限性，对于许多复杂的决策问题很难用数学模型表示出来，某些变量根本不可能定量化，因此，数学模型所反映的只是影响决策的主要因素而不是全部因素，它只能是近似地、有条件地反映现实。另外，建立数学模型往往要耗费大量人力和资金，使用电子计算机的成本也比较高。

本章小结

预测是在科学分析的基础上，运用相应的预测方法，对预测对象在未来的状态及发展变化趋势进行预料推测的过程。预测具有不确定性、科学性等特点，是决策的基础，具有重要的作用；根据不同的标准分为不同的类型，如宏观、微观经济预测，定性、定量预测等；预测要充分考虑影响预测准确性的因素，遵循合理的步骤，运用科学的方法以提高其准确性。

决策是指在一定的环境条件下，决策者为了实现特定目标，遵循决策的原理和原则，借助于一定的科学方法和手段，从若干个可行方案中选择一个满意方案并组织实现的全过程。它既包括制订各种可行方案、选择满意方案的过程，又包括实施满意方案并跟踪评价的全过程。决策具有目标性、可行性等特征，根据不同的分类原则可分为多种类型。决策的方法是多种多样的，分为定性和定量的方法，其用途不一。决策同样需要遵循一定的原则，采用科学的方法，以选出最佳决策方案。

思考题

1. 如何理解预测，它有哪些特点，分为哪些类型？
2. 试述预测的方法和步骤。
3. 什么是决策？决策的类型有哪些？
4. 说明决策的程序。
5. 企业经营决策一般有哪些方法？
6. 案例分析：

王安经营一家物业代理公司，专门撮合房屋租售业务。有一天，王安接到一笔生意，要求代为出租写字楼，该客户要求租金如表 7-11 所示。

表 7-11　　　　　　　　　　租金资料　　　　　　　　　　单位：元

写字楼	价格
A	25000
B	50000
C	100000

若销售成功，王安可获 4% 的销货佣金。

该客户又开出下列条件："王先生，你必须先出租 A 标的，若你无法在 1 个月内租出，则全部交易取消，你不仅不能继续代租 B 或 C，同时无分毫佣金。反之，若你在 1 个月内租出 A，你可得 A 的佣金，并选押：（a）不再代租；（b）在相同条件下代租 B 或 C（亦即 1 个月内租出第二项财物，否则无法享有第二项佣金，且不能继续代租第三项财物），若你成功地租出前两项标的，你也有权选择是否代租第三项标的。"

客户离去后，王安开始对该项提议进行分析，以决定是否接下这一生意。他将广告成本及在该租金下标的物出租的可能性列表 7 - 12。

表 7 - 12   **广告成本及租出机率**

写字楼	广告成本	估计租出机率
A	800	0.7
B	200	0.6
C	400	0.5

王安相信写字楼的出租彼此之间完全独立，而广告成本除非决定不继续代租，否则都会发生。因为 A 项标的必须先租出，王安列出表 7 - 13 以决定是否代租 A 标的。

表 7 - 13   **是否代租 A 标的的决策**

结果	几率	行动	
		代租 A	不代租 A
租出 A 标的	0.7	200 元	0 元
无法租出 A	0.3	−800 元	0 元
期望值		−100 元	0 元

因此，若单纯仅考虑 A，则期望值显示此项提议无利可图，王安对此结果有点沮丧，但他知道若代租 A 成功，则可取得代租 B 与 C 的机会，或许有利润也说不定，他认为这项提议值得进一步深入考虑。

讨论内容：（1）针对王安的问题，进行决策树分析。（2）根据决策树分析结论，王安应采取何种行动？

第八章　战略管理

学习目标

1. 掌握战略及战略管理的概念
2. 掌握战略构成要素
3. 重点掌握公司层战略、事业层战略、职能层战略
4. 掌握战略管理过程

学习索引

战略管理
- 战略管理的演变
  - 战略管理的定义及特征
  - 战略管理的价值
  - 战略管理的类型
- 组织战略的类型
  - 公司层战略
  - 事业部层战略
  - 职能层战略
- 战略管理的过程
  - 确定企业使命
  - 战略分析
  - 战略选择
  - 战略实施
  - 战略控制
  - 战略评估

8.1 战略管理的概念、特征和价值

8.1.1 战略的概念

战略是管理者为了组织的长期生存与发展，通过利用内部优势、把握外部机会，对事关组织全局的、长远的重大问题所进行的谋划。而把战略的含义用于政治、经济领域，就形成政治战略和经济发展战略；运用于企业领域就形成企业战略。

小资料

不同学者对战略的理解

第一个提出企业战略的人是哈佛工商业史学家艾尔弗雷德·钱德勒（Alfred D. Chandler Jr.），他在 1962 年出版的《战略与结构》一书中为战略做出了初步定义：战略是一个企业基本长期目的和目标的确定，以及为实现这一目标所需要采取的行动路线和资源配置。钱德勒的战略概念体现了战略的三大要素：设定目的、分配资源、找出实现目的的方法。

战略管理大师安德鲁斯（Kenneth R. Andrews）认为，战略是关于企业宗旨、目的和目标的一种模式，以及为达到这些目标所制订的主要政策和计划；通过这样的方式，战略界定了企业目前从事什么业务和将要从事什么业务，企业目前是一种什么类型和将要成为什么类型。

安绍夫（I. Ansoff）在研究企业多角化经营的基础上，提出了一个具有分析性而又具有行动导向的战略定义：战略是一条贯穿于企业活动与产品、市场之间的"共同经营主线"，其决定着企业目前所从事的，或者计划要从事的经营业务的基本性质。

迈克尔·波特（Michael E. Porter）则提出，战略是公司为之奋斗的一些终点（目标）以及公司为达到它们而寻求的途径（政策）的结合物。波特认为，企业战略的核心是获取竞争优势，而获取竞争优势的因素有两个：一是企业所处产业的盈利能力，即产业的吸引力；二是在产业内的相对竞争地位。

明茨博格提出了战略是由 5 种规范的定义阐明的，即计划（plan）、计策（policy）、模式（pattern）、定位（position）和观念（perspective）构成了战略的 5Ps。

8.1.2 战略管理的概念

战略管理的实质不是战略而是动态的管理，是一种崭新的管理思想和管理方式。它

是经过经验管理、科学管理、现代管理发展而来的，是现代管理中一种总体性管理方式。其特点是指导企业全部活动的企业战略，全部活动的重点是制定战略和实施战略。而制定战略和实施战略的关键都在于对企业外部环境的变化进行分析，对企业的内部条件审核，并以此为前提确定企业的战略目标，使三者达成动态平衡。战略管理的任务，就在于通过战略制定、战略实施、战略控制、战略评价，实现企业的战略目标。

战略管理有广义与狭义两种概念。广义的战略管理是指运用战略对整个组织进行管理，其主要代表是安绍夫。狭义的战略管理是指对企业战略的制定、实施、控制和评价等进行的管理，其主要代表是斯坦纳。目前主张狭义战略管理者占主流。本书是指狭义概念。

综上所述，战略管理是对组织活动实行的总体性管理，是组织制定、实施、控制和评价战略的一系列管理决策与行动，其核心问题是使组织自身条件与环境相适应，求得组织的生存与发展。

 小资料

战略管理的边界

要把握战略管理的内涵，需要澄清一些模糊认识，特别是弄清战略管理的边界。现实中，许多人都将战略管理与经营管理混为一谈。实际上，战略管理与经营管理是既相互联系、又相互区别的不同范畴，二者具有不同的边界。企业经营管理是在既定企业规模、组织结构和有关业务的战略计划框架内，确保资源的取得以及有效利用资源的全过程。通过经营管理尽力使战略目标转变为企业各个方面和全体成员间相互协调的具体的行动路线和任务。企业经营管理的决定权应掌握在中层管理人员手中，并由相应的职能部门去组织实施。显然，这与由企业高层管理人员决定的企业全局性的战略管理问题是不同的。下图可以很清楚地显示出战略管理与经营管理在边界上的差异。

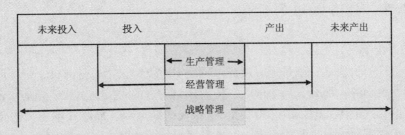

可以看出，经营管理是企业对目前的投入、物质转换和产品产出的管理，而战略管理则从时间上和范围上扩大了投入—产出的管理过程。

8.1.3 战略管理的特征

根据上述定义可以看出,战略通常具有如下特征。

1. 全局性

这是战略最根本的特征。全局性是指战略是以组织的全局为研究对象来确定组织的总目标,规定组织的总行动。也就是说,组织战略的重点不是研究组织的某些局部性质的问题,而是组织的整体发展。

2. 长远性

这是指战略的着眼点是组织的未来,是为了谋求组织的长远发展,而不是只为了求得眼前的利益。

3. 纲领性

这是指战略所确定的战略目标和发展方向,是一种原则性和概括性的规定,是对组织未来的一种粗线条的设计。它是对组织未来成败的总体谋划,而不纠缠现实的细枝末节。战略不在于精细,而在于洞察方向。

4. 适应性

战略管理的适应性指所制定的战略要与外部环境和内部条件相适应;在实施战略过程中,要根据环境、条件变化,适时地加以调整,使战略适应变化的情况。

5. 竞争性

这是指战略是组织在竞争中战胜对手,应付外界环境威胁、压力和挑战的整套行动方案。它是针对竞争对手制定的,具有直接的对抗性。也就是说,战略是一种具有"火药味"的,而非"和平"状态下的计划。

从以上特征可以看出,战略的制定是一项非常复杂的决策活动,它要求决策者必须具备比较高的素质和决策水平。

8.1.4 战略管理的价值

1. 审时度势

战略管理的价值之一就是审时度势。所谓审时度势是指审查时机,忖度形势,明悉时代的发展趋势。那么,当前国际、国内战略管理的时机、发展趋势是什么?从国际上看,第二次世界大战以后,特别是 50 年代中期至今,那时资本主义的企业管理已进入现代化管理阶段。其特点之一,就是突出经营战略。

西方国家企业的经营战略,对人们精神因素也很重视。它们把价值观和信念作为战略的基础,认为企业能否成功主要取决于集体的精神与行为,而不取决于外部环境与行为。日本学者伊丹敬之强调对"优秀战略"即"适应战略"的研究。"适应战略"要求战略具有"三个适应"和"七个战略思想"。"三个适应"即要求战略与环境、资源和组织三个因素相适应。"七个战略思想"概括地说是差别化、集中、时机、利用已有成果、要有不平衡、组织士气、巧妙组合的思想。

中国企业管理，正在向现代化管理迈进。但是，与国际惯例比，无论是现代化管理，还是战略管理都存在差距。中国只有审时度势，强化战略管理，才能快速弥补与国外管理的差距，促进实现现代化管理。

2. 扬长避短

实行战略管理，有助于组织（企业）扬长避短，以己之长，克敌制胜。这也是战略的指导思想。它贯穿于组织活动的全过程。中国为了搞好国有大中型企业，国家已在政策和体制上给予扶植，但更主要的是国有大中型企业，应该充分利用当前改革的有利时机，对关系企业全局和长远发展的生产经营活动进行通盘谋划，审时度势，及时捕捉，利用震荡环境带来的机会，避开威胁，在面对"复关"后的挑战，与中外合资企业和乡镇企业，甚至国外跨国公司的激烈竞争中，谋求生存和发展。

3. 应付自如

一个组织（企业）经营活动成败的关键，主要取决于它在震荡环境中能否应付自如。战略目标的确定，必须使内部条件与外部环境相适应，才能保证战略目标切实可行。

当前，企业面对的外部环境，可以概括为顾客导向、变化快速、竞争激烈的"3C"环境。企业发展的新趋势是企业兼并激烈，企业多样化发展，企业集团化发展，企业国际化经营，经济的全球化。在这样复杂的环境和新趋势面前，企业必须通过战略管理，才能应付自如。相反，如果对外部环境没有把握，闭门造车，不仅不能应付自如，还可能导致失败。

4. 优化资源配置

企业战略管理，能够促进企业资源合理分配。企业实行集团化战略，兼并、破产、盘活存量资本，优化结构，调整投资方向，按照规模经济和合理布局的要求，优化资源配置，不断地使自己有限的资源，配置到最有效的地方，发挥效益。

8.2　战略构成要素及类型

8.2.1　企业战略构成要素

企业战略作为一个系统，主要由五个要素构成，即战略思想、战略目标、战略重点、战略阶段、战略对策。它们相互联系，形成一个完整的战略。

1. 战略思想

战略思想是指导战略制定和实施的基本思想，是整个战略的灵魂。它来自战略理论、战略环境的客观分析，以及企业领导层的战略风格，对战略目标、战略重点、战略对策起一个统帅作用。一个企业的战略思想主要应该包括：竞争观念、市场营销观念、服务观念、创新观念、效益观念等。

2. 战略目标

战略目标是战略决策的核心，又是战略管理其他环节进行活动的依据。企业围绕战略目标提出战略对策和重点，并予以实现。

战略目标是以一或两个目标为主导的一组相互联系和相互制约的目标体系。如以新技术、新产品、高质量为主导的战略目标体系；以扩大市场面和提高市场占有率为主导的战略目标体系等。战略目标是否正确，是战略管理的核心问题。

3. 战略重点

战略重点是指对战略目标的实现有决定意义和重大影响的关键部位、环节和部门。战略重点，是由企业所处内外环境和条件所决定的。在庞大的商品家族里，每个企业只能在某个方面占有一席之地，不顾企业条件和能力，盲目追求满足消费者需要是不会成功的。需求多样性和企业能力的有限性，要求企业根据自己的优势选择战略重点。

战略重点的选择必须围绕目标进行，通过对环境的描述，分析企业实力和因素，找出关键部位，突出战略重点，从而在资源分配上就能确保重点的需要。战略重点也是有层次性的，不同战略层次都有各层次的战略重点。如总战略中有经营领域的重点，产品战略中有重点产品等。

4. 战略阶段

战略阶段是指战略的制定和实施在全过程中要划分为若干个阶段，一步一步地达到预定的战略目标。一个较长期的战略的实现应逐步推进，划分为若干阶段，但也是要有一定的标志和依据。

（1）每个阶段要有一个特定的战略任务，这要根据总战略任务和工作量，以及预计环境变化状况，具体条件，企业实力增加的情况而定，每一阶段有它的特点和相对独立性，不要相互混淆或倒置。

（2）每一阶段都要有各自战略重点，而各阶段的重点又有其相关性，即先解决哪些重点，后解决哪些重点。重点的先后次序不同，便形成了不同的战略阶段。

（3）各个阶段要有衔接性。各个阶段有其相对独立性，但又是相互联系的。前一阶段是后一阶段的准备，后一阶段是前一阶段的继续。如果客观条件发生特殊变化，这在战略实施过程的战略推进中再予调整。

战略阶段的划分，或者叫做战略步骤的划分，实际上是对战略目标和战略周期的分割。这种划分和分割，要求明确各战略阶段的起止时间以及在这段时间内所达到的具体目标。这些具体目标和阶段的总和就构成为总的战略目标和战略周期。

5. 战略对策

战略对策是指为实现战略指导思想和战略目标而采取的重要措施和手段。

战略对策的特征是具有预见性、针对性、多重性和灵活性。预见性是指战略对策通过预测，对未来事件提出解决的办法。它们依据的信息受到一定限制，对未来事件的对策往往具有不确定性。针对性指战略是为了解决未来可能出现或业已存在的问题，具有明确的目的性。多重性是指解决战略制定和实施过程出现的问题的方法是多种多样的。灵活性指战略对策没有一个固定的程序，必须根据具体情况，从多种对策选择一种或几种有效的方法，具有可变性，主要表现为替代、补充、淘汰等。

 小知识

安绍夫战略构成要素

根据安绍夫的观点，战略一般由四个要素构成，即产品与市场范围、增长向量（成长方向）、竞争优势、协同作用。这四种要素可以产生合力，成为企业的共同经营主线。有了这条经营主线，企业内外的人员都可以充分了解企业的发展方向和产生作用的力量，从而扬长避短，发挥优势。

这四种战略构成要素之间并不是相互排斥的关系，而是相辅相成的。其中，经营范围指出企业寻求获利能力的范围；增长向量指出了这种范围的扩展方向；竞争优势指出的是企业最佳机会的特征；协同作用则有助于挖掘企业总体获利能力的潜力。

8.2.2　战略类型

企业战略的内容十分丰富，形式多种多样。按照不同的标志，可将企业战略分为五大类（如表8-1所示）。

表8-1　　　　　　　　　　　　**战略的类型**

范围和重要性	总体战略	涉及整个企业基本使命、目标的战略
	一般战略	为实现企业目标而制定的特定资源开发与竞争战略
	附属战略	为实施总战略和一般战略而制定的更具体的战略

（续表）

经营层次	公司层战略	涉及企业总体方面，起着统帅全局的作用的战略
	事业部战略（分公司战略）	事业部制定的，一般发生在事业部层次，重点是改善公司产品和服务在其所处的具体行业或细分市场中的竞争地位
	职能战略	由职能部门制定的，是总体战略按专门职能的落实和具体化，如市场开发等职能领域的战略
经营职能	市场战略	企业为创造、建立和保持与目标市场彼此有利的交换关系所作的长远性谋划
	产品战略	企业对自己的产品进行的全局性谋划，包括整顿老产品和开发新产品
	技术战略	对技术进步的总体筹划
	人才战略	对人才的开发、培养和使用方面的谋划
	信息战略	关于信息的接收、处理、传递和使用方面的谋划
时间跨度	长期战略	涉及公司长远发展方向和发展目标的战略，多属于公司总体性战略，时间为 5 年以上的，如 10 年
	中期战略	**根据长远战略，在评估未来市场机会与环境变革基础上，由企业最高管理人员制定的投资战略、研究与开发战略、资金筹集战略和设备更新战略等。时间为 3～5 年**
	短期战略	在长期、中期战略指导下，根据目前的环境变化，由事业部和分公司经理制定的各种经营战略和职能战略。时间一般为 3 年
	因地制宜战略	根据环境突变所制定的战略对策和权宜战略，如快速成长、迅速撤退等战略
偏离战略起点的程度	紧缩战略	在原战略中处于不利的竞争地位，又无法改变这种状况，采取逐渐收缩它在该领域中的规模，从企业现有战略基础起点往后倒退的战略
	稳定型战略（防御型战略）	在原来经营领域中逐渐取得优势地位，内部条件和外部环境又没有发生重大变化的一种巩固成果、维持现状的战略。分为积极防御和消极防御战略
	成长战略（发展战略）	在现有基础水平上向更高一级的方向发展的战略，是为了增加现在预计的销售量，提高市场占有率，扩大经营范围和规模等，促进企业不断成长壮大的战略

8.3 组织战略的类型

8.3.1 公司层战略

公司层战略（corporate – level strategy）是企业的战略总纲，是企业最高管理层指导和控制企业的一切行为的最高行动纲领。它主要回答企业应该在哪些经营领域里进行生产经营活动的问题，即回答"我们应当拥有什么样的事业组合"。描述公司层战略最常用的方法是大战略框架。

1. 增长战略

增长战略（growth strategy）是一种公司层的战略，它寻求扩大组织的经营规模。企业的增长通常可以用一些广泛采用的定量指标来表征，如销售收入和市场份额等。增长可以通过直接扩张、一体化和多样化来实现。

（1）直接扩张。直接扩张方式（又称集中方式）是从内部提高企业的销售额、扩大产能或扩大员工队伍，它不是通过收购或兼并其他企业，而是通过扩大原有业务来增长。

（2）一体化增长。一体化增长战略是指向企业外部发展，与别的企业联成一体，实行联合化的战略。它是把几个分散的企业联合起来，组成一个统一的经济组织，即公司、联合企业或工业中心。

联合主要发生于生产企业之间、生产企业与供应企业或销售企业之间，因此，一体化成长的形式有后向、前向和水平一体化三种。后向一体化是指生产企业与供应企业之间的联合，目的是为了确保原材料的供应。生产企业从过去向供应厂商购买原材料变为自己生产原材料。前向一体化是指生产企业和销售企业之间的联合，目的是为了促进产品的销路。前向一体化分两种：即产销联合和产用联合。产销联合指工业企业与商业企业之间的联合。产用联合指工业企业与工业企业之间的联合，如一家钢铁厂与另一家使用本厂钢管制造家具的家具厂实行联合。水平一体化是把性质相同或生产同类产品的其他企业合并起来，也就是与同行业的竞争者企业进行联合的战略。其目的是为了扩大生产规模。水平一体化可以是购买竞争对手的普通股票或其他资产加以控制，也可以通过两个集团共同经营来扩大企业的实力。

一体化增长是商品经济和竞争的客观要求，它有利于集中力量、扩大生产规模和提高经济效益。但选择联合者切忌盲目行动，应从实际出发，坚持"扬长避短，形式多样、自愿互利、共同发展"的原则，不受地区、部门、行业界限的限制，不受所有制的限制。

（3）多样化增长。多样化增长是指企业以运用某种有行或无形的资源（主要是技术或市场）为中心，发展与之相关的多种经营。这种多样化虽然与现有的产品、市场领域有关系，但它是通过开发完全异质的产品、市场来进行的。

采用多样化增长战略的优点：能为企业提供本行业所不能提供的机会或利用其他行业优越的成长机会；能满足竞争和经济发展不景气的需要；便于开展国际间补偿贸易；有利于发挥企业优势，提高经济效益；应变能力较强，可以通过向几个不同市场提供服务来分散风险；可以向具有更优经济地位的行业转移来提高整体盈利能力；可以在某些部门处于发展或暂时困难之际，从其他部门获得财力支持，利用一个部门的利润来弥补另一部门的支出；便于利用机会实现跳跃式的发展。例如美国的柯达照相器材公司，由于本行业领域内的激烈竞争，收益下降了6%，后来选用多样化战略，跨行业经营医疗设备、录像器材、动物饲料、防老药品等产品，取得了显著的成效。

多样化战略也有一定的缺点：会使组织膨胀，大大增加了管理上的困难，容易失控；往往容易脱离本行，不利于发挥自己的优势等。因此，采用多样化增长战略，必须考虑主要因素：一是要有明确的组织目标和发展目标，明确应向哪些领域重点发展，而不是盲目扩展。二是有多种市场容量和用户，为开拓经营领域提供机会。三是有实行多角经营的能力，包括对企业实力的分析和可用于多样化经营的资源。为了使多样化成长战略取得成功，一个企业必须利用它的生产能力，技术能力和特定市场的分销实力三个基本实力之一。

多样化增长的形式，按照跨行业产品与企业原有产品的联系程度，可分三种：即同心多样化、水平多样化和整体多样化。同心多样化是企业开发与企业现有产品线的技术或营销有协调关系的新产品。比如丰田汽车公司除了生产汽车外，还生产与汽车技术相同的钢梁结构的住宅建筑等。水平多样化是企业研究某种能满足现有顾客需求的新产品，尽管这些新产品与企业的现有产品在技术上的关系不大。如农机厂搞化肥生产。整体多样化是指企业发展与原有生产技术、产品或市场毫不相关的新业务。如火柴厂又生产化妆品等。

一个企业可以根据不同时期，不同经营领域的情况采用不同的发展战略，也可以把上述各种类型的发展战略组合应用，为了发挥企业优势，一般采用同心多样化或水平多样化较为有利。

2. 紧缩战略

紧缩战略（retrenchment strategy）是为提高效率和获得绩效而缩小经营规模。由于紧缩战略看起来好像是失败后才实施的。因此难以做出紧缩的决策。突然好转而实现的紧缩战略是一种"缩小规模"的战略，它以降低成本和"重组"来提高运营效率。通过剥离实现的紧缩战略，是出售组织的某些部分以重新调整核心竞争力、削减成本、提高运营效率。通过清偿结算实现的紧缩战略，是通过出售全部资产或宣布破产来结束业务。

3. 稳定战略

稳定战略（stability strategy）是指维持现有的经济活动，不做出重大的经营变化。在组织运营良好、外部环境没有重大变化时，有时候最好是实施稳定战略。在经过一段时间的增长和紧缩后，为了争取时间来巩固组织的力量，也可以实施稳定战略。决策者不愿意进行战略变革时，也可寻求稳定战略。这种战略的一些做法包括：通过提供同样的产品和服务持续不断地服务于同样的客户，保持市场份额，维持公司的投资回报率。

4. 公司业务组合分析

当组织的公司战略包含许多业务时，管理者可以运用公司业务矩阵进行管理。第一个广泛应用的业务组合矩阵称为 BCG（BCG Matrix），即波士顿矩阵，它是由波士顿咨询集团开发的。如图 8-1 所示，矩阵横轴表示市场份额，从低到高；纵轴表示预期的市场增长，也是由低到高。

图 8-1 波士顿矩阵

- 现金牛（低增长，高市场份额）落在这个象限的业务可以产生大量的现金，但是它未来的增长的潜力是有限的。
- 明星（高增长，高市场份额）这些业务处于快速增长的市场之中，并且占有主导的市场份额，它们对现金流的贡献取决于投入的资源。
- 问号（高增长，低市场份额）这些业务处于有吸引力的市场中，但只占有较小的市场份额。
- 瘦狗（低增长，低市场份额）处于这个范畴的业务不产生或不消耗大的现金，但这些业务只有低市场份额和低增长率。

公司业务组合矩阵，如 BCG 矩阵，可以成为一种有用的战略管理工具。他提供了一个框架，有助于理解多元化业务和帮助管理者建立资源分配决策的优先目标。

8.3.2 事业层战略

事业部战略（business – level strategy），是在企业总体战略的指导下，经营某一个战略经营单位的战略计划，是企业总体战略之下的子战略。它回答的是"在我们的每一项事业单位里应当如何进行竞争"。事业层战略关注的是如何在所从事产业中赢得竞争优势，而竞争优势来自要么是比竞争对手的成本更低，要么是与竞争对手形成显著的差异。管理者通常可供选择下面三种战略：成本领先战略、差异化战略、集中化战略，如图 8 – 2 所示。

市 宽	成本领先战略	差异化战略
场 范 围 窄	集中的低成本战略	集中的差异化战略
	低价格	独特性

竞争优势的来源

注：差异化是一个组织的资源和注意力旨在将该组织的产品和竞争者区分开。成本领先是一个组织的资源和注意力旨在使成本最小化，从而使其运营效率比竞争者高。集中差异化是一个组织集中于一个特殊的细分市场，并向细分市场中的顾客提供独特的产品。集中成本领先是一个组织集中于一个特殊的细分市场，并力图在这个细分市场以最低的成本提供商品。

图 8 – 2 波特的一般战略模型

（1）采用差异化战略的组织寻求通过独一无二的产品和服务获得竞争优势。他们开发与竞争对手明显不同的产品和服务，目标是吸引忠诚的长期顾客，要求组织在营销、研发、技术领先和创新等方面加强力量，它的成功依赖于顾客对产品质量和独特性的认知程度。

（2）采用成本领先的组织提高生产、配送和其他组织系统方面的效率，目标是比竞争对手成本更低，从而获得较高的利润，这需要高效率的系统和严格的控制，并且产品易于生产和销售，但在经营过程中不能牺牲质量。

（3）采用集中化战略的组织将注意力集中于一个特殊的细分市场，以求比其他的竞争者能更好地满足市场的需求。它将组织的资源和专长集中于某一特定的顾客群体、地理区域、产品线或服务，要求具有集中注意力的意愿和将资源用于单一领域形成独特优势的能力。

竞争优势与核心能力

　　企业持续竞争的源泉和基础在于核心能力。核心能力是在 1990 年由两位管理科学家哈默尔和普拉哈拉德在《哈佛商业评论》发表《企业核心能力》一文中提出的，核心能力和企业能力理论在企业发展和企业战略研究方面迅速占据了主导地位，成为指导企业经营和管理的重要理论之一。它的产生代表了一种企业发展的观点：企业的发展由自身所拥有的与众不同的资源决定，企业需要围绕这些资源构建自己的能力体系，以实现自己的竞争优势。根据麦肯锡咨询公司的观点，所谓核心能力是指某一组织内部一系列互补的技能和知识的结合，它具有使一项或多项业务达到竞争领域一流水平的能力。核心能力由洞察预见能力和前线执行能力构成。洞察预见能力主要来源于科学技术知识、独有的数据、产品的创造性、卓越的分析和推理能力等；前线执行能力产生于这样一种情形，即最终产品或服务的质量会因前线工作人员的工作质量而发生改变。

　　企业核心能力是企业的整体资源，它涉及企业的技术、人才、管理、文化和凝聚力等各方面，是企业各部门和全体员工的共同行为。核心能力至少具有三个方面的特征：（1）核心能力特别有助于实现顾客所看重的价值；（2）核心能力是竞争对手难以模仿和替代的，故而能取得竞争优势；（3）核心能力具有持久性，它一方面维持企业竞争优势的持续性，另一方面又使核心能力具有一定的刚性。

8.3.3　职能层战略

　　职能层战略（function - level strategy），是在企业特定的职能管理领域制定的战略。它回答"我们应该怎么支撑总体战略和事业层战略"。它是企业主要职能部门的短期战略计划，可以使部门内的管理人员更加清楚地认识到本部门在实施总体战略和事业层战略中的责任和要求，有效地运用本部门的管理职能保证战略目标的实现。

　　职能层战略应囊括企业的所有职能领域，即应包括企业的科技开发、原材料供应、产品制造、销售及人财物的管理等方面。但其中五个方面的职能战略是最重要的，即市场营销战略、研究与开发战略、人力资源战略、生产运作战略和财务会计战略。

8.4　战略管理过程

战略管理的实质不是战略而是动态的管理。战略管理的任务，在于通过战略制定、战略实施和战略控制，实现组织的战略目标。战略管理具体过程如图8－3所示。

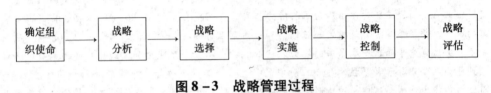

图8－3　战略管理过程

8.4.1　确定企业的使命或宗旨

企业使命或宗旨是指企业存在的目的或原因，它说明企业应该从事何种经营事业，满足用户何种需求。企业重视经营使命，是为了使其经理人员、职工、甚至消费者与社会大众都能共享这一使命，好像一只"看不见的手"，指引着分布广泛且独立工作的员工，为达到整个组织目标而努力。明确企业的使命是进行战略管理的起点，具有长期性、指导性、激励性。

一份好的使命报告书具有如下的一些特征：它们应该着重在某些有限的目标上，而非每件事都想尝试。如AT&T将公司的使命描述为"我们致力于成为方便人们沟通的世界最佳者——为他们提供其所需的互相联系、获得信息与服务的方便途径——任何时间、任何地点"。

8.4.2　战略分析

战略分析的目的在于通过对组织所面临的战略状况进行深入分析，为战略的制定和选择打下基础。战略分析包括两方面的内容：一是外部环境分析；二是组织资源和能力分析。可以通过SWOT分析法来进行分析：组织优势（strength）和劣势（weakness）的内部分析；环境机会（opportunity）和威胁（threat）的外部分析，如图8－4所示。

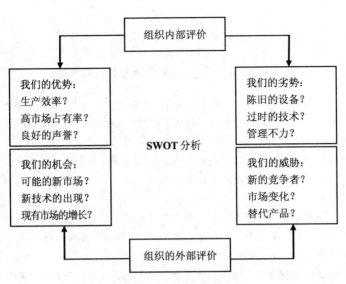

图 8-4　SWOT 分析方法

1. 外部环境分析，识别机会和威胁

成功的战略将是和环境吻合的战略。在分析外部环境时，管理者应当检查具体的、特定的和一般的环境，以发现正在发生的趋势和变化。只有管理者确切地抓住了外部环境正在发生的变化，以及意识到它对组织可能产生的重要影响，才能保证战略顺利进行。

在分析了环境以后，管理者需要评估机会和组织面临的威胁。机会是外部环境因素的积极趋势，威胁是负面趋势。同样的环境对于同一产业中的不同公司来说，是机会还是威胁，可能是不同的，因为每家公司的资源和管理能力是不同的。

2. 分析组织的资源和能力，识别优势和劣势

每一个组织都在某种程度上受到它所拥有的资源和能力的限制。管理者要分析组织雇员所具备的技能，组织拥有的资源，组织的财务状况及顾客怎样看待组织及它的产品和服务质量等。内部分析应该导致对组织内部资源清晰的评估，指出组织在完成不同功能活动方面的能力。组织擅长的活动或者专有的资源构成组织的优势。劣势是指组织不擅长的活动或非专业的资源，它们虽是竞争所需要的，但并不是组织独占的。内部分析提供了关于组织特定资源和能力的重要信息，有利于确定组织的核心能力。

小知识

管理你的职业生涯 进行个人 SWOT 分析

SWOT 分析对个人职业生涯的分析也是一种有用的工具。进行个人 SWOT 分析，包括严格的审视你个人的长处和短处，然后评价你感兴趣的各种职业生涯道路的机会和威胁。

（1）评估你个人的长处和短处。每个人都具有某种特殊的技能、才能和能力，有着各自不同喜欢和不喜欢做的事情，列出你喜欢的活动和擅长的事情，然后识别你不喜欢和不擅长的方面。认识你的短处并试图改正它，或在职业生涯中避开它。并在你个人的长处和短处中标出你认为特别重要的特质。

（2）认识职业生涯的机会和威胁。你选择的职位和将来的职业生涯将会受到不同产业面对的不同的外部机会和威胁的重要影响，因此要认真识别这些外部因素。列出你感兴趣的 2~3 个产业，批判性的提出这些产业面临的机会和威胁。

（3）描绘你未来 5 年职业生涯的目标，进行你的 SWOT 评估。列出几个在未来 5 年你期望实现的目标，这些目标要使你的优势和所在产业的机会相吻合。

（4）描绘未来 5 年职业生涯的行动计划。具体化你的计划，写出你职业生涯目标的具体行动计划，确切的描述你在什么时候做什么。

8.4.3 战略制定的管理

战略管理是指企业高级管理层，对企业战略的制定、执行和控制进行的管理过程。战略制定的管理工作主要是如何组织力量按必要的程序和方法把战略制定出来。它包括确定企业的使命，战略事业单位的划分，战略管理职责的落实，选择战略制定的方式，制定和选择战略方案。战略制定管理过程如图 8-5 所示。

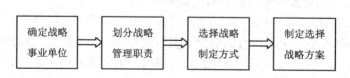

图 8-5 战略制定管理过程

1. 战略事业单位的确定

一个战略事业单位应该具备下列特征：要成为一项业务或几项相关业务的集合；要有一个明确的事业定义；要有自己的竞争对手；要有专门负责的经理；要由一个或更多的计划单位和职能单位组成；要能从战略计划中获得利益；要能够独立于其他事

业单位，自主制订计划。

明确的事业定义是区分和确定战略事业单位的关键。以市场界定事业的方式优于以产品界定事业的方式。一个事业必须着眼于顾客满意程度，而非产品制造程序。如生产马拖车的公司将其经营使命界定为"提供运输服务"，则在汽车发明后很可能从马车生产转入汽车生产。

2. 战略管理职责的划分

企业在确定好战略事业单位后，就可以进一步划分战略管理的职责了。企业战略，一般地说有三个层次，即企业公司层战略、事业部战略和职能战略，如图 8 – 6 所示。

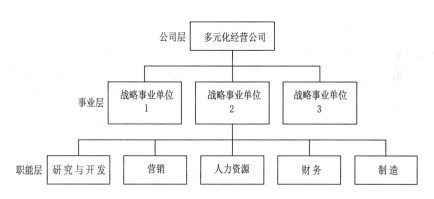

图 8 – 6 战略的层次

3. 选择战略制定的方式

（1）自上而下的方式。它是指由企业高层管理者讨论并授意秘书或有关专业人员草拟整个企业的战略，而后逐级根据自己的实际情况以及上级的要求发展这一战略。

（2）领导层挂帅与专门业务部门合作进行制定。它是由领导层挂帅，由设在企业的、具有一定业务权威的、赋予平衡各业务部门权力的"企业最高参谋部门"负责制定，或由企业的规划部门负责制定。

（3）以战略事业单位为核心制定战略。它是指高层管理对各战略事业单位先不给予任何指导，而要求各事业单位提交战略计划，高层领导只加以检查与平衡，然后给予确认。采用这一方式，要求战略事业单位的负责人有较高的战略管理水平和整体观念。

（4）委托具有一定条件的单位制定。被委托的单位应是能负法律责任的、能严守企业机密的、具有权威的企业外部咨询单位或规划部门，受委托单位向企业领导人提供一个以上的可供选择的战略方案。

（5）企业与咨询单位合作进行。这种方式可以弥补上一种办法的不足，以取长补短。采用这一方法的关键是组织好、配合好。

4. 制定和选择战略方案

一般来说制定战略方案的内容，包括战略思想、战略目标、战略重点、战略阶段和战略对策等，具体内容见前述。

在制定不同层次战略时，还必须突出其主要内容，并各有侧重点。在备选方案的基础上选择满意方案。

8.4.4　战略实施的管理

在企业确立了战略目标，并为此选择和制定了相应的实现战略之后，如何把企业战略贯彻执行，使纸面上或头脑中的东西成为现实，便成为战略管理的一个关键环节。企业可以围绕制约战略实施的 6 项要素，分析自身在战略实施方面存在的问题。如图 8-7 所示的制约要素。

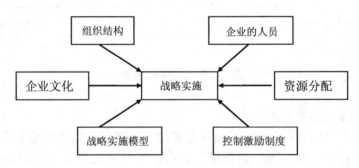

图 8-7　战略实施的制约要素

企业中的人员是战略管理过程的主体。这些人员具有各自不同的目标、价值观、行为方式和技能。他们既是执行战略的人，又是战略实施过程中需要改变行为的人。要使战略执行得到预期效果，必须做好以下两项工作：一是选择或培训能胜任新战略实施的领导人；二是改变企业中所有人员的行为与习惯，使他们易于接受新战略。

组织是实施战略一种工具，一个好的战略需要通过相应的组织机构去执行。企业的组织结构应当根据企业战略目标进行调整。只有这样能适应战略时代的组织结构，才能保证战略的顺利进行。

企业文化系统，是实施战略的保证。企业文化，简单地说是企业职工共同的观念形态和行为准则。它的本质是在价值观念上对全体职工提出的一种理性的韧性约束。在战略执行过程中，积极的企业文化起支持作用。

选择战略实施模型，对于企业高层领导来说，选择好战略实施的模式是实施战略的重要工作。一般地说，战略的实施有五种模式，即指令型、转化型、合作型、文化型和增长型。指令型是指具有极为正式的集中指导的倾向，战略实施靠的是满意战略和有权威的日常指导。转化型模式是从指令型转变来的。这种模式十分重视运用组织结构、激励手段和控制系统来促进战略实施。合作型模式是指把战略决策范围扩大到企业高层管理集体之中，调动了高层管理人员的积极性和创造性。因此，协调高层管理人员的活动成为总经理的工作重点。文化型模式是指把合作型的参与成分扩大到了企业的较低层次，力图使整个企业人员都支持企业的目标和战略。在该模式中总经理起指导者的作用，通过灌输一种适当的企业文化，使战略得以实施。增长型模式指企业的战略是从基层单位自下而上地产生。它的关键是激励管理人员的创造性去制定与实施完善的战略，使企业的能量得以发挥，并使企业实力得到增长。

从实践来看，上述的五种模型并不是互相排斥的。在某种意义上讲，它们可能只是形式上有所区别。一个稳定的企业可能对各种模型都感兴趣，只不过各有不同的侧重，运用这些模型的条件主要取决于企业多种经营的程度、发展变化的速度以及目前的文化状态。

执行战略计划还要搞好资源分配。资源分配是根据总体战略和职能战略的目标和要求分配所需的资源，包括人力、物力和财力的分配。

加强组织领导和激励，制订具体的行动计划，把战略的内容和要求具体化，安排实施战略和行动计划的具体工作程序等，把企业战略落到实处。

小知识

钱德勒命题

即钱德勒的结构跟随战略，美国著名学者艾尔弗雷德·D·钱德勒（Alfred D. Chandler）在研究美国企业组织结构和经营战略的演变过程时发现，企业组织结构是随着经营战略的变化而变化的，据此提出的命题。也就是说，企业组织结构不仅具有多样性特征，还具有动态适应性特征。企业的经营战略决定着企业组织结构模式的设计与选择，反过来，企业经营战略的实施过程及效果又受到所采取的组织结构模式的制约。两者的关系类似经济基础与上层建筑的关系：战略重点决定着组织结构，战略重点的转移决定着组织结构的调整，组织结构制约着战略重点的实施。

8.4.5 战略控制的管理

战略控制是指把战略执行过程中所产生的实际效果与预定的目标和评价标准进行比较，评价工作业绩，发现偏差，采取措施，以达到预期的战略目标，实现战略规划。它是战略实施中保证战略实现的一个重要阶段。搞好战略控制，要做好控制层次、责任中心、关键因素和关键信息、控制的多样性、控制程序和方法等工作。

（1）控制层次。实施新战略需要在战略、管理、操作三个层次上都进行控制，每一层次控制的目的都不一样，需要的信息也不相同。战略控制需要的是少量的总量数据，应由高层经理来监测。

（2）责任中心。战略变化的复杂性往往需要公司内部从不同的角度（如按销售、成本、利润和投资等）对战略控制责任进行划分在确认的一个部分对企业的某些方面负责。这样形成的一些小单位可称为责任中心。

（3）关键因素和关键信息。要搞好战略控制，必须在资源规划的时候抓住决定战略能否成功的关键因素。保证及时得到反映这些关键因素的绩效指标和有关信息。

（4）控制的多样性。战略决策的长期影响及制定条件的不确定性决定了控制系统必须有较大的自由活动空间。战略的不断演化也决定了控制的多样性。

（5）控制程序和方法。控制程序一般由评价标准，评价工作业绩和反馈三个要素构成。评价标准是实行战略管理的基础。它用来确定企业各级是否达到战略目标和怎样达到战略目标。评价标准应该包括定性的，也包括定量的。定性评价标准有战略内部的一致性，战略与环境的一致性，战略与可供资源的一致性，战略风险的可容忍性，战略时间结构的适宜性，战略的可行性等。定量评价是指对执行中所获得的效果，用可供比较的各种指标予以核算和评价。定量评价标准有三种类型：一是以历史数据为基础拟定的标准；二是以同行的平均水平、先进水平，或竞争对手所达到的水平作为标准；三是按照一定的准则，大家所公认的可作为评价的标准。评价工作业绩是把战略执行中的实际效果与评价标准相比较，它包括实际效果，信息的收集、整理、计算，与标准比较，进行分析的全过程。它的主要目的是发现战略执行中存在的问题，找出偏差，从而确定和采取纠正的措施。反馈就是找出发生偏差的原因，拟定和执行纠正的措施，改进组织活动。反馈过程首先是把工作业绩的评价反馈到有关部门和管理人员，这是重要的第一步。管理者通过对这些信息的分析，找出发生偏差的现象和原因，这是关键的第二步。用一定时间进行调查研究，找准原因，对症下药，采取措施，这是行动的第三步。当然采取什么措施，实现措施还需要一段或长或短的时间。如果没有反馈，控制就没有效果。因此，反馈是一个过程，上述三个步骤是相互联系的。

控制的方法主要有跟踪型控制、开关型控制和事后控制。跟踪型控制是指不断地收集战略方案执行过程中的各种信息，自始至终地控制战略方案的实施，为了战略运行保持某一确定的方向。开关型控制，指按照某一标准来检查决策实施，以确定是否继续进行，具备终止战略运行的功能。事后控制指把结果与期望的标准相比较，分析成效高低的原因，采取相应的行动，同时得到经验教训，指导今后的战略行动，更多地强调为以后提供经验教训。三种控制中通常采用的是跟踪型控制。

由于企业外部环境的多变性，战略的主观性，人们的素质和科学水平的局限性等原因，需要重新修订战略。

8.4.6 战略评估

战略管理过程的最后一步是评估结果，即对战略的有效性进行评估，决定需要做出哪些必要的调整。如果评价结果低于预期，组织需要重新评估自己的发展方向，如有必要就要改变组织的战略计划。

本章小结

战略是为了组织的生存和发展，利用内部优势，把握外部机会，对组织全局的长远的重大问题进行的谋划。战略管理是对组织活动实行的总体性管理，是组织制定、实施、控制和评价战略的一系列管理决策与行动，其核心问题是使组织自身条件与环境相适应，求得组织的生存与发展。具有全局性、纲领性等特点，对企业来说具有重要的价值。企业战略则由战略思想、战略目标、战略重点、战略阶段、战略对策五要素构成，并且战略根据不同的标准划分为不同的类型。如公司层战略、事业层战略和职能层战略，而且它们也有自己不同的类型。战略管理过程由确定组织使命、战略分析、战略制定、战略实施、战略控制和战略评价几个阶段组成。

思考题

1. 如何理解战略和战略管理？
2. 简述战略构成要素？
3. 试述公司层战略、职能层战略和事业层战略？
4. 简述战略管理过程？
5. 案例分析：

煤电联营：从"掰手腕"到"手拉手"

煤电矛盾由来已久，尤其是随着近几年煤炭价格持续上涨，煤炭行业盈利不断增长，火电企业亏损加剧，导致双方矛盾进一步加剧。虽然国家相关部门试图利用煤电联动、上调电价、抑制煤价等方式缓和双方的矛盾，但其效果并不明显。电力企业为寻求"自救",四处争夺煤炭资源;而煤炭企业,为延伸产业链,发展循环经济,加速进入电力市场,煤电"顶牛"之势愈演愈烈。

如何破解煤电矛盾,政府和企业一直在努力。被视作缓解煤电矛盾的煤电联营模式,终于在电力行业普遍巨亏的情形下得以释放。山西煤炭、电力企业的联营已逐步进行,并根据各自的特点,因地制宜地探索了多层次、多样化的联营模式。

2011年10月,同煤集团首开先河,重组后连年亏损的漳泽电力。在同煤重组漳泽成功之后,越来越多的煤电企业开始寻求"联姻"。大唐太原第二热电厂与中煤平朔煤业有限公司,通过容量与资源互换的方式,获得长期稳定的电煤供应,从而实现了煤电企业的共赢。随后,西山煤电集团公司与华电山西能源有限公司签订战略合作协议,托管武乡和信发电有限公司,负责该电厂的安全生产和经营管理等各项工作。西山煤电集团电力装机容量,也由200万千瓦一跃提升到320万千瓦。另外,山西煤炭运销集团也将"联姻"山西国际电力集团。

有专家表示对于煤企,煤电联营有双向含义:一是发电企业通过向上游进行煤炭开采产业扩张,内部煤炭供应,节约了发电燃料成本,有效缓解了"市场煤"与"计划电"之间的矛盾,可以获得额外利润,以提高发电利润空间。二是煤炭企业通过向下游进行煤炭化工等产业链扩展,以实现外部交易内部化,扩展竞争领域,有利于降低经营风险,稳定自身的煤炭销售,同时利用电厂,延伸产业链,解决了煤炭企业只"卖煤"的现状,有利于形成新的经济增长点。

不过也有人认为,能源行业相对特殊,扩领域的产业扩张不一定是好事,因此形成多个综合能源巨头之后,反而会加重能源市场竞争的不充分性,更不利于煤电机制改革。同时,煤炭企业涉足陌生的发电行业,可能会增加管理成本,而从国家政策上看,煤电联营是短期行为还是长期战略尚有争议。煤电联营只是国家在平衡电力产业链各环节利润不均的手段,或者是缓解当前电荒局面的无奈之举,并没有实际意义。

讨论内容:(1)你认为,煤电联营是短期行为还是长期战略?(2)哪些因素影响着未来煤电联营的走向?(3)煤电联营是如何实现一体化战略的?

第三篇

组 织

第九章 组织设计

学习目标

1. 掌握组织的概念和类型，理解正式组织和非正式组织
2. 掌握组织的作用及组织工作的原则
3. 重点掌握组织结构的类型，掌握组织结构设计的程序及内容
4. 重点掌握组织的纵向结构设计、横向结构设计和职权体系设计
5. 理解组织结构的发展趋势

学习索引

组织
├─ 含义和类型
│   ├─ 概念：实体组织、组织职能
│   ├─ 类型：国际、国内
│   └─ 作用：人力汇集、人力放大
├─ 组织结构
│   ├─ 直线制
│   ├─ 事业部制
│   ├─ 矩阵制
│   ├─ 网络结构
│   ├─ 无边界组织
│   └─ 学习型组织
├─ 结构设计
│   ├─ 纵向
│   │   ├─ 管理幅度
│   │   ├─ 扁平结构和直式结构
│   │   └─ 部门
│   └─ 横向
│   └─ 划分部门的方法：职能部门化、产品部门化、地区部门化、工艺部门化、顾客部门化
└─ 职权体系设计
    ├─ 职权：直线职权、参谋职权、职能职权集权与分权
    └─ 授权
        ├─ 授权过程：分派任务、授予权力、明确责任授权意义
        └─ 授权原则：重要原则、明责原则、适度原则、不可越级授权

9.1 组织的含义和类型

9.1.1 组织的含义

从管理学的角度分析，组织有两种含义：

一方面，组织是人类社会最常见、最普遍的现象，工厂、机关、学校、医院、各级政府部门、各个党派和政治团体等都是组织，它代表某一实体本身，又称为实体组织；另一方面，组织又是管理的一项职能，是人与人之间或人与物之间资源配置的活动过程。

1. 实体组织

组织是为实现某一共同目标，经由分工与合作及不同层次的权力和责任制度，而构成的人的集合。这个概念具有三层含义。

（1）组织必须具有共同目标。任何组织都是为实现某些特定目标而存在的，不论这种目标是明确的，还是隐含的，目标是组织存在的前提和基础。大学的目标是传授知识，培养高级人才；而一些非正式组织，它们隐含的目的就是使组织成员受到保护，满足成员在某些方面的特殊要求。

小思考

两种物质有何关联

金刚石　　　　石墨

启示：两种物质都是由碳原子构成的，但两者的性质却有天壤之别。造成这种差异的根本原因是原子间结构的不同。社会化大生产的企业组织也是如此，由于系统内部分工和协作关系的不同，组织的效能会表现出巨大的差异。

结论：无论是自然界还是社会领域，事物的结构在一定程度上决定了其功能或效能。

（2）没有分工与协作也不能称为组织。分工与协作关系是由组织目标限定的。企业为了达到经营目标要有采购、生产、销售、财务和人事等许多部门，这是一种分工，每个部门都专门从事一种特定的工作。各个部门又要相互配合，采购要根据生产的需要进行，生产要以销定产，这就是一种合作。只有把分工和合作结合起来，才能提高效率。电影院的观众具有相同的目的，但他们彼此没有分工与合作，不能称其为组织，而电影院的全体工作人员则在工作中相互配合，构成了一个实体组织。

（3）组织要有不同层次的权力与责任制度。这是由于分工之后，就要赋予各部门及每个人相应的权力，以便于实现目标。但同时必须明确各部门或各人的责任，只有权力而不负责任，可能导致滥用职权，同样影响组织目标的实现。所以，职权和责任是达成组织目标的必要保证。

2. 组织职能

组织职能是指为了有效地实现共同目标和任务，合理地确定组织成员、任务及各项活动之间关系，并对组织资源进行合理配置的过程。组织职能的主要内容包括以下方面。

（1）组织结构的设计。包括组织横向管理部门的设置和纵向管理层次的划分。当组织目标确定以后，管理者首先应对为实现组织目标的各种杂乱无章的工作内容进行划分和归类，把性质相近或联系紧密的工作进行归并，成立相应的职能部门进行专业化管理，并根据适当的管理幅度来确定组织的纵向管理层次，最后形成一个完整的系统。

（2）适度分权和正确授权。在确定了组织结构的形式后，要进行适度的分权和正确的授权。分权表示组织内管理的权力由高层管理者委派给各层次和各部门的程度，分权要适度；授权则体现职权委任给各个管理层和各个部门的过程。分权适度，授权成功有利于组织内各层次各部门为实现组织目标而协同工作。

（3）组织内各职务人员的选择和配备。包括人员的招聘和定岗、训练和考核、奖惩制度，以及对人的行为的激励等。

（4）组织文化的培育和建设。为创造良好的组织气氛而进行团体精神的培育和组织文化的建设。

（5）组织运作和组织变革。组织运作是指管理者怎样使已设计好的组织系统围绕目标而有效地运转起来。这包括制定和落实各种规章制度和建立组织内部的信息沟通模式。组织变革是指不断适应实现目标的需要，对组织工作进行必要的调整、改革与再设计。

（6）组织与外部环境的关系。组织存在于特定的社会环境之中，组织的形态、功能、结构、管理活动都受环境影响，如何使组织行为与外部环境保持一致是组织职能的重要内容。

> **小知识**
>
> **组织的过程犹如建造一座大厦**
>
> 职位设计——设计建筑构件
> 划分部门——建造大楼的框架
> 职权配置——通水、通气、通电
> 整合协调——内部装修、整修
> 人员配备——住房分配

9.1.2　组织的类型

1. 组织可以按不同标准分类

国际上较为通用的分类观点见表9-1。

表 9-1　　　　　　　　　　国际上组织的分类观点

分类说	分类标准	类型	描述
帕森斯社会功能分类说	社会功能	以经济生产为导向的组织	以经济生产为核心，运用一切资源扩大组织的经济生产能力，它们除生产实物产品外，还提供服务等，如公司、饭店等
		以政治为导向的组织	实现某种政治目的，重点是权力的产生和分配
		整合组织	协调各种冲突，引导人们向某种固定的目标发展，如法院、政党等组织
		模型维持组织	维持固定的形式，来确保社会的发展，如学校、社团、等
艾桑尼人员分类说	人员的顺从程度	强制型组织	用高压和威胁等强制手段控制其成员，如监狱、精神病院等
		功利型组织	以金钱或物质的媒介作为控制手段来控制所属成员，包括各种工商企业等
		正规组织	以荣誉鼓励的方式管理组织成员，而组织成员对这种方式是认可的，如政党、机关、学校等
布劳的实惠分类说	组织内部人员受惠程度	互利组织	以全体成员最终能得到实惠为依据，如工会、政党团体、宗教团体等
		服务组织	为社会大众服务，使服务对象得到益处的组织，如医院、大学、福利机构等
		企业组织	组织的所有者或经理、股东等上层得到实惠的组织。它的最大获利者是组织的上层人士，如工厂、银行、各种公司等
		公益组织	为社会所有人服务的组织，如警察机关、行政机关和军队组织等

国内学术界对组织的分类观点见表 9-2。

表 9 - 2   国内对组织的分类

标准	类型	描述
组织的性质	经济组织	担负着提供人们衣食住行和文化娱乐等物质生活资料的任务，履行着社会的经济职能，包括生产组织、商业组织和服务性组织等
	政治组织	出现于人类社会划分阶级之后，它包括政党组织和国家政权组织
	文化组织	满足人们各种文化需求为目标，以文化活动为其基本内容的社会团体，如学校、艺术团体、科学研究单位等
	群众组织	在党和政府的领导下，广泛团结各阶层、各领域的人民群众，开展各种有益活动，为社会贡献力量，如工会、科学技术协会等
	宗教组织	以某种宗教信仰为宗旨而形成的组织。其基本任务是协助党和政府贯彻执行宗教信仰自由的政策，帮助广大信教群众和宗教界人士提高爱国主义和社会主义觉悟，代表宗教界的合法利益，组织正常的宗教活动
是否自发形成	正式组织	为了有效地实现组织目标而规定组织成员之间职责范围和相互关系的一种结构
	非正式组织	人们在共同工作或活动中，由于抱有共同的社会感情和爱好，以共同的利益和需要为基础而自发形成的团体

2. 正式组织和非正式组织的特征

（1）正式组织具有下述特征：①不是自发形成。正式组织是根据社会的需要，经过设计、规划、组建而成，不是自发形成，其组织结构的特征反映出一定的管理思想和信念。②有明确的目标。正式组织具有十分明确的组织目标，并且为实现组织目标制定组织规范，以最经济有效的方式达到目标。③以效率逻辑为标准。在正式组织中，以效率逻辑为其行动标准，为提高效率，组织成员之间保持着形式上的协作。④强制性。正式组织通过方针、政策、规则、制度等对组织成员发挥作用，通过建立权威，约束组织成员的行为，因而对组织成员具有强制性作用。

（2）非正式组织具有以下特征：①自发性。如果正式组织不能满足其成员获得友谊、帮助和社交的需要，成员就会在正式组织之外自发地组成一些非正式组织，以满足其需要。②内聚性。非正式组织没有严格的规章制度约束其成员，他们之所以能够集合在一起，是由于他们有相近的价值观或共同的兴趣爱好，或有切身的利害关系等，这些都会使其成员产生较为一致的"团体意识"，起着内聚和维系其成员的作用。③不稳定性。由于非正式组织是自发产生、自由结合而成的，因而呈现出不稳定性，它往往随着环境的变化、观念的更新、新的人际关系的出现、活动范围的改变等而发生变动。④领袖人物作用较大。非正式组织中往往有一两个自然形成的领袖人物，他们在组织中起着诸如提出权威性意见、负责维系其组织的相对稳定、提供行为模式等作用，对其组织成员的行为影响极大。

9.1.3 组织的作用

组合活动的功用，绝不仅仅为了简单地把个体力量集合在一起。优良组织的作用就是避免集合在一起的个体力量相互抵消，而寻求对个体力量进行汇集和放大的效应。组织的基本作用可以概括为以下两个方面。

1. 人力汇集作用

把分散的个体汇集成为集体，用"拧成一股绳"的力量去完成任务，这是组织力量汇集作用的表现。用简单的数学公式来表示就是 $1+1=2$。这种"相和"效果，可以从日常生活中伐木工人合力搬运木材等事例得到具体而生动的说明。

2. 人力放大作用

人力汇集起来的力量绝不等于个体力量的算术和，正如古希腊学者亚里士多德提出的著名命题："整体大于各个部分的总和"。组织具有一种放大人力的作用，产生 $1+1>2$ 的效果。人力放大是人力之间分工和协作的结果，而任何人力的分工和协作都必然发生于一定的组织体系之中。

9.1.4 组织工作的原则

组织根据其特定的目标和所处的环境，形成各自不同的结构形式和内部关系。但不管管理者如何行使组织职能，都必须遵循组织工作的基本原则，如表 9-3 所示。

表 9-3　　　　　　　　　　　　组织工作的原则

统一指挥	是组织活动有秩序、高效率开展的重要保证，可以避免多头领导
分工协作	分工与协作是相辅相成的，在进行组织设计时，要同时考虑这两方面问题
权责一致	组织设计要使职权和职责保持一致，这是组织有效运行的前提，也是组织设计必须遵循的基本原则

（续表）

集权分权相结合	为保证组织的有效运行，组织应在适度集权的基础上适当分权，处理好集权与分权的关系
有效管理幅度原则	有效管理幅度是指一个管理者能够直接有效管理下属的人数，组织应根据管理者情况和工作性质确定有效管理幅度
弹性结构	组织的部门结构、人员职责和工作职位都是可以变动的，以适应组织内外环境的变化，具有弹性
经济原则	机构设置及人员配备应该精简，讲究工作效率

9.2　组织结构

组织结构是表明组织内各部分的排列顺序、空间位置、聚散状态、联系方式，以及各要素之间相互关系的一种模式，是组织的"框架"，并随着生产力和社会的发展而不断发展的。

常见的组织结构的类型有：直线制、事业部制、矩阵制结构、网络结构、无边界组织和学习型组织等。

1. 直线制组织结构

直线制是最早使用也是最为简单的一种结构，又称单线制结构，或军队式结构。其主要特点是组织中各种职位是按垂直系统直线排列的，各级主管负责人执行统一指挥和管理职能，不设专门的职能机构。直线制组织结构设置简单、权责分明，便于统一指挥、集中管理，管理费用低。缺点是对管理工作没有进行专业化分工。它要求管理者精明能干，具有多方面的知识和技能。这种组织结构只有在企业规模不大，职工人数不多，生产和管理工作都比较简单的情况下才适用。其结构如图 9 - 1 所示。

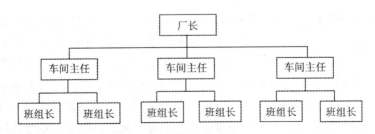

图 9 - 1　直线制组织结构

2. 事业部制组织结构

事业部制是西方经济从自由资本主义过渡到垄断资本主义以后，在企业规模大型化、企业经营多样化、市场竞争激烈化的条件下，出现的一种分权式的组织形式。事业部制的主要特点是在总公司的领导下，按产品或地区分别设立若干事业部，每个事业部在经营管理上拥有很大的自主权，总公司只保留预算、人事任免和重大问题的决策等权力，并运用利润等指标对事业部进行控制。由于各事业部具有独立经营的自主权，这样既有利于调动各事业部的积极性和主动性，又提高了管理的灵活性和适应性，还能为管理人才的成长创造良好的机会。但是，事业部制主要缺陷是资源重复配置，管理费用较高，且事业部之间协作较差，也加剧了高层管理者对各事业部管理的难度，容易产生以各自为中心，不顾全局的本位主义。因此，主要适用于产品多样化和从事多元化经营的组织，也适用于面临环境复杂多变或所处地理位置分散的大型企业和巨型企业。其结构如图9－2所示。

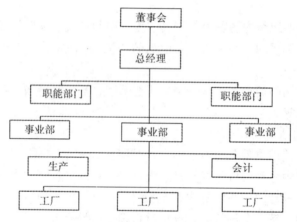

图9－2　事业部制组织结构

3. 矩阵型结构

这是一种把按职能划分的部门同按产品、服务或工程项目划分的部门结合起来的组织结构类型。在这种结构中，每个成员既要接受垂直部门的领导，又要在执行某项任务时接受项目负责人的指挥。矩阵结构创造了双重指挥链，可以说是对统一指挥原则的一种有意识的违背。主要优点是灵活性和适应性较强，有利于加强各职能部门之间的协作和配合，并且有利于开发新技术、新产品和激发组织成员的创造性。主要缺陷是组织结构稳定性较差，双重职权关系容易引起冲突，同时还可能导致项目经理过多、机构臃肿的弊端。这种结构主要适用于科研、设计、规划项目等创新性较强的工作或单位，如图 9 – 3 所示。

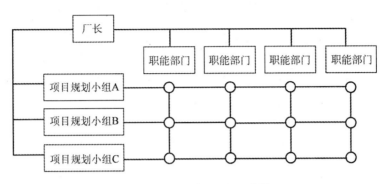

图 9 – 3　矩阵制组织结构

4. 网络结构

在这种结构中，组织中央的核心通过关系"网络"与重要服务的承包人和供应商联系起来。这种网络组织利用最新的计算机和信息技术，以支持战略联盟和商业合同之间不断变化的相互组合，这可以使企业在避免拥有所有不同部门的成本的情况下保持正常运行，如图 9 – 4 所示。

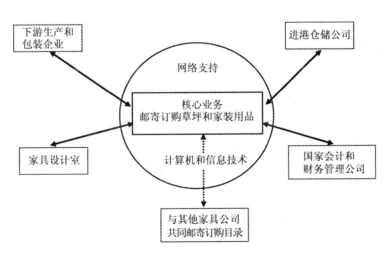

图 9 – 4　一个电子商务公司和家具零售商的网络结构

该电子商务公司本身规模很小，有一个来自中心总部的全职员工组成的核心。除此之外，它按照一系列合同和联盟进行构建的。商品按照与家具设计公司的合同进行设计；商品的生产与包装按照与"下游"公司的合同进行；存货储存在合同供应商的仓库里并从那里发货；而且所有的会计与财务方面的具体事务都按照合同由外部的公司进行管理。每个季度的商品目录由作为战略联盟伙伴的另外两个公司进行设计、印刷和邮寄，那两个公司以相关的价格吸引力销售不同的家具用品。

网络结构的潜在优势有一部分是来自对技术的创新性运用。处于技术前沿的公司能够雇用较少的人员在不太复杂的内部系统中运营，它们可以很容易地跨越遥远的距离发展并维持伙伴关系。网络也有助于组织通过降低一般的企业管理费用和提高运营效率来保持成本竞争优势。网络结构的潜在劣势主要源于复杂的商业关系系统的协调性要求。如果网络的一部分终止运行或传输失败，那整个系统也难逃厄运。

随着信息技术的发展，网络结构的数量和应用范围也在不断地扩大。它们尤其适用于较小的公司和组织，包括个人企业。它们也适合作为较大的组织结构中的组成部分。

小知识

你能从组织机构图中学到什么

工作分配：职位和职务表明如何分派工作职责。

监督关系：职位间的关系表明谁向谁报告。

沟通渠道：职位间的关系表明正式的沟通渠道。

主要的次单位：所有向一个常务总经理报告的职位被确定为一个团体。

管理层次：表明从上至下的管理层次。

5. 无边界组织

所谓无边界组织是指其横向的、纵向的或外部的边界不由某种预先设定的结构所限定或定义的这样一种组织。无边界组织力图取缔指挥链，保持合适的管理跨度，以授权的团队取代部门。

无边界组织的关键要求是没有层次、团队成员的授权、技术的利用和接受临时性。工作由经过授权的人们完成，他们自愿地暂时组合在一起，运用各自的技能共同完成同一项任务；他们通过各种可能的渠道集合其他的技能以成功地完成任务；只要任务仍是流程中的一项工作，他们就会一直合作下去。无边界组织的重点在于完成任务的能力，其假设条件是授权的人们可以在无官僚主义限制的情况下合作完成一些很重大的事情，这样的工作环境被认为可以激发创造性、质量和灵活性，而同时减少低效率现象并提高速度。

6. 学习型组织

学习型组织是指由于所有组织成员都参与到与工作有关问题的识别与解决中来，从而使组织形成了持续适应和变革能力的这样一种组织。在学习型组织中，员工通过不断获取和共享新知识，参加到组织的知识管理中来，并有意愿将其知识用于制定决策或做好他们的工作。一些组织理论家甚至把组织中的这种能力，也即在完成工作任务过程中的学习以及应用所学知识的能力，是组织可持续竞争优势的唯一资源。

学习型组织的主要特征表现在其组织设计、信息共享、领导力，以及组织文化等方面，如图9-5所示。

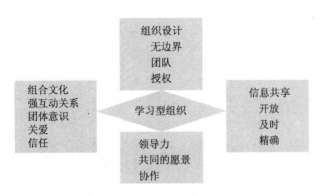

图9-5　学习型组织的特征

在学习型组织中，成员在整个组织范围内跨越不同职能专长及不同组织层级的共享信息和工作活动协作极为重要，而这必须通过削弱或取消已有的结构及物理边界才能实现。同时鉴于协作的需要，团队也成为学习型组织结构的一个重要特征。在这些组织中，员工被授予制定有关其工作开展过程或解决所出现的各项决策，管理者承担起推动者、支持者和倡导者的角色。学习型组织要能学习，就必须在成员之间实现信息的共享。这些信息要公开、及时，并尽量精确。在一组织向学习型组织转型的过程中，领导起着重要的作用。他们的职能是促进组织形成一个有关组织

📝 **小资料**

中国台湾中屋机构公司把创建学习型组织分成四个阶段：

第一阶段——熏。让1000多名员工分成40个梯队。轮流上两天一夜课程。从开电梯小姐到高层经理，全部参加学习。花两年时间才能全部"熏"完一遍。

第二阶段——学。让各部门组成读书会，学习"五项修炼"。把两名主管送到麻省理工学院学习。回来后配合中山大学系统思考与组织学习研究室，培养50名内部讲师。

第三阶段——习。自己消化教材，设计游戏，开展修炼活动。创办《学习人》刊物，交流、悟道修炼。中屋机构公司与中山大学合作，推出"儿童系统思考冬令营"。因为他们发现成人有"思维定势"，应从儿童培养起。

第四阶段——用。将观念落实到组织，搭建新的学习架构，设计学习过程。

未来的共同愿景，并使组织成员朝着这一愿景奋进。另外，领导者还应该支持和鼓励组织建设一种有利于学习的协作的氛围。最后，建立学习型组织，组织文化也是很重要的一方面。在学习型组织中，其文化特征是：每个人都赞同某一共同的愿景，每个人都认识到在组织工作过程、活动、职能及外部环境之间所存在的固有的内在联系，彼此都有很强的团队意识，相互之间充满关爱和信任。

9.3 组织结构的设计

9.3.1 组织结构设计的程序

组织结构的设计是一项复杂的系统工程，因而必须服从科学的程序，如图 9-6 所示。

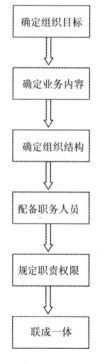

确定组织目标	在综合分析组织外部环境和内部条件的基础上，合理确定组织的总目标及各种具体的派生目标
确定业务内容	根据目标确定业务管理工作项目，按其性质适当分类，并进行业务流程的总体设计，使总体业务流程优化
确定组织结构	根据组织规模、生产技术特点、各类管理业务工作量的大小等因素，确定组织的管理组织形式及应设立的部门和单位，形成层次化、部门化的结构
配备职务人员	根据业务工作的性质和对职务人员素质的要求，挑选和配备称职的职务人员及其行政负责人，并明确其职务和职称
规定职责权限	确定各部门和负责人的责任以及评价工作成绩的标准，并授予他们相应的职权
联成一体	把各组织实体上下左右联结起来，形成一个能够协调运行有效地实现组织目标的管理组织系统

图 9-6 组织结构设计的程序

9.3.2 组织设计的内容

要使管理工作尽可能地有效，健全的组织机构是极为必要的。因为，组织机构形成一种决定所有各级管理人员职责关系的模式。一个健全的组织机构一般包括：决策子系统、指挥子系统、参谋子系统、执行子系统、监督子系统和反馈子系统，如表9-4所示。

表9-4   组织设计内容

决策子系统	包括组织的领导体制和各级决策机构及决策者组成的系统。各级决策机构和决策者是组织决策的智囊团，其层次视组织的规模和特点而定
指挥子系统	是组织活动的指令中心主要任务是实施决策机构的决定，负责统一指挥企业的生产经营活动，保证各项活动顺利而有效地进行。设计指挥子系统应从组织的实际出发，合理确定管理层次，并根据授权原则，把生产经营指挥权逐级下授，建立多层次的、有权威的指挥系统，行使对组织各项活动的统一指挥
参谋子系统	由各级职能或参谋机构及其负责人和成员组成的水平形态的系统同级生产经营行政负责人的参谋和助手，分别负责某一方面的管理业务。设计参谋子系统，要根据实际需要，按照专业分工的原则，设置必要的职能或参谋机构，并规定其职责范围和工作要求，以保证有效地开展各方面的管理工作
执行子系统 监督子系统 反馈子系统	使计划得以正确无误地推行的机构，设计是应在相互联系的基础上保持三者互相独立

9.3.3 组织的纵向结构设计

组织的纵向结构设计，就是确定管理幅度，划分管理层次。

1. 管理幅度

管理幅度是指一名主管人员有效地管理直接下属的人数。它在很大程度上决定了组织中管理层次的数目和管理人员的数量。管理幅度有管理层次成反比关系，管理幅度越大，管理层次就越少，所需的管理人员也就越少；反之，管理幅度越小，管理层次就越多，所需的管理人员也越多。管理幅度的现代观认为，有许多因素影响着一个管理者的管理幅度。这些因素包括管理者和下属人员的技能和能力及所需完成工作的性质。比如，员工的训练程度越高，经验越丰富，他们所需要的直接管理就越少，所以领导这些训练有素的、经验丰富的员工的管理者就可以保持较高的管理幅度。其他的决定合适管理幅度的权变因素还有：下属工作任务的相似形、任务的复杂性、下属工作地点的相近性、使用标准程序的程度、组织管理信息系统的先进程度、组织文化的凝聚力及管理者偏好的管理风格等。确定管理幅度的方法有格拉丘纳斯的上下级关系理论和变量依据法。

（1）格拉丘纳斯的上下级关系理论。法国的管理顾问格拉丘斯纳提出了一个数学模型来计算任何管理幅度下可能存在的人际关系。数学模型为：

$$c = n\left[\frac{2^n}{2} + (n-1)\right] = n\left[2^{n-1} + (n-1)\right]$$

式中：c 为可能存在的人际关系数；n 为管理幅度。两项取值结果见表 9-5。

表 9-5   管理幅度与人际关系数

管理幅度（n）	1	2	3	4	5	6
人际关系数（c）	1	6	18	44	100	222

格拉丘纳斯的结论是：下级数目按算术级数增加时，领导者需协调的关系数目则按几何级数增加，因此管理幅度要有合理的限度。

（2）变量依据法。该方法是通过找出影响中层管理人员管理宽度的六个关键变量，把这些变量按困难程度排成五级，并加权使之反映重要程度，最后加以修正，提出建议的管辖人数标准值，见表 9-6 和表 9-7。这种定量地、综合地研究影响管理宽度的关键因素，为我们确定适当宽度指明了方向。

表 9-6   影响管理幅度的主要因素及重要程度

等级 影响因素	一	二	三	四	五
职能相似形	很相近 1	较相近 2	一般 3	较不相似 4	很不相似 5
地区相近性	很近 2	较近 4	一般 6	较远 8	很远 10
职能复杂性	很简单 1	较简单 2	一般 3	较复杂 4	很复杂 5
指挥控制工作量	很小 3	较小 6	一般 9	较大 12	很大 15
计划工作量	很小 2	较小 4	一般 6	较大 8	很大 10
协调工作量	很小 2	较小 4	一般 6	较大 8	很大 10

表9-7 推荐管理幅度

权数总和	建议标准管理幅度
40～42	4～5
37～39	4～6
34～36	4～7
31～33	5～8
28～30	6～9
25～27	7～10
22～24	8～11

2. 扁平结构和直式结构

按照管理幅度和管理层次的不同，形成两种结构：扁平结构和直式结构。

扁平结构是指管理幅度大而管理层次少的结构。扁平结构有利于缩短上下级距离，密切上下级之间的关系，信息纵向流通速度快；由于管理幅度大，被管理者有较大的自主性和创造性，也有利于选择和培训下属人员。但由于不能严密地监督下级，使上下级的协调较差；管理宽度的加大，也增加了同级间相互沟通联络的困难。

直式结构就是管理层次多而管理幅度小的结构。直式结构具有管理严密，分工细致明确，上下级易于协调的特点。但层次增多，需要的管理人员越多，协调工作急剧增加，互相扯皮的事层出不穷；由于管理严密，影响了下级人员的积极性与创造性。因此，为了达到有效，应尽可能地减少管理层次。

9.4　组织的横向结构设计

9.4.1　部门的含义

部门是指组织中主管人员为完成规定的任务有权管辖的一个特殊的领域。部门化是指将工作和人员组合成可以管理的单位的过程。划分部门的目的，是为了以此来明确职权和责任归属，以求分工合理，职责分明，并有利于各部门根据其工作性质的不同而采取不同的政策，加强本部门的内部协调。部门的划分应在确保组织目标实现和保持组织结构弹性基础上，力求维持最少，并将检查部门与业务部门分设。

9.4.2 划分部门的方法

1. 职能部门化

职能部门化（functional departmentalization）是依据所履行的职能来组合工作。这种部门化方式可以在各种类型组织中得到应用，可能会由于各组织的目标和开展的工作活动的差异，具体的职能而不同，如图9-7所示。

图9-7 职能部门化

2. 产品部门化

产品部门化（product departmentalization）是依据产品线来组织工作。在这种情况下，每一主要产品领域都划归到一位主管人员的管辖之下，该主管不仅是所分管产品线的专家，而且对所展开的一切活动负责，如图9-8所示。

图9-8 产品部门化

3. 地区部门化

地区部门化（geographic departmentalization）是按照地理区域进行工作的组合，如将仅在本国内运营的组织划分为南部、东部、西部等，全球化的企业可能设在美国、欧洲、亚洲等，如图9-9所示。

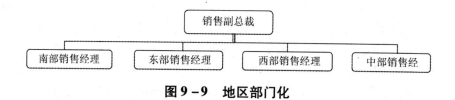

图9-9 地区部门化

4. 工艺部门化

工艺部门化（technical departmentalization）是以工作程序为基础组合各项活动，从而划分部门的一种方法。在生产工艺复杂、要求严格的情况下，有利于加强专业工艺管理，提高工艺水平，如图9－10所示。

图9－10 工艺部门化

5. 顾客部门化

顾客部门化（customer departmentalization）是依据共同的顾客来组合工作，这组顾客具有某类相同的需要或问题，要由相应的专家才能更好地予以满足，如图9－11所示。

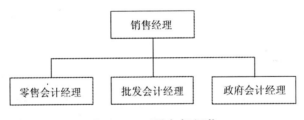

图9－11 顾客部门化

小知识

组织结构设计检查表

- 设计是否很好的适应主要问题和外部环境的机会？
- 设计能否适应战略的完成和关键运营目标的实现？
- 设计是否支持核心技术并使他们能够得到最好的利用？
- 当组织规模扩大或组织生命周期改变时，设计是否仍然适用？
- 设计是否能激励员工使他们的潜能得到最大限度发挥？

9.5　组织的职权体系设计

9.5.1　职权

职权和权力是密切相关的两个概念。权力是指影响他人或组织行为的能力。某一个人或团体有能力影响和改变另一个人或团体的行为，这种能力就是权力。职权则是管理职位所固有的发布命令和希望命令得到执行的一种权力。职权不仅来源于所处的职位，还来源于下属的支持。组织内的职权一般分为直线职权、参谋职权和职能职权三种类型。

1. 直线职权

直线职权是一种完整的职权，拥有直线职权的人有权做出决策，有权进行指挥，有权发布命令。凡是主管人员对其部属都拥有直线职权。例如，在军队中，将官对校官、校官对尉官、尉官对士兵拥有的是直线职权。同理，在企业中董事长对总经理、总经理对部门经理拥有直线职权，以此类推。这种指挥命令关系从组织的最高层一直延伸到最基层，形成一条"指挥链"，作为"指挥链"中的一个环节的管理者有指挥下级工作的权力，同时又接受他的上级的指挥。

2. 参谋职权

参谋职权是一种有限度的、不完整的职权。从性质上说，参谋职权是一种顾问性的或服务性的职权，拥有参谋职权的管理者可以向直线管理者提出建议或提供服务，但其本身并不包括指挥权和决策权。参谋职权实际上是一种辅助性的职权。一个组织机构在其规模扩大到一定程度，直线职权已不足以应付所面临的许多复杂问题时，就需要设置参谋职权。而参谋又有个人参谋和专业参谋两种形式。个人参谋是直线人员的参谋和助手，为直线人员提供咨询，协助直线人员执行职责，最典型的例子是管理者的个人助理。专业参谋常常是一个独立的机构或部门，它往往聚合了一些专家，为各级直线主管提供专业性的建议与服务。

3. 职能职权

职能职权是某职位或某部门所拥有的原属于直线主管的那部分权力，这部分职权大多由业务或参谋部门的负责人来行使。它是直线主管为了改善和提高管理效率而授予参谋部门行使的职权，是组织职权的一个特例，可以认为它介于直线职权和参谋职权之间。

管理者的职权在组织中并不是绝对的。它受上级的职权、交叉职权（即某部门主管直接对另一部门的部分工作行使的职权）及下级个人权力等因素的限制。在管理工作中，要正确处理好三种职权的关系。首先，确保直线职权的有效运用。直线职权是保证组织有效运行的首要职权，参谋职权和职能职权的运用要以不削弱直线职权的权威性和有效性为前提，并且其本身效用的大小取决于对直线职权的加强程度。要确保直线职权的有效运用，直线主管必须保持独立的思考和决断能力，不能为参谋所左右，参谋应多谋，直线应善断，直线主管必须对计划的实施负主要责任。其次，注意发挥参谋职权的作用。参谋是为直线主管提供信息、出谋划策、配合主管工作的。在发挥参谋的作用时，参谋应根据客观情况独立地提出建议，直线主管不应该左右他们的建议。最后，适当限制职能职权。职能职权是为了更有效地实施管理，但往往会带来多头领导的弊端。所以，在使用职能职权时，就要正确地衡量利与弊。要限制职能职权的使用范围，职能职权的使用常限于解决"如何做""何时做"等方面的问题，同时要限制级别，即职能职权不能越过上级的下属的第一级。

9.5.2　集权与分权

集权是指决策权在组织系统中较高层次的一定程度的集中；与此相对应，分权是指决策权在组织系统中较低层次的一定程度的分散。

在组织管理中，集权和分权是相对的，绝对的集权或绝对的分权都是不可能的。如果最高主管把他所拥有的职权全部委派给下属，那么他作为管理者的身份就不复存在，组织也不复存在。因此，某种程度的集权对组织来讲是必要的。如果最高主管把权力都集中在自己手里，这就意味着他没有下属，因而也就不存在组织。所以，某种程度的分权同样是组织所需要的。

1. 衡量集权和分权程度的标志

衡量分权程度的标志主要有四个：

（1）决策的数量。组织中较低管理层次做出决策的数目或频度越大，则分权程度越高。

（2）决策的范围。组织中较低层次决策的范围越广，涉及的职能越多，则分权程度越高。

（3）决策的重要性。组织中较低层次做出的决策越重要，涉及的费用越多，则分权程度越高。

（4）决策的审核。组织中较低层次做出的决策，上级要求审核的程度越低，这个组织的分权程度越高；如果根本不要求审核，分权的程度最高；如果做出决策前还必须请示上级，则分权的程度就更低。

2. 影响集权和分权的因素

影响集权和分权的因素是多种多样的，具体见表9－8。

表9－8　　　　　　　　　　影响集权和分权的因素

集权	分权
环境稳定 低层管理者不具有高层管理者那样做出决策的能力或经验 低层管理者不愿意介入决策 决策的影响大 组织正面临危机或失败的危险 企业规模大 企业战略的有效执行依赖于高层管理者对所发生的事拥有发言权	环境复杂且不确定 低层管理者拥有做出决策的能力和经验 低层管理者要参加决策 决策的影响相对小 公司文化容许低层管理者对所发生的事有发言权 公司各部在地域上相当分散 企业战略的有效执行有赖于低层管理者的参与及制定决策的灵活性

9.5.3　授权

授权与分权虽然都与职权下放有关，但二者是有区别的。分权一般是组织最高管理层的职责，授权则是各个层次的管理者都应掌握的一门艺术；分权是授权的基础，授权以分权为前提。

1. 授权的过程

授权是指管理者将分内的某些工作托付给下属（或他人）代为履行，并授予被托付人完成工作所必要的权力，使被托付人有相当的自主权、行动权。授权的含义包括以下三点。

（1）分派任务。分派任务就是向被托付人交代任务。任务是指授权者希望被授权者去做的工作，它可能是要求写一个报告或计划，也可能是要其担任某一职务。不管是单一的任务还是某一固定的职务，都是由组织目标分解出来的工作或一系列工作的集合。

（2）授予权力。在明确了任务之后，就要授予被托付人相应的权力，如有权调配有关人员或相应资源，使授权者有权履行原本无权处理的工作。

（3）明确责任。当被授权者接受了任务并拥有了所必需的权力后，就有义务去完成所分派的工作。被授权者的责任主要表现为向授权者承诺保证完成指派的任务，包括向上级汇报任务的执行情况和成果，并根据任务完成情况和权力使用情况接受授权者的奖励或惩处。值得指出的是，被授权者所负的责任只是工作责任，而不是最终责任，授权者对于被授权者的行为负有最终的责任。

授权并不是职权的放弃或让渡。管理者授权和教师传授知识相类似，教师将知识传授给学生，学生获得了这些知识，但教师并没有因此失去知识。同样，授权者也不会由于将职权授予别人而丧失它，授出的一切职权都可由授权者收回和重新授出。

2. 授权的意义

授权对于更好地开展组织工作是十分重要的。管理者授权的意义在于以下几方面。

（1）管理人员可以从日常事务中解脱出来，专心处理重大问题。随着组织规模的扩大，由于受一定的时间、空间及生理条件的限制，管理人员不可能事事过问，而通过授权可使管理人员既能从日常事务中解脱出来，又能控制全局。

（2）可以提高下属的工作积极性，增强其责任心，并增进工作效率。通过授权，使下属不仅拥有一定的职权和自由，而且也分担了相应的责任，从而可调动其工作积极性和主动性；由于不必事事请示，授权还可提高下属的工作效率。

（3）可以增长下属的才干，有利于管理人员的培养。通过授权，使下属有机会独立处理问题，从实践中提高管理能力，从而为建设一支高素质的管理队伍打下基础，这对于一个组织的长期持续发展是十分重要的。

（4）可以充分发挥下属的专长，以补救授权者自身才能的不足。随着组织的发展和环境的日趋复杂，管理人员面临的问题越来越多，越来越复杂，而每一个人由于受自身能力的限制，不可能做到样样精通。通过授权，可把一些自己不会或不精的工作委托给有相应专长的下属去做，从而可弥补授权者自身的不足。

3. 授权的原则

为使授权行为达到良好的效果，需要灵活掌握以下原则。

（1）重要原则。授予下级的权限，要使下级认为是该层次比较重要的权限。如果下级发现上级授权只是一些无关紧要的小事，就会失去积极性。

（2）明责原则。授权时，必须向被授权者明确所授事项的责任、目标及权力范围，让他们知道自己对什么资源有管辖权和利用权，对什么样的结果负责及责任大小，使之在规定的范围内有最大限度的自主权。否则，被授权者在工作中不着边际，无所适从，势必贻误工作。

（3）适度原则。评价授权效果的一个重要因素是授权的程度。授权过少，往往造成领导者的工作太多，下属的积极性受到挫伤；授权过多，又会造成工作杂乱无章，甚至失去控制。授权要做到下授的权力刚好够下属完成任务，不可无原则地放权。

（4）不可越级授权。越级授权是上层领导者把本来属于中间领导层的权力直接授予下级。这样做，会造成中间领导层工作上的被动，扼杀他们的负责精神。如果有时上层领导者越级授权是由于中层领导不力，也应该采用机构改革的办法予以调整。所以，无论哪个层次的领导者，均不可将不属于自己权力范围内的职权授予下属，否则，将导致机构混乱、争权夺利的严重后果。

"风筝"的启示

事例描述：我们自己可能都放过风筝，或至少看到别人放过风筝。有些人能把风筝放得很高并且能控制得很好，有些人却怎么也不能将风筝放起来，有些人甚至让风筝失去了控制而飞得无影无踪。通过观察，我们不难发现，能将风筝放得高且控制得好的人，他们懂得怎样放线（边跑边放线），但风筝线的另一端却一定是牢牢地控制在自己的手里；不能将风筝放上天的人，他们往往会一次性将风筝线放得老长老长（也不管风筝是否已经飞起来）；不能将风筝放很高的人，他们放风筝时往往只知道一味跑动，但跑动的过程中却不懂得放线，因此人只要一停下来，风筝也就马上从天而降。

启示：管理者的工作授权也是这样。管理者如果不依据事情的性质、被授权人的能力而"大肆授权"，则被授权人将会不知所措，要么工作根本无法开展，要么事情一定会办得很糟（正如飞不起来的风筝）；管理者如果不愿意"放权"，则当管理者自己亲力亲为时，事情会比较能顺利地进行，一旦无暇顾及或无力顾及，则事情马上会急转直下（正如飞不高的风筝）；管理者需要学会恰当的授权，懂得逐步授权，懂得什么时机授权，授权之后还需要不忘"适当控制"，这样事情才会得到更快、更好的解决（正如飞得高并且控制得好的风筝）；如果管理者授权之后却没有实施"必要的控制"，则事情将会面临很大的风险（正如失去控制的风筝）。

9.6　组织结构发展的趋势

1. 组织结构的扁平化趋势

组织结构的扁平化，是指管理层次的减少和管理幅度的扩大，组织结构形态由标准的金字塔形向圆筒形转化。核心思想是把原来的金字塔形的组织结构扁平化。组织结构的扁平化的顺畅运作需要具备两个重要条件：一是现代信息处理和传输技术的巨大进步，能够对大量复杂信息进行快捷而及时的处理和传输，致使多数中间组织失去存在的必要，生产者与消费者之间的鸿沟缩小、界限模糊，它们可以直接联系和接触，相互掌握对方信息。二是组织成员的独立工作能力大大提高，管理者向员工大量授权，组建各种工作团队，员工承担较大的责任，形成一种新型的团队关系。

2. 组织结构的柔性化趋势

组织结构的柔性化，是指在组织结构上不设置固定的和正式的组织结构，而代之一些临时性的、以任务为导向的团队式组织。组织结构柔性化的目的是使一个组织的资源得到充分利用，增强组织对环境动态变化的适应能力，它表现为集权和分权的统一，稳定和变革的统一。

组织结构的柔性化表现为集权化和分权化的统一。集权和分权统一的关键是上级和下级之间通过一些直接和间接的交流渠道，及时进行信息的沟通，适当地调整权限结构，保证组织的战略发展目标和组织的各项具体活动之间形成有机的联结关系。此外，组织结构为适应不断变革的需要，组织结构分为两个组成部分：一部分是为了完成组织的一些经常性任务而建立的比较稳定的组织结构，是组织结构的基本组成部分；另一部分是为了完成一些临时性任务而建立的组织结构，是组织结构的补充部分，如各种项目小组等。组织结构的柔性化又表现为稳定性和变革性的统一。柔性化的典型组织形式是临时团队、工作团队、项目小组等。

3. 组织结构的分立化趋势

分立化，是指从一个大公司里再分离出几个小的公司，把公司总部与下属单位之间的内部性的上下级关系变为外部性的公司与公司之间的关系。分立化是对层级制的一部分组织机构用市场联结关系代替行政管理关系，通过分立化所形成的各个分公司和子公司是独立的法人实体，拥有完全的独立经营地位。

分立划分为两种方式：一种方式是横向分立，按照产品的不同种类进行分立。企业将一些有发展前途的产品分离出来，成立独立的公司，选派有技术、懂管理的人去经营。通过横向分立，可以最大限度地提高单个产品经营单位的自主权，在一个又一个的单位产品市场上形成自己的优势地位。另一种方式是纵向分立，按照同一产品的不同生产阶段进行分立。纵向分立是对同一类别产品进行上下游的分离，通过纵向分立，可以进一步集中企业的力量，提高企业的专业化生产经营水平。

4. 组织结构的网络化趋势

网络化是在大量裁员、精简机构和缩小经营范围的基础上，对企业的组织结构进行重新构造，突破层级制组织类型的纵向一体化的特点，组建了由小型、自主和创新的经营单元构成的以横向一体化为特征的组织形式。

企业组织结构的网络化，具有两个根本特点：一是用特殊的市场手段代替行政手段来联结各个经营单位之间及其与公司总部之间的关系，网络制组织结构中的市场关系则是一种以资本投放为基础的包含产权转移、人员流动和较为稳定的商品买卖关系在内的全方位的市场关系。二是在组织结构网络化的基础上形成了强大的虚拟功能。处于网络制组织中的每一个独立的经营实体，都能以各种方式借用外部的资源进行重新组合，也就是说，通过虚拟，企业可以获得诸如设计、生产和营销等具体的功能，但并不一定拥有与上述功能相对应的实体组织，它通过外部的资源和力量去实现上述具体功能的。

本章小结

组织有两种含义：一是理解为实体组织，为实现某一共同目标，经由分工与合作及不同层次的权力和责任制度，而构成的人的集合；二是作为管理的一项职能，人与人之间或人与物之间资源配置的活动过程。组织具有重要的职能，行使这些职能应遵循一定的原则，同时组织具有人力汇集和人力放大的作用，而且国内外对组织类型的划分也有所不同。

组织结构是表明组织内各部分的排列顺序、空间位置、聚散状态、联系方式，以及各要素之间相互关系的一种模式，是组织的"框架"，并随着生产力和社会的发展而不断发展的。常见的组织结构的类型有：直线制、职能制、矩阵制结构、网络结构、无边界组织和学习型组织等，它们具有各自不同的特点。

组织结构的设计有着自己的内容，而且要遵循一定的程序。组织结构的设计可以从不同的方面进行，如组织的纵向结构设计，它是确定管理的跨度，划分管理的层次，决定组织的结构是扁平结构还是直式结构；组织的横向组织设计是采用职能、产品、顾客部门化等不同的方法，达到组织的部门化；组织的职权体系设计是充分认识职权、集权与分权和授权，并做好相应的工作。组织结构正在向着扁平化、柔性化、分立化、网络化方向发展。

思考题

1. 如何理解组织的含义？
2. 试比较正式组织和非正式组织？
3. 试举常见的几种组织结构类型，它们各自有何特点？
4. 试述组织结构的程序？
5. 你如何认识组织的纵向结构设计、横向结构设计和职权体系设计？
6. 组织有哪几种发展趋势？你怎样看待它们？
7. 案例分析：

教授的建议

H市宇宙冰箱厂近几年来有了很大的发展，该厂厂长周冰是个思路敏捷、有战略眼光的人，早在前几年"冰箱热"的风潮中，他已预见到今后几年中冰箱热会渐渐降温，变畅销为滞销，于是命该厂新产品开发部着手研制新产品，以保证企业能够长盛不衰。果然，不久冰箱市场急转直下，各大商场冰箱都存在着不同程度的积压。好在宇宙厂早已有所准备，立即将新研制生产出的小型冰柜投入市场，这种冰柜物美价廉且很实用，一问世便立即受到广大消费者的欢迎，宇宙厂不仅保住了原有的市场，而且又开拓于一些新市场。但是，近几个月来，该厂产品销售出现了一些问题，用户接二连三地退货，要求赔偿，影响了该厂产品的声誉。究其原因，问题主要出在生产上，主管生产的副厂长李英是半年前从 H 市二轻局调来的。她今年 42 岁，是个工作勤恳、兢兢业业的女同志，工作认真负责，口才好，有一定的社交能力，但对冰箱生产技术不太了解，组织生产能力欠缺，该厂生产常因所需零部件供应不上而停产，加之质量检验没有严格把关，尤其是外协件的质量常常不能保证，故产品接连出现问题，影响了宇宙厂的销售收入，原来较好的产品形象受到一定程度的破坏，这种状况如不及时改变，该厂几年来的努力也许会付之东流。周厂长为此很伤脑筋，有心要把李英撤换下去，但又为难，因为李英是市二轻局派来的干部，和上面联系密切，并且她也没犯什么错误，如硬要撤，搞得不好，也许会弄僵上下级之间的关系（因为该厂隶属于市二轻局主管）。不撤换吧，厂里的生产又抓不上去，长此以往，企业很可能会出现亏损局面。周厂长想来想去不知如何是好，于是就去找该厂的咨询顾问某大学王教授商量，王教授听罢周厂长的诉说，思考了一会儿，对周厂长说："你何不如此……如此呢"周厂长听完，喜上眉梢，连声说："好办法、好办法"，于是便按王教授的意图回去组织实施。果然，不出两个月，宇宙厂又恢复了生机。王教授到底如何给周厂长出谋划策的呢？原来他建议该厂再设一生产指挥部，把李英升为副指挥长，另任命一懂生产有能力的赵翔为生产指挥长主管生产，而让李英负责抓零部件、外协件的生产和供应，这样既没有得罪二轻局，又使企业的生产指挥的强化得到了保证，同时又充分利用了李、赵两位同志的特长，调动了二人的积极性，解决了一个两难的难题。

　　小刘是该厂新分来的大学生，他看到厂里近来一系列的变化，很是不解，于是就去问周厂长："厂长，咱们厂已经有了生产科和技术科，为什么还要设置一个生产指挥部呢？这不是机构重复设置吗？我在学校里学过有关组织设置方面的知识，从理论上讲组织设置应该是因事设人，咱们厂怎么是因人设事，这是违背组织设置原则的呀！"周厂长听完小刘一连串的提问，拍拍他的肩膀关照说："小伙子，这你就不懂了，理论是理论，实践中并不见得都有效。"小刘听了，仍不明白，难道是书上讲错了吗？

　　讨论内容：（1）在企业中如何设置组织机构？到底应该"因事设人"还是应该"因人设事"？（2）你认为王教授的建议是否合适？（3）你认为应该如何看待小刘的提问？（4）如果你是厂长，你将如何处理这个难题？

第十章 人员配备

学习目标

1. 了解人员配备应遵循的原则及一般程序
2. 掌握人员供求预测的基本分析方法
3. 能够运用几种常见的比率对员工流动进行分析
4. 了解职务分析的目的、程序和基本方法
5. 了解员工招聘与录用的原则和程序
6. 掌握内部招聘和外部招聘的利弊和各种征召渠道、方法的优缺点
7. 了解员工培训的方法和原则等

学习索引

原则及程序 { 原则：因事择人、因才起用、用人所长、动态平衡
　　　　　　 程序：确定人员需要量、选配人员、制订和实施人员培训计划

人员供求分析 { 需求预测分析：经验估计法、统计预测法、工作研究预测
　　　　　　　 供给预测分析

员工流动分析 { 人员离职率
　　　　　　　 人员新进率
　　　　　　　 净人员流动率

人员配备

职务分析 { 目的
　　　　　 程序
　　　　　 方法 { 传统：工作日志法、观察法、面谈法、问卷法
　　　　　　　　　 结构化：任务调查表、职位分析问卷、关键事件和
　　　　　　　　　　　　　　 扩展关键、事件法

招聘与录用 { 原则
　　　　　　 程序
　　　　　　 途径：内部征召、外部征召

培训 { 方法：理论培训、职务轮换、提升、在"副职"上培训
　　　 原则：学用一致原则、讲究实效原则、
　　　　　　 因材施教原则、全员培训与重点提高原则、
　　　　　　 激励原则

10.1 人员配备的原则和程序

组织设计仅仅为系统的运行提供了可供依托的框架。要充分发挥框架的作用，还需在组织结构和机构设计的基础上，为不同岗位选配合适的人员。合理地配备人员是组织工作的重要内容，它直接关系到组织的活动是否有效、组织目标能否实现。

所谓人员配备（staffing），就是指由于原有职位出现空缺或出现新职位，组织根据从事该项职位的工作所应具备的条件，利用测试、考核等手段，通过外部招聘或内部调整、晋升等渠道对候选人进行选拔、任命。

10.1.1 人员配备的原则

人员配备要做到"人事相宜"，力求达到人与事的优化组合，为此，在工作中必须遵循一定的原则。

1. 因事择人原则

所谓因事择人，是指应以所设职位和工作的实际要求为标准，来选拔符合标准的各类人员。选取人的目的在于使其担当一定的职务，并能按照要求从事与该职务相对应的工作。要使工作圆满完成并卓有成效，首先要求在保证工作效率的前提条件下安排和设置职位；其次要求占据该职位的人员应具备相应的知识和工作能力。因此，因事择人是实现人事匹配的基本要求，也是组织中人员配备的首要原则。

2. 因才起用原则

所谓因才起用，是指根据人的能力和素质的不同，去安排不同要求的工作。从组织中人的角度来考虑，只有根据人的特点来安排工作，才能使人的潜能得到最充分的发挥，使人的工作热情得到最大限度的激发。如果学非所用、大材小用，不仅会严重影响组织效率，也会造成人力资源计划的失效。

3. 用人所长原则

所谓用人所长，是指在用人时不能够求全责备，管理者应注重发挥人的长处。在现实中，由于人的知识、能力和个性发展是不平衡的，组织中的工作任务要求又具有多样性，因此，完全意义上的"通才""全才"是不存在的，即使存在，组织也不一定非要选择用这种"通才"，而应该选择最适合空缺职位要求的候选人。有效的管理就是要能够发挥人的长处，并使其弱点降低到最小。

4. 动态平衡原则

处在动态环境中的组织，是不断变革和发展的。组织对其成员的要求也是在不断变动的，当然，工作中人的能力和知识也在不断地提高和丰富。因此，人与事的配合需要进行不断的协调平衡。所谓动态平衡，就是要使那些能力发展充分的人，去从事组织中更为重要的工作，同时也要使能力平平、不符合职位需要的人得到识别及合理的调整，最终实现人与职位、工作的动态平衡。

小故事

王珪鉴才

在一次宴会上，唐太宗对王珪说："你善于鉴别人才，尤其善于评论。你不妨从房玄龄等人开始，都一一做些评论，评一下他们的优缺点，同时和他们互相比较一下，你在哪些方面比他们优秀？"

王珪回答说："孜孜不倦地办公，一心为国操劳，凡所知道的事没有不尽心尽力去做，在这方面我比不上房玄龄。常常留心于向皇上直言建议，认为皇上能力德行比不上尧舜很丢面子，这方面我比不上魏征。文武全才，既可以在外带兵打仗做将军，又可以进入朝廷搞管理担任宰相，在这方面，我比不上李靖。向皇上报告国家公务，详细明了，宣布皇上的命令或者转达下属官员的汇报，能坚持做到公平公正，在这方面我不如温彦博。处理繁重的事务，解决难题，办事井井有条，这方面我也比不上戴胄。至于批评贪官污吏，表扬清正廉署，疾恶如仇，好善喜乐，这方面比起其他几位能人来说，我也有一日之长。"唐太宗非常赞同他的话，而大臣们也认为王珪完全道出了他们的心声，都说这些评论是正确的。

启示：从王珪的评论可以看出唐太宗的团队中，每个人各有所长；但更重要的是唐太宗能将这些人依其专长运用到最适当的职位，使其能够发挥自己所长，进而让整个国家繁荣强盛。

10.1.2　人员配备的一般程序

人员配备是组织所面临的一项长期工作，是一个周而复始、循环往复的过程，就具体的工作岗位的人员配备而言，一般要遵循以下几个步骤。

1. 确定人员需要量

人员配备是在组织设计的基础上进行的。人员需要量的确定主要以设计出的职务数量和类型为依据。职务类型指出了需要什么样的人，职务数量则告知每种类型的职务需要什么样的人。

2. 选配人员

职务设计和分析指出了组织中需要具备哪些素质的人。为了保证担任职务的人员具备职务要求的知识和技能，必须对组织内外的候选人进行筛选，做出最恰当的选择。候选人实际工作能力的辨识困难告诉我们必须谨慎、认真、细致地进行人员配备。把不合适的人安排在不合适的岗位上，不论对个人还是对组织，都会带来灾难性的后果。必须研究和使用一系列科学的测试、评估和选聘方法。

3. 制订和实施人员培训计划

人的发展是一个过程。组织成员在明天的工作中表现出的技术和能力需要在今天培训；组织发展所需的干部要求现在就开始准备。维持成员对组织忠诚的一个重要方面是使他们看到自己在组织中的发展前途。人员、特别是管理人员的培训无疑是人员配备中的一项重要工作。培训，既是为了适应组织技术变革、规模扩大的需要，也是为了实现成员个人的充分发展。因此，要根据组织的成员、技术、活动、环境等的特点，利用科学的方法，有计划、有组织、有重点地进行全员培训，特别是有发展潜力的未来管理人员的培训。

10.2 人员供求分析

10.2.1 人员需求预测与分析

人员的需求预测就是根据组织发展的要求，对将来某个时期内，组织所需人员的数量和质量进行预测，进而确定人员补充的计划方案，实施教育培训方案。所谓需求分析，就是在预测的基础上，将组织对人员的需求转化为具体的数量和质量上的要求。

人员需求预测的基本方法有以下几种。

1. 经验估计法

经验估计法就是由有关专家或专业人员利用现有的情报和资料，结合本组织的发展目标和特点，对组织的人员需求进行预测。

2. 统计预测法

统计预测法是运用数理统计形式，根据组织目前和预测期的经济指标并结合各种相关因素，做出数学计算，得出预测期的人员需求量。统计预测法的预测技术有比例趋势预测、回归分析预测以及经济计量模型预测等，但使用最普遍的是比例趋势预测。

3. 工作研究预测

即通过工作研究，来计算完成某项工作工时定额，并考虑到预测期内的变动因素，确定组织的人员需求。

无论采取何种方法进行预测，都需要对预测的结果进行分析。在实践中，过去的趋势、比例或者关系，很少有一成不变地继续到未来的可能。因此，必须依靠人的经验对未来可能发生的变化进行分析，并对可能发生变化的因素进行修正。

10.2.2 人员供给预测与分析

组织人员的供给预测是为了满足组织对人员的需求，对在将来某个时期内，组织从其内部和外部可能得到的人员的数量和质量进行预测。组织在进行外部人才市场条件预测时，除了可以据某些社会资料进行分析外，还必须根据本组织的特点进行预测，以防止组织在需要补充人员时陷于被动。

人员供给分析的主要内容：（1）组织目前的员工状况，如组织员工的部门分布、技术知识水平、专业、年龄构成等，了解组织员工的现状。（2）分析目前组织员工的流动情况及其原因，预测将来员工流动的态势，以便采取相应的措施避免不必要的流动，或及时予以补充。（3）掌握组织员工提拔和调动的情况，保证工作和职务的连续性。（4）分析工作条件的改变和出勤率的变动对员工供给的影响。（5）掌握组织员工的内外部来源和渠道，并对其可能出现的变动加以分析。（6）分析在所有的空缺职位中，有多少可以通过从组织内部招聘或者提升来加以补充。

 小思考

A 公司的困境

A 公司是山东一家知名民营科技企业，近年来取得突飞猛进的发展。然而随着市场扩大，公司的各种资源被利用到了极限，市场营销、产品开发、财务管理等各个部门都处于超负荷运行状态。管理层明显感到在用人上捉襟见肘，顾此失彼，公司发展后劲不足，发展速度趋于下降。那么造成这种局面的原因是什么呢？

【分析】A 公司出现上述症状的原因在于缺乏战略性人才储备以至于人才不能满足组织膨胀的需要，及人力资源与公司发展脱节。这种症状是处于高速成长阶段的企业的常见病。当公司经营活动以远高于人才增长的速度发展时，就会产生人才缺口（包括数量和结构两方面），这时高速成长带来的副作用也显现出来：员工满负荷工作，身体透支、知识老化、效率下降；市场服务能力不足，产品质量下降；技术储备缺乏人力推动，无法应对将来产品进入衰退期的市场战略转型；后续激励不足，员工跳槽等等。人才储备不足，轻则会减慢企业发展速度，重则可能被企业自己的快速成长拖死。

【诊断】所谓战略性人才储备是指根据公司发展战略，通过有预见性的人才招聘、培训和岗位培养锻炼，使得人才数量和结构能够满足组织扩张的要求。由此可见，战略性人才储备是为公司的长远发展战略服务的，它服从和服务于公司的长远发展，包括前瞻性的人才招聘和内部培养两个方面。为企业发展战略服务，战略性人才储备以企业战略为指导，并构成企业战略的重要组成部分，战略性人才储备应建立在公司发展战略的基础上。战略主要涉及组织的远期发展方向和范围。理想情况下，它应使资源与变化的环境，尤其是它的市场、消费者或者客户相匹配，以达到所有者的预期。在对未来发展预期的基础上，就可以确定与这一特定战略相对应的人力资源需求，包括人员数量、结构，人员所拥有的知识、能力和水平等。同时战略性人才储备也构成了公司发展战略的重要组成部分。

10.2.3　员工流动分析

组织员工的流动和周转是组织在进行人员配备时所必须考虑的因素。不同的组织，或同一组织在不同的形势下和自身发展的不同阶段，会有各不相同的人员流动率。人员流动率指的是一定时期内某种岗位的员工变动（离职或新进）占员工总数的比率。人员流动率是考察组织与员工队伍是否稳定的重要指标。对组织来说，保持适度的人员流动率是必要的，这是组织新陈代谢、保持活力的保证。由于人员流动率受到多种因素的影响，因此计算方法很多，这里只介绍几种比较常用的比率。

1. 人员离职率

指某一单位时间（如以月为单位）的离职人数，占工资册的月平均人数的百分比。公式表示如下：

$$离职率 = 离职人数 / 工资册月平均人数 \times 100\%$$

离职人数包括辞职、免职、解职人数。离职率可用来测量人员的稳定程度。其计算通常以月为单位，如果以年度为单位，需要考虑季节与周期变动等因素，故较少采用。

2. 人员新进率

人员新进率是指新进人员数占工资册平均人数的百分比。公式表示如下：

$$新进率 = 新进人数 / 工资册月平均人数 \times 100\%$$

3. 净人员流动率

净人员流动率是指补充人数占工资册月平均人数的百分比。所谓补充人数是指为补充离职人员所雇用的人数。用公式表示如下：

$$净流动率 = 补充人数 / 工资册月平均人数 \times 100\%$$

 小资料

阿里巴巴降低员工流失率的法宝

马云是《福布斯》杂志创办50多年来成为封面人物的首位大陆企业家，曾获选为未来全球领袖，被誉为"创业教父"。"天下没有人能挖走我的团队""软实力"硬过一切。这是马云团队的灵魂所在。马云说："整个文化形成这样的时候，人就很难被挖走了。这就像在一个空气很新鲜的土地上生存的人，你突然把他放在一个污浊的空气里面，工资再高，他过两天还跑回来。"阿里巴巴每年至少要把1/5的精力和财力用在改善员工办公环境和员工培养上。阿里巴巴对员工的工作时间没有严格的打卡要求，只要完成工作任务随便什么时候上下班。"像IT业，研发性的工作用脑量大，员工处于紧张繁忙的状态。提供优雅一点的工作环境，可以让员工心情舒畅，开心工作。"这可能就是一般企业人才流动率高达10%~15%，而阿里巴巴连续数年的跳槽率仍然能控制在3.3%的根本原因。

在分析净人员流动率时，可与离职率和新进率相比较。对于一个正在成长和发展的组织，净人员流动率一般等于离职率；对于一个处于衰退中的组织，净人员流动率一般等于新进率；而处于常态下的组织，其净人员流动率、离职率、新进率一般相等。

人员流动率作为测量组织内部稳定程度的尺度，其大小与组织的用人政策和劳资关系有着较密切的关系。保持一个适度的人员流动率是必要的。这里所说的适度要视具体组织的具体情况而定。一般来讲，蓝领工人的流动率可以大一些，而白领员工的流动率要尽可能小一些，以保证组织高层的稳定。西方国家的有关专家通常认为：如果年轻的专业技术人员能在一个组织维持较长的稳定性，则足以说明该组织的管理具有过人之处，组织具有较强的吸引力。

10.3　职务分析

所谓职务分析就是指对组织中某个特定职务的设置目的、性质、任务、职责、权利和隶属关系、工作条件和环境、任职资格等相关信息进行收集与分析，并对该职务的工作做出明确的规定，且确定完成该工作所需的行为、条件、人员的过程。职务分析的成果包括职务描述和职位说明书两个部分。

10.3.1　职务分析的目的

职务分析的目的是为了了解职务的性质、内容和方法，以及确定从事该项工作需要具备的条件和任职资格。职务分析可以解决的问题：（1）员工需要完成什么样的工作；（2）此项工作将在什么时候完成；（3）此项工作将在什么地方完成；（4）如何完成此项工作；（5）为什么要完成此项工作；（6）完成此项工作需要具备哪些条件。

10.3.2　职务分析的程序

在进行正式的职务分析之前，一般要先明确两个问题，一是职务分析的目的；二是由什么人来负责或参加职务分析工作。一般来说，职务分析的基本程序包括六个步骤。但是由于职位本身的复杂性，不可能存在一个适用于一切职位的职务分析步骤，下面所列的也只是一个大致的程序。

（1）确定将要收集的信息的用处，以正确地选择需要收集什么样的资料以及如何去收集这些资料。

（2）收集、积累相关的资料并加以分析。这些资料一般包括组织结构图、操作流程图、过去或者其他组织相关职位的描述等。

（3）选择分析样本。即选择有代表性的职位加以分析，以节省时间和经费。当存在许多相似的职位需要分析时，对其中有代表性的职位进行分析就可以了。

（4）进行实际分析。分析工作包括收集该职位应该进行的活动的资料，完成该职位工作对员工行为的要求，该职位的工作条件，对员工能力和人文特征的要求等等。

（5）对相关人员（如以前的任职者及其直接管理上司等）进行访问。根据对任职者和其上级的访问调查的结果，对已经做出的职务分析进行修正，以保证信息的完整性和正确性。

（6）制定职位描述和职位说明书。

10.3.3　职务分析的方法

职务分析的方法可以分为两大类，一类是传统的职务分析方法；另一类是结构化的职务分析方法。

1. 传统的职务分析方法

传统的职务分析方法主要有：工作日志法、观察法、面谈法、问卷法，这几种方法的优缺点见表 10－1。

表 10－1　　　　　传统职务分析方法的优缺点

传统的职务分析方法	优点	缺点
工作日志法	1. 对工作可充分地了解，有助于主管对员工的面谈 2. 采用逐日或在工作活动后及记录，可以避免遗漏 3. 可以收集到最详尽的资料	1. 员工可能会夸张或隐藏某些活动同时掩饰其他行为 2. 费时、费成本且干扰员工工作
观察法	根据工作者自己陈述的内容，再直接至工作现场深入了解状况	1. 干扰工作正常行为或工作者心智活动 2. 无法感受或观察到特殊事故 3. 如果工作本质上偏重心理活动，则成效有限

（续表）

传统的职务分析方法	优点	缺点
面谈法	1. 可获得完全的工作资料以免去员工填写工作说明书之麻烦 2. 可进一步使员工和管理者沟通观念，以获取谅解和信任 3. 可以不拘形式，问句内容较有弹性，又可随时补充和反问，这是填表法所不能办到的 4. 收集方式简单	1. 信息可能受到扭曲——因受访者怀疑分析者的动机、无意误解或分析者访谈技巧不佳等因素而造成信息的扭曲 2. 分析项目繁杂时，既费时又费钱 3. 占用员工工作时间，妨碍生产
问卷法	1. 最便宜及迅速 2. 容易进行，且可同时分析大量员工 3. 员工有参与感，有助于双方计划的了解	1. 很难设计出一个能够收集完整资料之问卷表 2. 一般员工不愿意花时间在正确地填写问卷表

2. 结构化的职务分析方法

（1）任务调查表。任务调查表是用来收集工作信息或职业信息的调查表。分析人员依据每一调查项目或评定项目，列出任务或工作活动调查表，其内容包括所要完成的任务、判断的难易程度、学习时间以及与整体绩效的关系等。

（2）职位分析问卷。任务调查表主要运用于对职务本身的统计分析，很难确定行为方面的影响，基本上是一种职务定向的信息。而职位分析问卷则注重于描述如何完成某项工作的人员定向信息的内容，更注意对工作人员的行为做出一般的概括。比较典型的是由麦考密克、珍纳尔和米查姆设计的职业分析问卷，共由194个项目或职务要素构成，由于该表比较复杂，这里不作详细介绍。职位分析问卷的不足之处在于其可读性比较差，只有具备相当阅读水平的人才能够理解其各个项目，因而对分析者和阅读者的要求很高。

（3）关键事件和扩展关键事件法。关键事件法就是由调查人员对某职位的任职人员或了解该职位的人员进行调查，要求他们描述该职务在一定时期内能够观察到的，并能够反映其绩效好坏的关键事件，即对该职务造成显著影响的事件。关键事件的描述一般包括：导致该事件发生的背景、原因；员工有效的或多余的行为；关键行为的后果以及员工控制上述后果的能力等。

扩展关键事件法是对具体岗位（通常是比较重要的关键的或典型的岗位）的任职者的职务所包含的各项任务、职责进行描述。根据任职者所提供的信息，写出职务内容和要求，然后再找另外的相关人员，调查他们实际上能否完成这些任务，完成的难度、概率、重要性如何等，最后形成岗位职务规范。

传统的职务分析方法和结构化的职务分析方法各有其优缺点，因此，在实际应用中一般要将二者结合起来使用。

 小资料

职务说明书实例

部门	办公室	职等	七	职位	办事员	职系	行政管理

工作内容：负责公司人事及总务管理事项

1. 人员招募与训练

2. 人事资料登记与整理

3. 人事资料统计

4. 员工请假、考勤管理

5. 人事管理规章草拟

6. 人员之任免、调动、奖惩、考核、薪资等事项办理

7. 员工保险加退保与理赔事宜

8. 文体活动与员工福利事项办理

9. 员工各种证明、证书的核发

10. 文具、设备、事务用品的预算、采购、修缮、管理

11. 办公环境安全及卫生管理工作

12. 公司文书、信件等的收发事宜

13. 书报杂志的订购与管理

14. 接待来访人员

职务资格：

1. 本科毕业，曾任人事及总务工作两年以上

2. 大专毕业曾任人事、总务工作三年以上

3. 现任分类职位七职等以上

4. 具有高度服务精神与善于处理人际关系者

5. 男性为佳，女性亦可

10.4 招聘与录用

招聘与录用是主管人员配备工作当中最基础的工作，也是出现最早的工作。在泰勒的科学管理时代，招聘就已经成为整个人力资源管理工作的基础。

招聘和录用就是从组织人员需求的实际情况出发，结合职务分析所做出的职务描述和职位说明书的要求，采用各种方式，从组织内外部择优调入或聘用急需的经营管理人员、技术人员或熟练工人的人事活动。

10.4.1 招聘与录用的原则

 小资料

招聘新员工的理由

▲新公司的成立；

▲调整不合理的员工队伍（员工年龄结构、知识结构老化等）；

▲现有职位因种种原因发生空缺（工作调动、解雇、辞职等）；

▲公司业务扩大；

▲为改造企业文化而引入高层管理人员和专业人才。

1. 公开招聘的原则

即将招聘单位的名称、招聘种类和数量、条件、方法、时间、地点等信息通过登报或其他公开的方式在招聘简章上加以公布，以形成竞争，避免不正之风，达到广招人才的目的。

2. 公平竞争的原则

即对所有的应聘者都一视同仁，不得人为地制造各种不平等的限制，使应聘者凭借自身的真才实学进行竞争，杜绝诸如"拉关系""走后门"和贪污受贿等腐败现象的发生。

3. 全面考核的原则

就是对应聘者的德、智、体等各个方面进行综合考察和测试，以确保招聘到合格的人才。在注重德才兼备的同时，也要考虑应聘者的身体素质，因为体质是智力得以发挥的生理基础。

4. 择优录取的原则

所谓择优录取就是根据应聘者的考核成绩，从中选择优秀者录用。录取必须依据应聘者的全面考核为标准，要有严格的纪律，并且任何人都必须遵守录取的纪律，领导者也不能例外。

10.4.2 招聘和录用的程序

1. 编制招聘计划

招聘计划要以组织的实际情况和人员增补计划为依据。其内容主要包括：招聘人数、范围和招聘的职位；应聘者的条件；招聘小组人员及其负责人；考核方案；经费预算和资金来源；招聘的时间、地点和进度安排，以及招聘的方式等。

2. 拟定招聘简章

招聘简章的主要内容包括：组织情况简介；招聘职位、人数和应征者的条件；招聘的时间、地点、联系方式和落款等。招聘简章要求语言简练清晰，要实事求是，让应聘者一目了然。

3. 发布招聘信息

招聘信息要向社会公开发布。发布的渠道主要有以下几种。

（1）张贴招聘简章。招聘简章要张贴在客流量较大的商业和文化中心地带，以便让更多的人得到招聘信息。

（2）利用报纸和杂志刊登招聘信息。

（3）在电视和广播上发布招聘信息。电视和广播已经普及，信息覆盖面也比较广。

（4）举行新闻发布会。这种方法主要是用于较高级人才的招聘。

（5）通过人才市场发布招聘信息。即利用中介组织转播招聘信息，如职业介绍所、就业辅导中心和定期举行的人才招聘会等。

4. 报名登记和初次面谈

在这个阶段，由于组织招聘方式不同，具体做法也有所差异。但应该注意的是，对应聘者的有关文件一定要仔细审查，剔除不具备资格的人员，以减少招聘后期的工作量。初次面谈的时间不宜过长，但要注意不要漏掉一些潜在的合格人员。对于重要职位的招聘，有时需要对初步合格者进行再次面谈，以掌握更完备的信息。

5. 综合测试

综合测试是运用各种方法和技术对应聘者的能力、性格、特长等各方面进行全面考核，力求对应聘者的条件做出全面的评价。招聘可以选用的技术很多，这里主要介绍两种，即面试和笔试。

（1）面试。面试是招聘过程中所使用的基本技术之一，绝大多数的招聘都要采用。面试能够给组织和应聘者提供进行双向交流的机会，能促进组织和应聘者之间的相互了解，从而使双方都能更准确地做出聘用与否、受聘与否的决定。

面试的场面很灵活，不容易按固定的或类型化的方法加以控制。但有许多在学历考试和适应性检查中难以测定的项目，往往可以在面试中加以解决。面试人有机会在会见中对应聘者的语言表达能力、相貌、工作兴趣、工作态度等做出判断。面试的缺点在于会带上个人主观主义色彩，容易"先入为主"。

面试的具体形式有：①个别面试。在这种形势下，一个应聘者与一个招聘者进行交谈，有利于双方建立比较密切的关系，加深相互了解。相反由于只有一个面试人员，所以决策难免有偏颇。②小组面试。即由两个以上人员组成的面试小组对各个应聘者分别进行面试。面试小组可以从多个角度对应聘者进行考察，有利于提高判断的准确性，克服个人偏见。③成组面试。即由两个以上人员组成面试小组同时对几个应聘者进行面试。有利于对应聘者的逻辑思维能力、解决实际问题的能力、人际交往能力、领导能力等进行测试，以便于做出用人决策。

（2）笔试。并非所有的招聘和录用活动都需要笔试。由于有许多项目是无法通过笔试来加以考核的，因此笔试的方法有一定的局限性，主要是考核应聘者的专业知识水平和技能水平，而且其时间和资金投入一般较高，故只适用于经过几轮淘汰后的小范围应聘者之间，而且只有在对比较重要的或技术性职位进行招聘时才会使用。

（3）实践测试。通过让应聘者进行实际操作来对其技能、特长等进行测试，如对应聘者进行技能测试、职业兴趣调查等。

6. 人员甄选

人员甄选是整个招聘工作的关键性一步，是结合面试结果、笔试成绩及综合测试的结果等，对应聘者做出全面考核、全面分析和全面评价。人员甄选考虑的内容包括德、智、体等各个方面。"德"是所要考虑的第一要素，既要考虑政治素质又要考虑道德素质。"智"是指一个人的知识、智慧和能力等，是全面考核的重点。"体"是指人体的健康水平和对外界的适应能力，是应聘者所应具备的基础性条件。

7. 确定录用名单

对于应征者要把多种考核和测验结果组合起来，进行综合评价，从中择优录取。从组合方法的选择来看，以采用多重淘汰法的为多。多重淘汰法是将多种考核与测验项目依次实施，每次淘汰若干不合格者，最后在通过规定的全部考核与测验的应征者当中，根据招聘计划中规定的录取人数，按最后一次考核或测验的总分数，排出名次，从高分到低分一次录取。

录用工作必须坚持原则，必须要有严格的纪律，要防止主管武断，要坚持民主集中制，由招聘小组集体讨论决定，以保证整个招聘过程的客观性和科学性。

8. 发布录用信息

在确定了录用名单以后，就要及时通知应聘者。通知的方式要根据招聘简章的规定执行，或在指定的时间、指定的地点张榜公布，或者用电话通知，或者寄发录用通知书，以使应征者及时得到相关信息。对于未被录用的应征者，应表示感谢，并建立相关的人才库，以备组织以后急需相关人员时直接与他们联系，减少招聘费用和时间。这样做既有利于维护组织的良好形象和声誉，又体现了对应征者人格的尊重。

10.4.3 招聘的途径

招聘的途径有两种：内部征召和外部征召。从表10-2可以看到，两种途径各有长短，具体的使用要根据企业的战略计划、招聘岗位、上岗速度以及经营环境等综合考虑。例如，通用电气数十年来一直都从内部选拔CEO，而IBM、HP等公司则多从外部征召CEO，因而哪个征召途径更好并没有标准答案。

表 10-2 内部招聘和外部招聘的利弊

	内部招聘	外部招聘
优点	① 了解全面，准确性高 ② 可鼓舞士气，激励员工进取 ③ 应聘者可更快适应工作 ④ 使组织培训投资得到回报 ⑤ 选择费用低	① 人员来源广，选择余地大，有利于招到一流人才 ② 新员工能带来新技术、新思想、新方法 ③ 当内部有多人竞争而难做出决策时，向外部招聘可在一定程度上平息或缓和内部竞争者之间的矛盾 ④ 人才现成，节省培训投资费
缺点	① 来源局限于企业内，水平有限 ② 容易造成"近亲繁殖"，出现思维和行为定势 ③ 可能会因操作不公或员工心理原因造成内部矛盾	① 不了解企业情况，进入角色慢，较难融入企业文化 ② 对应聘者了解少，可能招错人 ③ 内部员工得不到机会，积极性可能受到影响

1. 内部征召的渠道和方法

（1）职业生涯开发系统。职业生涯开发系统就是针对特定的工作岗位，在组织内挑选出最合适的候选人，将他们置于职业生涯路径上接受培养或训练。

这种方法能够帮助组织留住核心人才，而核心人才对于组织来说，是一种不可替代的竞争力来源，所以这一点对组织就显得格外重要。它还有助于确保在某个重要职位出现空缺时，及时填补上合格的人员，而这可以使组织避免由于重要职位上的人员突然离职而带来的损失。但是它的潜在问题就在于它在对组织核心人才培养的同时可能忽视那些未被选中的人员，这可能会对他们产生负激励作用，企业可能也会因此失去一些优秀的员工。

（2）公告征召。公告征召是一种向员工通告现在企业内部职位空缺以进行内部招聘的方法。

这种方法给员工提供了一个平等竞争的机会，让员工看到了可能的晋升机会，这样他们就会更加努力提高自己的工作绩效了。同时，公告征召还确保了企业内最适合的员工有机会从事该项工作。但是这种方法也有很多的缺点，比如比较费时，职位候选人多导致招聘花费的时间往往会很长。企业内部可能还会缺乏一定的稳定性，如有的员工由于不明确方向跳来跳去。

2. 外部征召的渠道和方法

表 10 - 3 　　　　　　　　外部征召的渠道比较

来源	优点	缺点
广告招聘	覆盖面广；可以有目标地针对某一特殊群体	会吸引许多不合格的应聘者，工作量大
员工推荐	通过现有员工提供信息，招聘双方彼此会有一定的了解	不利于增加员工的种类和改变员工结构
公共就业机构	成本低；有时还能免费	通常为非熟练或受过很少训练的候选人
私人就业机构	有利于获得高级人才和临时人才	花费大
校园招聘	针对性强；选择面宽	应聘者缺乏实际工作经验；流失率比较高
临时招聘	能够满足组织的临时用人要求	应聘者忠诚度不高

10.5 人员的培训

人员培训是指通过对员工有计划、有针对性的教育培训，使其能够改进目前知识和能力的一项连续而有效的工作。培训旨在提高员工队伍的素质，促进组织的发展。

10.5.1 人员培训的方法

1. 理论培训

理论培训有助于员工较深地了解有关学科的基本理论及发展状况，提高其理论水平。这种培训的形式可以是多种多样的，有脱产的，也有业余的。脱产培训的形式有短期培训班、专题讨论会等形式；业余培训有函授、业余学校学习等形式。

2. 职务轮换

职务轮换，是使各级人员在不同的部门的不同主管位置或非主管位置上轮流工作，以使其全面了解整个组织的不同工作内容得到各种不同的经验，为其今后在较高层次上任职打好基础。职务轮换包括非主管工作的轮换和主管职位的轮换等。

3. 提升

提升是指将人员从较低的管理层次提拔到较高的管理层次，其不仅体现在职位的高低上，而是在于人员由低到高提升的过程中可以学到不同层次的管理方法。如果把职务轮换看做是横向培训的话，则提升可称为垂直培训。提升包括有计划提升和临时提升两种。

4. 在"副职"上培训

5. 受训人员参加集体研讨会、参观考察，以及接受上级主管人员的辅导等

 小资料

诺基亚如何培训员工

入职培训是新员工全面了解公司，接受公司价值观教育、感受公司文化的第一课。诺基亚的人事部安排各职能部门的高层领导，集中 1~2 天的时间，与新员工交流。对新加入公司的中层以上管理人员，公司还安排与未来工作中发生直接或间接关系的同级和上级管理人员见面，帮助其快速进入角色。

诺基亚分别在中国、美国、欧洲，以及亚太地区设有四所诺基亚学院，其宗旨是为创建持续学习的环境和支持员工不断的成长，并最终确保企业竞争优势的稳步提升。诺基亚学院与全球各地业务部门人员紧密联系，根据业务的技能需求和资源计划，提供节约成本和本地化的培训服务，通过使用共同的流程和平台测评来追踪学习的质量和效果。诺基亚学院还采取了网上教学、跨职能指导、个人发展咨询等新的培训手段以提高培训的针对性。

在对人才的培养上，内部岗位轮换体系是诺基亚独具特色的。诺基亚尊重员工的个人兴趣和职业生涯发展的选择，利用公司内部网站实时刊登不同国家地区、不同组织机构的工作机会。职位申请的程序也尤为简单和开放，员工可以与用人经理进行直接沟通，得到认可后，通知目前

管理学简明教程（第二版）

经理和人力资源部。在目前工作合理安排和交接后，就可以上任新的工作岗位。在同等条件下，公司优先考虑内部员工转换工作的申请，这样，不但有利于诺基亚人才的循环，同时也保证了公司文化的延续和员工对公司的忠诚度。

与此同时，公司还鼓励员工在不同的工作环境下尝试新的具有挑战性的工作，例如：从事同一类工作的员工可以到其他国家和地区，乃至合资公司工作，从事某项专业工作的员工，可以转向其他专业领域工作，以增加部门之间的了解与合作。

诺基亚认为员工在不同的工作及生活阶段对职业发展的看法和期望是不同的。通过经理与员工每半年的业绩评估讨论，经理可以得知并支持员工的长期职业发展目标，从而共同制订相应的培训计划。公司的人力部为每一类的工作都设计了不同的由低到高的发展渠道，而在每一级别都有对不同工作职责的描述和要求，员工可以对照这些要求和描述，找出自己的差距，从而有针对性地制订长期发展计划。

10.5.2　人员培训的原则

1. 理论联系实际，学用一致原则

员工培训是为了改变员工态度，提高员工素质和工作技能，补充学能不足，因此培训必须做到理论联系实际，切实做到学用一致。也就是说，培训要有明确的针对性，要紧紧围绕培训目标，从实际工作的需要出发，与职位特点联系，与培训对象的年龄，知识结构，技能结构。工作态度紧密结合；同时做到培训与使用不脱节，组织发展需要什么，员工缺少什么理论与技术，员工发展需要什么，员工培训就要及时准确地予以体现和实施。

2. 讲究实效原则

培训的效果和质量是决定培训绩效和成败的关键。员工培训必须讲究实际效果，追求培训质量，不能为培训而培训，只图虚名或流于形式，更不能摆花架子。讲求实效原则，一方面要求组织要做好培训规划工作，要在科学，准确地做好培训需求分析的基础上，科学地制订和实施培训方案；同时，培训的内容，组织形式及方法手段要有极强的针对性。

3. 因材施教原则

组织内工作岗位较多，工作性质和内容差别很大，而且员工的文化基础，知识水平，技能结构，也有很大差异，这就要求针对每个员工的特点和实际工作需要科学地确定培训内容和形式，不能采取类似普通教育"齐步走"的模式。

4. 全员培训与重点提高原则

全员培训就是有计划，有步骤地对在职各类人员进行全面培训，而不是指培训管理人员或一般工作人员。进行全员培训是提高全部员工素质和增强组织集体竞争能力的需要，因为在知识经济时代，每个人都面临知识更新和再学习问题。目前凡是比较正规的组织，都建立了全员培训制度。但是全员培训不等于没有重点，在实行全员培训的同时，应重点地培训一批技术骨干和管理骨干，特别是中高级管理人员和关键技术骨干，使这些重点培训对象发挥"火车头"式的带头作用。

5. 激励原则

从人力资本理论角度讲，培训也是一种人力资本投资，他不仅可以使受训者个人的人力资本得到增值，从这个意义上讲，培训可使员工个人受益，从而对员工产生一种激励作用。但从组织角度讲，在对员工进行培训时，应通过一定机制把培训的激励作用外在化，使员工充分体会到培训所带来的好处，一边以积极而不是消极，被动的态度参与培训。一般地，组织可把培训与员工个人的任职、晋升、奖惩、工资福利衔接起来。当员工受训完毕达到预期后，可通过增加报酬或职务晋升来鼓励员工，让员工充分了解培训对自己的益处，从而进一步提高员工士气，进一步调动员工的积极性，主动性和创造性，最大限度地发挥潜能。

本章小结

组织中任何一项管理职能的实施都是经过人的努力来实现的，可以说，人是组织目标实现的直接推动力。因此，组织结构中的人员配备是每一个组织都十分关心的问题。

本章主要介绍了组织中人员配备应遵循因事择人原则、因才起用原则、用人所长原则和动态平衡原则，提供了人员供求预测与分析的一些基本方法。通过对人员离职率、人员新进率、净人员流动率的分析，可以掌握组织中员工流动的基本情况。组织在进行员工招聘前要做好职务分析工作，这样组织才能录用到适合工作岗位的人员。同时组织在进行招聘时，还要综合考虑内部招聘和外部招聘的利弊，选择适合本组织的招聘途径。组织在录用员工后，还要对员工进行培训，使员工能尽快适应本组织的发展。同时，培训也是实现员工个人发展和自身价值的必要措施。

思考题

索尼公司的内部招聘制度

有一天晚上，索尼公司董事长盛田昭夫按照惯例走进职工餐厅与员工一起就餐、聊天。他多年来一直保持着这个习惯，目的是培训员工的合作意识和自己与他们的良好关系。这天，盛田昭夫忽然发现一位年轻员工郁郁寡欢，满腹心事，只顾闷头吃饭，谁也不理。于是，盛田昭夫就主动坐在这名员工对面，与他攀谈。几杯酒下肚之后，这个员工终于开口了："我毕业于东京大学，之前有一份待遇十分优厚的工作。进入索尼公司之前，我对索尼公司崇拜得发狂。当时，我认为进入索尼公司是我一生的最佳选择。但是我现在发现，我不是在为索尼公司工作，而是为课长干活。坦率地说，我的这位课长是个无能之辈，更可悲的是，我所有的行动与建议都要得到课长批准。我自己的一些小发明与改进，课长不仅不支持，不解释，还挖苦我癞蛤蟆想吃天鹅肉，有野心。对我自己来说，这名课长就是索尼。我十分泄气，心灰意冷。这就是索尼？这就是我的索尼？我居然会放弃了那份优厚的工作来到这种地方！"

这番话令盛田昭夫十分震惊，他想，类似的问题在公司内部员工中恐怕不少，管理者应该关心他们的苦恼，了解他们的处境，不能堵塞他们的上进之路，于是产生了改革人事管理制度的想法。之后，索尼公司开始每周出版一次内部小报，刊登公司各部门的"求人广告"，员工可以自由而秘密地前去应聘，他们的上司无权阻止。另外，索尼原则上每隔两年就让员工调换一次工作，特别是对于那些精力旺盛、干劲十足的人才，不是让他们被动地等待工作，而是主动地给他们施展才能的机会。在索尼公司实行内部招聘制度以后，有能力的人才大多能找到自己较中意的岗位，人力资源部门也可以发现那些"流出"人才的上司所存在的问题。

讨论内容：（1）你认为本案例中的年轻员工所反映的情况在现实中存在吗？这种现象对组织有什么样的不利影响吗？（2）一般而言，像本案例中的这位年轻人在组织中会给人恃才傲物的感觉，如何正确对待这样的员工是领导者慎重处理的问题，如果是你，将如何处理？（3）你如何评价索尼公司的做法？如果所有的类似事情必须由董事长或总经理去了解和解决，会产生什么样的结果？（4）你认为本案例中的年轻员工所反映的情况在现实中存在吗？这种现象对组织有什么样的不利影响？

第十一章　组织文化

学习目标

1. 了解什么是组织文化及其特征和功能
2. 掌握组织文化的来源及其对管理实践的影响
3. 了解组织文化的结构
4. 能够区分组织文化的显性内容和隐性内容
5. 了解组织文化的不同类型
6. 掌握如何培养组织文化

学习索引

组织文化
├─ 概念
│　├─ 含义
│　├─ 特征：实践性、独特性、可塑性、综合性
│　└─ 功能：导向功能、约束功能、凝聚功能、激励功能、辐射功能
├─ 结构与内容
│　├─ 结构：物质层、制度层、精神层
│　└─ 内容
│　　　├─ 显性：组织标志、工作环境、规章制度、经营管理行为
│　　　└─ 隐性：组织哲学、价值观念、道德规范、组织精神
├─ 类型
│　├─ 迪尔与肯尼迪的分类：硬汉型文化、赌徒型文化、玩命工作—拼命享受型文化、过程型文化
│　├─ 威廉·大内的分类：A型文化、J型文化、Z型文化
│　└─ 丹尼森—达夫特的分类：企业家型文化、使命型文化、小团体式文化、官僚制文化
└─ 组织文化的培养：分析与诊断、条理化、自我设计、倡导与强化、实践与提高、适时发展

11.1　组织文化的基本概念

11.1.1　组织文化的含义

每个人都存在着区别于他人的某些特征。我们形容一个人热情、健谈、随和、开朗等，我们描述的正是他的个性。一个组织也同样有自己的个性，我们把这种个性称为组织文化。组织文化是组织所处的社会和商业环境中形成的，为全体员工所接受和认同的对组织的性质、准则、风格和特征等的认识。根据美国当代著名管理学家斯蒂芬·P·罗宾斯（Steven P. Robins）在其名著《管理学》中的描述：组织文化可以通过评价一个组织所具有的 10 个的特征的程度来加以识别，如表 11-1 所示。

表 11-1　　　　　　　　　　　　组织文化的特征属性

特征	描述
成员的一致性	雇员与作为一个整体的组织保持一致的程度，而不是只体现出他们的工作类型和专业特征
团体的重要性	工作活动围绕团队组织而不是围绕个人组织的程度
对人的关注	管理决策要考虑结果对组织中人的影响程度
单位的一体化	鼓励组织中各单位以协作或相互依存的方式运作的程度
控制	用于监督和控制雇员行为的规章、制度及直接监督的程度
风险承受度	鼓励员工进取、革新及冒险的程度
报酬标准	同资历、偏爱或者其他非绩效因素相比，依雇员绩效决定工资增长和晋升等报酬的程度
冲突的宽容度	鼓励雇员自由争辩及公开批评的程度
手段—结果倾向	管理更注意结果或成果，而不是取得这些成果的技术和过程的程度
系统的开放性	组织掌握外界环境变化并及时对这些变化做出反应的程度

组织文化是这 10 个特征的复合体。这些特征是相对稳定和持久的，我们可以通过对这 10 个特征的分析把握某个组织的文化。下面的资料可以使我们更深刻地理解组织文化的内涵。

11.1.2　组织文化的来源

一个组织的创始人是对组织文化类型影响最大的管理者。组织创始人及其个人的价值观和信念，对组织内部随着时间流逝而发展起来的价值观、规范、行为准则产生实质性的影响。在组织创建初期，创办者雇用其他管理者，帮助经营企业。他们一般会挑选与自己有相同的组织目标和见解的管理者。新的管理者很快会从创始人那里了解到，什么样的价值观和规范在组织内是适宜的，以及创始人对他们的期望是什么。下属模仿创始人的风格，依次又把价值观和规范传递给了自己的下属。随着时间的推移，创始人的价值观和规范逐渐渗透到了整个组织。所以，一个组织的文化是以下两方面相互作用的结果：一是创始人的倾向性和假设；二是第一批成员从自己的经验中领悟到的东西。

对塑造组织文化具有不可估量的影响的两个人物是：IBM 公司的托马斯·沃森（Thomas Watson）和联邦捷运公司的弗雷德里克·史密斯（Frederic Smith）。尽管沃森于 1956 年去世了，但他关于研究开发、产品质量、雇员着装及报酬政策的主张，至今仍体现在 IBM 公司的日常经营中。联邦捷运公司自诞生之日起，创始人史密斯所号召的用于进取、敢于承担风险、专注于创新以及强调服务的观念，一直是该公司的核心主题。

虽然所有的组织都有组织文化，但并非所有的文化对雇员都有同等程度的影响。强文化（强烈拥有并广泛共享基本价值观的组织）比弱文化对员工的影响更大。雇员对组织基本价值观的接受程度和承诺越大，文化就越强。一个组织文化的强弱，取决于组织的规模、历史、雇员的流动性和文化起源的强烈程度。在一个弱文化的组织中，文化对管理者的影响很小。现在，大多数组织已向强文化转变。当组织的文化变得更强时，它将会对管理人员的行为产生越来越大的影响

11.1.3　组织文化的特征

1. 实践性

每个组织的文化，都不是凭空产生或依靠空洞的说教就能够建立起来的，它只能在生产经营管理和生产经营的实践过程中有目的地培养而形成。同时，组织文化又反过来指导、影响生产实践。因此，离开了实践过程，企图靠提几个口号或短期的教育来建设组织文化是不可能的。

2. 独特性

每个组织都有自己的历史、类型、性质、规模、心理背景、人员素质等因素。这

些内在因素各不相同，因此在组织经营管理的发展过程中必然会形成具有本组织特色的价值观、经营准则、经营作风、道德规范、发展目标等等。在一定条件下，这种独特性越明显，其内聚力就越强。因此，在建设组织文化的过程中，一定要形成组织的个性特征。

3. 可塑性

组织文化的形成，虽然受到组织传统因素的影响，但也受到现实的管理环境和管理过程的影响。而且，只要充分发挥能动性、创造性，积极倡导新准则、精神、道德和作风，就能够对传统的精神因素择优汰劣，从而形成新的组织文化。

4. 综合性

组织文化包括了价值观念、经营准则、道德规范、传统作风等精神因素。这些因素不是单纯地在组织内发挥作用，而是经过综合的系统的分析、加工，使其融合成为一个有机的整体，形成整体的文化意识。

☺小故事

一家美国公司在英国伯明翰的遭遇

在英国，一个人在喝茶休息上要花费半个小时的时间。这里的工人都喜欢按自己的口味沏茶，然后用一品脱的器皿慢慢品尝，如同在品尝葡萄酒一般……管理者建议工会是否可以用美味的咖啡缩短"品尝的时间"，如把品尝的时间改为10分钟……工会的统一失败了……其后的一个星期一的早晨，工人们骚动了。公司进行了改革，装了一台饮茶机，而且只放了一种纸杯在龙头底下，企图使员工只能按标准量饮用。1品脱的容器被5盎司的纸杯所代替，这是这家公司在美国的做法……但是这样的做法遭到了英国工人们的坚决反对。即使在管理者把这台饮水机撤走之后，裂痕也无法弥合，工人们仍联合抵制这家公司直到它被迫关闭。

11.1.4 组织文化的功能

1. 组织文化的导向功能

组织文化的导向功能，是指组织文化能对组织整体和组织每个成员的价值取向及行为取向起引导作用，使之符合组织所确定的目标。

2. 组织文化的约束功能

组织文化是用一种无形的思想上的约束力量，对每个组织成员的思想，心理和行为具有约束和规范的作用，形成一种软约束，以此来弥补硬性措施的不足。

3. 组织文化的凝聚功能

组织文化具有凝聚功能，当一种价值观为该组织员工所共同认可后，它就会成为一种黏合剂，把各个方面、各个层次的人都团结在本组织文化的周围，对组织产生一种凝聚力和向心力。

4. 组织文化的激励功能

组织文化的激励功能，是指组织文化具有使组织成员从内心产生一种高昂情绪和发奋进取精神的效应。

5. 组织文化的辐射功能

组织文化的辐射功能，是指组织文化一旦形成较为固定的模式，它不仅会在组织内发挥作用，对本组织员工产生影响，而且也会通过各种渠道对社会产生影响。组织文化向社会辐射的渠道是很多的，但主要可分为利用各种宣传手段和个人交往两种途径。一方面，组织文化的辐射功能可以树立组织在公众中的形象；另一方面，组织文化可以促进社会文化的发展有很大的影响。例如，美国的以"S"为标志的喜来登管理集团在全世界有 500 多家饭店，该集团"一切从小处着眼，对顾客服务无微不至"的组织精神辐射到全世界，成为许多组织学习的榜样。

🐾小故事

淘宝网的侠客文化

在淘宝网，所有的员工都拥有属于自己的独一无二、耳熟能详的武侠"花名"，并一起用青春捍卫自己的名号。段誉、语嫣、乔峰、胡斐、小龙女等来自金庸小说的"武侠人士"出没周边，往往大家只知对方的花名，而忽略其真名。其中阿里巴巴总裁马云的花名就是"风清扬"。员工讨论江湖大事，不是聚首"光明顶"，就是笑傲"侠客岛"。这里的会议室都是用金庸武侠小说里的地名来命名的，武侠文化中的正义感和团队精神渗透到了公司员工的一言一行，与此有文化共鸣的客户也非常容易记住淘宝网服务人员的花名，减少沟通成本，增加沟通乐趣。淘宝周年庆活动被冠名为"武林大会"，每逢盛会，所有员工则是根据自己的花名加入不同的帮派，争夺"天下第一"的称号，在帮派里，更是完全打乱了原来的层级关系，让所有的"店小二"忘记自己是领导还是下属，一些基层员工经常一跃成为帮主、副帮主。

11.1.5　组织文化对管理实践的影响

组织文化在很大程度上确定了组织成员应该做什么、不应该做什么、不应该做什么的约束，所以，它与管理者尤其相关。文化把什么是恰当的行为传递给管理者。有些价值观虽然没有明文规定，但每一种价值观确实来源于一个组织：①即使你不忙，也要看上去很忙；②盲目冒险会付出沉重的代价；③我们的产品必须符合竞争的需要；④在你做出最终决策之前，需先征得你的老板的认同……

这些价值观与管理行为间的联系是相当直接的。如果一个组织的文化是以对雇员的不信任为基础的话，管理者将实行独裁式的领导方式，而不是民主的领导方式。例如，霍尼韦尔信息系统公司总裁改善管理者独裁作风的过程中受到组织文化的约束。他指出，如果公司想在市场上取胜，那么，组织文化必须变得更加民主。那些独裁式的管理者，将信息据为己有，使人们无法获得所需的全部数据来做出适宜的决策。如果一个公司的文化支持这样的观点：削减管理费用能带来利润的增加，低速平稳的收入增长会给公司带来最佳利润，在这种情况下，管理者不可能追求创新的、有风险的扩张计划。

 小资料

组织文化对管理职能的影响

计划	提倡新文化的高层管理者将鼓励较低层次的管理者和员工参与计划过程，采用灵活的方法制订计划。他们善于听取不同的意见，敢于冒险开发新的产品。 持保守文化的高层管理者将实施从上到下的制订计划的方法，他们将通过正规的渠道听取来自下属的建议，计划程序非常正规。在这种文化的公司里，管理者考虑更多的是如何保住他们的位置，而不是思考应该做什么才能跟上迅速变化的形势
组织	创新文化的管理者重视创新，可能尝试建立一个有机的组织结构，即扁平的、层次较少的结构。在这种组织结构中，职权被分散，鼓励以自我管理的、被授权的团队形势进行工作。 保守文化下的管理者，信奉严格的组织等级制度，建立清晰的报告关系
领导	在创新文化中，管理者可能具有民主的领导风格。 保守文化的组织中的管理者可能是独裁式的领导
控制	鼓励发展创新价值观的管理者，可能会鼓励冒险，注重对组织最终成果的控制，注重长期的绩效衡量，建立适应长期的、不确定的创新过程的灵活的目标管理系统。 鼓励保守价值观的管理者，他们往往为下属制定明确的、困难的目标，经常监督这些目标的进展情况，制定期望下属遵守的规则

11.2 组织文化的结构和内容

11.2.1 组织文化的结构

研究组织文化的结构就是把组织文化作为一种独特的文化，找出各个组成部分的关系及相互影响。组织文化机构大致可分为三个层次，即物质层、制度层和精神层。

1. 物质层

它是凝聚着本组织精神文化的生产经营过程和产品的总和，还包括实体性的文化设施，如带有本组织文化色彩的生产环境、生产经营技巧、图书馆、俱乐部等。物质层是组织文化中的最表层的部分，是人们可以直接感受到的，是从直观上把握不同组织文化的依据。

2. 制度层

制度层是具有本组织文化特色的各种规章制度、道德规范和职工行为准则的总和，包括厂规、厂纪、厂服、厂徽，以及生产经营过程中的交往方式、行为准则等。制度层是组织文化的中介层，它构成了各个组织在管理上的文化个性特征。

3. 精神层

精神层是本组织职工共同的意识活动，包括生产经营哲学、以人为本的价值观念、美学意识、管理思维方式等。它是组织文化的最深层结构，是组织文化的源泉。它是组织文化比较稳定的内核（见图 11 −1）。

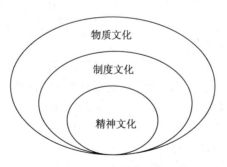

图 11 −1　组织文化的结构

组织文化的精神层、制度层和物质层是密不可分的。精神层决定了制度层和物质层；制度层是精神层和物质层的中介；物质层和制度层是精神层的体现。它们相互影响、相互作用，共同构成组织文化的完整体系。

11.2.2　组织文化的内容

1. 组织文化的显性内容

所谓显性内容就是指那些以精神的物化产品和精神行为为表现形式的，人通过直观的视听器官能感受到的、又符合组织文化实质的内容。它包括组织的标志、工作环境、规章制度和经营管理行为等几部分。

（1）组织标志。组织标志是指以标志性的外化形态，来表示本组织的组织文化特色，并且和其他组织明显地区别开来的内容，包括厂牌、厂服、厂徽、厂旗、厂歌、商标、组织的标志性建筑等。它有助于组织文化其他方面的建设，有助于组织形象的塑造，有助于激发职工的自豪感和责任感，使全体职工自觉地维护本组织的形象。

（2）工作环境。工作环境是指职工在组织中办公、生产、休息的场所，包括办公楼、厂房、俱乐部、图书馆等。以人为本的组织哲学确立以后，工作环境就成了组织文化的一个重要内容。一方面，良好的工作环境是组织领导爱护职工、保障职工权力的表现；另一方面，良好的工作环境能激发职工热爱组织、积极工作的自觉性。因此，以改善职工工作环境为主要内容的环境建设是组织文化的一个组成部分。

（3）规章制度。并非组织所有的规章制度都是组织文化的内容，只有那些以激发职工积极性和自觉性的规章制度，才是组织文化的内容，其中最主要的就是民主管理制度。组织文化的理论更侧重于软约束的作用，它要求在组织中建立起一套有利于领导和职工之间的沟通，有利于职工畅所欲言，鼓励职工发明创造的民主管理制度和其他有关制度。组织的这些规章制度是组织以人为本的组织哲学的直接体现，是使职工自觉维护组织利益的重要手段。

（4）经营管理行为。同样，并非组织所有的管理行为都是组织文化的内容。组织文化所包含的一部分内容是在以人为本的经营管理哲学的指导下的领导行为，和以全体职工共同意志为基础的自觉的生产经营活动。如组织的思想政治工作、在生产中以"质量第一"为核心的生产活动、在销售中以"顾客至上"为宗旨的推销活动。

2. 组织文化的隐性内容

组织文化的隐性内容是组织文化的根本，是最重要的部分。它虽然隐藏在显性内容的背后，但它直接表现为精神活动，直接具有文化的特质，而且它在组织文化中起着根本的决定性作用。

（1）组织哲学。组织哲学和其他哲学一样，是组织理论化和系统化的世界观和方法论。它是一个组织全体职工所共有的对客观事物的一般看法，用它指导组织的生产、经营、管理等活动，处理人际关系等，它是一种方法论，因此，组织哲学是对贯穿于组织各种活动的统一规律的认识。从一定意义上讲，组织哲学是组织最高层次的文化，它主导、制约着组织文化其他内容的发展方向。组织哲学的不同，组织的建设和发展也必然不同，它是组织人格化的基础，是组织的灵魂和中枢。从根本上说，组织哲学是对组织总体设计、总体信息选择的综合方法，是组织一切行为的逻辑起点。

（2）价值观念。价值观念是人们对客观事物的一种评价标准，是对客观事物和人是否具有价值以及价值大小的总的看法和根本观点。包括组织存在的意义和目的，组织各项规章制度的价值和作用，组织中人的各种行为和组织利益的关系，等等。价值观念是组织文化的重要组成部分，它为组织的生存和发展提供了基本的方向和行动指南，为职工形成共同的行为准则奠定了基础。价值观念对职工的行为起着直接的支配作用，职工在共同的价值观念支配下，就能自觉地从事生产经营活动，这是硬性管理所达不到的。

（3）道德规范。道德规范可以理解为人们在品行方面的准则，而这种准则是自然形成的，它的实现也是靠人们的自觉行为，它的监督是靠舆论的力量。组织的道德规范是组织在长期的生产经营活动中形成的，人们自觉遵守的道德风气和习俗，包括是非的界限、善恶的标准和荣辱的观念等等。道德规范是调节人们行为的一种手段，它是和组织的规章制度相对应的，它们的区别就在于规章制度是显性的，是硬性的管理，是靠约束力来保证实施的，而道德规范是隐性的，是软性的约束，是靠人们的自觉性来保证实施的。组织文化以组织的道德规范为重要内容，是区别于其他管理理论的一个主要表现。

（4）组织精神。组织精神是指组织群体的共同心理定式和价值取向。它是组织的组织哲学、价值观念、道德观念的综合体现和高度概括，反映了全体职工的共同追求和共同的认识。组织精神具有巨大的鼓舞作用和强烈的凝聚力。一方面它使职工更加明确组织的追求，建立起和组织一致的目标；另一方面，它又成为职工的精神支柱，激发职工的工作热情。组织精神的这种鼓舞作用是组织文化的其他内容难以达到的。因此，现在许多组织都注意把本组织的组织文化加以总结和概括，挖掘出其中最有代表性的内核，并把它升华为一种精神，从而激励全体职工为之奋斗。

以上就是组织文化的四个主要隐性内容。除此之外，组织文化的隐性内容还包括组织的美学意识、组织心理、组织的管理思维方式等内容，这些都是我们在进行更深入的研究中要加以注意的。

管理学简明教程（第二版）

200

小资料

一些著名公司的核心价值观

公司	核心价值观	备注
IBM	● 给予每个员工充分的考虑 ● 花更多的时间使顾客满意 ● 坚持到底把事情做好，所作所为追求完美	
3M	● 创新："你不能扼杀一个新创意" ● 绝对正直 ● 尊重个人的首创精神及个人成长 ● 我们真正的业务是解决问题	
福特	● 人员是我们的力量之源 ● 产品是"我们努力的终端成果"（以汽车为业） ● 利润是必要的手段和衡量我们成就的指标 ● 以诚实与正直为基础	不同时期 排序不同
通用电气 （GE）	● 以科技与创新改善生活 ● 在对顾客、员工、社会、股东的责任之间求取平衡 ● 个人责任与机会 ● 诚实与正直	
惠普 （HP）	● 为我们从事的领域贡献技术（公司存在的目的是要做出贡献） ● 尊重惠普人并给予他们机会 ● 为所在的社区奉献和负责 ● 提供顾客负担得起的高品质产品 ● 利润与成长是使所有其他价值和目标可能实现的手段	

■ 11.3　组织文化的类型

　　组织文化是组织在成长、发展和变革的过程中经过长期的实践逐渐形成的，由于每个企业的成长与发展过程都是不同的，因此不同组织的组织文化各不相同，都非常具有个性化的，很难对其进行归类。但是如果考虑到相似的经济和社会文化背景、相同的产业以及相似的管理手段等因素，还是可以对组织文化进行分类的。本节主要介绍三种组织文化的分类方法。

1. 迪尔与肯尼迪的分类

1982 年美国两位研究组织文化的著名学者特雷斯·E·迪尔与阿伦·A·肯尼迪出版了《企业文化》一书，在这本企业文化学派的标志性著作中，两人区分了四种不同的文化类型：硬汉型文化、玩命工作—拼命享受型文化、赌徒型文化和过程型文化。他们选取的关键性的分类指标有两个：与公司活动相联系的风险程度、公司和员工获得判断企业决策或战略成果的反馈信息速度。在对组织文化做上述四种分类的同时，他们还分析了每种文化的存在行业，所以，迪尔与肯尼迪的分类很大程度上也可以说是产业角度的分类。

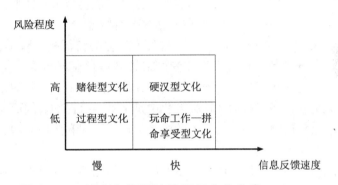

图 11 - 2　迪尔与肯尼迪的组织文化分类

（1）硬汉型文化（Tough - guy，Macho Culture）。硬汉型文化的特征是风险大、信息反馈快。这种高压的文化可能使组织超高速成长，也可能使之迅速衰败，甚至夭折。具有这类文化的企业通常风险较大，但利润丰厚，例如广告、娱乐、建筑、咨询和外科医疗等行业。生活在这种文化中的人们大都十分顽固，要求信息反馈迅速，同时也能够自认倒霉。在这类文化中，明星是个人而不是集体，违反规定的事情不断发生。只要能成功，人们可以随心所欲，为所欲为。

硬汉型的文化使那些好出风头的人加强了不惜冒险取得成功的信念。需要迅速反馈是这种文化的一个弱点，她可能导致人们忽视长期持久的努力。在这类文化中，人们缺乏协作精神。那些取得成功的人可能很不成熟，甚至会对长期维持一种强有力的文化产生破坏作用。

（2）玩命工作—拼命享受型文化（Work Hard，Play Hard Culture）。玩命工作—拼命享受型文化的特征是风险小、信息反馈快。销售组织、房地产公司、连锁店、办公设备生产厂等是具有这种文化的典型代表。对员工来说，风险很小，任何一笔生意都不会妨碍他们的成功；信息反馈十分迅速，并且相当明确。在这类文化中生存的关键是具备高度的互动性。该文化中的英雄是那些"销售奇才"，他们工作出色，创造出惊人的销售记录。这种文化中经常举行的庆典和礼仪包括竞赛、一般会议以及大型集会。

这种文化对于创造大宗商品的巨额销售是十分理想的。但是，过分注重短期效果容易使人草率行事。该文化能吸引那些失意的年轻人重新开始，从而给老员工带来冲击。

（3）赌徒型文化（Betyour－company Culture）。赌徒型的文化决策风险大，信息反馈慢。石油、航空等行业一般具有这类文化。由于重大决策可能影响公司的未来，因此，人们把注意力放在日常琐事上。该文化中的英雄崇尚技术能力，若干年后他们会在决策中发挥影响作用。该文化有利于产生许多可能会带来长期潜在收益的突破性发明，但是所需要的时间很长，难以适应急剧变化的经济环境。

（4）过程型文化（Process Culture）。过程型文化的特征是风险小，信息反馈少。最坏的情况就是官僚体制。政府机构和受严格管制的行业属于这一类。员工拼命工作，但他们对大环境的作用却很少被认识到。在这类文化中，重要的是工作过程。人们循规蹈矩以免出错，违纪行为在这类文化中是绝对不允许的。因而人们要学会处理各种具体事务，保护这种体制不受外界的政治干预。官职和头衔对构成过程型文化的"等级制度"至关重要。

过程型文化为人们的工作环境提供了秩序和可预见性，并且也界定了其他文化发挥作用的范围。出现异常情形时，过程型文化只能用其相互矛盾的条例处理互不相干的情况。

尽管所有的企业都希望综合运用这四种文化（比如营销部门采用第一种文化，销售部门采用第二种文化，研究与开发部门采用第三种文化，会计部门采用第四种文化），但事实上总有一种文化占据主导地位。管理人员只有准确分析企业的具体文化，才可能有效地加强或加以修正。

2. A 型文化、J 型文化和 Z 型文化

1980 年，美籍日裔教授威廉·大内出版了《Z 理论——美国企业界怎样迎接日本的挑战》一书。在该书中，他把美国、日本企业绩效的差异归结为文化的差异，他把美国企业的文化称为 A 型文化，把日本企业的文化称为 J 型文化，而把美国少数几个企业（如 IBM 公司、P&G 公司等）自然发展起来的、与 J 型具有许多相似特点的企业文化，称为 Z 型文化。进而他认为，美国企业要提高绩效，必须将其 A 型文化转变成 Z 型文化，如表 11－2 所示。

威廉·大内把一个国家的全部企业组织的文化看做一种统一的文化，主要是从跨文化的管理角度出发，但这种企业组织文化划分未免过于粗糙。

表 11 – 2   不同类型组织文化的比较

类型	特点
A 型文化	① 短期雇用 ② 迅速的评价和升级，即绩效考核期短，员工得到回报快 ③ 专业化的经历道路，造成员工过分局限于自己的专业，但对整个企业并不了解很多 ④ 明确的控制 ⑤ 个人决策过程，不利于诱发员工的聪明才智和创造精神 ⑥ 个人负责，任何事情都有明确的负责人 ⑦ 局部关系
J 型文化	① 实行长期或终身雇用制度，使员工与企业同甘苦、共命运 ② 对员工实行长期考核和逐步提升制度 ③ 非专业化的经历道路，培养适应各种工作环境的多专多能人才 ④ 管理过程既要运用统计报表、数字信息等清晰鲜明的控制手段，又注重对人的经验和潜能进行细致而积极的启发诱导 ⑤ 采取集体研究的决策过程 ⑥ 对一件工作集体负责 ⑦ 树立牢固的整体观念，员工之间平等相待，每个人对事物均可做出判断，并能独立工作，以自我指挥代替等级指挥
Z 型文化	① 长期雇用制 ② 制定一种缓慢的评价和提升制度，目的是要培育职工的长期观点与协作态度 ③ 扩大职业发展道路，有计划地实行横向职务轮换，以培养人的多种才能 ④ 主张在企业内部建设高度一致的文化，用自我指挥取代等级指挥，从而是彻底内在的控制 ⑤ 找出可以让基层雇员参与的领域，实行参与管理 ⑥ 提倡强化共同目标，使每个人都能自觉对集体做出的决定负责，从而避免紧张状态 ⑦ 建立员工个人和组织的全面整体关系

☺ 小故事

从一缸鱼看各国文化

在一趟国际列车上，德国人、日本人、美国人、法国人、中国人在一起旅行。途中上来一位端着鱼缸的客人，缸中鱼种甚为罕见。

大家对这种鱼都很好奇。德国人问："您能告诉我这鱼的名称吗？它在生物学上是什么类别，有什么习性？"日本人问："请问这种鱼我们国家能不能引进，在日本的气候、水温、水质条件下，这种鱼能不能生长？"美国人问："你的鱼是不是从美国弄来的？因为只有美国才可能有这样奇特的鱼。"法国人问："你能不能把鱼卖给我。我想在我的卧室里养这样一缸鱼，我的女朋友一定会兴奋不已。"中国人则问："真棒，从来没有见过这种鱼，请问这种鱼怎么做好吃，清蒸还是红烧？"

数年后，德国人出版了关于这种鱼的经典著作，并建立了一整套相关学科，开发了这种鱼的转基因品种。日本人已经形成了大规模的养殖基地，并占领了高份额的全球市场。美国人呢，因为最先注册了相关的专利和商标，并制定出一系列的行业标准，在这个方面获利不菲不说，还经常以违背了有关规定为由制裁别的国家。法国人则利用这个鱼种发展出了独特的艺术，以此吸引全世界大量的游客。中国人对这个鱼种的研究和开发也没有放松，起码有两项成果：一是开发出这个鱼种的系列菜肴，品尝这种鱼成为高消费群体的时尚；二是一些学者经过研究，发现世界上最早食用养殖这种鱼的是中国人，其历史可以追溯到商朝。

3. 丹尼森—达夫特的分类

达夫特教授认为，组织的战略和外部环境对组织的文化影响很大。组织的文化应该体现出组织在其环境中有效运作所需的一切。组织的文化与组织战略以及环境之间适宜的关系，能够提高组织的绩效。因此，他认为，依据文化与战略和环境之间的匹配，来进行组织文化的分类，是比较恰当的。他在其影响广泛的教材《组织理论与设计》（第六版）中，引用了一些学者如丹尼森等的组织文化分类模型，如图11-3所示。

环境的需要

		灵活	稳定
战略焦点	外部	适应型与企业家型文化	使命型文化
	内部	部落型文化	官僚型文化

图 11-3 组织文化类型

（1）适应性与企业家精神文化。适应型与企业家型文化强调通过灵活性和变革以适应顾客需求，战略重点集中于外部环境上。这种类型的公司并不只是快速地对环境变化做出反应，而是积极地创造变化。革新、创造性和风险行为被高度评价并得到奖励。

　　适应型与企业家型文化的一个例子是 3M 公司，该公司的价值观重视个人的首创精神和企业家精神。所有的新雇员都要参加关于风险行为的课程，在课堂上他们被告知去追求实现自己的理念，即使这意味着冒犯自己的上司。市场营销、电子、化妆品公司也可以采用这种类型的文化，因为它们都必须迅速地行动以满足顾客的需要。

　　（2）使命型文化。使命型文化集中关注于组织目标的清晰、愿景、特定目标的达成。使命型文化的特征是着重于对组织目标的一种清晰认知和目标组的完成，诸如销售额增长、利润率或市场份额提高，以帮助组织达到目标。管理者通过建立愿景和传达一种组织的期望来塑造雇员行为。因为环境是稳定的，他们可以把愿景转换成为可度量的目标，并且评价雇员达到这些设定目标的业绩。在某些情况下，使命型文化反映了一种高水平的竞争力和一种利润导向的方针确定模式。

　　（3）小团体式文化。小团体式文化主要强调组织成员的参与、共享和外部环境所传达的快速变化的期望。这种文化中最重要的价值观是关心员工。只有这样做组织才可以适应竞争和不断改变的市场。时装业和零售业的公司也可以运用这种文化类型，因为这种文化可以发挥雇员的创造力，以对市场做出反应。

　　（4）官僚制文化。官僚制文化以内向式的关注、一致性导向来应对稳定的环境。在这种文化中，个人参与在某种程度上有所降低，但这被员工间高水平的一致性、简洁性、合作性所弥补。这种组织依赖高度整合性和高效率而获得成功。

　　从图 11-3 所示的组织文化分类，把组织的文化与组织的战略结合在一起，并与环境的特性发生联系，较好地突出了组织文化的本质特性，即组织文化的适应性。

 小资料

松下企业文化的教育训练

　　松下电器公司非常重视对员工进行精神价值观即松下企业文化的教育训练，教育训练的方式可以做如下概括。

　　一是反复诵读和领会。松下幸之助相信，把公司的目标、使命、精神和文化，让职工反复诵读和领会，是把它铭记在心的有效方法，所以每天上午 8 时，松下遍布日本的 87000 名员工同时诵读松下七条精神，一起唱公司歌。其用意在于让全体职工时刻牢记公司的目标和使命，时时鞭策自己，使松下精神持久地发扬下去。

　　二是所有工作团体成员，每一个人每隔 1 个月至少要在他所属的团体中，进行 10 分钟的演讲，说明公司的精神和公司与社会的关系。

　　三是隆重举行新产品的出厂仪式。松下认为，当某个集团完成一项重大任务的时候，每个集团成员都会感到兴奋不已，因为从中他们可以看到自身存在的价值，而这时便是对他们进行团结一致教育的良好时机。所以每年正月，松下电器公司都要隆重举行新产品的出厂庆祝仪式。

四是管理人员的教育指导。松下幸之助常说："领导者应当给自己的部下以指导和教诲，这是每个领导者不可推卸的职责和义务，也是在培养人才方面的重要工作之一。"按照松下的哲学，企业经营的问题归根到底是人的问题，人是最为尊贵的人，人如同宝石的原矿石一样，经过磨制，一定会成为发光的土石，每个人都具有优秀的素质，要从平凡人身上发掘不平凡的品质。

五是自我教育。松下公司把在职工中培育松下精神的基点放在自我教育上，认为教育只有通过受教育者的主动努力才能取得成效。公司成立了研究俱乐部、学习俱乐部、读书会、领导会等业余学习组织。在这些组织中，人们可以无拘无束地交流学习体会和工作经验，互相启发、互相激励奋发向上的松下精神。

11.4 组织文化的培养

一般来说，培养组织文化包括以下六个环节。

1. 分析与诊断

首先应全面收集资料，对组织现存的文化进行系统分析，自我诊断。看看组织创建以来，已经形成了什么样的传统作风、行为模式和特点；现有文化中哪些是积极向上的，哪些是保守落后的；哪些是应该发扬的，哪些则应该摒弃的。

2. 条理化

在分析诊断的基础上，进一步归纳总结，把组织最优秀的东西加以完善和条理化，用富于哲理的语言表达出来，形成制度、规范、口号、守则。

3. 自我设计

在现有组织文化的基础上，根据本组织的特色，发动组织全体成员参与组织文化的设计。通过各种设计方案的归纳、比较、融合、提炼，集组织员工的信念、意识和行为准则于 身，融共同理想、组织目标、社会责任和职业道德于一体，设计出具有特色的组织文化。

4. 倡导与强化

通过各种手段强化新的价值观念，使之约定俗成，得到广大成员的接受和认可。

5. 实践与提高

用新的价值观指导实践，在活动中进一步把

小知识

企业文化发展的八大误区

● 企业文化虚无缥缈，华而不实

● 这么小的企业搞什么文化建设

● 照搬来的企业文化

● 企业文化不能制度化

● 换了一把手就换了文化

● 企业的成败取决于战略而不是文化

● 重视形式文化，忽视执行力文化

● 企业文化建设要从员工开始

感性的东西上升为理性的东西，把实践的东西变成理论的东西，把少数人的看法变为全员的观念，不断提高组织文化的层次。

6. 适时发展

在组织不同的发展阶段，组织文化应有不同的内容和风格，应当根据形势的发展和需要，使组织文化在不断更新中再塑和优化。

本章小结

组织文化是组织所处的社会和商业环境中形成的，为全体员工所接受和认同的对组织的性质、准则、风格和特征等的认识，它有着辐射功能、约束功能、凝聚功能、激励功能、导向功能。组织文化的结构包括物质层、制度层和精神层，三者互相联系、密不可分，所以在建设组织文化时，必须在三个层面上同时展开工作。

组织文化包括显性内容和隐性内容，不同组织的组织文化各不相同，本章重点介绍了迪尔与肯尼迪的分类；A 型文化、J 型文化和 Z 型文化；丹尼森—达夫特的分类这三种分类。同时还介绍了培养组织文化的环节。

思考题

文化到位找到感觉

四川化成银华集团有限责任公司（以下简称银华公司）坚持一手抓生产经营，一手抓企业文化建设，二者互为促进，企业保持连续八年盈利。

1. 认识到位

20 世纪 90 年代，银华公司调查分析后认为，社会的巨大变革、企业生存空间和职业心态的变化，使得计划经济时代形成的理念、制度、方法已成为企业发展的桎梏，必须改革，把创建先进的企业文化引入经营管理。自此，银华公司把企业文化建设摆在头等位置。公司董事长、党委书记、总经理胥明东说："在新的世纪，拥有文化优势，也就拥有竞争优势。"全公司各部门高度一致，"一把手"抓"两手"，"两手"都要硬。

2. 机制到位

银华公司创建企业文化狠抓了各种机制的建立和完善。首先，建立考核机制。结合企业实际，银华公司出台了 15 项实施细则，并实行量化考核。其次，建立民主管理监督机制。银华公司把企业的产量、质量、成本、利润、发展规划等重大情况定期公布，并经过摸索形成公司、分厂、轮班三级公开制度，员工对应知的事情了如指掌。再次，完善分配制度，各个岗位的工作全部量化，员工对照公开栏公布的个人奖励、产品产量和质量等情况就能算出自己本月的收入。最后，建立人才选拔机制。银华公司坚持实施个人才培养"工程"，仅"九五"期间就造就人才 560 人。在选拔使用上，坚持德才兼备的原则，面向市场择优录用，同时实行公推公选制度。

3. 教育

银华公司认为，企业文化的核心是培育先进的企业精神，并在员工中得到体现，培育的途径是教育。

员工日常行为是企业文化的具体体现。银华公司注重对其进行引导和规范。首先，要求各级党组织和管理人员掌握各自负责的情况，准确把握企业总体情况和员工具体情况。其次，以先进典型引导群体行为。公司建立劳模培养制度，每年评选百名劳模。公司还常年开展"巾帼建功""百千万无暇""操作明星"等竞赛。抓住学习不放松。公司按照学习型组织的要求改造企业。坚持政治学习，每月两次。公司年年都有职工培训规划，月、季有落实，"操作技术培训"、"成本核算培训"等贯穿全年始终，形成多样，特色鲜明。

4. 投入到位

银华公司总经理认为，企业文化建设之所以叫做一把手工程，是因为他同经济工作一样，投入是关键，没有投入就没有产出。投入包括人、财、物的投入。公司虽然近几年大幅度精减非生产人员，但政工钱的力量不仅没有削弱，反而得到了加强。公司有从事文化建设的职能部门和人员，分厂有专职总支、支部副书记、分工会主席、政工干事，各司其职、各负其责，党政工团齐抓共管。

银华公司始终坚持按比例投入企业文化建设。仅"十一五"期间，公司就投资 450 万元，先后实施"厂门形象工程""生产区绿化工程""生活区亮化美化工程""锅炉脱硫除尘工程"等项目。厂大门内外宽敞整洁、气势宏伟，蓝底白字的企业精神、质量方针、质量承诺牌醒目矗立，宣传橱窗色彩艳丽，几十块阅览栏放置着最新的报纸供人阅读，黑板报写着各班员工奖惩及当月的生产量和质量数据。入夜，生活区、职工活动中心、图书阅览室霓虹灯闪烁，一片通明，形成了独具银华特色的企业文化氛围。

讨论内容：（1）银华公司是怎样认识到企业文化的作用的？（2）银华公司在企业文化建设上做了哪些工作？（3）怎样认识企业文化的本质和作用？

第四篇

领 导

第十二章 领导与领导工作

学习目标

1. 理解什么是领导，区分领导者与管理者
2. 了解领导的一般原则以及领导工作的作用
3. 理解领导特性理论、领导方式理论和管理系统理论
4. 掌握四分图理论、管理方格图理论和 PM 型领导模式
5. 掌握领导情境理论，了解如何提高领导的有效性

学习索引

领导

- 领导的概述
  - 领导三要素：领导者、被领导者、环境
  - 领导者的权利：惩罚权、奖赏权、合法权、模范权、专长权
  - 领导的原则：权责利一致的原则、民主公开的原则、集体领导与个人分工负责相结合的原则、统一领导的原则

- 领导特性理论
  - 国外领导者的特性
  - 中国领导者的素质

- 领导行为理论
  - 三种领导方式理论：专制方式、民主方式、放任自流方式
  - 领导连续流
  - 管理系统理论
  - 二维理论：四分图理论、管理方格理论、PM 型领导模式

- 领导权变理论：菲德勒模式、"途径—目标"理论、领导规范模式、阿吉里斯的不成熟—成熟理论

- 提高领导的有效性
  - 从领导者自身入手
  - 从被领导者入手，不断地提高他们的素质，使他们从不成熟到成熟
  - 从环境入手，不断地创造一种和谐的环境

12.1　领导的概念与原则

12.1.1　领导的概念

一个组织绩效的高低，与领导工作有很大关系，因此，对领导工作的研究是管理学的重要内容。国内外的管理学家、心理学家和组织行为学家们，对什么是领导有各种不同的认识和表述，如孔茨等人认为：把领导定义为影响力，这是影响人们心甘情愿地和满怀热情地为实现群体的目标而努力的艺术或过程。领导是一种影响过程，即领导者和被领导者的个人作用与特定环境的相互作用的动态过程。

以上表述包含了三个意思：第一，领导一定得有领导者和被领导者，否则就不成为领导；第二，领导者对被领导者的影响，比被领导者对领导者的影响更大，领导活动是由影响被领导者表现出某种所期望的行为所组成；第三，领导者的目的是影响被领导者以实现群体的目标，这种群体目标一般是根据所委派给群体应负责的工作任务而定的。

我们把以上表述归纳起来，对领导的实质做如下的描述：领导是一种影响力，是影响个体、群体或组织来实现期望目标的各种活动的过程。这个领导过程是由领导者、被领导者和所处环境这三个因素所组成的复合函数。可用公式表示为：

领导 = f（领导者、被领导者、环境）

12.1.2　领导者

领导者是致力于实现领导过程的个人和集体，或者说领导者是集权、责、服务为

小思考

刘邦得天下的原因

汉高祖刘邦在打败项羽的庆功宴会上向群臣表示："运筹帷幄，我不如张良；决胜于千里之外，我不如韩信；筹集粮草银饷，我不如萧何。而他们都被我所用，这就是我得天下的原因。"

解析：印象中的优秀领导者好像一定要是能力非常全面的人，其实不然，真正的领导人，不一定自己能力有多强，只要懂信任、懂放权、懂珍惜、懂选择，管理并团结自己的下级，就能更好地利用在某些方面比自己强的人，从而自身的价值也通过他们得到了提升。相反许多能力非常强的人却因为过于完美主义，事必躬亲，什么人都不如自己，最后只能做最好的攻关人员，销售代表，成不了优秀的领导人。

一体的个人或集体（集团）。可以用公式：领导者 = f（权、责、服务）。领导者既是组织的角色，又是组织的代表。领导者在组织行为过程中起着领导作用，必须具备一定的权力、责任和服务意识，否则，其领导行为难以进行，领导工作目标也难以实现。

1. 领导者的权力

领导者的权力包括职权和权威。职权是来自职位的权力，这种权力是由领导者在组织中所处的职位所决定的。它是由上级和组织赋予的，并由法律、制度明文规定的，属于正式的权力。权威是来自领导者个人的权力，它是由其自身的某些特殊条件和才能所决定的。领导者的权威是由四种因素构成的，即品格、才能、知识和情感。

如果细加分析，可将权力的基础分为五类。

（1）惩罚权。它来自下级恐惧感，即下级感到领导者有能力惩罚他，使他产生痛苦，不能满足某些需求。

（2）奖赏权。它来自下级追求满足的欲望，即下级感到领导者有能力奖赏他，使他觉得愉快或某些需求得到满足。

（3）合法权。它来自下级传统的习惯观念，即认为领导者处于组织机构中的特定地位，而具有合法的权力影响他，他必须接受领导者的影响。

（4）模范权。它来自下级对上级的信任，即下级相信领导者具有他所需要的智慧和品质，具有共同的愿望和利益，从而对他钦佩，愿意模仿和跟从他。

（5）专长权。它来自下级的尊敬，即下级感到领导者具有某种专门的知识、技能和专长，能帮助他，为他指明方向，排除障碍，达到组织目标和个人目标。

惩罚权、奖赏权、合法权属于职权，模范权和专长权属于权威。这几种不同的权力对下级产生的影响效果和个人的满意程度是不同的。

2. 领导者的责任

责任是领导者的根本属性。每一个组织的领导者，都肩负着一定的责任，都必须对自己的领导行为负责。领导者的责任与领导者的职权成正比，领导者职权越大，领导者的责任也就越重。对于有法人地位的组织和团体来讲，主要领导者就是法人代表。如果一个领导者仅有职权，而没有相应的责任，没有一定的压力，就会滥用职权，是难以做好领导工作的。一般来讲，领导的责任包括：政治责任，工作责任和法定责任。

3. 领导者的服务

服务是领导者的根本宗旨，是实现权责统一的基础。领导的本质是服务，而不是"当官做老爷"。如果一位领导者以官自居，高高在上，不关心下属的痛苦，不体察群众的困难，那么他就是一位官僚主义者。当然，领导者的服务不同于其他工作的服务。领导者的服务具有：全方位、职能性、双重性和更自觉性等特点，它是领导者在率领组织成员为社会服务的过程中，为了实现组织目标，运用领导职能，对群体及其成员的全方位的关切和所尽的"公仆"之责。

12.1.3 领导的一般原则

1. 权责利一致的原则

这一原则要求各级领导者都应具有一定的职务、权力、责任和利益，努力做到事有人管，管事有权，权连其责，利益与成绩相关。职责权利是实现有效领导的必要条件。

职务与权力分离，就会使领导出现工作"虚位"。如果一个领导者有明确的职务，但却没有授予他相应的实际权力，这种有职无权的境况就无法履行这个职位的职能。

权力与责任的分离是官僚主义产生与泛滥的原因。权责分离往往导致某些掌权者滥用职权、以权谋私，最终导致工作失败而且无法追究当事人责任。

职务与利益脱离会使领导者工作缺乏必要的动力，领导者比一般工作人员要完成更多的工作任务，承担更大的责任，就应该给其相应的待遇。如果片面强调领导者的思想觉悟而忽视了他的物质利益，就会在某种程度上改变他的工作态度，压制他的工作热情，从而造成敷衍塞责，办事拖拉的工作局面。

2. 民主公开的原则

民主公开的原则要求在领导活动中必须高度重视发扬民主，公开办事制度，公开办事结果，接受群众监督。

在领导活动中贯彻民主公开的原则，能够较好地体现出领导的本质就是服务。从社会分工的角度看，领导与群众只不过是岗位分工不同，领导从群众中来，应该反映群众要求，代表群众利益，除了人民群众根本利益，不应该有其他个人私利。领导者与群众之间应该相互信任，相互了解，领导活动当然也应该光明磊落。在领导活动中贯彻民主公开的原则，办事程序公开，是群众对领导者实行民主监督的前提，也是提高领导效率的一种行之有效的方法。

3. 集体领导与个人分工负责相结合的原则

集体领导和个人分工负责相结合的原则，主要是指工作中重大问题要由领导班子集体讨论和决定，决定时严格执行少数服从多数的原则；集体决定的事情就要分头去做，各负其责，失职者要追究责任。这个原则实际上是民主集中制原则的具体体现。

4. 统一领导的原则

统一领导的原则要求领导活动在一定时期内，必须有统一的意志，统一的目标，统一的行动规范。统一领导的原则是领导的实质内涵，是领导活动成功的保证。

为了实现统一领导，必须处理好两种关系：一是集权和分权的关系。在这里，统一领导主要指在复杂的领导系统中，对于那些事关全局的指挥权和决断权必须集中把握，没有集权就没有统一。而对于那些涉及局部的、在下级职权范围内的则需要分权，没有适度的分权，只能是一潭死水。二是原则性和灵活性的关系。统一领导要求在总的目标方向上，共同的行动规范上达到统一，并不是说事无巨细都要做到绝对一致。统一意志、统一目标、步调一致与因地制宜、各具特点、创造生机是相辅相成的。真正的统一领导应该是"统而不死"和"活而不乱"。

12.1.4 领导工作的作用

1. 能更有效、更协调地实现组织目标

计划的制订，组织机构的建立，以及实行有效的控制，各项职能都是靠人来完成的。离开了人，就不能有管理活动的存在。组织目标靠人来制定，实现目标同样靠的是人，依靠人来利用各种技术、方法、手段去实现目标。领导工作的作用就在于引导组织中的全体人员有效地领会组织目标，使全体人员充满信心。通过领导工作协调组织中各个部门、各级人员的各项活动，从而加速实现组织的目标。

2. 有利于调动人的积极性

组织中的人具有不同的需求、欲望和态度，并不是单纯地只对组织目标发生兴趣，他们个人的目标也不可能与组织目标完全一致。当他们遇到困难、挫折或物质与精神的需要得不到满足时，工作热情和工作效率就会受影响。领导工作的作用就是调动他们的积极性，激发他们的工作热情，使他们把自己与组织紧紧联系在一起，始终保持高昂的士气以实现组织目标。

3. 有利于个人目标与组织目标相结合

人们都愿意在愉快的、有知己的同事、进行有趣味的活动、受到重视、有成功的机会等这样的环境里工作，这是他们个人目标的表现。然而，在选择工作环境或条件时，他们的这些愿望不一定能实现。因为组织有其目标，有为实现组织目标而制定的规章制度等。当他们对组织目标缺乏理解时，他对自己的工作，对整个组织的活动就必然会缺乏兴趣与热情。这时，领导者就要去帮助他们理解组织的目标，让员工看到自己的地位和作用，让他们明白个人与组织是息息相关的，使他们自觉地服从组织的目标。这种把个人目标与组织目标有机结合起来的过程，正是领导工作作用的表现。

12.2　领导特性理论

20 世纪 70 年代以来，国外一些学者在对领导者的素质进行研究时，认为有效的领导者必须具备一定的素质，领导者的素质不是天生的，而是在实践中逐步形成和积累起来的，可通过教育进行培养。此外，选择领导者需要有明确的标准，对领导者的使用和培训也需要有具体的方向和内容。

12.2.1　国外对领导者特性的研究

1. 个人品质论

斯托迪尔在他的一份研究工作的评论里指出，领导者应具有以下六个方面的特征。

（1）生理特征，如年龄、相貌、身高、体重等。

（2）社会背景，把注意力放在受教育、社会地位和升迁等因素上，研究所得出的结论是：①具有较高的社会经济地位的人有着取得领导地位的优越条件；②出身于社会经济地位较低的人有可能晋升企业界中较高的地位中去的情形比 50 年前的可能性要大得多；③领导人所受过的教育比以前的要高一些。以社会背景为基础的领导地位可以反映出我们社会是比较成熟的。另外，研究中没发现在领导人效率方面与社会背景方面有任何联系。

（3）智力。大量的研究工作放在调查领导人与智力之间的关系上，结果表明领导人有着较好的判断力，办事明确果断，知识面广和口才好。但是，这两者之间的关系并不十分明显。这说明应该考虑其他方面的因素。

（4）个性。工作有成就的领导人具有机警、自信、正直、自大和专断等品质。虽说这些发现并非与所有群体和企业领导人相吻合，但是他们认为个性品质方面的特点是不可忽视的因素。

（5）与任务相关联的特征。研究表明领导人具有很强的使命感和责任感，工作中主动性强，任务方向明确。这说明一个典型的领导人是一个有很强的主观能动性，有干劲和有完成任务愿望的人。

（6）社会特征。研究表明领导人积极参与各项活动，广交人士，善于与人合作。这些人际关系方面的能力受到群体的重视，可以产生群体的和谐、信任和凝聚力。

2. 德鲁克的观点

德鲁克认为，一个有效的领导者，必须具备以下五项主要习惯。

（1）要善于处理和利用自己的时间，把搞清楚自己的时间花在什么地方作为起点，必须了解时间是一项限制因素，时间的供给永远没有弹性，时间永远是短缺的。他们记录自己的时间，管理自己的时间，减少非生产性工作所占用的时间，善于集中自己的零星时间。

（2）注重贡献，确定自己的努力方向。他们并非为工作而工作，而是为成果而工作。

（3）善于发现和用人之所长，包括他们自己的长处、他们上级的长处和下级的长处。

（4）能分清工作的主次，集中精力于少数主要的领域，在这少数主要的领域中，如果能有优秀的成绩就可以产生卓越的成果。

（5）能作有效的决策，他们知道一项有效的决策必是在"议论纷纷"的基础上做成的判断，而不是在"众口一词"的基础上做出判断。

3. 十大条件论

这是美国普林斯顿大学教授鲍莫尔（W. J. Banmal）提出的，他认为企业领导人应具有十大条件。

（1）合作精神。愿意与他人共事，能赢得别人的合作，对人不用压服，而用说服和感服。

（2）决策能力。能根据客观实际情况而不凭主观想象作出决策，具有高瞻远瞩的能力。

（3）组织能力。善于发掘下级才智，善于组织人力、物力和财力。

（4）精于授权。即能大权独揽，小权分散。

（5）善于应变。即机动灵活，善于进取，不墨守成规。

（6）敢于创新。对新事物、新环境和新观念有敏锐的感受能力。

（7）勇于负责。即对上级、下级和用户及整个社会，都有高度的责任心。

（8）敢担风险。即敢于承担企业发展不景气的风险，在困难面前有开创新局面的雄心和信心。

（9）尊重他人。能听取别人的意见，不盛气凌人，能器重下级。

（10）品德高尚。品德为社会上和组织内的人所敬仰。

除了上述观点外，还有一些类似的研究，但是领导素质理论的研究并未取得多大的成功，也有人认为它不是一种研究领导的好方法。这是因为，第一，每一个研究者所列领导素质的特性包罗万象，说法不一，且互有矛盾。第二，这些研究大都是描述性的，并没有说明领导者应在多大程度上具备某种品质。第三，并非一切领导者都具备所有这些品质，而许多非领导者则可能具备大部分或全部这样的品质。但是这些理论并非一无用处，由于这些理论系统地分析了领导者所应具有的能力、品德和为人处世的方式，向领导者提出了要求和希望，这对我们培养、选择和考核领导者是有帮助的。

小故事

三只鹦鹉

一个人去买鹦鹉，看到一只鹦鹉前标：此鹦鹉会两门语言，售价两百元。另一只鹦鹉前则标道：此鹦鹉会四门语言，售价四百元。该买哪只呢？两只都毛色光鲜，非常灵活可爱。这人转啊转，拿不定主意。结果突然发现一只老掉了牙的鹦鹉，毛色暗淡散乱，标价八百元。这人赶紧将老板叫来问："这只鹦鹉是不是会说八门语言？"店主说："不。"这人奇怪了："那为什么又老又丑，又没有能力，会值这个数呢？"店主回答："因为另外两只鹦鹉叫这只鹦鹉老板。"

12.2.2　中国对领导者素质的研究

中国从 20 世纪 80 年代初开始，也对领导者的素质理论进行了一系列的研究，概括起来看，优秀的领导者的素质应包括四大方面，即政治素质、知识素质、能力素质和身心素质。

1. 政治素质

一名优秀的领导者，必须具备良好的政治品质和工作作风，政治素质的具体要求是：

（1）能坚持四项基本原则，坚持改革开放，自觉按照党的路线、方针、政策办事。全心全意为人民服务，以身作则，为人表率。

（2）要有理想、有干劲、有事业心、有责任感，要勇于进取、渴望在领导岗位上有所成就。

（3）要有正确的思想作风，事事出于公心，不谋私利、能上能下、谦虚谨慎，有自知之明。

（4）要有良好的生活作风，不搞特殊化、品行端正、艰苦朴素。

（5）要有正确的工作作风，善于集中正确意见，不拉帮结伙，工作要细致，讲究方式、方法。

2. 知识素质

领导者的主要工作是管理，要求领导者必须具有广博的知识。不同层次领导者在知识结构方面的要求也是不同的，但就其共性来说，领导者应掌握以下几方面的知识。

（1）通晓马克思主义理论。对于马克思主义哲学、政治经济学、科学社会主义、党的学说、中国共产党的历史等基础理论，应当有比较系统的学习和训练，融会贯通，能够用以指导工作，这既是革命化的要求，又是知识化的要求。

（2）对于一般社会科学、自然科学各方面的知识，都要有所了解，知识面要比较广。因为领导者需要认识和处理的问题包罗万象，涉及各个领域。工作的综合性和多样性，要求知识的多样化。

（3）对于管理科学各方面的知识则要比较精通。这里所说的"管理科学"包括经济管理、行政管理、科技管理、领导科学、人才学、思想政治工作概论等多方面的内容，还要学点电子计算机应用技术等专门知识。

（4）对于社会生活方面的实际知识也要比较熟悉，要有丰富的生活经验和工作经验。在整个知识构成中，实际知识与直接经验也是十分重要的内容。

3. 能力素质

能力是知识和智慧的综合体现。领导是一种综合实践活动，对于能力素质的要求比较高。能力来源于学习、实践和经验，具体包括以下几方面：

（1）筹划和决断能力。具有战略头脑，善于深谋远虑，运筹全局；有分析与归纳能力、逻辑判断与直觉判断能力。遇到事情点子多，处理问题善于作出决断，善于排除干扰，控制局势。

（2）组织指挥能力。善于把人、财、物组织起来，精于运用组织的力量，形成配合默契、步调一致的集体行动。能统筹兼顾国家、集体和个人的利益。

（3）人际交往能力。善于同他人交往，能理解人、关心人，善于倾听他人意见。习惯于设身处地的替他人着想，不把自己的意见强加于人。

（4）灵活应变能力。在复杂多变的环境中，领导者能审时度势、沉着冷静地处理所遇到的问题。在突发事件面前，既不惊慌失措、无所适从，又不拘泥刻板，能应付自如、灵活机动、临机处置。当然，机动灵活绝非草率从事、随意武断，而是要慎重地作出合乎实际的对策。

（5）改革创新能力。领导者的创新能力，在于能面对变化的环境，及时提出新观念、新方案和新办法。要有对新环境、新事物、新问题的敏锐感知能力。要思想活跃、富有胆识，不迷信权威，不为过时的老观念、老框框所束缚，敢想、敢说、敢改，在工作中有所发现，有所创新，有所突破。

4. 身心素质

要有健康的身体，良好的心理状态，始终保持精力充沛，满足繁忙工作的需要。身心素质中心理素质是核心，是形成独特领导风格的决定性因素，也是选择领导者的重要标准。心理素质包括追求、意志、感情和风度等。

总之，现代领导者的素质，概括起来说，应当是在政治品德好，身心健康的前提下，成为知识—能力型的人才。

12.3　领导行为理论

12.3.1　三种领导方式理论

关于领导方式的研究最早是由心理学家勒温（P. Lewin）进行的，他通过试验研究不同领导方式对下属群体行为的影响，他认为存在着三种极端的领导工作方式，即专制方式、民主方式和放任自流方式。

1. 专制方式

具有专制方式的领导者是以力服人，即依靠权力和强制命令让人服从。具体特点是：

（1）独断专行，从不考虑别人意见，所有的决策都是由领导者自己决定。

（2）从不把任何消息告诉下级，下级没有任何参与决策的机会，而只能察言观色，奉命行事。

（3）主要依靠行政命令、纪律约束、训斥和惩罚，只有偶尔的奖励。有人统计，具有专制方式的领导者和别人谈话时，有 60% 左右采取命令和指示口吻。

（4）领导者预先安排一切工作的程序和方法，下级只能服从。

（5）领导者很少参加群体的社会活动，与下级保持相当的心理距离。

2. 民主方式

具有民主方式的领导者，是指那些以理服人、以身作则的领导者。他们使每个人做出自觉的有计划的努力，各施其长，各尽所能，分工合作。其特点是：

（1）所有的政策是在领导者的鼓励和协作下由群体讨论而决定，而不是由领导者单独决定的。政策是领导者和其下属共同智慧的结晶。

（2）分配工作时，尽量照顾到个人的能力、兴趣和爱好。

（3）对下属的工作，不安排得那么具体，个人有相当大的工作自由、较多的选择性与灵活性。

（4）主要应用个人权力和威信，而不是靠职位权力和命令使人服从。谈话时多使用商量、建议和请求的口气，下达命令仅占 5% 左右。

（5）领导者积极参加团体活动，与下级无任何心理上的距离。

3. 放任自流方式

放任自流的领导方式，是指工作事先无布置，事后无检查，权力完全给予个人，毫无规章制度。

勒温在试验中发现：在专制型领导的团体中，各成员攻击性言论很多，而在民主型领导团体中，则彼此比较友好；在专制型领导的团体中，成员对领导者服从，但表现自我或引人注目的行为多，而在民主型领导的团体中，则彼此以工作为中心的接触多；专制型领导团体中的成员多以"我"为中心，而民主型领导团体中"我"字使用频率较低而且具有"我们"的感觉；当试验导入"挫折"时，专制型领导团体彼此推卸责任或人身攻击，而民主型领导团体则团结一致，试图解决问题；在领导者不在场时，专制型领导团体工作动机大为降低，也无人出来组织作业，而民主型领导团体则像领导在场一样继续工作；专制型领导团体对团体活动没有满足感，而民主型领导团体的成员则对团体活动有较高的满足感。

勒温根据试验认为放任自流的领导方式工作效率最低。只达到社交目标，而完不成工作目标。专制型领导作风虽然通过严格管理达到了工作目标，但群体成员没有责任感，情绪消极，士气低落，争吵较多。民主型领导作风工作效率最高，不但完成工作目标，而且群体成员关系融洽，工作积极主动，有创造性。

❀小故事

韦尔奇送香槟酒领导艺术

韦尔奇是有名的铁血宰相，他决策迅速、果断，办事讲求效率和高质量，同时重视底线和结果。然而，韦尔奇也有非常关心员工的一面。一次，一位中层管理者在韦尔奇面前第一次主持简报，由于太紧张，两腿发起抖来。下来后，他坦白地告诉韦尔奇：我太太跟我说，如果这次简报砸了锅，你就不要回来了。随后，韦尔奇叫人送了一瓶最高级的香槟和一束红玫瑰给这位经理的太太，并在便条中写到：你先生的简报非常成功，我们非常抱歉害得他在最近几个星期忙得一塌糊涂。

12.3.2 领导连续流

该理论是由组织行为学家坦南鲍母（R. Tannenbaum）与施密特（W. H. Schmidt）于1958年提出来的。他们指出，领导包含多种多样的作风，从以领导者为中心到以下属为中心的各种作风，民主与独裁仅是两个极端的情况，如图12-1所示。

图12-1的左端是独裁的领导行为，右端是民主的领导行为。之所以形成这两个极端：首先，基于领导者对权力的来源和人性的看法不同，独裁的领导者认为权力来自职位，人生来懒惰而没有潜力，因而一切决策均由领导者作出；而民主型的领导者

则认为，权力来自群体的授予和承认，人受到激励能自觉、自治、发挥创造力，因此决策可以公开讨论，集体决策。其次，独裁型领导者比较重视工作，并运用权力，支配影响下级，下级的自由度较小。而民主型领导者重视群体关系，给予下属以较大的自由度。领导行为连续统一体从左至右，领导者运用职权逐渐减少，下属的自由度逐渐加大，从以工作为重逐渐变为以关系为重。图的下方依据领导者把权力授予下属的程度不同，决策的方式不同，形成了一系列领导方式。因此可供选择的领导方式不是民主与独裁两种，而是多种。

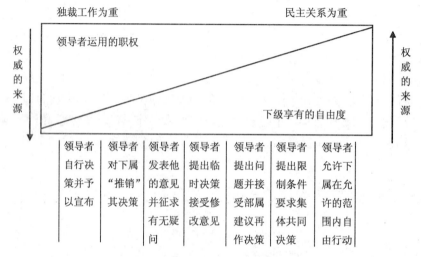

图12-1 领导行为连续统一体

坦南鲍母与施密特认为说不上哪种领导方式是正确的，哪种方式是错误的，领导应当根据具体情况，考虑各种因素选择图中某种领导行为。在这个意义上，领导行为连续统一体也是一种情境理论。

领导行为连续流理论从权力的来源和应用、部属参与决策的程度，来划分出多种领导行为，这对我们研究领导方式是有益的。但是，在图中把独裁和以工作为重，将以民主和关系为重联系在一起并且等同起来；将工作为重与关系为重、领导的职权与下属的自由度互相对立起来，而且仅从领导的决策过程、群众的参与程度来划分领导方式，这是不全面的。

12.3.3 管理系统理论

该理论是由美国密执安大学的研究人员利克特（R. Likert）等在对连续统一体理论作了进一步推演后提出来的。他以数百个组织机构为对象，对领导人员的领导类型和作风作了长达 30 年之久的研究。利克特提出了四种管理方式，作为研究和阐明他的概念的指导原则。

管理方式①：被称为"压榨和权威式的"方式。采用这种方式的领导者非常专制，对下属很少信任；主要用恐吓和惩罚，偶尔也用奖赏去激励人们；习惯只采用上情下达的方式，决策权也只局限于上层。此外还有一些其他类似的特点。

管理方式②：被称为"开明和权威式的"方式。采用这种方式的领导者对下属抱有一种屈尊就教式的信任和信心，主要用奖赏，也兼用恐吓和惩罚来激励下属；允许一定程度的上情下达，向下级征求一定的看法和意见，也下放一定的决策权，但对政策性的控制绝不放松。

管理方式③：可称为"协商式的"方式。采用这种方式的领导者对下属抱有相当大的但并非十足的信心和信赖，他们通常设法积极采用下级的看法和意见；在激励方面基本采用奖励办法，偶尔也实行惩罚和一定的参与；他们的思想沟通方法是上下双向的；一般性的政策和总的决策由上层来做，允许下层作出具体问题上的决策，对其他问题则采取协商的态度。

管理方式④：是最富于参与性的，因而把它称为"集体性参与的"方式。采用这种方式的领导者对下属在一切事务上都抱有充分的信心和信赖，他们总是征求下级的看法和意见并设法采用，例如在确定目标和评价所取得的进展方面，让群众参与其事，并给予物质奖励；他们使上下级之间和同级之间信息畅通，鼓励各级组织作出决策，或者以群体一员的身份与其下属一起进行工作。

可以看出，管理方式①与 X 理论假定很相似；管理方式④与 Y 理论的假定很相似。利克特发现，那些用管理方式④去从事经营活动的领导者，大都是最有成就的领导者。此外他还发现以管理方式④进行管理的部门和公司在制定目标和实现目标方面是最有效率的，一般说来也是更富有成果的。他把上述这些成功原因，归之于职工参与管理的程度及其在实践中坚持贯彻的程度。

选择恰当的管理方式是很重要的。根据有关领导的研究成果发现，有较多的人愿意采用管理方式③和管理方式④，人们似乎感觉在这两种管理方式下工做得更好。例如，职工们在一般的监督管理（管理方式③、管理方式④）下工作比在严格监督管理（管理方式①、管理方式②）下工作具有更高的生产效率。在有帮助的或对工人的错误宽容的领导者的领导下，比在对工人所犯错误采取惩罚的领导者的领导下的人，更具有较高的生产效率。同样当允许人们自己安排自己的工作时，他们似乎会把工作做得更好些。

12.3.4　二维理论

1. 四分图理论

1945 年美国俄亥俄州立大学工商企业研究所，在斯多基尔和沙特尔两位教授领导下开展了对领导行为的研究。一开始，研究人员列出了一千多种刻画领导行为的因素，通过逐步筛选、归并，最后概括为"抓组织"和"关心人"两大类。"抓组织"是以工作为中心。指的是领导者为了实现工作目标，既规定了自己的任务，也规定了下级的任务，包括进行组织设计、制订计划和程序，明确职责和关系，建立信息和途径，确立工作目标等。"关心人"是以人际关系为中心，包括建立互相信任的气氛，尊重下级的意见，注意下级的感情和问题等。

根据这两类因素，他们设计了"领导行为描述问卷"，每类列举了 15 个问题，分发调查。根据调查结果发现，两类领导行为在同一个领导者身上有时一致，有时并不一致。因此他们认为领导行为是这两种行为的具体组合，领导者的行为可以用二维空间的四分图来表示，如图 12 - 2 所示。

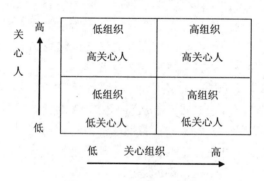

图 12 - 2　四分图理论

图 12 - 2 为进行领导行为研究指出了 个途径，从图中可以看出四种结果：（1）最关心的是工作任务；（2）低组织低关心人的领导者，对组织对人都不关心，这种领导方式效果较差；（3）低组织高关心人的领导者，大多数较为关心领导者与下级之间的合作，重视互相信任和相互尊重的气氛；（4）高组织高关心人的领导者，对工作对人都比较关心。一般说这种领导方式其工作效率和有效性都较高。

哪种领导行为效果好，结论是不肯定的。例如，有人认为在生产部门中，效率与组织之间的关系成正比，与"关心人"的关系成反比；在非生产部门中情况恰恰相反。一般说来，"高组织"与"低关心人"带来更多的旷工、事故、怨言和转厂。许多研究也证实了上述的一般结论，但也有人提出了相反的证据。这是因为他们在进行分析时，没有考虑到领导所面临的环境。

2. 管理方格图理论

在俄亥俄州立大学管理四分图的基础上，罗伯特·布莱克和简·莫顿于1964年就企业中的领导行为方式提出了管理方格图。这是一张九等分的方格图，横坐标表示领导者对工作的关心程度，纵坐标表示领导者对人的关心程度，这两个基本因素相结合的一个领导方式，如图12－3所示。

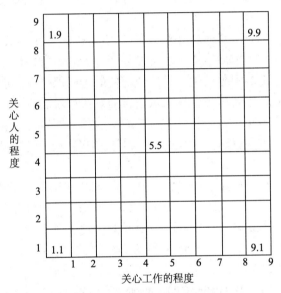

图12－3　管理方格图理论

在评价领导者时，可根据其对生产的关心程度和对职工的关心程度，在图12－3上寻找交叉点，这个交叉点的方格就是他的领导倾向类型。"关心工作"是指一名监督领导者对各类事项所抱的态度，诸如对政策决议的质量、程序与过程，以及研究工作的创造性、职能人员的服务质量、工作效率和产量等。同样，"关心人"也有广泛的解释，包含了诸如个人对实现目标的承诺程度、工人对自尊的维护、基于信任而非基于服从来授予职责、提供良好的工作条件和保持令人满意的人际关系等内容。

布莱克和莫顿在管理方格（见图12－3）中列出了五种典型的领导方式。

（1）1.1方式为贫乏型的管理。对职工和工作几乎都漠不关心，只以最小的努力来完成必须做的工作。这种领导方式将会导致失败，这是很少见的极端情况。

（2）9.1方式为任务型的管理。领导作风是非常专制的，领导集中注意于对生产任务和作业效率的要求，注重于计划、指导和控制职工的工作活动，以完成组织的目标，但不关心人的因素，很少注意职工的发展和士气。

（3）1.9 方式为俱乐部型的管理。在这类管理中，领导者很少甚至不关心工作，而只关心人。他们促成一种人人得以放松，感受友谊与快乐的环境，而没有人关心去协同努力以实现组织的目标。

（4）9.9 方式为团队型管理。即对生产和人都极为关心，努力使职工个人的需要和组织的目标最有效地结合，注意使职工了解组织的目标，关心工作的成果。建立命运共同体的关系，因而职工关系协调，士气旺盛，能进行自我控制，生产任务完成得极好。

（5）5.5 方式为中间型管理。即对人的关心度和对工作的关心度，虽然都不算高，但是能保持平衡。一方面能比较注意领导者在计划、指挥和控制上的职责；另一方面也比较重视对职工的引导鼓励，设法使他们的士气保持在必需的满意水平上。但是，这种领导方式缺乏创新精神，只追求正常的效率和较满意的士气。

布莱克和莫顿认为 9.9 型的领导方式是最有效的，领导者应该客观地分析组织内外的各种情况，努力创造条件，将自己的领导方式转化为 9.9 型，以求得最高的效率。

管理方格在识别和区分管理作风方面是一个有用的工具，但它没告诉我们为什么一名领导者会落在方格图上的这一部位或那一部位。为了找出这方面的原因，我们必须考虑一些根本因素，诸如领导者和追随者的个性、领导者的才干和得到的培训、组织环境，以及其他对领导者与被领导者都有影响的情境因素。

3. PM 型领导模式

美国学者卡特赖特（D. Cartwright）和赞特（A. Zander）在他们合著的《团体动力学》一书中提出了三种领导类型：目标达成型，即以执行任务为主的领导方式，简称 P 型；团体维持型，即以维持团体关系为主的领导方式，简称 M 型；两者兼备型，简称 PM 型。

日本大阪大学的心理学教授三隅二不二根据同一原理，将领导方式划分为四种类型。他按领导者的两种主要职能进行分类，即：P 因素，指领导者为完成生产目标而作的努力和工作绩效（performance）；M 因素，指领导者为维持团体而作的努力（maninenance）。根据这两个因素，他将领导方式分成四种类型：P 型——目标达成型；M 型——团体维持型；PM 型——两者兼备型；pm 型——两者均弱型。具体如图 12 -4 所示。

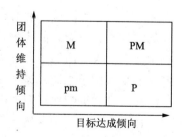

图 12 -4 三隅二不二的 PM 领导类型

三隅二不二还设计了一套调查量表作为评价领导类型的测量工具。以这套量表对许多工业企业的领导行为进行测定，结果他发现，领导类型与生产量、职工的反应存在着如表 12 – 1 中的关系。

表 12 –1　　　　　领导类型与生产量、职工的反应关系

领导类型	生产量	对公司、工会的依赖度	团结力
PM 型	最高	最高	最高
P 型	中间	第二位	第三位
M 型	中间	第三位	第二位
pm 型	最低	最低	最低

目前在许多国家和地区，如日本、美国、英国、中国香港等都有人利用 PM 量表进行领导行为的研究，成为一种跨文化比较管理研究的方法。中国科学院心理研究所于 1980 年自日本引进三隅二不二教授的这套分析方法，并结合中国国情做了修订，做了大量调查研究，取得了显著的成效。

12.4　领导情境（权变）理论

领导权变理论是近年来国外行为科学家重点研究的领导理论，这种研究比素质理论、领导行为理论要晚，从内容上说，它是在领导特性理论与领导行为理论的基础上发展起来的。这个理论所关注的是领导者与被领导者的行为和环境的相互影响，该理论认为，某一具体领导方式并不是到处都适用，领导的行为若想有效，就必须随着被领导者的特点和环境的变化而变化，而不能是一成不变的。这是因为任何领导者总是在一定的环境条件下，通过与被领导者的相互作用，去完成某个特定目标。因此，领导者的有效行为就要随着自身条件、被领导者的情况和环境的变化而变化。下面介绍几种比较有代表性的理论。

12.4.1　菲德勒模式

菲德勒（F. E. Fiedler）从 1951 年起，经过 15 年的调查研究，提出了一种随机制宜的领导理论。这个理论认为，人们之所以成为领导者不仅在于他们的个性，而且还在于各种不同的情境因素和领导者同群体成员之间的交互作用。菲德勒提出对一个领

导者的工作最起影响作用的三个基本方面是：职位权力、任务结构、领导者与被领导者之间的关系。

1. 职位权力

职位权力指的是与领导者职位相关联的正式职权，以及领导者从上级和整个组织各方面所取得的支持程度。这一职位权力是由领导者对下属的实有权力所决定的。正如菲德勒指出的，有了明确和相当大职位权力的领导者，才能比没有此种权力的领导者更易博得他人真诚的追随。

2. 任务结构

任务结构是指任务的明确程度和人们对这些任务的负责程度。当任务明确，每个人都能对任务负责，则领导者对工作质量更易于控制；群体成员也有可能比在任务不明确的情况下，能更明确地担负起他们的工作职责。

3. 领导者与被领导者之间的关系

菲德勒认为，上下级关系对领导者来说是最重要的，因为职位权力与任务结构大多置于组织的控制之下，而上下级关系可影响下级对领导者信任和爱戴的程度，以及是否愿意追随其共同工作。

菲德勒指出：领导者的个性，更具体地说，领导者的动机构成，是靠反映个人在领导情境方面的量度来确定的。有一种类型的人，我们称他们是"以关系为动因"的，他们从和群体成员之间良好的人际关系及靠这种关系完成任务中，得到自我尊重。另外一种主要的个性类型是"以任务为动因"的领导者，他们从证明自己才干的较明确的证据中得到满足和尊重。菲德勒利用一种被称为"最不喜欢的同事（L.P.C）"的问卷调查来测定这两种动因系统，即请领导者个人回想一下所有曾同其一起工作的人，然后请他们对和其一起工作最难相处的人进行描述，以此为根据确定评分。菲德勒进行研究的结果也为其他人的研究结果所证实，他发现，以任务为动机的人用一种非常消极的、否定的字眼描述他最不喜欢的同事。实际上，他是说任务重要到如此程度，以致不可能把个人与工作关系区分开来。即是说，工作做得不好的人必然有一种讨厌的个性，例如不友好、不合作、令人不愉快等。以关系为动机的人较少取决于对完成工作得到的尊重，因此能够把一个工作不好的同事看做是令人愉快的、友好的或有帮助的。因为这种领导人在工作方面的情感纠缠不太强烈，所以用一种较积极的方式看待在工作中难以相处的人。

菲德勒将影响领导工作的三方面因素任意组合成八种情况，对1200个团体进行了观察，收集了将领导风格同对领导有利或不利条件的八种情况关联起来的数据，得出在各种不同的情况下，使领导有效而应当采取的领导方式，其结果如表12 - 2所示。

表 12 - 2   **菲德勒的领导模型**

顺序号	1	2	3	4	5	6	7	8
领导与被领导的关系	好	好	好	好	差	差	差	差
任务是否明确	明确		不明确		明确		不明确	
职权大小与取得支持的程度	强	弱	强	弱	强	弱	强	弱
领导者的领导方式	以工作为主				以人为主		无资料	未发现什么关系	以工作为主

管理学简明教程（第二版）

表 12 - 2 是菲德勒研究随机制宜领导模型的概括，在研究中他发现关心任务的领导者在"不利的"或"有利的"情况下，将是最有成效的领导者。就是说，当领导在职位权力不足，任务结构不明确，领导与其成员的关系恶劣，领导者的处境不利等条件下，则关心任务的领导者将是最有成效的。同样在另一极端情况下，职位权力很高，任务结构明确，领导与其成员关系良好，领导者的处境"有利的"等条件下，菲德勒发现关心任务的领导者也是最有成效的。但当情况仅是有些条件"不利的"或"有利的"时，发现注重人际关系的领导者是最有成效的。

许多学者对菲德勒的模型从经验上、方法论和理论上提出了批评，认为他们取样太小，造成统计误差。还有人认为菲德勒只是概括出结论，而没有提出一个理论。尽管如此，这个模型还是有意义的。

（1）这个模型特别强调效果，强调为了领导有效需要采取什么样的领导行为，而不是从领导者的素质出发强调应当具有什么样的领导行为，这为研究领导行为指出了新的方向。

（2）这个模型将领导和情境的影响、将领导者和被领导者之间关系的影响联系起来，表明并不存在着一种绝对的最好的领导形态，组织的领导者必须具有适应能力，自行适应变化的情况。

（3）这个模型还告诉人们必须按照不同的情况来选择领导人。如果是最坏或最好的情况下，则选用任务导向的领导者；反之则选用关系导向的领导者。

（4）菲德勒还提出有必要对环境进行改造以符合领导者的风格。他提出了一些改善领导关系、任务结构和职位权力的建议。如领导者与下属之间的关系可以通过改组下属的组成加以改善，使下属的经历、文化水平和技术专长更加合适；对任务结构可通过详细布置工作内容而使其更加定型化，也可以对工作只作一般指示而使其非程序化；对领导职位权力可以通过变更职位、充分授权，或明确宣布职权而增加其权威性。

12.4.2　途径—目标理论

加拿大多伦多大学教授罗伯特·豪斯（Robert House）把期望理论和领导行为的四分图理论结合在一起，提出了途径—目标理论。这种理论认为：领导者的效率是以能激励下级达成组织目标，并在其工作中使下级得到满足的能力来衡量的。领导者的责任和作用就在于改善下级的心理状态，激励他们去完成工作任务或对工作感到满意，帮助下级达到目标。为此就要向下级讲清工作任务；承认并刺激下级对奖励的要求；奖励达到目的的成就；支持下级为实现目标所作的努力；为其完成任务扫清障碍；增加下级获得个人满意感的机会等。领导者的这种作用越大，对下级的激励程度越高，就越能帮助下级达到目标。

途径—目标理论认为，有四种领导方式可供同一领导者在不同环境下选择使用。这四种领导方式是：（1）支持型领导方式。这种领导方式对下级友善、关心，从各方面给予支持。（2）参与型领导方式。领导者在做决策时征求并采纳下级的建议。(3）指导型领导方式。给予下级以相当具体的指导，并使这种指导合乎下级所要求的那样明确。（4）以成就为目标的领导方式。领导者给下级提出挑战性的目标，并相信他们能达到目标。

这种理论认为，下级的特点和任务的性质这两个变量决定着领导者的方式。下级接受领导方式的程度，取决于这种领导方式能否满足下级的需要。如果下级觉得有能力完成任务，很需要荣誉和交往，他们不喜欢指令性领导方式，就应选择支持性领导方式。如果工作任务是常规性的，目标和达到目标的途径都是一目了然的，在这种环境下，领导者还是去发号施令就会引起下级的不满。但是如果工作任务变化性很大，下级经常干些自己不熟悉和没把握的事，这时领导者如能及时告诉他们目标和达到目标的途径，而采用指令性的领导方式，下级会高兴的，因而也是适宜的。

这个理论的核心是：领导者影响着介于行为与目标之间的途径。领导者是通过规定职位与任务角色，清除实现业绩的障碍，在设置目标方面谋取群体成员的支援，促进群体的内聚力和协作力，增加满足实现个人业绩的机会，减轻压力和外界的控制，使期望目标明确化，以及采取另外一些满足人们期望的措施。

12.4.3　领导规范模式

领导规范模式（或领导者—参与者模式），是一种最新的权变模式。这是弗鲁姆（Vroom）和耶顿（Yetton）两人在1973年所写的《领导和决策》中提出的，这种理论认为，领导者可以通过改变下属参与决策过程的不同程度，来表明领导者的行为采取什么样的方式才是正确的。根本没有对所有情况均适用的、唯一正确的领导作风，应该开发一系列的领导者行为，从专制独裁的到参与管理的不同领导方式。这种模式与菲德勒模式不同之处在于，后者将领导人的行为特点看成固定不变，要通过调整领导者所处的环境以适应其特点，而这一模式则认为领导行为应该根据环境的需要而变化。

1. 领导规范模式的五种方式

这种模式与坦南鲍姆－施密特的连续统一体理论相似，它一共列出五种不同的领导方式。这五种领导方式是：

第一种，领导者运用手头的资料，自己做出决策单独解决问题，即专制独裁式的方式。第二种，领导者向下属取得必要资料，然后自己做出决定。向下面索要资料时，可能向下属说明问题，也可能不说明。下属只是提供必要的资料，并不提供或者评价解决问题的方案。第三种，以个别接触方式，让下属知道问题，获得他们的建议或意见，然后由领导者做出决策。决策可以反映下属的意见，也可以不反映。第四种，让下属集体了解问题，集体提意见、建议，然后由领导者做出决策。决策可以反映下属的意见，也可以不反映。第五种，让下属集体了解问题，并且领导者与大家一起提出和评价可供选择的方案，努力就解决问题的方法达成一致意见。领导者不试图去影响小组接受他的解决办法，并愿意接受和试验下属支持的解决办法。

2. 选择领导方式的七个原则

弗鲁姆和耶顿提出了选择领导方式的七个原则，其中前三个原则是决策质量原则，后四个是决策可接受原则，依据这些原则领导者就能发现最迅速和最能接受的选择领导方式的方法。这些原则是：①信息的原则。如果决策的质量是重要的，而你又没有足够的信息或单独解决问题的专业知识，那么，就要排除第一种专制决策的领导方式的可能性。否则你做出的决策质量就会不高。②目标合适的原则。如果决策质量是重要的，而下属又不具备为组织做出合适决策的能力，那么就排除采用第五种领导方式的可能。③非结构性的原则。如果决策的质量是重要的，但你却缺乏充分的信息和专业知识，并且问题又是非结构性的，那么就排除用第一、第二、第三种专制的领导方式。④接受性原则。如果下属对决策的接受性是有效贯彻决策的关键，那么就排除第第一、第二种专制的领导方式。⑤冲突的原则。如果决策的接受性是很重要的，那么下属将不会接受第一、第二种专制的领导方式。下属也不赞成过于正确的决定，通过采用第三、第四种参与决策的领导方式能最好的消除冲突。⑥合理的原则。如果决策的质量并不重要，而决策的接受性却很重要，那么最好采用第五种参与决策的领导方式。⑦接受最优的原则。如果接受性是主要的，而且不一定是由于专制决策所引起的，并且要激励下属实现组织的目标，为了更好的解决问题，采用高参与的领导方式为好。

弗鲁姆和耶顿还认为，领导者应用他们的原则制定了简易的决策流程图，领导者可以根据情况最后找到合适的领导方式。这个模式在采取何种领导方式来培训未来的领导者使之能够及时地做出高质量的决策。如果领导者能正确地判断情况，选择最好的领导方式就变得较为容易了。

12.4.4　阿吉里斯的不成熟—成熟理论

阿吉里斯的不成熟—成熟理论，主要集中在个人需求与组织需求问题上的研究。他主张有效的领导人应当帮助人们从不成熟或依赖状态转变到成熟状态。他认为，一个人由不成熟转变为成熟的过程，会发生七个方面的变化，如图 12－5 所示。

不成熟 ——————————→	成熟
被动	主动
依赖	独立
少数的行动	能做多种行为
错误而浅薄的兴趣	较深和较强的兴趣
时间和知觉性短	时间和知觉性较长
（只包括目前）	（包括过去和未来）
附属地位	同等或优越的地位
不明白	明白自我，控制自我

图 12－5　由不成熟到成熟的过程

阿吉里斯认为，七个方面的变化是持续的，一般正常人都会从不成熟到趋于成熟。每个人随着年龄的增长，有日益成熟的倾向，但能达到完全成熟的人只是极少数。

同时，他还发现，领导方式不好会影响人的成熟。在传统领导方式中，把成年人当成小孩对待，束缚了他们对环境的控制能力。工人被指定从事具体的、过分简单的和重复的劳动，完全是被动的，依赖性很大，主动性不能发挥。这样就阻碍了人们的成熟。

要促进人们行为的成熟，领导应针对下级不同的成熟程度分别指导。传统的领导方式适用于领导那些行为不成熟的人或心智迟钝的人。同时，还要创造条件帮助和指导下级行为趋于成熟。为此，要扩大个人的责任，给下级在工作中成长成熟的机会，有助于社交、自尊、自我实现等需要的满足，从而激励人们发挥潜力来实现组织目标。

12.5　提高领导的有效性

通过上面的三种领导理论的研究成果表明，领导工作是否有效不仅与领导者的特性、素质和行为有关，而且还与被领导者的特性和素质，以及所处的环境有很大的关系。因此说，要提高领导的有效性，应从以下几方面入手。

1. 从领导者自身入手

（1）明确领导工作的要求。第一，为组织成员指明目标，并使个人目标与组织目标取得协调一致。指明目标的目的在于使组织中的每一个成员对本组织的目标有一个明确的了解，努力为实现组织目标而做出贡献，使每一个人都能发挥出忘我的献身精神，信心十足地、满腔热情地、团结一致地去工作。

第二，加强直接管理。实践证明，主管人员同下级的直接接触越多，掌握的各种情况越准确，则领导工作就越有效。尽管一个主管人员可以运用多种方法来纠正和评价下级的活动以保证计划的完成，但这不能代替面对面的接触。这是因为人们喜欢和愿意亲身体验到上级对他们本人及其工作的关心。主管人员只有经过亲身体验才能充分掌握所需的全部情况，通过面对面的接触，同下级广泛地交换意见、听取下级的建议，找出存在的问题，以便采用更适宜的方法，更好地对下级进行指导。

第三，保证组织内外沟通联络渠道的畅通。管理过程中产生的大量信息、情报，包括组织内外的信息情报，掌握这些信息和情报是组织有效运行的前提，主管人员必须自己或组织他人进行分析整理，从而了解组织内外的动态和变化。沟通联络，就是为了适应变化和保持组织的稳定，这是领导工作所采用的重要手段。信息沟通可以使组织活动统一起来，主管人员与其下属之间进行有效地、准确地、及时地沟通联络，就会使整个组织成为一个真正的整体。

第四，运用适宜的激励措施的方法。领导工作就是引导个体和群体的行为，去实现组织的目标。为把人们的行为引向所要求的方向和目标上来，就需要主管人员努力了解怎样才能使人们更好地工作。主管人员应当明确懂得，他们只有帮助组织中的成员满足诸如金钱、地位、权力、成就等需要，从而使组织中的每一个成员都能得到更大的满足，才能使领导工作更有效，才能更好地实现组织的目标。这就要求主管人员了解并掌握有关的激励理论和方法，并在实际工作中因地制宜地运用。

（2）科学地配备主管人员。为提高领导的有效性，主管人员的配备是至关重要的。主管人员是在组织中对他人及其工作负责的管理人员，他们的基本任务是设计和维持一种环境，使身处其间的人们能在组织内一起工作，以完成预定的使命和目标。主管人员是一个"建筑师"，各级主管人员将根据组织的宗旨，提出目标制订计划，并将目标划分成若干部分落实到组织的各个环节，乃至每个人，以及根据目标建立起相应的组织机构。主管人员是一个指挥者，他将根据总目标确定各种方针、政策，通过行使自己的职权和职责，进行一系列的决策、指挥和控制，为实现目标进行全面而有效的协调活动。主管人员也是一个集合者，他将根据组织的内外环境，将组织中的各种要素有机地联系在一起，利用这些要素，以最少的消耗和占用去获得最大的收益。主管人员还是一个执行者，他不仅代表一个群体或组织的利益，而且代表着社会的利益、国家的利益。他必须按照多数人的意愿，顺应向前发展的潮流担负起历史赋予他们的使命。

（3）科学地运用领导艺术。所谓领导艺术，是指领导者在行使领导职能时，所表现出来的技巧。它是建立在一定知识、经验基础上的，非规范化，有创造性的领导技能。领导艺术有随机性、经验性、多样性和创造性的特点。

第一，待人艺术。待人艺术也就是人际交往艺术，或协调人际关系的艺术。因为领导工作的核心内容是管好人、用好人，协调好各方面的人际关系，充分调动各方面的积极性和创造性，去有效地完成组织的目标。高明的领导者正是巧妙地运用待人艺术，正确处理上下、左右各种复杂的人际关系，形成一股有利于达到目标的最佳合力。领导者的待人艺术主要包括三个方面：对待下级的艺术；对待同级的艺术和对待上级领导的艺术。

第二，提高工作效率的艺术。首先，领导者干领导的事，这是提高领导工作效率的第一条。领导者必须时时记住自己的工作职责，不能让精力与时间作不必要的消耗。这就要做到不干预下一领导层次的事，不越级指挥。国外许多关于提高领导工作效率的论著中都强调指出："凡是可以授权给他人做的事，自己不要去做。""当你发现自己忙不过来的时候，你就要考虑自己是否做了下属可做的事，那就把权分派下去。"另外，不要颠倒工作主次，领导者要抓全局性重大决策问题，应带领群众前进，而不是代替群众前进。样样管是小生产的习惯，事必躬亲是小生产的"美德"，这些都是现代领导者应该力求避免的。其次，坚持工作简化原则。美国威斯汀豪斯电器公司前任董事长兼总经理唐纳德·C·伯纳姆是一位享有盛誉的管理专家，他在其名著《提高工作效率》中提出了提高工作效率的三条原则，它们是：当你处理任何工作时，必须自问：①能不能取消它？②能不能与别的工作合并？③能不能用更简便的东西代替？一项工作可以首先分解成若干小的部分，然后对每个部分问三个"能不能"，提高工作效率的途径就会逐步显现出来。再次，提高会议效率。利用开会的方式来进行互通信息、安排、协调、咨询、决策等工作是经常性的，也是十分必要的。但是，应当实行会议"六戒"即：没有明确议题的不开；议题过多的不开；没有充分准备的不开；可用其他方式替代的不开；没有迫切需要的不开；会议成本过高的不开。最后，善于运筹时间。国外现代管理专家越来越注意如何利用和支配时间了。他们的格言是："时间就是金钱"。应当看到时间是一种最容易耗损而无法贮存的物资，昨天的时间过去了，就永远不会再回来。其他物资短缺可以寻找替代品，唯有时间完全不能替代。珍惜时间这种最稀缺的资源，充分利用自己的有限时间，往往是现代领导者取得成功的最重要的因素。

2. 从被领导者入手，不断地提高他们的素质，使他们从不成熟到成熟

被领导者是领导活动的基础。光有高水平的领导者而没有一定水平的被领导者与之相配合，领导工作也不会有效的。领导者应根据被领导者的个性、能力、经验、知识、价值观、对自主的要求、职业倾向、期望和士气等不同，采取多种多样的措施和不同的领导方式来调动被领导者的自觉性、主动性和积极性。例如，对自主要求强烈，很了解和熟悉本职工作的被领导者，领导者应当适当放权，并给予指导而不是指令，即采取参与式的领导方式；而对于能力、经验较差的被领导者，应该采取指令性和示范式的领导方式。

3. 从环境入手，不断地创造一种和谐的环境

环境主要包括任务结构和组织情境。

（1）任务结构。它主要包括：任务明确程度、复杂程度、工作方法、有无信息反馈、奖酬方式。领导者应根据不同的任务结构，对被领导者采取不同的领导方式。例如，对执行简单、常规性的任务的被领导者，应采取以人为中心的领导方式，这样就会更能给被领导者带来工作的满意感，就能产生较高绩效，最大限度地调动他们的积极性。因为，这样能补偿他们工作本身的单调和机械；而对于承担复杂的、没有先例工作的被领导者，应采取以任务为中心的领导方式，讲清任务的性质，使他们能专注于任务本身，发挥他们作用，调动他们的潜在的能力，这样就会产生较高绩效。

（2）组织情境。它包括组织文化、正规程度、灵活性、人际关系、组织声誉、奖酬机制等。例如，有的合资企业规定一律不以头衔称呼，意在创造一种平等的工作气氛。根据具体情况不同，采取相应的措施，形成一个和谐平等的环境，最大限度地调动人的积极性，以获得领导工作的高绩效。

小思考

假设你是领导

假设你是某公司的经理，你招聘了一名很有希望的年轻下属并在工作上给了他许多的指导和关心。可现在，你听到一些小道消息，说其他职员认为你对这位年轻人过于关心。这时，你应该怎么办？

A. 给这个年轻人安排一项重要工作，让他向其他职员证明他的能力。

B. 疏远这个年轻人，接近其他员工，以证明你是公平对待每个人的。

C. 重新评价这个年轻人的能力和潜力，据此决定下一步应该怎样做。

D. 不理会小道消息，继续现在的做法。

问题：请你从这四种方案中选择效果最好的一种方案并说明理由。

本章小结

领导是管理的一项重要职能，它是一种影响力，是影响个体、群体或组织来实现期望目标的各种活动的过程。这个过程是由领导者、被领导者和所处环境这三个因素组成的复合函数。

现代领导特性理论认为领导者的特性和品质是在实践中形成。国外对领导者特性的研究主要有个人品质论、十大条件论和德鲁克提出的五项主要习惯等。国内认为领导者的素质应包括四个方面，即政治素质、知识素质、能力素质和身体素质。领导行为理论是领导理论的又一发展。这一理论主要有三种领导方式理论：领导连续流理论、管理系统理论和二维理论。在领导特性理论和领导行为理论的基础上又产生了权变模式，这种理论认为某一具体领导方式并不是到处适用，领导的行为若想有效就必须随着被领导者的特点和环境的变化而变化。这一理论主要有菲德勒模式、途径—目标理论、领导规范模式和阿吉里斯的不成熟—成熟理论。

要提高领导的有效性必须提高领导者、被领导者的素质，同时要创造和谐的组织环境。

思考题

1. 勒温的领导方式理论中有哪些领导方式？分别有哪些特点？

2. 利克特提出了哪些管理方式？

3. 什么是"抓组织"？什么是"关心人"？四分图理论的四种结果包括哪些内容？

4. 布莱克和莫顿在管理方格中列出了哪几种典型的领导方式？其中哪种是最有效的领导方式？

5. 三隅二不二将领导方式划分为几类？

6. 菲德勒提出对一个领导者的工作最起影响作用的有哪些方面？该模式有哪些现实意义？

7. "途径—目标"理论认为，有几种领导方式可供同一领导者在不同环境下选择使用？

8. 弗鲁姆和耶顿提出的选择领导方式的原则有哪些？

9. 怎样做才能提高领导工作的有效性？

10. 案例分析：

管理风格

某市建筑工程公司是个大型施工企业，下设一个工程设计研究所，三个建筑施工队，研究所由 50 名高中级职称的专业人员组成。施工队有 400 名正式职工，除少数领导骨干外，多数职工文化程度不高，没受过专业训练。在施工旺季还要从各地招收 400 名左右农民工补充劳动力的不足。

张总经理把研究所的工作交给唐副总经理直接领导、全权负责。唐副总经理是位高级工程师，知识渊博，作风民主，在工作中，总是认真听取不同意见，从不自作主张，硬性规定。公司下达的施工设计任务和研究所的科研课题，都是在全所人员共同讨论、出谋献策取得共识的基础上，做出具体安排的。他注意发挥每个人的专长，尊重个人兴趣、爱好，鼓励大家取长补短、相互协作、克服困难。在他领导下，科技人员积极性很高，聪明才智得到了充分发挥，年年超额完成创收计划，科研方面也取得显著成绩。

公司的施工任务，由张总经理亲自负责。张总是工程兵出身的复员转业军人，作风强硬，对工作要求严格认真，工作计划严密、有部署、有检查，要求下级必须绝对服从，不允许自作主张、走样变形。不符合工程质量要求的，要坚决返工、罚款；不按期完成任务的扣发奖金；在工作中相互打闹、损坏工具、浪费工料、出工不出力、偷懒耍滑等，以及破坏劳动纪律的都要受到严厉的批评、处罚。一些人对张总的这种不讲情面、近似独裁的领导才式很不满意，背地骂他"张军阀"。张总深深地懂得，若不迅速改变职工素质低、自由散漫的习气，企业将难以长期发展下去，于是他亲自抓职工文化水平和专业技能的提高。在张总的严格管教下，这支自由散漫的施工队逐步走上了正轨，劳动效率和工程质量迅速提高，第三年还创造了全市优质样板工程，受到市政府的嘉奖。

张总经理和唐总经理这两种完全不同的领导方式在公司中引起了人们的议论。

讨论内容：（1）你认为这两种领导方式谁优谁劣？（2）为什么他们都能在工作中取得好成绩？

第十三章　激　　励

1. 理解激励的含义及其在管理中的作用
2. 重点掌握各种激励理论，分析它们的异同
3. 掌握如何在管理中提高激励的有效性
4. 掌握常用的激励手段和方法

激励
- 概述
  - 含义
  - 过程
  - 作用：挖掘人的潜力、组织吸引人才、实现组织目标、员工素质的提高
- 激励理论
  - 内容型激励理论：需要层次理论、双因素理论、ERG理论、麦克利兰激励理论
  - 过程型激励理论：弗罗姆的期望理论、波特和劳勒的期望模式、亚当斯公平理论
  - 行为改造型激励理论：强化理论、归因理论、挫折理论
  - 综合激励模式
- 激励员工的建议
  - 认清个体差异
  - 进行人与工作的匹配
  - 运用目标
  - 确保个体认为目标是可达到的
  - 个别化奖励
  - 奖励与绩效挂钩
  - 检查体制是否公平
  - 不要忽视钱的因素

13.1　激励概述

13.1.1　激励的含义

激励（motivation）是指通过一定的手段使员工的需要和动机得到满足，以调动他们的工作积极性，使他们积极主动地发挥个人潜能从而实现组织目标的过程。

行为科学家做了许多试验，证明经过激励的行为与未经过激励的行为效果大不一样。哈佛大学教授威廉·詹姆士发现，按时计酬的职工一般仅能发挥20%～30%的能力，即可保证职业不被解雇。如果受到充分的激励，则职工的能力可以发挥80%～90%，其中50%～60%的差距系数为激励的作用所致。这使人感到很惊讶，因为大多数企业的领导人与管理者，每当出现困难，影响生产绩效与任务完成时，总是先想到设备与工艺的改进，试图通过提高延伸负荷与强度负荷来渡过难关，却不知道在他们周围有这样大的能力未被利用。如果他们能把注意力放到运用激励手段以开发人力资源上，那么在同样的设备和工艺条件下，必将取得难以想象的巨大效果。这一段用公式来表示：

$$工作绩效 = f（能力 \times 激励）$$
$$激励力 = 某一行动的效价 \times 期望值$$

小思考

父亲的困惑

父亲让儿子去买菜，给了他10元钱，儿子花了5元买完菜，花1元钱吃了1盒冰淇淋，回来告诉他父亲花了6元钱买的菜，还回4元，这时，父亲就损失了1元钱，这1元钱的损失就是代理成本。于是管理难题就是如何让这个父亲少损失这1元钱呢？

第一种解决方法是给孩子激励。买菜回来后，父亲给孩子5角钱的奖励。然而孩子并不因为有奖励而放弃吃冰淇淋，于是父亲的损失上升到1.5元。我们的企业管理经常有这种工资涨、奖金涨，不见行为改善的现象。薪金激励在这个地方没有起到作用。

第二种解决办法是监督。请别的小孩去监督，跟着他去，回来汇报，并且给他5角钱。这个人和儿子一块出去了，两个小孩碰上了，买菜的小孩给监督的小孩6角钱拉拢他，结果在监督的过程中这个父亲损失了2.1元。但如果这个家里不是一个孩子，父亲就可通过竞争使损失降到最少。所以，激励和监督要真正发挥作用，需要竞争机制给予配合。许多单位实行末位淘汰制，就是针对那些无所事事的人，当他们位置受到威胁时，奖励或监督就起作用了。

13.1.2　激励的基本过程

在组织中，激励的基本过程如图 13 – 1 所示。

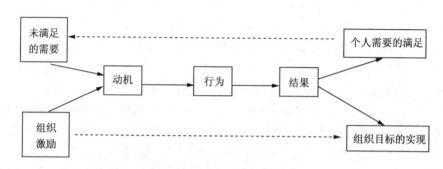

图 13 – 1　激励过程

激励是一个循环过程，即当人们产生了某种需要，该需要又有了一定的强度，而且一时又不能得到满足时，心理上就会产生一种不安和紧张状态，并成为一种内在的驱动力，这种内在驱动力就是动机。在一定外界刺激下，动机促使人们采取某种行为或者行动，如果行为的结果与期望的目标一致，就会产生一种满足感，从而产生新的需要，强化行为。如果行为不能满足目标期望，行为者就受到挫折，其反映有两种：一是调整目标；二是调整行为，在较低的程度上获得满足，然后产生新的需要。

由此可知，行为动机的形成有两个条件：一是人的内在需要和愿望；二是外部提供的诱导和刺激。激励因素与动机之间的关系，正如外因与内因的关系一样，激励就是在分析人们需要的基础上，不断激发、引导人们沿着有利于实现组织目标的方向去行动，以取得预期的效果，它是对需要和动机的诱导。

13.1.3　激励的作用

激励的主要作用在于激发、调动人的积极性，从而使人们能够更富有成效地去努力工作，以取得最大的成效。具体来说，激励的作用主要表现在以下几个方面。

1. 激励有利于挖掘人的潜力

人的潜在能力与人平时所表现出来的能力有很大差别，前者会大大超过后者。通过激励可以调动人的积极性，人的积极性越高，人的潜在能力越容易发挥出来。

2. 激励有利于组织吸引人才

人才管理是组织人力资源管理的主要内容，它关系到组织的长远利益和根本利益。成功的组织为了吸引人才，大多采取许多激励方法。例如，对优秀员工给予丰厚的报酬和奖励，为员工提供养老和医疗保险，组织员工学习，提高技能等。有效的激励措施可以吸引和留住大批优秀人才。

3. 激励有利于实现组织目标

激励对员工行为进行有目的的引导，针对组织制定的目标，采取措施，充分调动员工的积极性，使员工自觉地发挥潜能，为完成组织目标而努力工作。有效的激励措施可以使员工的努力方向与组织目标趋于一致。

4. 激励有利于员工素质的提高

提高员工素质，可以通过培训和激励的方法实现。例如，对坚持学习文化知识与业务知识的员工，给予表扬，有利于形成良好的学习风气。

241

🐾小故事

激励：鸭子只有一条腿

某城市有个著名的厨师，他的拿手好菜是烤鸭，深受顾客的喜爱，特别是他的老板，更是倍加赏识。不过这个老板从来没有给予过厨师任何鼓励，使得厨师整天闷闷不乐。

有一天，老板有客从远方来，在家设宴招待贵宾，点了数道菜，其中一道是老板最喜欢吃的烤鸭。厨师奉命行事。然而，当老板夹了一只鸭腿给客人时，却找不到另一只鸭腿，他便问身后的厨师说："另一条腿到哪里去了？"厨师说："老板，我们家里养的鸭子都只有一条腿！"老板感到诧异，但碍于客人在场，不便问个究竟。

饭后，老板便跟着厨师到鸭笼去查个究竟。时值夜晚，鸭子正在睡觉，每只鸭子都只露出一条腿。

厨师指着鸭子说："老板，你看，我们家的鸭子不是全都是只有一条腿吗？"

老板听后，便大声拍掌，吵醒鸭子，鸭子当场被惊醒，都站了起来。老板说："鸭子不全是两条腿吗？"

厨师说："对！对！不过，只有鼓掌拍手，才会有两条腿呀！"

13.2　有代表性的激励理论

要懂得如何激励员工，必须先掌握激励理论。1924 年开始的霍桑实验，开创了行为研究的先河，从此，行为研究成为了管理学研究的重要内容。行为研究的发展也引起了以研究人的行为为主的激励理论的发展。从 20 世纪 50 年代以来，有代表性的激励理论有：需要层次激励理论、激励—保健因素理论、期望理论、公平理论和强化理论等。这些理论从不同的侧面研究了人的行为动因，但每一种理论都具有其局限性，不可能用一种理论去解释所有行为的激励问题。各种理论可以相互补充，使激励理论得以完善。组织的管理者，要想有效激励员工，必须较全面了解各种激励理论。

13.2.1　内容型激励理论

需要和动机是推动人们行为的原因，也是激励的起点和基础。内容型激励理论（content theory）则是着重研究需要的内容和结构，及其如何推动人们的行为的理论。其中有代表性的理论有：需要层次论、双因素论，ERG 理论和麦克利兰的激励理论，几种需求理论内容的对比见表 13 –1。

表 13 –1　　　　　　　　　　**几种需求理论的对比**

赫茨伯格的双因素论	马斯洛的需要层次论	奥得弗的 ERG 理论	麦克利兰的成就需要论
激励因素	自我实现	成长发展	成就
激励因素	尊重	人们之间的关系	权力
激励因素	友爱和归属	人们之间的关系	友谊
保健因素	安全	生存	
保健因素	生理	生存	

1. 需要层次论

需要层次论是由心理学家阿尔布汉姆·马斯洛（A·Maslow）提出来的，这是一个受人广泛注意的激励理论之一。他于 1943 年在《人的动机理论》一文中，把人的需要分成生理需要、安全需要、友爱和归属的需要、尊重的需要、自我实现的需要五个层次。在 1954 年他又在《激励与个性》一书中（该书 1970 年又再版了修订本），在尊重的需要后面又增加了求知的需要和求美的需要，把人的需要分成七个层次（见图 13 –2）。

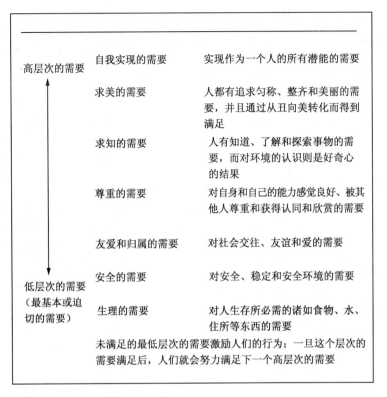

图 13-2 马斯洛的需要层次理论

需要层次论由于直感逻辑性强，易于理解，得到了广泛的流传，在西方管理领域中有相当的影响，可是学术界对这一理论颇有争议。尽管马斯洛的需要层次论得不到充分的论证，但是许多组织行为学教科书仍认为这一理论对管理有一定的意义。

2. 双因素论

双因素理论是由美国心理学家赫兹伯格（F. Herzberg）在 1959 年发表的《工作的激励因素》和 1966 年的《工作与人》等著作中提出来的。他对 9 个企业中的 203 名工程师和会计师进行了 1844 人次的调查，发现使受访人员不满意的因素大多与他们的工作环境有关，而使他们感到满意的因素通常是由工作本身所产生的。根据调查结果，赫兹伯格提出了双因素理论，即影响人们工作中行为的因素有保健因素和激励因素两种。

所谓保健因素就是使人们能够维持现状工作起保健作用的因素。它主要指属于人们工作环境和工作关系方面的因素，如企业的政策、工作的物质条件、工资和福利设施、同事关系等。这些问题解决不好，会引起员工的不满；而当这些问题获得改善后，不满就会消除，但不能提高员工的积极性。

所谓激励因素就是对员工积极性起调动作用的因素。它主要指属于人们工作本身和工作内容方面的因素，如工作上的成就感、自己才能获得承认、增加工作责任、获得成长和发展的机会等。这些激励因素得到满足，可以调动个人和集体的积极性。

赫兹伯格双因素理论的核心在于强调保健因素与激励因素不可互相替代，各自的作用不同。自20世纪60年代以来，双因素理论在管理界越来越受到人们的注意。因为该理论告诉人们，激励人的积极性，更重要的是提供使人感到具有价值实现意义的工作，工作内容具有挑战性，应让人们承担更重要的责任；而不仅仅是把眼光局限于提高工资水平、改善工作条件上。从这个意义上看，赫兹伯格的双因素理论与马斯洛的需要层次论是相互联系的。激励因素是人的高层次需要，而保健因素是人的低层次需要。

3. ERG 理论

奥德费（Alderfer）的 ERG 理论将马斯洛的需要层次理论分为三个大类，即生存（existence）、关系（relationship）和成长（growth），它们也有层次性，见图 13 - 3。

小思考

寻找真正的"激励因素"

一家 IT 公司的老板，每年中秋节，老板会额外给员工发放一笔 1000 元的奖金。但几年下来，老板感到这笔奖金正在丧失它应有的作用，因为员工在领取奖金的时候反应相当平和，每个人都像领取自己的薪水一样自然，并且在随后的工作中也没有人会为这 1000 元表现得特别努力。既然奖金起不到激励作用，老板决定停发，加上行业不景气，这样做也可以减少公司的一部分开支。但停发的结果却大大出乎意料，公司上下几乎每一个人都在抱怨老板的决定，有些员工明显情绪低落，工作效率也受到不同程度的影响。老板很困惑：为什么有奖金的时候没有人会为此在工作上表现得积极主动，而取消奖金之后，大家都不约而同地指责抱怨甚至消极怠工呢？

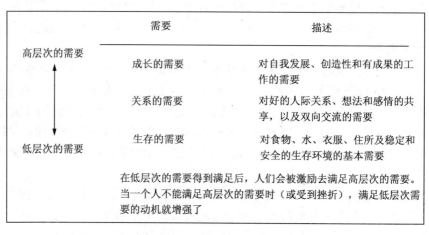

	需要	描述
高层次的需要	成长的需要	对自我发展、创造性和有成果的工作的需要
	关系的需要	对好的人际关系、想法和感情的共享，以及双向交流的需要
低层次的需要	生存的需要	对食物、水、衣服、住所及稳定和安全的生存环境的基本需要
	在低层次的需要得到满足后，人们会被激励去满足高层次的需要。当一个人不能满足高层次的需要时（或受到挫折），满足低层次需要的动机就增强了	

图 13 - 3　奥德费的 ERG 理论

与马斯洛的理论一样，ERG 理论同样缺乏实证数据的支持，比如 ERG 理论中提出需要分三个层次，就很难达成共识。然而对管理者来说，从奥德费 ERG 理论和马斯洛理论中我们得到一个重要的信息：有效的激励来自领导者准确了解下属最急迫的需要，并使他们相信，只要他们为实现组织目标而努力工作，他们的需要就一定会得到满足。

4. 麦克利兰的激励理论

成就需要激励理论是美国哈佛大学教授麦克利兰（David Meclelland）及其学生在 20 世纪 50 年代提出来的。他们对成就需要这一因素做了大量研究，认为成就需要具有挑战性，引发人的快感，增加奋斗精神，对行为起主要影响作用。成就需要激励理论主要研究在人的生理需要基本得到满足的条件下，人还有哪些需要。麦克利兰认为，人们在生理需要得到满足以后，还有三种基本的激励需要。

（1）对权力的需要。具有较高权力欲的人，对施加影响和控制表现出很大的兴趣。这样的人一般寻求领导者的地位；他们常常表现出喜欢争辩、健谈、强有力、直率和头脑冷静，并且善于提出问题和要求；也常常喜欢教训别人，并乐于讲演。

（2）对归属和社交的需要。具有这方面需要的人，通常从友爱、情谊、人与人之间的社会交往中得到欢乐和满足，并总是设法避免因被某个组织或社会团体拒之门外而带来的痛苦。他们喜欢保持一种融洽的社会关系，享受亲密无间和相互谅解的乐趣，随时准备安慰和帮助危难中的伙伴。

（3）对成就的需要。有成就需要的人对胜任和成功有强烈的要求，同样也担心失败；他们乐意甚至热衷于接受挑战，往往为自己树立有一定难度而又不是高不可攀的目标；对风险一般采取现实主义的态度；他们愿意承担所作工作的个人责任，对他们正在进行的工作情况，希望得到明确而又迅速的反馈；他们一般喜欢表现自己。

麦克利兰认为，具有高度成就需要的人对于企业和国家都有重要的作用。企业拥有这样的人越多，发展就越快越能取得经济效益。国家拥有这样的人越多，就越兴旺发达。据他的调查，英国在 1925 年时拥有高成就需要的人数在 25 个国家中名列第 5 位，当时英国确实是一个兴旺发达的国家。1950 年再做调查时，英国拥有高成就需要的人数，在 39 个国家中名列第 25 位，事实上第二次世界大战以后的英国也确实在走下坡路。他还认为，可以通过教育和培养造就出高成就需要的人。

13.2.2 过程型激励理论

过程型激励理论（process theories）着重研究人们选择其所要进行的行为的过程，以及行为是怎样产生的，是怎样向一定方向发展的，如何能使这个行为保持下去，以及怎样结束行为的发展过程。其主要代表理论有期望理论、公平理论等。

1. 弗罗姆的期望理论

工作激励的期望理论源自卢因和托尔曼所提出的认知观念及古典经济理论的效用观念。然而第一个使其理论化和模式化的是美国心理学家弗罗姆（V. H. Vroom），他于1964年在《工作与激励》一书中提出了这个理论。这是一种通过观察人们的努力行为与其所获得的最终奖酬之间的因果关系，来说明激励过程并选择合适的行为达到最终的奖酬目标的理论。这种理论认为，当人们有需要，又有达到这个需要的可能，其积极性才高。激励水平取决于期望值和效价的乘积。其公式为

$$激发力量 = 效价 \times 期望值$$
$$(M = V \cdot E)$$

式中，M（motive force）是激发力量的高低，是指动机的强度，即调动一个人积极性，激发其内在潜力的强度。它表明人们为达到设置的目标而努力的程度。V（value）是效价，是指目标对于满足个人需要的价值，即一个人对某一结果偏爱的强度（$-1 \leqslant V \leqslant 1$）。$E$（expectancy）是期望值，是指采取某种行为可能导致的绩效和满足需要的概率，即采取某种行为对实现目标可能性的大小（$0 \leqslant E \leqslant 1$）。

这个公式表明，激发力量的大小与效价、期望值有密切的关系，效价越高、期望值越大，激发力量也越大；反之亦然。如果其中一个变量为零（毫无意义或毫无可能），激发力量也就等于零。这就说明了为什么非常有吸引力的目标，也会无人问津。这一点是内容型激励理论无法解释的。

2. 波特和劳勒的期望模式

波特（L. W. porter）和劳勒（E. E. lawler）以期望理论为基础导出了一种本质上更完备的激励模式，并把它主要用于对主管人员的研究。这个模式如图13-4所示。

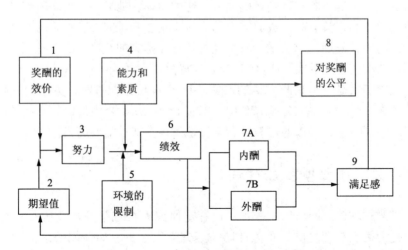

图13-4　波特和劳勒的激励模式

（1）努力是指个人所受到的激励强度和所发挥出来的能力，它和弗罗姆模式中所使用的动机"激发力量"一词相当。个人所做努力的程度综合取决于个人对某项奖酬（例如：工资、奖金、提升、认可、友谊、某种荣誉等）效价的主观看法及个人对努力将导致这一奖酬的概率的主观估计。奖酬对个人的效价因人而异，决定于它对个人的吸引力。而个人每次行为最终得到的满足，又会以反馈的形式影响个人对这种奖酬的估价，如图 13－5 中线 9→1 所示。同时，个人对努力可能导致奖酬的期望值的主观估计，和个人的经历或经验密切相关。每一次的工作绩效也会以反馈形式影响个人对成功期望值的估计，如图 13－5 中线 6→2 所示。努力还和绩效有一定的关系，但不一定导致高绩效，因为，绩效还受其他更多的因素的影响。

（2）绩效是工作表现和实际成果。绩效不仅取决于个人所做的努力程度，而且也受个人能力与素质（如必要的业务知识、技能等），以及环境的影响。

（3）奖酬是绩效所导致的奖励的报酬。其包括内在奖酬和外在奖酬，这两种奖酬和个人对奖酬所感受到的公平感糅合在一起，影响着个人的满足感。波特和劳勒认为，内在性奖酬更能带来真正的满足，并与工作绩效密切相关；此外，公平感也会受到个人对工作绩效自我评价的影响，如图 13－4 中的线 6→8 所示。

（4）满足是个人实现某项预期目标时所体验到的满意感觉。一般人都认为，有了满意才能有绩效，而波特和劳勒却认为，先有绩效才能获得满足。

 小思考

你觉得公平吗？

问题一，如果今年刚大学毕业就有企业为他提供一份月薪 6000 元的工作，你满意你的收入和工作吗？你会以什么样的状态投入工作？

问题二，如果两个月后，你发现与你同时进入企业，各方面条件都跟你差不多的另一个同事，他的月薪有 6500 元，这时你的反应会如何？

3. 公平理论

公平理论又称社会比较理论，这一理论的起源可追溯到费斯廷格和霍曼斯的认知不协调理论及交换理论，但作为工作激励理论，提出这一理论的代表人物是美国心理学家亚当斯（J. S. Adams）。这一理论的基本认识是：所有人都期望他在工作中的投入（如努力、技能等）和产出（如工资或其他满足）之间保持一定的关系，所有不协调（不公平）的存在都激励着人们去协调（公平）和减少不协调（不公平）。

公平理论中的公平，不单是指员工所获得的绝对报酬，更多的时候是指某个人的投入对产出的比率，而且也是一种与同样条件下可比性的对象的投入产出比进行比较的结果，如表 13 -2 所示。

根据公平理论进行比较，如果感觉不公平，员工会竭力地采取措施来消除不公平感。通常采用的方法有：（1）曲解自己或比较对象的投入或产出；（2）采取某种行为来改变自己的投入或产出；（3）采取行为使比较对象的投入或产出发生改变；（4）选择另一对象加以比较；（5）辞去自己的工作。

表 13 -2 公平理论

比较的结果	员工的评价（感觉）
$\dfrac{\text{A 的产出}}{\text{A 的投入}} < \dfrac{\text{B 的产出}}{\text{B 的投入}}$	不公平（报酬过低）
$\dfrac{\text{A 的产出}}{\text{A 的投入}} = \dfrac{\text{B 的产出}}{\text{B 的投入}}$	公平
$\dfrac{\text{A 的产出}}{\text{A 的投入}} > \dfrac{\text{B 的产出}}{\text{B 的投入}}$	不公平（报酬过高）

13.2.3 行为改造型激励理论

前面的理论主要着眼于如何激发人的动机，使其产生组织所希望的行为，而行为改造型激励理论（behavioral modification theories）则主要着眼于如何引导和改造人的行为，使其朝组织所希望的方向发展。这类研究的代表性理论有强化理论、归因理论和挫折理论等。

1. 强化理论

强化理论是由美国哈佛大学心理学教授斯金纳（B. F. Skinner）提出的。强化是心理学术语，是指通过不断改变环境的刺激因素来达到增强、减弱或消失某种行为的过程。这个理论特别重视环境对行为的影响作用，认为人的行为只是对外部环境刺激所做的反应，只要创造和改变外部的环境，人的行为就会随之改变。对于管理者来说，这种理论的意义在于用改造环境（包括改变目标和完成工作任务后的奖惩）的办法来保持和发挥积极行为，减少或消除消极行为，把消极行为转化为积极行为。

（1）积极强化。在行为发生以后，立即用某种有吸引力成果，即物质的精神的鼓励来肯定这种行为，在这种刺激的作用下，个体感到对他有利，从而增强以后行为反应的频率，这就是正强化。通常正强化的因素有奖酬，如表扬、赞赏、增加工资、奖金和奖品，以及分配干有意义的工作等。

（2）惩罚。当某一不合要求的行为发生以后，即以某种带有强制性和威胁性的结果，如批评、降薪、降职、罚款、开除等来创造一种令人不快乃至痛苦的环境，或取消现有的令人愉快和令人满意的条件，以示对这种不合要求的行为的否定。从而达到减少消极行为或消除消极行为的目的。

（3）消极强化（逃避性学习）。这种强化方式是指预先告知某种不符要求的行为或不良绩效可能引起的后果，允许人们通过按所要求的方式行事或避免不符合要求的行为，来回避一种令人不愉快的处境。如果人们能按所要求的方式行事时，即可减少或消除这种令人不愉快的处境。从而使人们增加积极行为出现的可能性。消极强化与积极强化的目的是一致的，但两者采用的手段不同。

（4）衰减。是指撤销对原来可以接受的行为的正强化，即对这种行为不予理睬，以表示对该行为的轻视或某种程度的否定。研究表明，一种行为长期得不到正强化，会逐渐消失。

强化理论是影响和引导员工行为的一种重要方法，通过表扬和奖励可以使动机得到加强，行为得到鼓励；通过批评、惩罚等可以否定某种行为，使不好的行为越来越少。"奖"起着正面引导的作用，"惩"则起着劝阻和警告的作用，奖励与惩罚就好像一条航道上的左右两个航标，是保证船只的正确航行所必不可少的。在运用强化理论进行表扬、批评时，要注意以正强化为主，及时准确，方法因人而异。

2. 归因理论

美国的行为科学家凯利和韦纳等人提出了归因理论，其理论要点是：根据人的行为外部表现，对其心理活动进行解释和推论；研究人们的心理活动的产生应归结为什么原因，对人们的未来行为进行预测。韦纳认为，把失败的原因归咎于哪种情况对下次行为影响不同。例如，一个人如果把自己失败的原因归结为运气不佳，则其下次的行为将是不稳定和难以控制的（见表13 – 3）。

表 13 – 3 　　　　　　　　　　　　**韦纳的归因分类**

内外部因素 与稳定性 可控性	内部因素		外部因素	
	稳定	不稳定	稳定	不稳定
可控	持久努力	暂时努力	求人帮助	
不可控	能力	心境	任务难度	运气

如果一个人把自己的失败看成是必然的，自己无能为力的，就会降低自己以后从事同样行为的动机；反之，如果将失败看成是偶然的或自己可以主动控制的，就可能保持甚至是增强同类行为的动机，努力去争取成功。

归因理论给管理者很好的启示，即当下属在工作中遭受失败后，如何帮助他寻找原因（归因），引导他继续保持努力行为，争取下一次行为的成功。在管理工作中，管理者应尽量帮助职工做出后一种归因，即将成败归之于自己的努力，这对增强人们的积极性、对取得成就行为有一定的作用，特别是对科研人员的作用更明显。

3. 挫折理论

心理学上将挫折解释为个人从事某项活动时遇到障碍或干扰，使其动机不能获得满足的情绪状态。挫折的结果有利也有弊，从有利的方面来讲，它引导个人的认识产生创造性的变迁，增长解决问题的能力。但挫折过大，则可能使人们心理痛苦，产生行为偏差。挫折的产生，源于外在和内在两个方面的因素。不同的人有不同的挫折容忍力，面对挫折时可能会采取消极态度甚至是对抗态度，由此产生的行为方式也各不相同（见表 13 – 4）。

表 13 – 4   **面对挫折时的行为反应**

面对挫折时的反应行为表现	防卫性适应方式	自我解脱
		逃避现实
		压抑欲望
		转移替代
		反向行为
	不良适应方式	攻击
		固执
		冷漠
		退化

为了避免挫折可能导致的严重后果，在管理工作中一方面应尽量消除引起挫折的环境，避免员工受到不应有的挫折；另一方面，当员工受到挫折时，应尽量减低挫折所引起的不良影响，提高员工对挫折的容忍力，引导其行为向积极的方向发展。

13.2.4　综合激励模式

综合激励模式是由罗伯特·豪斯（Robert House）提出来的，他通过一个模式把上述几类激励理论综合起来，把内外激励因素都归纳进去了，其代表公式为

$$M = V_{it} + E_{ia}\left(V_{ia} + \sum_{j=1}^{n} E_{ej}V_{ej}\right) = V_{it} + E_{ia}V_{ia} + E_{ia}\sum_{j=1}^{n} E_{ej}V_{ej}$$

公式中 M 代表某项工作任务的激励水平的高低，即动力的大小；V_{it} 代表工作本身所提供的效价，它所引起的内激励不计任务完成与否及其结果如何，故不包括期望值大小的因素，即期望值为1；E_{ia} 代表完成任务内在的期望值，也就是主观上对完成任务可能性的估计；V_{ia} 代表完成任务的效价；E_{ej} 代表完成工作任务能否导致获得某项外在奖酬的期望值；V_{ej} 代表某项外在奖酬的效价；i 为内在的；e 为外在的；t 为任务本身的；a 为完成的；j 为外在的奖酬项目。

上述展开的公式中包括了三项内容：

V_{it} 表示工作任务本身的效价，即某项工作对工作者本人有用性的大小，也就是这项工作本身的内激励力的大小。

$E_{ia}V_{ia}$ 表示工作任务的完成所引起的内激励作用。

$E_{ia}\sum E_{ej}V_{ej}$ 表示各种外在奖酬所起的激励效果之和。其中引入两项期望值，E_{ia} 是对完成工作任务可能性的估计，E_{ej} 是对完成工作任务与获得奖酬的可能性的估计。

这三项内容中，第一项纯属内在激励；第二项属于内在激励，但着眼于工作任务本身完成的效价即完成工作任务的重要意义；第三项则以完成工作任务为前提，研究工作任务完成后导致结果的可能性与效价，主要是外在的奖酬带来的激励。这三部分激励力量各自发挥着自己的作用，相辅相成，但不一定缺一不可。

豪斯的公式强调了任务本身效价的内激励作用；突出了完成工作任务内在的期望值与效价；兼顾了因任务完成而获取外在奖酬所引起的激励，对主管人员将会有极大的启迪。要提高人们的积极性，必须从内、外激励两个方面入手。

 小思考

激励背后的困惑

某民营企业的老板通过学习有关激励理论，受到很大启发，并着手付诸实践。他赋予下属员工更多的工作和责任，并通过赞扬和常识来激励下属员工。结果事与愿违，员工的积极性非但没有提高，反而对老板的做法强烈不满，认为他是在利用诡计来剥削员工。

请根据所学习的有关激励等理论，分析该老板做法失败的原因并提出建议。

管理学简明教程（第二版）

13.3　激励员工的一些建议

1. 认清个体差异

几乎所有的当代动机理论都承认员工并不是完全相同的，他们在需要、态度、个性及其他重要的个人变量上各不相同。

2. 进行人与工作的匹配

大量研究证据表明，当个体与工作合理匹配时能够起到激励作用。比如，高成就需要者应该从事这样的工作：能让他们参与设置中等挑战性的工作，能有工作的自主权，能得到反馈。还要记住的是，不是每名员工都会由于工作自主性、多样性和责任感而产生工作积极性。

3. 运用目标

目标设置理论告诉我们，管理者应确保员工拥有困难而具体的目标，并对他们工作的完成情况提供反馈。目标是应该由管理者分派，还是应该由员工参与设定？这一问题的答案取决于你对目标能否被接受以及对组织文化目标的可接受性。如果参与做法与组织文化相抵触，则应由管理者分派目标。

4. 确保个体认为目标是可达到的

无论目标实际上能否达到，如果员工自己认为无法实现目标，他们就会降低努力程度。因为他们会想"再怎么工作也是毫无意义"。因此，管理者必须保证员工充满自信，让他们感到只要努力，就可以实现绩效目标。

5. 个别化奖励

每位员工的需要不同，因此对某人有效的强化措施，并不一定适合于其他人。管理者应当充分了解员工的差异并对他们实施个别化奖励。管理者能够支配的奖励办法包括加薪、晋升、表扬、提供理想的工作任务、使工作有自主性、在工作中拥有参与权。

6. 奖励与绩效挂钩

管理者必须使奖励与绩效相联系，如果不对绩效因素进行奖励，则只会强化那些非绩效因素。当员工达到了特定目标时，应给予奖励，如加薪、晋升。管理者应当想办法增加奖励的透明度，以充分发挥它的激励作用。

7. 检查体制是否公平

员工应当感到自己的付出与所得是对等的。简单地说，就是员工在经验、能力、努力及其他方面的明显付出应当使他们在收入、职责和其他所得方面体现出差异。不过在这里请注意，对某人来说的公平感可能对其他人来说并不具有公平感，所以理想的奖励系统应当能够对每项工作中各项投入与奖励所占的比重进行评估。

8. 不要忽视钱的因素

当我们专心考虑目标设定、创造工作的趣味性、提供参与机会等因素时，很容易忘记金钱是大多数人从事工作的主要原因。因此，以绩效为基础的加薪、奖励以及其他物质刺激在决定员工工作积极性上起着重要的作用。在这里，我们并不是要管理者仅仅注重金钱因素，而只是说，如果金钱作为一种刺激手段被取消，那么人们就不会在工作中付出更多努力，但是取消目标、丰富化的工作或参与决策这些因素却不会出现这种状况。

 小思考

助理工程师的无奈

助理工程师黄大佑，4年前应聘到一家工厂工程部负责技术工作，工作认真，技术能力强，在厂里口碑也很好。然而，工资却与仓管人员差不多，一家三口人住在40平方米的小房子里。对此，他心里有些困惑和不平。但他对自己所在的公司还是比较满意的，并经常被工作中的创造性要求所激励。厂里领导经常在外来的客人面前赞扬他："黄工是我们厂的技术骨干，是一个具有创新能力的人才……"

去年7月，公司有申报职称指标，黄大佑属于有条件申报之列，但名额却给了一个学历比他低、工作业绩平平的老同志。他想问一下领导，谁知领导却先来找他："黄工，你年轻，机会有的是。"最近，厂里新建好了一批职工宿舍，黄大佑决心要反映一下住房问题，刘厂长又先找他说："黄工，厂里有意培养你入党，我当你的介绍人。"他又不好开口了，结果家没有搬成。

问题：（1）用双因素理论解释黄工的忧虑、困惑。（2）根据公平理论，黄工的工资和仓管员的不相上下，是否合理？

本章小结

激励指通过一定的手段使员工的需要和动机得到满足，以调动他们的工作积极性，使他们积极主动地发挥个人潜能从而实现组织目标的过程。激励是一个循环过程，当人们产生了某种需要，就会产生动机，在一定外界刺激下，促使人们采取某种行为。

从20世纪50年代以来，主要的激励理论包括需要层次论、双因素理论、期望理论、公平理论、强化理论、挫折理论等，主管人员只有掌握这些理论，才能有效地激励员工。同时，本章还介绍了实践中激励员工的一些建议。

思考题

施迪闻是富强油漆厂的供应科科长，厂里同事乃至外厂的同行们都知道他心直口快，为人热情，尤其对新主意、新发明、新理论感兴趣，自己也常在工作里搞点新名堂。

前一阶段，常听见施科长对人嚷嚷说："咱厂科室工作人员的那套奖金制度，是彻底的'大锅饭'平均主义，到了非改不可的地步了。"

最近，施科长参加了管理干部培训班。他说："课上有位教授说，美国有位学者，他提出一个新见解，说是企业对职工的管理，不能太依靠高工资和奖金。又说：钱并不能真正调动人的积极性。你说怪不？什么都讲金钱万能的美国，这回倒说起钱不那么灵了。这倒要留心听听。""那教授继续说，能影响人积极性的因素很多，按其重要性，他列出了一长串单子。我记不太准了，好像是，最要紧的是'工作的挑战性'。照他解释，就是指工作不能太简单，轻而易举地就完成了；要艰巨点，得让人动点脑筋，花点力气，那活才有干头。再就是工作要有趣，要有些变化，多点花样，别老一套，太单调。他说，还要给自主权、给责任，要让人家感到自己有所成就，有所提高。还有什么表扬啦，跟同事们关系友好融洽啦，劳动条件要舒服安全啦什么的，我也记不准、记不全了。可有一条我是记准了：工资和奖金是摆在最后一位的，也就是说，最无关紧要。"

"短训班办完，回到科里，正赶上年末工作总结讲评，要发年终奖金了。这回我有了新主意。我那科里，论工作，就数小李子最突出：大学生，大小也算个知识分子，聪明能干，工作积极又能吃苦，还能动脑筋。于是我把他找来谈话。于是先强调了他这一年的贡献，特别表扬了他的成就，还细致讨论了明年怎么能使他的工作更有趣、责任更重，也更有挑战性……瞧，学来的新词儿，马上用上啦。我们甚至还确定了考核他明年成绩的具体指标，最后才谈到这最不要紧的事奖金。我说，这回年终奖，你跟大伙儿一样，都是那么多。"

"可是，小李子竟发起火来了，真的火了。他蹦起来说："什么？就给我那一点？说了那一大堆好话，到头来我就值那么一点？得啦，您那套好听的请收回去送给别人吧，我不稀罕。表扬又不能当饭吃！"

"这是怎么一回事？美国教授和学者的理论听起来那么有道理，小李也是知识分子，怎么就不管用了呢？把我搞糊涂了。"

　　讨论内容：（1）例中所提到的激励理论，是指管理学中的哪个激励理论？按照这个理论，工资和奖金属于什么因素？能够起到什么作用？（2）科长用美国教授介绍的理论去激励小李，结果碰了钉子，问题可能出现在什么地方？根据案例提示的情况，说出你的理由。（3）你认为富强油漆厂在奖金分配制度上存在的主要问题是什么？可以用什么办法解决？

第十四章 沟 通

学习目标

1. 了解沟通的概念和过程
2. 理解沟通的目的和作用
3. 掌握沟通的各种形式
4. 了解五种沟通网络的优势和劣势
5. 了解沟通障碍存在的原因
6. 掌握实现有效沟通的方法

学习索引

沟通
├─ 沟通概述
│   ├─ 过程
│   ├─ 目的
│   │   ├─ 设置并传播一个组织的目标
│   │   ├─ 制定实现目标的计划
│   │   ├─ 以最有效果和效率的方式来组织人力资源及其他资源
│   │   ├─ 选拔、培养、评估组织中心成员
│   │   ├─ 领导和激励人们并营造一个人人想要作出贡献的环境
│   │   └─ 控制目标的实现
│   └─ 作用
│   ├─ 是正确决策的前提和基础
│   ├─ 是组织成员统一思想和行动的工具
│   └─ 是领导者和被领导者之间建立良好的人际关系的关键
├─ 形式与方法
│   ├─ 形式
│   │   ├─ 按沟通的组织系统：正式沟通、非正式沟通
│   │   ├─ 按沟通信息的流动方向：上行沟通、下行沟通、横向交叉沟通
│   │   ├─ 按沟通的方法：口头沟通、书面沟通、非言语方式沟通、电子媒介沟通
│   │   └─ 按沟通方向的可逆性：单向沟通、双向沟通
│   └─ 沟通方法：发布指示、会议、个别交谈、建立沟通网络
└─ 沟通有效性
    ├─ 沟通原则：明确的原则、完整性的原则、战略上使用非正式组织的原则
    ├─ 沟通障碍：语言障碍、信息损耗、选择性知觉、信息超负荷
    └─ 提高沟通有效性

14.1　沟通的概念和作用

14.1.1　沟通的概念和过程

1. 沟通的概念

在管理学领域沟通被视为一种管理功能。丹尼尔·卡茨（D. Katz）和罗伯特·卡恩（R. l. Kahn）认为：……信息沟通，即交流信息情况和传达意图，是一个社会系统或组织的重要组成部分。而孔茨（H. Koontz）则将沟通解释为：信息从发送者转移到接收者那里，并使后者理解该项信息的含义。西蒙则认为：信息沟通系指一个组织成员向另一个组织成员传递决策前提的过程。斯蒂芬·罗宾斯（Stephen P. Robins）则把沟通看做是"意义的传递和理解"。

小知识

"沟通"一词的来源

沟通（communication）一词源于拉丁语的动词 communicare，意为"分享、传递共同的信息"。英文的"沟通"一词也可以译为"交际"或"社交"，是指社会上人与人之间使用语言等媒介进行思想、观念、感情等的交往、联系和相互作用的一种行为。

尽管学者对沟通的概念还没有一个统一的定义，但他们都认为进行有效的沟通是必要的。这里我们可以把沟通理解为：人与人之间传达思想或交换情报的过程。

怎样理解沟通的含义？我们可以从四个方面入手：首先，沟通主要是通过语言（或语言的文字形式）来进行的。其次，沟通不仅是消息的交流，而且包括情感、思想、态度、观点的交流。再其次，沟通过程中心理因素有着重要的意义，在信息发出者和接收者之间，需彼此了解对方进行信息交流的目的和动机，而信息交流的结果是会改变人的行为的。最后，沟通过程中会出现特殊的沟通障碍，这种障碍不仅是由于信息通道（即传递）的失真或错误，而且是由于人们所特有的心理障碍所产生的。例如，由于人的知识、经历、职业、政治观点等的不同，对同一信息可能有不同的看法和不同的理解。因此，在研究沟通过程时，需要了解和研究它的特殊规律。

管理学简明教程（第二版）

小提示

良好的沟通≠双方达成协议

在理解沟通概念时要特别注意一点，就是良好的沟通不能简单的解释为沟通双方达成协议。良好的沟通是指准确传达思想、有效交换情报。如果有人与我们意见不同，不少人认为此人未能完全领会我们的看法，换句话说，很多人认为良好的沟通是使别人接受我们的观点。但是，对方可以非常明白你的意思却不同意你的看法。当一场争论持续了相当长的时间，旁观者往往断言这是由于缺乏沟通导致的，然而详尽的调查常常表明，此时正进行着大量的有效沟通，因为在激烈争论的过程中每个人都充分理解了对方的观点和见解。

2. 沟通的过程

沟通过程是指一个信息的发送者通过选定的渠道把信息传递给接收者，这个过程的具体步骤如图14-1所示。

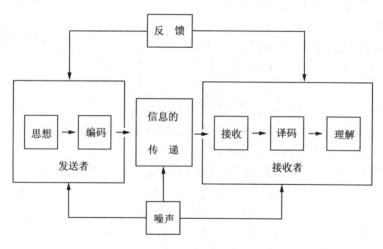

图14-1 沟通过程的一般模式

沟通开始于有了某种思想或想法的发送者，然后通过发送者和接收者都能理解的方式进行信息编码，并通过连接发送者和接收者的渠道加以传递。信息的传递既可以是口头的或书面的，也可以通过备忘录、计算机、电话、电报或电视来传递。有时人们可以使用两种以上的传递渠道，例如双方可以先用电话达成一个基本协议，然后再用书信予以认可。每种渠道都各有利弊，所以，选择恰当的渠道对实施有效的沟通是极为重要的。沟通的下一个步骤是译码，即信息接收者把信息回译成思想。只有当发送者和接收者对符号的意思报有相同的，或者是类似的理解时，才会有准确的沟通。从图 14-1 中我们还可以看出，沟通经常受到噪声的干扰。在传递中，无论是在发送者方面，还是在接收者方面，噪声就是指妨碍沟通的任何因素。为了检验沟通的效果如何，反馈是必不可少的，因为，在没有信息反馈证实之前，我们绝不可能肯定，信息是否已经得到有效的编码、传递、译码和理解。

另外，有许多情境和组织因素也左右着沟通过程。从外部环境看，可能有教育的、社会的、法律政治的和经济的因素。例如，压制性的政治环境就会抑制沟通的自由流动。另一种情境因素就是地理上的距离，面对面的直接沟通，既不同于两个人远隔千里的电话交谈，也不同于电报和信函的往来。此外，时间也是沟通中必须考虑的因素。其他影响组织内部沟通的情境因素还有组织结构、管理和非管理过程，以及技术等。

14.1.2　沟通的目的和作用

1. 沟通的目的

组织中的沟通的目的是促进变革，即对有助于组织利益的活动施加影响。由于沟通把各项管理职能联成一体，所以它对组织内部职能的行使是必不可少的。在一个组织内，沟通主要用来：（1）设置并传播一个组织的目标；（2）制定实现目标的计划；（3）以最有效果和效率的方式来组织人力资源及其他资源；（4）选拔、培养、评估组织中心成员；（5）领导和激励人们并营造一个人人想要作出贡献的环境；（6）控制目标的实现。

此外，沟通不仅促进了各项管理职能的有效行使，而且也把组织同外部环境联系起来了。任何一个组织只有通过沟通才能成为一个与其外部环境发生相互作用的开放系统。

2. 沟通的作用

沟通的作用在于使组织内的每一个成员都能够做到在适当的时候，将适当的信息，用适当的方法，传给适当的人，从而形成一个健全的、迅速的、有效的信息传递系统，以有利于组织目标的实现。正如巴纳德认为的，沟通就是把组织中的成员联系起来以实现共同目标的手段。具体地说，沟通的作用有以下三点。

（1）沟通可提供充分而确实的材料，是正确决策的前提和基础。任何组织机构的决策过程，都是把情报信息转变为行动的过程。因此，准确可靠而迅速地收集、处理、传递和使用组织内外的信息，是决策过程的重要环节。任何决策的失误都是沟通不畅造成的。因此，没有沟通就没有正确的决策。

（2）沟通是组织成员统一思想和行动的工具。在实现组织目标的过程中，有必要使组织成员认清形势，了解组织的决策和政策。而要做到这一点，就有必要消除由于人们所处位置不同、利益不同、掌握信息多少的不同、知识经验不同而产生的对组织决策和政策的态度的不同，这时就必须进行充分而有效的沟通，如交换意见、统一思想、明确任务等。

从一个人被招聘到某一岗位（或职位）开始，直到退休（或调出），有效的沟通都是很重要的。在招聘过程中，进行沟通可使未来的职工相信在本组织中工作的好处，主要使他们对整个组织状况有所了解，产生好的印象。同时，还要使他们了解组织的内部政策、习惯做法、结构、他们的岗位等，从而使他们在进入岗位之前，有心理上的准备。沟通还可以使职工们熟悉自己的工作，感到其工作安全。一般来说，使职工在精神上感到满意，他们的工作效果就更有成效，就更愿意留下来工作。每个职工都承认在组织活动中需要纪律，在这方面进行沟通，就是使职工了解组织的各项规章制度，以使他们能遵守这些制度，从而保持组织的统一性。

（3）沟通是在组织成员之间，特别是领导者和被领导者之间建立良好的人际关系的关键。一个组织内的人际关系如何，主要是由沟通的水平、态度和方式来决定的。只有通过不断地沟通，才能使组织内的成员彼此了解、互相有感情、配合默契。一个领导者作风好，深入基层，虚心听取大家的意见，关心大家的疾苦，就会更能赢得人们的信任和支持。在个人考评方面，上级主管人员评价其下属对组织所作的贡献，并将此评价传达给下级是十分重要的。因为这有利于使下级了解自己的地位、了解上级对他们完成任务的看法、了解他们如何改进自己对组织的贡献，以及了解他们未来的前途等。这种沟通将会大大激发职工的士气。

 小思考

他们都进行了沟通吗？

假设办公楼里有三位管理者。这三位管理者都在进行沟通的工作，但他们都进行了沟通吗？

第一位总是在叫下属进来帮忙，可是没有人，但她还是不停地叫。

第二位打电话吩咐下属，但电话杂音让下属听不清关键的数字。

第三位在办公室里同下属交谈，后者清楚地理解了她的话。

14.2　沟通的形式和方法

14.2.1　沟通的形式

1. 按沟通的组织系统分

按沟通的组织系统，可以分为正式沟通和非正式沟通。正式沟通就是通过组织明文规定的渠道进行信息传递和交流。这类沟通代表组织，比较慎重。例如，组织规定的汇报制度，定期或不定期的会议制度，上级的指示按组织系统逐级下达，或下级的情况逐级上报，等等。非正式沟通是在正式沟通渠道之外进行的信息传递或交流。这类沟通代表个人，比较灵活。例如，组织中职工私下交换，议论某人某事等。现代管理中很重视研究非正式沟通。因为人们的真实思想和动机往往是在非正式的沟通中表露出来的。这样的沟通信息传递快而且也不受限制，它起着补充正式沟通的作用。但这两者之间的界限不是绝对的，有时是很难区分的。

2. 按沟通信息的流动方向分

按沟通信息的流动方向可以把沟通分为上行沟通、下行沟通和横向交叉的沟通。

上行沟通是指下级的意见、信息向上级反映。这种沟通经常受到沟通环节上的主管人员的阻碍，他们把信息过滤并且不把所有信息，特别是不利的消息向上级传送。就控制的目的而言，客观地传送信息至关重要，因为这是主管人员掌握全面情况，做出符合实际的决策的前提。自下而上的沟通主要是启发式的，它通常存在于参与式的和民主的环境之中。有效地进行自下而上的沟通需要有一个使下属可以自由沟通的环境。组织气氛在很大程度上受上级管理部门的影响，因而，创造自下而上自由沟

> **小故事**
>
> **美国老板和希腊员工对话**
>
> 美国老板：完成这份报告要花费多少时间？
>
> 希腊员工：我不知道完成这份报告需要多少时间。
>
> 美国老板：你是最有资格提出时间期限的人。
>
> 希腊员工：10 天吧。
>
> 美国老板：你同意在 15 天内完成这份报告吗？
>
> 希腊员工：没有做声（认为是命令）。
>
> 15 天过后，
>
> 美国老板：你的报告呢？
>
> 希腊员工：明天完成（实际上需要 30 天才能完成）。
>
> 美国老板：你可是同意今天完成报告的。
>
> 第二天，希腊员工递交了辞职书。
>
> 请从沟通的角度分析美国老板和希腊员工对话，说明希腊员工辞职的原因并提出建议。

通这样一个环境的责任在很大程度上也应由上层管理部门承担。

下行沟通是指自上而下的沟通，是信息从高层次成员朝低层次成员的流动。这种沟通方式在具有独裁主义气氛的组织中尤为突出。主管人员把组织目标、规章制度、工作程序等向下传达，这是保证组织工作进行的重要沟通形式。遗憾的是，信息向下属指挥系统传送时往往会遗漏或被曲解。而最高管理部门所颁布的政策和工作程序并不保证信息的沟通。事实上，许多指示并未被下属所理解，甚至连看都没看过。因而，要知道接收者是否按照发送者的意图去理解信息，必须有一个信息反馈系统。

小资料

联邦快递公司有效的上行沟通

联邦快递公司对自己自下而上沟通的电脑化程序十分骄傲。所有员工每年都对管理层进行评定，并填写工作气氛调查问卷。这一程序被美国马尔科姆·鲍德里奇国家质量奖的评定者称为是关键的人力资源力量，联邦快递业因此获得了该奖项。

横向交叉的沟通是指同一级之间，或对角线即处于不同层次的没有直接隶属关系的成员之间的沟通。这种沟通方式用来加速信息的流动，促进理解，并为实现组织的目标而协调各方面的努力。从管理的角度来看，横向交叉沟通具有有利的一面，同时也有不利的一面。如果说有沟通都严格遵循正式的垂直结构，则会阻碍信息传递的有效性和精确性，在这一点上横向交叉沟通更为有利。但是在下列情况中，横向交叉沟通会导致组织功能失调和人际冲突：当正式的垂直通道受到破坏时；当成员绕过或避开自己的直接领导做事时；当上司发现下属所采取的活动或作出的决策自己却不知道时。

3. 按沟通的方法分

按沟通的方法可以把沟通分为口头沟通、书面沟通、非言语方式沟通和电子媒介沟通。

口头沟通是借助于口头语言进行的沟通，例如，谈话、报告、讨论、讲课、电话等，它的特点是亲切、反馈快、弹性大、双向、效果好，但事后难于准确查证。又由于种种原因，许多听话者提不出应提的问题，因而只得到一些不完整的或断章取义的情报，可能导致代价高昂的错误，而且也不一定能节省时间。

书面沟通是利用文字进行沟通。例如，合同、协议、规定、通知、布告等。它的特点是正式、准确、具有权威性，又可以把传送的情报作为档案或参考资料保存下来，往往比口头沟通更为仔细。进行书面沟通，可以使接收者反复阅读，但也不一定能达到预期效果，因为写得不好的书面信息往往随后需要用很多书面和口头情报来澄清，这既增加了沟通的费用，也容易引起混乱。书面和口头沟通这两种形式各有利弊，因而两种方式经常同时使用，并使之互为补充。

非言语方式是一些极有意义的非口头形式也非书面形式的沟通方式。刺耳的警笛和十字路口的红灯都不是通过文字告诉我们信息的。教师上课时，当看到学生们的眼神无精打采或者有人翻看杂志时，无须言语说明，学生们已经在告诉他（她），他们厌倦了。非言语方式沟通（nonverbal communication）中最为人所知的领域是体态语言和语调。体态语言包括手势、面部表情和其他身体动作，而语调指的是个体对话或短语的强调。另外还有一点要注意，就是任何口头沟通都包含有非言语信息，这一事实应该引起足够的重视。一名研究者发现，在口头交流中，信息的55%来自面部表情和身体姿态；38%来自语调；而仅有7%来自真正的词汇。

小资料

当你的语调改变时，要表达的意思也会改变

重音位置	句子的意思
为什么我今晚不能请你吃晚饭？	我要请别人吃晚饭。
为什么我今晚不能请你吃晚饭？	你却和别人一起吃晚饭。
为什么我今晚不能请你吃晚饭？	我要找到一个理由说明我不该请你的原因。
为什么我今晚不能请你吃晚饭？	你有什么问题要找我吗？
为什么我今晚不能请你吃晚饭？	而不是你自己去。
为什么我今晚不能请你吃晚饭？	而不是明天吃午饭。
为什么我今晚不能请你吃晚饭？	而不是明天晚上。

电子媒介沟通是指将言语和包括计算机、电话、公共邮寄系统、闭路电视、复印机和传真机等在内的电子设备结合在一起，从而实现的一种更新式的沟通方式，它的出现丰富了传统的沟通手段。电子媒介沟通使得组织的界限变得越来越不重要了，例如网络化就使得组织中的员工可以跨越纵向层级而工作，可以全天在家里工作，可以与其他企业的员工保持不断的交流。电子媒介的各种沟通方式中发展最快的是电子邮件（electronic mail）。

4. 按沟通方向的可逆性分

按沟通方向的可逆性可以把沟通分为单向沟通和双向沟通。单向沟通是指信息朝一个方向前进，信息发送者与信息接收者之间的地位不发生变化，例如，作报告、发指示、做讲演等。这种沟通的特点是速度快、秩序好、无反馈、无逆向沟通，但实收

小思考

张经理的沟通经验

某公司张经理在实践中深深体会到，只有运用各种现代科学的管理手段，充分与员工沟通，才能调动员工的积极性，才能使企业充满活力，在竞争中立于不败之地。

首先，张经理直接与员工沟通，避免中间环节。他告诉员工自己的电子信箱，要求员工尤其是外地员工大胆反映实际问题，积极参与企业管理，多提建议和意见。经理本人则每天上班时先认真阅读来信，并进行处理。

其次，为了建立与员工的沟通体制，公司又建立了经理公开见面会制度，定期召开，也可因重大事情临时召开，参加会议的员工是员工代表、特邀代表和自愿参加的员工代表。每次会议前，员工代表都广泛征求群众意见，提交经理公开见面会上解答。2010 年 12 月，调资晋级和分房两项工作刚开始时，员工中议论较多。公司及时召开了会议，厂长就调资和分房的原则、方法和步骤等做了解答，使部分员工的疑虑得以澄清和消除，保证了这两项工作的顺利进行。

请你分析张经理与员工在沟通方式上所做的选择，这些方式有何特点？沟通的主要内容是什么？从这个沟通案例中，分析管理者在沟通中所起的作用。

率低，接受者容易产生挫折、埋怨和抗拒。双向沟通是指信息发送者与信息接收者之间的地位不断发生变化，信息在二者之间反复变换传送方向，例如，交谈、协商、会谈等。这种沟通的特点是速度慢、气氛活跃、有反馈、实收率高，接受者能表达意见，人际关系较好。但信息发送者感到心理压力较大，因为随时都会受到信息接收者的批评或挑剔。

严格地讲，单向沟通并不是真正的沟通，而只是一方把话告诉另一方，效果如何则暂且不问。双向沟通才是真正的沟通。但是不能因此而否定单向沟通。一般来说，例行公事、有章可循、无甚争论的情况可采用单向沟通；事情复杂、底数不大，可采用双向沟通。重视速度维护表面威信可采用单向沟通；重视人际关系则可采用双向沟通。

14.2.2 沟通的方法

沟通的方法是多种多样的，是随机制宜，因人而定的。可供选择的沟通方法有以下几种。

1. 发布指示

在指导下级工作时，指示是很重要的。指示是使一个组织生机勃勃或者解体的动力，指示可以开始、更改、制止一个活动。

"指示"有许多含义，指示作为一个领导的方法，可以理解为上级的训令，它要求下级在一定的环境下工作或停止工作。它隐含有从上级到下级的直线指挥人员之间的关系，这种关系是不能倒过来的。指示的另一个含义是，指示的内容应该和实现组织的目标密切关联，指示的定义含有强制性的意思。如果下级拒绝执行或不恰当地执行指示，而上级主管人员又不能对此使用制裁办法，那么他今后的指示可能会失去作用，他的地位将难以维持。要避免这种情况的出现，可以在指示发布之前听取各方面的意见，或对下级进行训导。

在管理中，发布指示应考虑的问题是：要由主管人员根据其对周围环境的预见能力以及下级的响应程度，来决定是采用具体的还是一般的指示。对授权持有严格观点的主管人员倾向于用具体的指示，而在对实施指示的所有周围环境不可预见的情况下大多采用一般的指示。当指示的实施远离上级的监督时，下达指示应该特别小心。另外应考虑的问题是，如果上下级之间的关系将长期维持，上下级之间的信任程度又较高，则不必用书面指示；如果为了防止命令的重复和司法上的争执，为了对所有有关人员宣布一项特定任务，尤其是不平常的任务，则书面指示大为必要。再有，对每一个下级准确地选择正式的和非正式的发布指示的方法，也是一种艺术。对有些下级可采用非正式的指示来启发诱导；而对另一些下级，用正式的书面或口述的命令可能会更好。

2. 会议

人们之所以经常聚会，是因为会议的确可以满足人们的某种需要。通过开会，人们可以沟通信息，交流思想，统一认识。在科学技术不发达的年代，开会固然重要，就是在人类步入信息时代的今天，它仍然是人们进行有效沟通的手段。尽管现在有许多先进的通讯手段可以广为利用，但这不能完全取代面对面的会议。因为，领导工作的实质是处理人际关系，而人与人之间的沟通联络是人们思想、情感的交流。采用开会的方法，就是提供交流的场所和机会。

会议的作用主要有：（1）会议是整个组织活动（包括社会活动）的一个重要反映，也是与会者在组织中的身份、地位，以及所起的作用的表现。会议中的信息交流会在人们心理上产生影响。（2）会议可以集思广益。与会者在意见交流之后，就会产生一种共同的见解、价值观念和行动指南。这种见解的共同组合不仅会使每个与会成员能更好地分工合作，而且会使彼此的联系更紧密。（3）会议不仅能使人们彼此了解共同的目标，还可以了解自己的工作与他人工作的关系，可使每个成员更好地选择自己的工作目标，明确自己能怎样更好地为组织作出贡献。（4）通过会议，可以对每个与会者产生一种约束力。譬如，一位与会者本来反对某一提案，可是通过会议做出决议之后，他就只能服从。有时，有的成员虽然反对某一提案，其主要原因是没有听取他们的意见，一旦请他们讨论，倾听他们的意见之后，他们也会欣然投赞成票，从而自愿服从。（5）在会议上，有时人们可以提出一些别人没有注意到的问题，并对其加以认真考虑和研究。

会议的类型多种多样，要视目的和参加的人员不同而有所区别。如：工作汇报会，专题讨论会，各种座谈会等。值得注意的是，会议虽然是主管人员进行沟通的有效方法，但在利用这个方法时，必须讲究实效，减少会议成本，避免"文山会海"。

 小资料

低效率会议的成本到底有多高

在一片降低成本的声浪中，我们也不应该忽视会议的有效性，以免花费昂贵的会议成本。

一上班就开会，会议通知单上面只有开会时间而没有预定的散会时间；该与会的人员没有邀请或不会到会，不应该邀请的却亲自与会；主席、记录不能称职，与会人士不能遵守会议规则；迟到、早退或者废话太多；这些常见的现象，都是会议无效的主要原因。特别是在中国的企业组织中，会前会后都比较容易沟通，反而在会议中十分难于沟通。很多人由于迷信会议就是要讨论、商议的地方，以致每次开会必得罪若干人，甚至越开越造成派系的对立，造成许多不必要的困扰，不但达不到会议原定的目的而且伤害了成员之间的感情，影响了企业内部的和谐。可见，低效率会议的成本不仅体现在时间的浪费上，它的成本比我们想象中的更高。

3. 个别交谈

个别交谈是指在组织内或在组织外，人们利用正式的或非正式的形式，同下属或同级人员进行个别交谈，征询谈话对象对某一问题的看法，包括对别人、对别的上级、对谈话人自己的意见。这种形式由于是建立在相互信任的基础上，可以不受任何约束，双方都感到有一种亲切感。这对双方统一思想、认清目标、体会各自的责任和义务都有很大的好处。在个别交谈时，人们往往愿意表露真实的思想，提出不便在公开场合提出的问题。个别交谈是主管人员开展思想工作的有效方法，通过个别交谈，可以使主管人员掌握下属的思想动态，并与下属在认识、见解、信心诸方面取得一致。对此，管理学家和行为科学家们都给予了极大的关注，并进行了深入的研究。

必须注意的是，在进行个别交谈时，不要带有任何成见，不要先入为主，要善于启发诱导、耐心听取对方的意见。如能用形象的比喻和手势、幽默的语言和表情，造成一种十分融洽的谈话气氛，则会使谈话效果更好。

4. 建立沟通网络

沟通网络实际上是对各种沟通形式的概括。组织中的不同沟通网络形式对组织活动的效率有着不同的影响。莱维特最早通过实验提出了五种沟通网络形式，如图 14 – 2 所示。

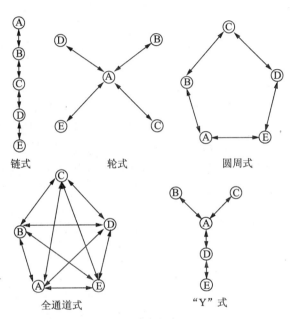

注：字母圈代表信息的传递者；箭头线表示传递方向。

图 14 – 2　五种不同的沟通网络示意

（1）链式沟通。这是一个平行网络，其中居于沟通两端的人只能与内侧的一个成员联系，居中的人则可分别与两人沟通信息。在一个组织系统中，它相当于一个纵向沟通网络，代表一个五级层次，逐渐传递，信息可自上而下进行沟通。在这个网络中，由于信息传递环节较多，容易失真。所以，各个信息传递者所接收的信息差异很大，平均满意程度有较大差距。此外，这种网络还可表示组织中主管人员和下级部署之间管理者的组织系统，属于控制型结构。在管理中，如果某一组织系统过于庞大，需要实行分权、授权管理，这样，链式沟通网络是一种行之有效的方法。

（2）圆周式沟通。此形态可以看成是链式形态的一个封闭式控制结构，表示五个人之间依此联络和沟通。其中，每个人都可以同时与两侧的人沟通信息。在这个网络中，组织的集中化程度和领导人的预测程度都较低；畅通渠道不多，组织中成员具有比较一致的满意度，组织士气高昂。如果在组织中需要创造一种高昂的士气来实现组织目标，环式沟通是一种行之有效的措施。

（3）Y式沟通。这是一个纵向沟通网络，其中只有一个成员位于沟通内的中心，成为沟通的媒介。在组织中，这一网络大体相当于组织领导、秘书班子再到下级主管人员或一般成员之间的纵向关系。这种网络集中化程度高，解决问题速度快，组织中领导人员预测程度高。除中心人员（C）外，组织成员的平均满意度较低。此网络适用于主管人员的工作任务十分繁重，需要有人选择信息，提供决策依据，节省时间，而又要对组织实行有效的控制。但此网络易导致信息曲解或失真，存在影响组织中成员的士气，阻碍组织提高效率的问题。

（4）轮式沟通。属于控制型网络，其中只有一个成员是各种信息汇集点与传递中心。在组织中，大体相当于一个主管领导直接管理几个部门的权威控制系统。此网络集中化程度高，解决问题的速度快。主管人（C）的预测程度很高，而沟通的渠道很少，组织成员的满意度低，士气低落。轮式网络是加强组织控制、争时间、抢速度的一个有效方法。如果组织接受紧急攻关任务，要求进行严密控制，则可采取这种网络。

（5）全通道式沟通。这是一个开放式的网络系统，其中每个成员之间都有一定的联系，彼此了解。此网络中组织的集中化程度及主管人的预测程度都比较低。由于沟通渠道很多，组织成员的平均满意程度高且差异小，所以士气高昂，合作气氛浓厚。这对于解决复杂问题，增强组织合作精神，提高士气均有很大作用。但是，由于这种网络沟通渠道太多，易造成混乱，且又费时，影响工作效率。

上述五种沟通模式各有其优缺点。链式沟通网络传递信息的速度最快；圆周式沟通网络能提高组织成员的士气，即大家都感到满意；轮式和链式解决简单问题时效率最高；而在解决复杂问题时，则圆周式和全通道式最为有效；"Y"式兼有轮式和链式的优缺点，即沟通速度快，但成员的满意感较低。

表14-1　　　　　　　　　　　五种沟通形态的比较

沟通形态　　评价标准	链式	轮式	Y式	环式	全通道式
集中性	适中	高	较高	低	很低
速度	适中	快（简单任务）慢（复杂任务）	快	慢	快

（续表）

评价标准 ＼ 沟通形态	链式	轮式	Y 式	环式	全通道式
正确性	高	高（简单任务） 低（复杂任务）	较高	低	适中
领导能力	适中	很高	高	低	很低
全体成员满意	适中	低	较低	高	很高
示例	命令链锁	主管对四个部属	领导任务繁重	工作任务小组	非正式沟通（秘密信息）

除了上述五种沟通网络模式外，还有很多种不同的信息沟通模式，每个组织都可能有自己特殊的正式的沟通网络。主管人员应该自觉地研究和建立适合本组织需要的信息沟通网络，以保证上下左右各部门、各个人员之间的信息能够得到顺利沟通。

14.3　提高沟通的有效性

14.3.1　沟通的原则

1. 明确的原则

沟通中的信息必须是明确的。即所用的语言和信息传递方式必须能被接收者所理解。这个原则看起来很简单，但在实际工作中，主管人员常常会发现他们经过深思熟虑严格措词后发出的信息，接收者有时竟理解得很差。这种现象在下层对上级的沟通中也往往存在。

提出信息并用别人能理解的文字、语言、口气来表达，是信息发出者的责任，为此，要求信息发出者有较高的语言表达或文字表达能力，并熟悉其下级、同级和上级所用的语言。只有坚持这个原则，才能克服沟通中的障碍。另外，对信息接收者来说，要集中精力，设法克服思想开小差，以避免信息传递中的损失，增强理解。也就是说，有效的沟通是信息发出者和信息接收者共同的不可推卸的责任。

2. 完整性原则

在沟通中，要注意必须以保证维护组织的完整性为前提。各级主管人员为了达到组织目标，就要进行沟通，以促进他们之间的相互了解。但是，沟通只是手段而不是目的。为维护组织的完整性，就要求上级主管人员支持下级主管人员的工作，鼓励位于沟通中心的下级主管人员运用他们的职位和权力。避免越过下级主管人员而直接向有关人员发布指示、进行接触。否则，会使下级主管人员处于尴尬境地，而违背统一指挥的原则。当然，如果确实需要直接发布指示，上级主管应事先同下级主管进行沟通。只有在时间不允许的情况下，例如要求紧急动员完成某一项任务，越级指挥才是必要的。只有注意这个原则，下级主管人员才会主动配合上级，带领人们去共同完成任务。

3. 战略上使用非正式组织的原则

为使沟通产生最佳的沟通效果，主管人员有必要使用非正式组织来补充正式组织的沟通渠道。尽管信息是按正式渠道自上而下或自下而上地在各个管理层次中流动的，但要及时地处理所有信息并能使人理解，仅此一个渠道是不够的，也不一定是完全可靠的。因为，非正式组织存在于正式机构之外，主管人员利用它来发送和接收信息（即小道消息），以此补充正式组织提供的信息的不足，做好组织的协调工作，是有一定积极意义的。非正式组织是可以起到及早传递信息的作用的。

 小思考

你真的听懂了手下的话了吗

美国知名主持人林克莱特一天访问一名小朋友，问他说："你长大后想要当什么呀？"小朋友天真的回答："我要当飞机的驾驶员！"林克莱特接着问："如果有一天，你的飞机飞到太平洋上空所有引擎都熄火了，你会怎么办？"小朋友想了说："我会先告诉坐在飞机上的人绑好安全带，然后我挂上我的降落伞跳出去。"当现场的观众笑得东倒西歪时，林克莱特继续注视这孩子，想看他是不是自作聪明的家伙。没想到，接着孩子的两行热泪夺眶而出，这才使得林克莱特发觉这孩子的悲悯之情远非笔墨所能形容。于是林克莱特问他说："为什么要这么做？"小孩的答案透露出一个孩子真挚的想法："我要去拿燃料，我还要回来！！"

启示：你真的听懂了手下的话了吗？你是否习惯性地用自己的权威打断手下的语言？

14.3.2 沟通的障碍

1. 语言障碍

由于沟通中的信息发送方和接收方都是人，语言是沟通中的主要媒介。由于语言的障碍会产生理解的差异，甚至是误解。在一个组织里，由于语言的问题形成沟通障碍主要表现为以下几方面：首先是不同语言造成的沟通障碍，人们发现用外语表述问题不如用母语清晰，在接收外语时也存在着语意差别。其次是由于语言的语意差别形成的障碍。即同一语言在不同地区会有不同的含义。中文由于语音复杂，一词多义，理解的可变度极大。再其次是语言发送者表述方式所形成的障碍，如有些沟通者事先缺乏必要的准备和思索，或用词不当或说话意图不清，使听者不知所云。最后是信息接收者个人在接收的过程中的主观原因，如推理能力、世界观、经历、经验、需要的影响，从而产生不同的理解。为了克服组织中语言障碍，对员工进行规范的语言训练是很有必要的。

2. 信息损耗

在沟通中，由于环节过多，引起信息损耗的现象时有发生。研究表明，信息从一个人传到另一个人的一系列传递过程中会越来越失真，一般每经过一个中间环节，就要丢失30%的信息。这一方面是由于人的性别、年龄等生理特点影响所致，另一方面由于人们的文化程度、信仰、观念、态度不同，从而造成一个人的感觉和知觉不同以及接受水平上的差异。另外对信息的遗忘性也是一个问题。因此，在管理沟通中，采用什么沟通渠道或媒介是管理者应考虑的重要方面。

3. 选择性知觉

管理学家罗宾斯认为选择性知觉是人际间有效沟通的障碍。这主要是指个人的兴趣、经验和态度会影响其有选择地解释所看或所听的信息。研究已经证实人们会有选择地接受信息以保护自己。当然如果人们在沟通中存在着偏见、猜疑、威胁和恐惧等心理，对沟通的影响就更大了。如信息发送者在接收者心目中的形象不好，则后者对前者所讲述的内容往往不愿意听或专挑毛病，有时虽无成见，但认为所传达的内容与己无关，从而不予理会，或拒绝接受。管理活动中，如果是在含有不利因素的气氛中进行沟通，任何信息的有效传递都会受到影响。如果一个员工在过去因向上司如实反映真实情况，但与己不利而受到惩罚的经历所致，这就导致出现报喜不报忧的情况。因此，组织创造一种信任的气氛，以此促进公开而真诚的沟通是十分重要的。

4. 信息超负荷

管理失误或冲突产生被许多人认为是信息沟通不够造成的，但还有一种现象也应引起管理者的注意，就是信息沟通过渡也会造成上述问题。研究也表明，大量的信息流动有助于克服信息沟通中的不畅问题，但是，不受限制的信息流动会导致信息过量，信息超负荷也会导致一系列问题：第一，人们可以无视某些信息，例如，一个人收到的信件太多，干脆就把应该答复的信件也置之不顾了。第二，一旦人们被信息过载所困扰，在处理中就会出差错。最常见的就是人们会把信息所传送的"不"字忽略了，从而使原意颠倒。第三，信息过量，可能会降低人们的工作效率，无限期地拖延处理信息。第四，人们会对信息进行过滤，很可能忽略了关键性的信息。第五，人们会干脆从沟通中脱身以对待信息超负荷的情况。综上所述，由于信息超负荷，人们会把信息束之高阁或者不进行有效沟通。

除了上述障碍外，还有其他许多影响有效沟通的障碍。比如地位差异因素。一般人在接受信息时不仅判断信息本身，而且判断信息的发送人。信息发源的层次越高，便越倾向于接受。相反，信息发送者地位较低，其发出的信息也将跟着打折扣。比如信息传递方式因素。因为信息表达不清，沟通要求不明，渠道不畅，都会在不同程度上影响沟通。比如地理障碍因素。在管理中，由于组织规模庞大，地理位置分散所造成的信息传递失真或延误并不在少数，因此由地理位置所造成的沟通困难也是不可忽视的。另外人的情绪、态度、注意力等方面因素也会影响有效沟通。人们往往以他们想要了解或喜欢事物为知觉基础，这在信息沟通中意味着人们听到了要听到的信息，却忽略了其他相关的信息。态度是一种有关事实或事态的心理定位，显然，倘若人们已经认定了什么，那么就不可能客观地聆听别人的谈话，多数情况下会根据自己的主观意见解释沟通的信息，从而导致信息失真。

 小资料

跨文化沟通障碍

随着经济全球化的发展跨国界管理在现代组织中越来越常见，在跨文化管理的过程中经常出现一些沟通障碍，所以与此同生的是人们越来越重视如何提高跨文化沟通的有效性。世界各国人们的沟通都是以各自不同的方式进行的，彼此间进行交流时就可能发生冲突，我们从强调个人主义价值观的国家（如美国）和强调集体主义价值观的国家（如日本）的对比中就可以发现这个问题。

在美国重视和强调个人，沟通风格也是个体取向的，并且直言不讳。比如对于组织内部的协商，美国管理习惯于使用备忘录、布告、论文，以及其他正式的沟通手段。日本的组织中针对一件事首先会进行大量的口头磋商，而后才以文件的形式加以总结。开放式的沟通是日本人工作中的一个固有组成部分。他们的工作空间是开放的，不同等级的工作人员挤在一起工作。而美国管理者更强调权力、等级和沟通的正式网络。

这些文化上的差异使得管理人员在谈判过程中遇到不少困难。比如，在谈判中美国人一开始就切入正题，日本对手则以建立关系为开始；美国人希望一开始就涉及数字和细节问题，日本官则以谈及通则入手；美国人倾向于直截了当、不拐弯抹角地表明他们的拒绝，而大多数日本人却将其视为攻击和冒犯。

14.3.3 克服沟通障碍，提高沟通的有效性

1. 沟通要有认真的准备和明确的目的性

信息发送者自己首先要对沟通的内容有正确、清晰的理解。重要的沟通最好要事前征求他人的意见，每次沟通要解决什么问题，达到什么目的，不仅沟通者清楚，也要尽量使被沟通者清楚。

2. 沟通的内容要确切

沟通内容要言之有物，有针对性，语意确切，尽量通俗化、具体化和数量化；要尽量避免笼统含混的语言，更不要讲空话、套话和废话。无论何时信息都要适用，沟通的内容对于接收者来说都要有价值。有时短期内会影响人们的不受欢迎的措施，如果从长远来看对他们有利的话，也比较容易被他们所接受。

3. 沟通要有诚意，取得对方的信任并建立起感情

沟通的职能不只是传递信息而已，它也会涉及感情问题。感情在组织内上下级和同事之间的人际关系方面有非常重要的作用。另外，沟通不仅在营造一个激励人们为组织目标而工作的环境，也在为营造实现个人目标而工作的环境上有重要作用。有人对经理人员的沟通做过分析，一天用于沟通的时间约占70%，其中撰写占9%，阅读占16%，言谈占30%，用于聆听占45%。但一般经理都不是一个好听众，效率只有25%，究其原因，主要是缺乏诚意。缺乏诚意大多发生在自下而上的沟通中。所以要提高沟通效率，必须诚心诚意地去倾听对方的意见，这样对方也才能把真实想法说出来。聆听是沟通中理解的关键。人们要求倾听他们的谈话，要求别人认真地倾听，还要求被人理解，这样主管就必须避免打断下属的话，还要避免使他们处于防范的心理状态。既给予反馈也要求得到反馈，这是明智的做法，因为没有信息反馈，人们绝不会知道信息是否被人理解。沟通能否成功，不仅和沟通内容有关，而且和沟通者的品德有关。最主要的是要有民主作风，要欢迎人们发表意见，特别是不同意见。要能兼收并蓄，豁达大度，要经常深入基层和实际，上下级之间要相互了解，从感情上建立联系，形成一种相互信任、充满信心的气氛以及支持下属工作的作风。同时，少摆领导架子，也是必要的。

4. 提倡平行沟通

所谓平行沟通是指在组织中同一层次之间的相互沟通。有些领导者整天忙于当仲裁者的角色，想以此说明自己的重要性，这是不明智的。领导的重要职能是协调，但是这里的协调主要是目标的协调、计划的协调，而不是日常活动的协调。日常的协调应尽量鼓励在平级之间进行。

5. 提倡直接沟通、双向沟通和口头沟通

美国曾对经理们进行了调查，请他们选择良好的沟通方式，55%的经理认为直接

听口头汇报最好，37%喜欢下去检查，18%喜欢定期会议，25%喜欢下面写汇报。另外一项调查是问经理们在传达重要政策时，认为哪种沟通最有效，被调查的共51人，选择召开会议作口头说明的有44人，亲自接见重要工作人员的有27人，在管理公报上宣布政策的有16人，在内部备忘录上说明政策的有14人，通过电话系统说明政策的仅有1人。这些都说明人们倾向于面对面的直接沟通、口头沟通和双向沟通的居多。日本不主张领导者单独办公，主张大屋集体办公，这些都是为了及时、充分、直接地掌握第一手资料和信息。

 小思考

他为什么有意制造沟通"障碍"

某位公司经理请客，帖子上简单明了八个大字：敬备菲酌，恭请光临。内容非常不透明，不知道为何宴客？

这给接到请帖的人带来了很大的沟通障碍。若是打电话去问请客的缘由，主人一定笑着说："没有什么啦，大家聚一聚，真的没有什么。"这一来大家全都明白：一定有事，不然为什么一直说真的没有什么？主人的意思倒是相当明显：你还问我，叫我怎么说呢？难道你不可以自己去打听，还来问我，岂不是叫我为难？

但是如果主人真的明了请客目的，却又会很为难，因为听的人会非常不高兴。比如说上面的情况换成这样：某经理请客，帖子上也印得十分清楚——6月6日敝人生日，敬备薄酒，恭请光临。看的人多半会把帖子摔在地上，请就请好了，为什么说生日。摆明要我送礼？我讨厌借故发请帖收礼图财。何况6月6日根本就是断肠时，有什么好庆祝的……

不明言有什么好处呢？分析起来真的是好处多多：第一，不明言才不至于使自己站在亮处，曝光太多，让人家一目了然，很容易加以掌握，甚至抓住弱点。第二，不明言才有回旋的余地，不至于自己无路可退。反正话还没有说出口，怎么改都可以，才够灵活。第三，不明言才能够引出对方的本意，因为他搞不清楚底细，才肯原原本本地说出来。啊，原来如此！

除了上面提到的三点，您认为说话者还会出于哪些考虑来制造沟通"障碍"？

6. 设计固定沟通渠道，形成沟通常规

如采取定期会议、报表、情况报告、定期交换信息等。例如国外某公司规定，从基层开始，各级主管人员应当每月向他们各自的上级提出一份认为对上级考虑问题具有重要意义的、简明的、叙述性的报告。还规定在直线组织中的下级主管人员，同他们的上级定期召开会议，讨论他们提出的问题如何解决。这个过程要依次在所有的各级管理层次中进行，直至最高主管部门。

小思考

说谎是不对的吗

当我们还是孩子的时候，父母常常告诫我们"说谎是不对的"。然而，我们中的每个人都偶尔说过谎话。如果大多数人都认为说谎是不对的，为什么还会这样做呢？我们常常把"真正的谎言"和"无恶意的小谎言"区分开来，并认为后者在社会交往中是可以接受的，甚至有时是必要的。

最近的一项研究对10000名年龄为18～50岁的人进行了调查，其结果给我们提供了一些十分有用的启示。80%的人认为诚实是一种重要的品质；但其中近25%的人说，在必要的时候会向雇主说谎；超过15%的人承认自己在个人履历上或申请工作时说了谎；超过45%的人说他们会很高兴地告诉你一个"无恶意的小谎言"。

由于说谎和沟通之间有着极为密切的联系，所以让我们看看管理者通常会面对的一个问题：为了一个有利的结果你是否会有意使信息失实呢？请思考下面的情况：

有传言说你的部门及全体员工将要从公司总部迁往郊区办公区，一名下属前来问你这消息是否属实。你知道这是真的，但你不希望把这个消息过早地泄露出去，你害怕这将打击整个部门的工作士气，并导致一些人不经过慎重考虑而辞职不干。在这样的情况下，你会如何回答下属呢？你会说谎，还是会回避这个问题？你会告知他实情吗？如果你身为一名管理者，如何回答上面问题才会使你不失掉员工对你的信任？

我们将这个具体问题放大，你认为企业中真实与谎言之间的界限究竟在哪？

本章小结

沟通可以理解为人与人之间传达思想或交换情报的过程。沟通对于组织来说是必要不可少的，良好的沟通有利于更快更好地实现组织目标。按沟通的组织系统、信息的流动方向、沟通方法和沟通方向是否可逆等标准，可以把沟通分成许多不同的形式。沟通的方法多种多样，常用的主要有发布指示、会议、个别交谈和建立信息沟通网络等形式。在沟通中应坚持明确、完整和战略上使用非正式组织的原则来克服沟通中容易出现的问题，如语言障碍、信息损耗、选择性知觉和信息超负荷等。

思考题

1. 沟通的概念和沟通的过程是什么？
2. 为什么有效的沟通不是达成协议的代名词？
3. 正式沟通和非正式沟通的分别适用情况是怎样的？

4. 请对比上行沟通和下行沟通的不同。

5. 口头沟通、书面沟通、非言语方式沟通和电子媒介沟通的优缺点各是什么？

6. 对比说明五种沟通网络的优劣势。

7. 在组织沟通中通常存在的沟通障碍有哪些？

8. 如何克服沟通障碍实现有效沟通？

9. 案例分析：

迪特尼公司的企业员工意见沟通制度

迪特尼·包威斯公司是一家拥有 12000 余名员工的大公司，他早在 20 年前就认识到员工意见沟通的重要性，并且不断地加以实践。现在，公司的员工意见沟通已经相当成熟和完善。特别是在 20 世纪 80 年代，面临全球性的经济不景气，这一系统对提高公司劳动生产率发挥了重要作用。

公司的"员工意见沟通"系统是建立在这样一个基本原则上的：个人或机构一旦购买了迪特尼公司的股票，他就有权知道公司的完整账务资料，并得到有关资料的定期报告。

本公司的员工，也有权知道并得到这些账务资料，如一些更详尽的管理资料。迪特尼公司的员工意见沟通系统主要分为两个部分：一是每月举行的员工协调会议；二是每年举办的主管汇报和员工大会。

一、员工协调会议

早在 20 年前，迪特尼·包威斯公司就开始试行员工协调会议，员工协调是每月举行一次公开的讨论会。在会议中，管理人员和员工共聚一堂，商讨一些彼此关心的问题。无论在公司的总部、各部门、各基层组织都会举行协调会议。这看起来有些像法院结构，从地方到中央，逐层反映上去，以公司总部的首席代表协会会议为最高机构。员工协调会议是标准的双向意见沟通系统。

在开会之前，员工可事先将意见或怨言反映给参加会议的员工代表，代表们将在协调会议上把意见转达给管理部门，管理部门也可以利用这个机会，同时将公司政策和计划讲解给代表们听，相互之间进行广泛的讨论。

在员工协调会议上将讨论些什么呢？这里摘录一些资料，可以看出大致情形。

问：新上任人员如发现工作与本身志趣不合，该怎么办？

答：公司一定会尽全力重新安置该员工，使员工能发挥最大作用。

问：公司新设置的自动餐厅的四周墙上一片空白，很不美观，可不可以搞一些装饰？

答：管理部门已拟好预算，准备布置这片空白。

问：公司的惯例是工作 8 年后才有 3 个星期的休假，管理部门能否放宽规定，将期限改为 5 年？

答：公司在福利工作方面做了很大的努力，诸如团体保险、员工保险、退休金福利计划、意见奖励计划和休假计划等。我们将继续秉承以往精神，考虑这一问题，并呈报上级，如果批准了，将在整个公司实行。

问：可否对刚病愈的员工行个方便，使他们在复原期内，担任一些较轻松的工作。

答：根据公司医生的建议，给予个别对待，只要这些员工经医生证明，每周工作不得超过 30 个小时，但最后的决定权在医生。

问：公司有时要求员工星期六加班，是不是强迫性的？如果某位员工不愿意在星期六加班，公司是否会算他旷工？

答：除非重新规定员工的工作时间，否则，星期六加班是属于自愿的。在销售高峰期，如果大家都愿意加班，而少数不愿意加班，应仔细了解其原因，并尽力加以解决。

要将迪特尼 12000 多名职工的意见充分沟通，就必须将协调会议分成若干层次。实际上，公司内共有 90 多个这类组织。如果有问题在基层协调会议上不能解决，将逐级反映上去，直到有满意的答复为止。事关公司的总决策，那一定要在首席代表会议上才能决定。总部高级管理人员认为意见可行，就立即采取行动，认为意见不可行，也得把不可行的理由向大家解释。员工协调会议的开会时间没有硬性规定，一般都是一周前在布告牌上通知。为保证员工意见能迅速反映上去，基层员工协调会应先开。

同时，迪特尼公司也鼓励员工参与另一种形式的意见沟通。即在四处安装许多意见箱，员工可以随时将自己的问题或意见投到意见箱里。

为了配合这一计划的实行，公司还特别制定了一项奖励规定，凡是员工意见经采纳后产生了显著效果的，公司将给予优厚的奖励。令人欣慰的是，公司从在这些意见箱里获得了许多宝贵的建议。

如果员工对这种间接的意见沟通方式不满意，还可以采用更直接的方式来面对面和管理人员交换意见。

二、主管汇报

对员工来说，迪特尼公司主管汇报、员工大会的性质和每年的股东财务报告、股东大会类似。公司员工每人可以接到一份详细的公司年终报告。

这份主管汇报有 20 多页，包括公司发展情况、财务报表分析、员工福利改善、公司面临的挑战以及对协调会议提出的主要问题的解答等。公司各部门接到主管汇报后，就召开员工大会。

三、员工大会

员工大会都是利用上班时间召开的，每次人数不超过 250 人，时间大约 3 小时，大多在规模比较大的部门里召开，由总公司委派代表主持会议，各部门负责人参加。会议先由主席报告公司的财务状况和员工的薪金、福利、分红等与员工有切身关系的问题，然后便开始问答式的讨论。

这里有关个人问题是禁止提出的。员工大会不同于协调会议，提出来的问题一定要具有一般性、客观性，只要不是个人问题，总公司一律尽可能予以迅速回答。员工大会比较欢迎预先提出问题的这种方式，因为这样可以事先充分准备，不过大会也接受临时性的提议。

下面列举一些讨论的资料：

问：本公司高级管理人员的收入太少了，公司是否准备采取措施加以调整？

答：选择比较对象很重要。如果选错了参考对象，就无法做出客观评价，与同行业比较起来，本公司高层管理人员的薪金和红利等收入并不少。

问：本公司在当前经济不景气时，有无解雇员工的计划？

答：在可预见的未来，公司并没有这种计划。

问：现在将员工的退休基金投资在债券上是否太危险了？

答：近几年来债券一直是一种很好的投资，虽然现在的经济不景气，但是，如果立即将这些债券脱手，将会造成很大的损失，为了这些投资，公司专门委托了几位财务专家处理，他们的意见是值得我们考虑的。

迪特尼公司每年在总部要先后举行 10 余次员工大会，在各部门要举行 100 多次员工大会。

那么，迪特尼公司员工意见沟通系统的效果究竟如何呢？

在 80 年代全球经济衰退中，迪特尼公司的生产每年平均以 10% 以上的速度递增。

公司员工的缺勤率低于 3%，流动率低于 12%，在同行业中最低。许多公司经常向迪特尼公司要一些有关意见沟通系统的资料，以做参考。

讨论问题：（1）迪特尼公司是怎样具体实施员工沟通制度的？（2）仔细分析迪特尼公司的总体指导原则是什么？依据是什么？（3）既然迪尼公司的这种方法能取得如此好的效果，为什么至今采用这种方法的公司不多？

第五篇

控 制

第十五章　控　制

学习目标

1. 了解控制的概念与重要性
2. 了解控制与计划的关系
3. 掌握控制的基本类型
4. 理解控制工作的步骤和要求
5. 了解预算的概念和作用以及预算的编制步骤
6. 理解网络计划技术的基本原理
7. 重点掌握网络图的绘制和网络图的计算

学习索引

```
          概念
          分类 { 按控制点的位置划分：预先控制、过程控制、事后控制
                按照控制信息的性质划分：反馈控制、前馈控制
                      { 确定控制标准
                  步骤 { 据标准衡量执行情况
                      { 纠正偏差
控制      步骤与要求    要求：控制的目的性、控制的及时性、控制的经济性、
                          控制的客观性、控制的灵活性、控制的适应性、控
                          制的关键点与例外情况
          技术 { 预算控制
                网络计划技术
```

15.1 控制概述

15.1.1 控制的概念与重要性

控制是管理的一项基本职能，控制是对各项活动的监视，从而保证各项活动按计划进行并纠正各项显著偏差的过程。控制工作是组织中不同层次的管理者都应该承担的职责，因为尽管不同层次的管理者控制的范围不同，但他们都有执行计划的职责。在实际中有些低层的管理者常常忘记行使这一职责。

控制重要吗？让我们来看一个小资料。

 小资料

哈勃望远镜的失败

耗资 15 亿美元，经过长达 15 年准备的哈勃（Hubble）太空望远镜最后在 1990 年 4 月升空。但是美国国家航空航天局（NASA）发现望远镜的镜片存在缺陷。由于直径 94.5 英寸的主镜片的中心过于平坦，导致成像模糊无法对遥远的星体清晰的聚焦，结果造成一半以上的实验和许多观察无法进行。

更让人悲哀的是，如果有一点更好的控制，这些是完全可以避免的。镜片生产商 Perkings - Elmer 公司使用了一个有缺陷的光学模板来生产如此精密的镜片。具体原因是，在镜片生产过程中，进行检验的一种无反射校正装置没有设置好。校正装置上的 1.3 毫米的误差导致镜片被研磨和抛光成了错误的形状。但是没人发现这个错误。具有讽刺意味的是，与许多 NASA 项目不同的是，这次并没有时间上的压力，而是有充足的时间来发现望远镜上的错误。实际上，镜片的粗磨在 1978 年就开始了，直到 1981 年才抛光完毕，后来由于"挑战者号"航天飞机的失事，完工后的望远镜又在地上放了两年。

美国国家航空航天局负责哈勃项目的官员对望远镜制造过程中的细节根本就不关心。事后美国国家航空航天局中一个由 6 人组成的调查委员会的负责人说："至少 3 次有明显的证据说明问题的存在，但这 3 次机会都失去了。"

哈勃望远镜的例子说明了什么问题？在一个组织中如果没有良好的控制，再完美的计划在执行的过程中也会出现问题，这些问题对组织来说可能是致命的。

尽管计划可以制订出来，组织结构可以调整得适合执行计划，员工的积极性也可以有效地调动起来，但是这仍不能保证所有的行动都按计划来进行，因为企业面临的环境是复杂多变的，这些变化要求企业对原先制订好的计划进行调整。同时员工的工作能力也不同，对计划的认识和理解可能会有差异。所以光有计划是不能保证组织的目标一定就能实现的，控制对组织来说是极其重要的。

控制重要的另一个原因是管理者需要向员工授权。许多管理者由于害怕下属犯错而由他来承担责任而不愿意向员工授权，从而许多管理者试图自己做事来避免分权。但是，如果形成一种有效的控制系统，这种现象就会大大减少，这种控制系统可以向管理者反馈员工的工作表现，管理者可以及时纠正员工的错误和偏差，保证活动按计划进行。而且，管理者也不可能什么事都自己做，所以控制对管理者来说是非常重要的。

15.1.2 控制在组织中的地位

控制是现代管理的一个重要职能，这决定了它在组织中必须存在以监督和保证目标的实现。如果把组织看成一个开放系统，为了使组织的产出符合本身及环境的要求，就必须存在控制子系统，它在组织系统中与其他子系统的关系如图15-1所示。

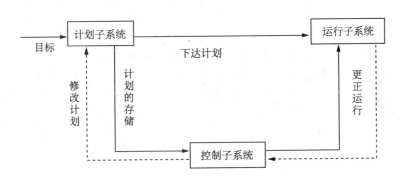

图15-1 控制系统与其他子系统的关系

组织系统中的最高领导者首先根据组织所面临的内外环境来设计组织目标、计划子系统，根据目标和环境状况来判定管理计划。这些计划一方面下达给运行子系统，付诸实施；另一方面要送到控制子系统储存起来，供日后与实际执行情况比较找出偏差，以更正运行活动或提出修改计划实现控制。控制子系统向计划子系统提出的报告有时会导致目标的改变。

15.1.3　控制和计划的关系

在这里要强调的是控制与计划的关系。控制和计划紧密相连，控制是通过制订计划或业绩的衡量标准来建立信息反馈系统检查实际工作的完成情况，及时发现偏差并采取措施纠正偏差的一系列活动。在管理活动中，管理人员首先得制定出计划，然后再根据计划制定出评价活动结果和业绩的标准，明确、全面和完整的计划有利于控制活动的实施。没有计划就无法衡量行动是否偏离计划更谈不上纠正偏差。因此，计划是控制的前提，控制是完成计划的保证，计划和控制是密不可分的。

 小资料

麦当劳公司的控制

1955 年，克洛克在美国创办了第一家麦当劳餐厅，主要售卖汉堡包、薯条、炸鸡、汽水、沙拉等。现今，麦当劳公司在世界上大约拥有 3 万家分店，遍布在全世界六大洲百余个国家。公司的目标之一，是在消费者心目中树立"麦当劳快餐食品有益于人体健康的形象"，为实现这一目标，公司在快餐食品包装上做了改进，即在外包装内容设置方面添加了更富营养的信息，同时，为员工的操作规定了详细的标准，其中包括食物配置、烹饪程序、店堂布置甚至职员着装，食品的制作完全是标准化的，一磅肉的脂肪含量必须少于 19%，小面包的宽度只能是 3.5英寸，每个汉堡包中的洋葱不能超过 1/4 盎司；每种食品的制作时间有明确的规定，而且食品出炉后的存放时间也有详细的规定，油炸食品为 7 分钟，汉堡包为 10 分钟，咖啡为 30 分钟，超过规定时间，所有的食品都将扔掉等，并配有严密的监督体系，每家分店有审查员，公司有不定期的暗访调查，发现不符合规定的坚决查处。通过这一整套严密的控制体系，确保了公司目标的实现。

15.2　控制的种类

1. 按控制点的位置划分类型

控制活动按控制点处于事物发展进程的哪一阶段可以划分为预先控制、过程控制和事后控制三种类型，如图 15－2 所示。

（1）预先控制。预先控制是指控制点处于事物发展的初始端，即整个活动过程的开始点，因而预先控制具有特殊意义。它可以防止组织使用不合要求的资源，保证组织投入的资源在数量上和质量上达到预定的标准，在整个活动开始之前排除那些可能在活动过程中造成巨大损失的隐患。这个资源是广义的，它包括人力、物力、财力、技术等所有与活动有关的因素。例如原材料的验收、工厂招工、入学考试、干部的选拔等。

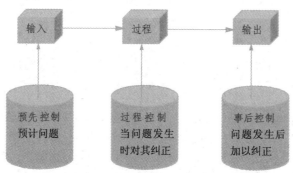

图 15 - 2　按控制点的位置划分的控制类型

（2）过程控制。过程控制是指控制点处于事物发展的过程中，是对正在进行的活动给予指导与监督，保证活动按规定的政策、程序和方法进行。例如生产制造活动的进度控制，每日情况统计报表，学生的家庭作业和期中考试，都属于这种控制。过程控制一般都在现场进行，监督和控制应该遵循计划中所确定的组织方针、政策与标准，控制的内容应该和被控制对象的工作特点相适应。例如，对于简单重复的体力劳动采取严厉的监督会取得好的结果；而对于创造性的劳动，控制应转向创造良好的工作环境。此外，过程控制的效果还与控制者的素质密切相关。例如工厂的质量检验人员，应选择技能和知识水平都高的老工人担任，效果会更好一些。

（3）事后控制。事后控制是指活动结束后，通过活动结果与计划的比较，肯定成绩，分析不足，总结经验和教训，为后续的计划提供参考与借鉴。事后控制是企业管理中最常用的控制类型，在生产、营销、人力资源管理等方面均有广泛的应用。

事后控制是面向未来的。由于它是在活动结束后进行的，因此对已经形成的活动结果不可能产生任何影响，但对后续活动的计划、实施等却有非常重要的作用。所以，为了不断提高组织的工作效率、管理水平，采用事后控制是十分必要的，更何况在许多情况下，事后控制是唯一可用的控制手段。

与预先控制和过程控制相比，事后控制在两个方面要优于它们。首先，事后控制为管理者提供了关于计划的效果究竟如何的真实信息。如果标准与现实之间只有很小的偏差，说明计划的目标是达到了；如果偏差很大，管理者就应该利用这一信息使新计划制定得更有效。其次，事后控制可以增强员工的积极性。因为人们希望获得评价他们绩效的信息，而结果正好提供了这样的信息。

事后控制的最大弊端是在实施矫正措施之前偏差就已经产生。但人们可以通过事后控制认识组织活动的特点和规律，为进一步实施预先控制和现场控制创造条件，进而实现控制工作的良性循环，并在不断的循环过程中提高控制效果。

🐾小故事

多一些事前控制

魏文王问名医扁鹊："你们家兄弟三人，都精于医术，到底哪一位最好？"扁鹊答："长兄最好，中兄次之，我最差。"文王很诧异，再问："但为什么你最出名呢？"扁鹊答道："长兄治病，是治于病发之前。由于一般人还不知道自己有病，觉得他没有做什么事，所以他的名气无法传播出去。中兄治病，是治于病起之时。一般人对自己病况不以为然，以为他只能治治轻微小病，所以他的名气只及本乡里。而我扁鹊治病，是治于严重之时。一般人常见我施行大手术而让病情有了好转，疗效对比明显，所以都以为我医术高明，名气因此响遍全国。"文王听罢很是敬佩："你说得好极了。"事后控制不如事中控制，事中控制不如事前控制。防重于治，企业家要有防患于未然的敏锐洞察力，尽最大可能去化解经营中的潜在风险。可惜大多数经营者都未能体会到这一点，总是要等到错误决策造成了重大损失才寻求弥补，有时候却是亡羊补牢，为时已晚。

2. 按照控制信息的性质划分类型

按照控制信息的性质可以把管理控制划分为反馈控制和前馈控制两种类型。

反馈控制是根据反馈原理对系统进行调节的一种方式，就是施控系统根据反馈信息调节受控系统的输入来实现控制目的。对管理控制系统而言，为了对控制对象进行调节和纠正偏差，必须对控制对象进行有效的再控制，即不断从控制对象了解运行结果的信息，控制机构向控制对象发出再控制信息，这样才能进行有效的控制。这种不断从控制对象获得有关控制效果的信息的过程，就是控制系统的信息反馈过程，信息反馈是保证系统运行达到预期目标的前提。在控制系统中，控制机构和控制对象之间的相互作用体现为控制与反馈的关系。

反馈控制是一个不断提高的过程，它的工作重点是把注意力集中在历史结果上，并将它作为未来行为的基础。反馈控制并不是最好的控制，但它目前仍被广泛地使用着，这是因为有许多工作，现在还没有有效的预测方法，而且受主观和客观条件的限制，人们往往会在执行计划过程中出现失误。在组织中应用最广泛的反馈控制方法有：财务报告分析、标准成本分析、质量控制分析、工作人员成绩评定等。

前馈控制即充分利用各方面的信息来预测外部干扰和输入变量之间的相互作用对

系统行为的影响，以及这种影响使系统在运行过程中可能产生的偏差，并据此对系统的输入做出相应的调整以实现控制。前馈控制是在系统产生偏差之前进行，因而可以使系统更快地接近目标。

控制系统通过信息反馈及行动调节来保证系统的稳定性，这要求反馈调节的速度必须大于控制对象的变化速度，否则，在调节中会发生振荡现象。由于时滞的存在，使得即使有适时的信息也难以实现适时的控制。为了解决这一问题，可以采取前馈控制。前馈控制又称为指导未来的控制，它可以在一定程度上减轻时滞的影响。它的具体做法是不断利用最新的信息进行预测，把所期望的结果同预测的结果进行比较，采取措施使投入和实施活动与期望的结果相吻合。

前馈控制的着眼点是通过预测被控制对象的投入或者过程进行控制，保证获得期望的产出。这就解决了时滞带来的问题。前馈控制的关键是要求对系统的偏差及其产生的原因进行准确的预测。但是，即便是实行了前馈控制，主管人员仍然要对输出结果进行衡量和评价，因为前馈控制并不是完美无缺的。

15.3　控制工作的步骤与要求

15.3.1　控制工作的步骤

尽管控制类型多种多样，但控制的基本工作是相同的。控制工作分为三个步骤：确定控制标准；根据标准衡量执行情况；纠正实际执行中偏离标准或计划的误差。

1. 确定控制标准

这是控制过程的起点。由于计划是进行控制的依据，所以从逻辑上讲，控制过程第一步是制订计划。但是计划内容详尽，环节复杂，各级管理人员在实际管理活动中，往往不便于掌握其中的每个细节，因而有必要建立起一整套的控制标准。

（1）控制标准与控制标准体系。控制标准就是计量实际或预期工作成果的尺度。这些是衡量工作的规范，是在一个完整计划中选出的计量工作成果的关键点。控制标准体系是指多层次、多形式地围绕着管理组织及其内部各环节所要完成的目标体系，而制定的控制标准的总和。控制标准的确定，也就是选择关键控制点。选择关键控制点的能力乃是一项管理艺术，有效的控制就是取决于这种能力。在实际管理工作中，要根据管理系统所要达到的目标来确定关键点。这个目标可以是系统的总目标，也可以是各个子系统以至各个人的分目标。由于人们在实现目标中所达成的最终成果是衡量计划完成情况的最好尺度，因而建立起一个可以考核的完整的目标体系，也就获得了最好的控制体系。

（2）控制体系的内容。一个较好的控制体系，在内容上一般包括数量标准、质量标准、综合标准和时间标准等。并要求有较大的稳定性和较强的适应性，在文字表述上要明确具体，便于考核。

①实物标准。这是一类非货币标准，一般适用于原材料、人员、提供劳务和产品的基本单位。

②财务标准。它是一类货币标准，它同实物标准一样普遍适用于基层单位。它的内容具体包括：费用标准、资金标准、收入标准。

③无形标准。这是一类既不能用实物也不能用货币来计量的标准。这类问题很难确定为定量或定性的标准。

④把目标作为标准。即在各级管理机构中，建立一个可考核的完整目标网络，这样就可以使无形标准的作用逐渐减少。可考核的目标分为定量目标和定性目标两种，定量目标多半是可以准确考核的，而定性目标难以准确考核。不过，定性目标可以用详细说明计划或其他具体目标的特征和完成日期的方法来提高可考核的程度。

 小资料

华能集团对电力生产子公司的考核标准

华能集团是中国国有企业百强之一，成立于1988年8月。目前，华能集团由其核心企业（中国华能集团公司）、9家成员公司、400家子公司构成，同时还直接控股30家海外分支机构和海外公司。

从1997年开始，中国华能集团的母公司一直使用四个标准考核电力生产子公司每年的业绩：（1）实际电力生产单位与计划电力生产单位（千瓦时）；（2）实际利润与计划利润；（3）实际月还款额与计划月还款额；（4）工厂的安全措施。

考核标准的具体内容：（1）电力产出基本分为40分。实际产出与计划产出每相差1%，就增加或减少1分，直到加完或减完20分为止。（2）利润标准基本分为10分。实际利润与计划利润之间每相差1%，则增加或减少0.5分，直到加满或减完10分为止。（3）财务标准有50分的基本分。每延期支付1%的款项，则减少1分，直到减完20分为止。（4）工厂安全措施标准没有设定分数，但是如果发生安全事故，华能集团则将扣减子公司的总工资和薪水。如发生重大事故，扣减人民币50万元；发生主要事故，扣减人民币10万元等。

满足所有四个标准的最高分、标准分和最低分分别为150分、100分和50分。

2. 根据标准衡量执行情况

这是控制过程的第二个步骤。常常把这个步骤称为控制过程的反馈。

（1）明确衡量的手段和方法，设置监测机构，落实进行衡量和检查人员。为准确地测定执行情况，必须凭借切实可行的测定手段，还要考虑测定的精度和频率。测定精度是指对执行情况的衡量结果能在多大程度上反映出被控制对象的变化。精度越高越能反映被控制对象的状态，但衡量工作就越复杂。因此，总的原则是衡量的精度要适度。测定频率是指对被控制对象多长时间进行一次测量和评定。频率越高越能掌握状态变化，但同时增加机构的工作量，有时根本做不到。因此，总的原则是测定频率要适当。

（2）通过衡量工作获得大量信息。这样，一方面反映出计划的执行进程，使主管人员了解实际成效，以便对他们进行协调；另一方面可使主管人员发现那些已经发生或预期将要发生的偏差。将实际与标准进行比较，对工作做出评价。

3. 纠正偏差

（1）发现偏差，找出产生偏差的原因是采取控制措施的基础。这一步是在衡量工作的基础上，针对被控制对象状态相对于标准的偏离程度，及时找出产生偏差的原因。产生偏差的原因是多方面的，有的是执行部门或当事人的责任；有的是外部条件的突然变化造成的；有的甚至是计划预测阶段预测不准或决策失误所致，等等。

（2）采取控制措施。找出偏差的原因，还要采取措施予以纠正。而纠正偏差，往往要结合其他管理职能，可以把控制看成是整个管理系统的一个组成部分。这是因为管理系统只有不断发现并纠正执行中的偏差，才能实现目标。

上述控制过程的三个基本步骤构成了完整的控制体系，三个步骤完成一个控制周期。通过每一次循环，使偏差不断缩小，保证管理活动向目标方向健康发展。

15.3.2 控制工作的要求

控制对组织非常重要，为了使控制有效，必须满足以下要求。

小资料

平衡记分卡

根据《财富》杂志报道，美国1000强企业中，40%的企业使用"平衡记分卡"方法。调查还显示，50%以上的北美企业也都用"平衡记分卡"作为企业内绩效评估的方法。《哈佛商业评论》称"平衡记分卡"为75年来最具影响力的策略管理工具。

平衡记分卡是哈佛商学院的罗伯特·S·卡普兰教授和复兴全球战略集团创始人兼总裁大卫·P·诺顿于1992年共同提出的。它强调从不同的角度去看组织的整体表现，同时纳入了财务指标和其他三项经营指标，涵盖了顾客满意度、内部流程、组织学习及能力改善等内容，它提供了一套全面的管理架构，能帮助企业在产品、顾客、流程和市场开发等重要领域取得巨大的成长和进步。

1. 控制的目的性

控制必须有明确的目的性。不同的组织，组织的不同层次，不同性质的工作，不同对象，控制的目的是不同的。无论什么性质的工作都能列举出许多目标，但总有一个或几个目标是关键的。达到这些关键目标，其他目标可能随之达到，即使有些次要目标不能达到也无碍大局。

2. 控制的及时性

控制的及时性是指及时发现偏差，并能及时采取措施加以纠正。由于信息滞后，往往会造成不可弥补的损失。时滞现象是反馈控制的一个难以克服的困难，较好的解决办法是采用前馈控制，使管理者尽早发现或预测到偏差的产生，采取预防性措施。因此，及时的控制就要依靠现代化的信息管理系统，随时传递信息，随时掌握工作进度，才能尽早发现偏差，以便及时采取措施进行控制。

3. 控制的经济性

控制的经济性是指把控制活动所需费用同控制所产生的收益进行比较，当通过控制获得的收益大于所需费用的时候才实施控制。控制的费用是否经济是相对的，因为控制的效益是随业务活动的重要性、业务规模的大小的不同而有所不同。当费用成为控制系统的限制因素，促使主管人员会在他们认为重要的业务领域中，选择一些关键因素来加以控制。

4. 控制的客观性

控制的客观性是指管理者对绩效评价工作应客观公正，防止主观片面的评价。实现客观的控制，首先要尽量采用客观的计量方法，即尽量把绩效用定量的方法记录并评价，把定性的内容具体化；其次是管理者要从组织目标的角度来观察问题，应避免形而上学的观点，避免个人偏见和成见。

5. 控制的灵活性

控制的灵活性是指控制必须保证在发生了未能预测的事件时，包括环境突变，计划的疏忽，计划变更等，控制工作仍然有效，不受影响。在某些特殊情况下，一个复杂的管理计划可能失常。控制系统应当有足够的灵活性，以便在失常情况下保持对运行过程的管理控制。这就要求在制订计划时，要考虑各种可能情况来拟定备选方案。一般来说，灵活的计划最有利于灵活地控制。应该注意，这仅仅是应用于计划失常的情况，不适用于在正确计划指导下人们工作不当的情况。

6. 控制的适应性

控制的适应性是指所有的控制系统都应反映所制订的有待实施的计划；控制应该同组织结构、职位分工相适应。所有控制系统都应反映所制订的有待实施的计划。每项计划和每个方面的业务活动都有其独特之处，主管人员必须针对不同的计划采取不同的控制措施。首先，计划是控制的依据，主管人员往往是根据计划来设计控制系统，确定控制工作的标准；其次，控制是实现计划的保证。控制应该同组织结构和职位分工相适应。组织结构作为阐明组织内成员承担任务的主要手段，它要表明谁对计划执行和其结果负责。论证设计越能反映组织结构状态，反映组织中承担活动的职责所在，则越能使其主管人员及时纠正偏差。此外，控制系统和信息有助于主管人员履行其职能。

7. 控制的关键点与例外情况

控制的关键点是指主管人员把有限的精力，投入到对计划的执行和完成有举足轻重的关键问题上，尽可能选择计划的关键点作为控制标准。

例外情况是指在一个职责分明的组织机构中，每个问题应由相应的职能部门或主管人员去处理，最高主管处理各部门权限以外的问题。在实际工作中只有坚持例外原则，控制才能有效率。应注意到，有时某些方面的微小偏差比其他方面较大的偏差影响更大。

实际上，例外情况必须与控制关键点相结合，仅仅立足于寻找例外情况是不够的，我们还必须控制在关键问题上的例外情况。有时这两个原理会相互混淆，二者确有某些相似之处。但是控制关键点强调必须去注意观察问题，而例外情况则强调必须去观察这些点上所发生的偏差大小。

15.4 控制的技术与方法

15.4.1 预算控制

1. 预算的概念和作用

预算是一种计划，是用数字编制的反映组织在未来某一时期的综合计划。预算通过财务形式把计划数量化，并把这些计划分解落实到组织的各层次和各部门中去，主管人员明确了目标，就可以进行人员和任务的委派、协调和组织等活动，并可以将组织活动的结果和预算进行比较，发现偏差并及时采取措施补救，保证组织在预算的限度内完成任务。

预算的作用表现在以下几个方面：帮助部门或员工明确工作目标；协调部门关系以达到部门之间的平衡；控制日常活动，及时发现偏差并采取措施保证预算目标的顺利实现；考核业绩，奖优罚劣，促使各部门为完成预算目标而努力工作。

2. 预算的种类

按照不同的标志可以把预算分成不同的类型。

（1）按综合程度不同可将预算分为：①一般预算（传统预算）。一般预算是以货币及其他数量形式反映的组织在未来一段时期内局部经营活动的计划目标和相应措施的数量说明。②全面预算。全面预算是以货币及其他数量形式反映的组织未来一段时期内全部经营活动的计划目标与相应措施的数量说明。在现代管理实践中，全面预算处于承上启下的地位，即它以经营决策的结果为依据，是决策的继续，同时又是控制的先导与考核业绩的前提条件。

（2）按预算的内容可分为：①收支预算。这是以货币来表示的组织经营管理的收支计划。其中最基本的是销售预算，它是表示销售预测的详细正式说明。由于销售预测是计划工作的基石，因而，销售预算是预算控制的基础。②时间、空间、原材料和产品产量预算。这是一种以实物单位来表示的预算，因为在计划和控制的某个阶段采用实物单位比采用货币单位更有意义。常用的实物预算单位有：直接工时数、台时数、原材料的数量、占用的面积、空间和生产量。此外，用工时来预算所需要的劳动力也是很普遍的。③基本建设费用预算。由于基本建设费用的来源不是随意的，同时要从经营中收回投资于厂房、机器设备等方面的费用往往需要很长的时间，因此，基本建设费用应尽量与长期计划工作结合在一起。④现金预算。这实际上是一种现金的收支预测，它可用来衡量实际的现金使用情况。它还可显示可用的多余资金，因而有可能编制剩余资金的投资计划。从某种意义上来说，这种预算是组织中最重要的一种控制。⑤资产负债预算表。它可用来预测将来某一特定时期的资产、负债和资本等账户的情况。这个预算表是其他预算的一个综合统计，做此预算的目的在于描绘出组织机构的财务情况，显示全部预算是否恰当。

3. 编制预算的步骤

一个组织要编制预算，首先必须建立一套预算制度。满足建立预算制度的先决条件有：建立和健全组织机构；拟定完善的组织政策作为编制预算的基础；建立有关预算项目的预测制度以获得编制预算的资料；建立有效的记录以便能估计各部门的费用并能根据过去的记录检查目前的情况。建立预算制度必须估计预算制度的效益和限制，要选择好预算类型，决定预算的期限和分类，要遵循预算的编制步骤。

第一步，上层主管人员将可能列入预算或影响预算的计划和决策提交预算委员会。预算委员会在考虑了以上种种因素后，就可估计或确定未来某一时期内的销售量或生产量（或业务量）。根据预测的销售量、价格与成本，又可预测该时期的利润。

第二步，负责编制预算的主管人员，向各部门主管人员提出有关预算的建议，并提供必要的资料。

第三步，各部门主管人员根据企业的计划和他所拥有的资料，编制出本部门的预算，并由他们相互协调可能发生的矛盾。

第四步，企业负责编制预算的主管人员将各部门的预算汇总整理成总预算，并预拟资产负债表及损益表计算书，以表示组织未来预算期限中的财务状况。最后将预算草案交预算委员会和上层主管人员核查批准。

预算批准后，在实施过程中必须经常检查和分析执行情况，必要时可修改预算，使之能适应组织的发展。

4. 预算的局限性

预算的不足之处主要有几方面：一是容易导致控制过细，可能束缚主管人员所必需的自主权，出现预算过细过死的危险；二是预算目标有时会取代组织目标，使主管人员只把注意力集中在使自己部门的经营费用不超过预算，而忘记了自己的职责首先是实现组织的目标；三是容易导致效能低下，在编制预算的同时，如果不复查计划措施转化为数字所依据的标准和换算系数，预算可能成为懒散又无效的管理部门的保护伞；四是预算的最大缺陷是它缺乏灵活性。因为实际情况常常不同于预算，这种差异可以使一个刚编出来的预算很快过时。若这时主管人员还受预算约束的话，那么预算的有效性就会减弱或者消失。

15.4.2 网络计划技术

1. 网络计划技术的基本原理

网络计划技术是一种利用网络理论来安排工程计划以求得最优结果的计划方案，同时也是可以用来组织和控制计划的执行以达到预期目标的科学管理方法。它的基本原理是：利用网络图表达计划进度的安排及其中各项工作（工序）之间的相互关系，形象地反映出整个工程或任务的全貌；在此基础上进行网络分析计算网络时间，确定关键工序和关键线路；利用时差不断地改善网络计划，求得工期、资源与成本的优化方案。在计划执行过程中，通过信息反馈进行有效的监督和控制，以保证达到预定的计划目标。所以网络计划技术是充分合理地利用资源，通过协调，达到提高效率和经济效益的一种科学的计划管理方法。

 小资料

关于网络计划技术

网络计划技术包括：关键路线法、计划评审技术、随机网络模拟技术。前二者统称网络计划技术。在管理控制中，除了要注意人、财、物等因素外，对于时间的控制也是极为重要的。因为，没有期限的工作是谈不上效益和效率的。20世纪初，亨利·甘特提出了图表系统法，即甘特图法。这种图表表明生产计划中各项活动在时间上的相互关系，被称为管理方法的革命，体现了"控制关键点"的原理。经对甘特图原理的研究和发展，1957年美国兰德公司和杜邦化学公司联合提出了关键路线法，用来计划和控制其所属的化工厂维修工作，杜邦公司路易维尔维修工程的收益就很显著。1966年又有了新的突破，美国在阿波罗登月空间系统的计算中，又提出了随机网络模拟技术，解决了阿波罗登月空间系统计算和安排问题。60年代初中国开始应用网络计划技术，尤其是近年来网络计划技术在中国工业企业得到大面积的推广，效果显著。网络计划技术适用于全部工程的整体计划，也可以应用于部分工程的局部计划。工程规模越大越复杂，项目越多，应用它就越有效。如开发宇宙空间，国防建设的重大项目，工业基地的大型项目，以及组织机构的调整等。

2. 网络图

网络图是因其形状似网络而得名。它是表达一项计划任务的进度安排、各项作业（工序）之间的相互衔接关系，以及所需的时间、资源的图解模型。

（1）网络图构成。网络图是由活动、事项和线路三个部分组成。

①活动。在一项生产（工程）任务中，活动是工艺技术和组织管理上相对独立的单位，即一项作业或一道工序。一项生产任务可以划分为若干个活动。完成活动需要消耗一定资源和时间。例如，机床的拆卸、清洗，零件的整修，零件的加工等都是活动。有些活动虽然不消耗资源，不使用任何设备，但它需要一定时间才能完成，如水泥浇灌后的养护，技术性的工休等，也应看做是活动。活动是用箭头线表示的。箭尾表示活动的开始，箭头表示活动的结束，箭头指示是活动进行的方向；箭线上方注明活动的名称，箭线下部标明活动所需时间，如图15-3所示。

图15-3 活动的表示方法

一般情况下，箭线的长短与时间无关，但在要求画标准网络图时，箭线的长度应与时间成正比。一道工序（活动）完成之后，紧接着开始进行的工序称为该工序的紧后工序，同样一道工序只有在前面工序活动完成后才能开始，前面紧接着的工序称为本工序的紧前工序。对于一项工程或计划任务，在任务开始前没有紧前工序，在任务结束后没有紧后工序。虚活动是一种特殊活动，它是不存在的虚设活动，只是用来表示活动之间相互依存和相互制约的逻辑关系，它不消耗资源也不占用时间。虚活动用虚箭线来表示。

②事项（结点）。事项是表示一项活动的开始和结束，它是相邻活动的分界点或衔接点。在网络图中，它是两条或两条以上箭线的交接点，故称结点。事项用标有号码的圆圈表示。网络图中只有一个始点事项，表示一项工程或计划的开始；只有一个终点的事项，表示工程或计划的结束；其余的事项都具有双重的意义，它是前项活动的结束又是后项活动的开始。事项既不消耗资源，也不占用时间，仅仅表示某项活动开始或结束的瞬间的一个符号。

③路（线路）。在网络图中，线路是指从始点开始，顺着箭头所指的方向，连续到达终点为止的通道。一般网络图都有若干个通道。一条线路各工序活动的作业时间之和称为路长。在所有各条线路的路长中，总有一条最长的线路，也就是需要工时最多的线路，称为关键线路。关键线路用粗箭头或用双箭线表示。关键线路上的工序称为关键工序，关键工序完成与否关系到工程任务的总工期，是整个工程的关键所在。网络图分析主要是找出工程或计划任务的关键线路。在实践中，关键线路并不是唯一的，而且常常发生变化，即在一定条件下，关键线路与非关键线路可以互相转换。如果采取一定技术措施后，可以缩短关键线路上关键工序的作业时间，则使非关键线路上一般工序成为主要矛盾，成为工程的关键，引起关键线路的转移。要随时注意其变化动态，对工作进行相应的调整。

（2）网络图的绘制方法。每项工程或计划任务都是由许多作业活动所组成的，这些活动之间存在着相互依存、相互制约的关系。组织安排计划必须服从于客观存在的这种逻辑关系，才能使这些作业活动顺利进行，保证任务按期完成。依据这些逻辑关系，绘制网络图时可用顺推法和逆推法。

（3）网络图的绘制原则。

①两个结点间只许有一条箭线。如两结点之间有数条平行的作业活动，需要增加结点和引入虚工序加以解决（如图15-4所示）。

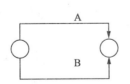 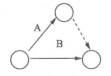

图 15-4

②在网络图中不允许出现如图15—5所示的"闭路循环"。如出现这种"闭路循环"使用电子计算机时会出现死环，而没有结论。

③网络图中有一个始点和一个终点，即所谓"一源""一汇"。中间不允许出现始结点和终结点。

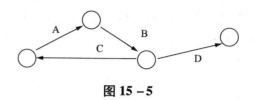

图 15 – 5

④结点的编号不能重复。

⑤对外协作应明确标在所需工作上。如图 15 – 6（a）所表示的 ，为外协订购的机器设备，它是交给③→④，还是交给③→⑤，很不明确，如图 15 – 4（b）所示，则外协机器设备可明确为④→⑥工作所需要。

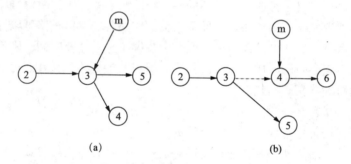

（a） （b）

图 15 –6

⑥网络图的编号原则。为了便于管理和计算，网络图中的结点要统一编号。每个结点都应编排一个顺序号，由左向右、由上向下、由小到大不能重复。对某一项活动，箭尾的编号要小于箭头的编号。

（4）网络时间的计算。网络图画出后，要进行网络时间的计算。需要计算的时间包括作业时间、事项（结点）时间、工序时间和时差。

①作业时间的确定。作业时间是指在一定技术组织条件下，为完成一项工作或一道工序所需的时间，也就是每项活动的延续时间。确定作业时间，有两种方法：一是单一时间估计法。这种方法是指对各项活动的作业时间，只确定一个时间值。这个时间值是根据大多数人的经验估计的最大可能的一个作业时间。它适用于不可知因素较少，有经验可借鉴的情况。二是三种时间估计法。这种方法是根据概率论和数理统计的理论，先估计三个时间然后再求最可能平均时间的方法。这三个时间：最乐观时间 a、最保守时间 b 和最可能时间 m，其计算公式为

$$作业时间 = （a + 4m + b）/6$$

②事项（结点）时间的计算。结点时间包括最早开始时间和最迟结束时间。

结点最早开始时间的计算。计算方法为：某结点的最早开始时间 = 前一结点最早开始时间 + 前结点至该结点的作业时间。结点最早开始时间在图上用"□"表示。计算结点的最早开始时间规则是从网络图的开始结点开始，起始点时间为零，顺箭线方向，自左向右，用加法逐个结点计算，有多条线路的取最大值，直至终点。

结点最迟结束时间的计算。结点最迟结束时间是指以该结点为结束的各工序最迟必须完工的时间，目的是为了保证后续工序按时开始，或整个工程按期完工。计算公式为：某结点的最迟结束时间 = 后一结点的最迟结束时间 – 该结点到后一结点的作业时间。计算结点的最迟结束时间，是从网络的终点开始、逆箭线方向，自右向左，用减法逐结点计算。多线路的结点取线路中最小值，直到网络的始点。结点的最迟结束时间在图上用△表示。

③时差的计算。时差是指某道工序的机动时间或宽裕时间。如某道工序可在最早开始时开工，又可在最迟时间结束完工，这两个时差若大于该工序的作业时间，就产生时差。时差越大机动时间就越大，潜力就越大；反之机动时间就少。在实际工作中多采用工序的总时差，它是在不影响生产周期的前提下，各工序在最早开始与最迟结束这两个时间范围内可以灵活的时间。

工序总时差 = 工序最迟开始时间 – 工序最早开始时间 – 作业时间

④关键线路的计算。在网络图中，时差为零的关键工序连接起来的线路，即关键线路。确定有三种方法：一是最长路线法。这种方法是从网络的起始结点顺箭线方向到结束点，有许多线路，计算其中需时间最长的线路，即关键线路。二是时差法。先计算出各工序的总时差，工序总时差为零的工序连接起来，即关键线路。三是破圈法。从网络图的起始结点开始，顺着箭线方向找出由几个结点围成的圈，即由两条不同的线路形成的环。如果形成圈的线路作业时间不等，可将其中作业时间短的一条线路删去，保留下来的是作业用时长的一条线路。这样依次破圈，直到结束点，最后留下来的是关键线路。

（5）网络计划的优化。有了初步的网络计划，找到了关键线路，求出了完成整个工作任务的总时间，还不是最优的网络计划。最优的网络计划应该是工期短、资源省、成本低的计划方案。所以，要达此目的就要对网络计划进行优化，主要有时间优化、时间—资源优化、时间—成本优化。

①时间优化。时间优化是指在人力、材料、设备和资金得到保证的条件下，寻求最短的生产周期。具体可以采用压缩关键线路上工序的作业时间；改变工序衔接关系，尽量组织平行作业；优先保证关键活动上的人力和物力，在非关键活动上挖掘潜力等方法。

②时间—资源优化。时间—资源优化是指在一定的工期条件下，通过平衡资源求

得工期与资源的最佳结合，达到既缩短时间又节省资源的目的。这就必须从两个方面努力：一是在资源一定的条件下，尽量缩短生产周期；二是在工期一定的条件下，求得资源最省。平衡资源时，要按每一工种，每一类物资，每一项设备进行具体的平衡，要求优先保证关键线路上关键工序和时差较小的工序对资源的需要，做到合理地调配资源。必要时适当调整完工期限和利用工序的时差，错开开工时间来平衡资源。

③时间—成本优化。时间—成本优化是指所选择的方案不仅时间要短，而且成本要低，根据最低总成本寻求最佳周期。它分两种情况进行优化，一是在工期一定的条件下，求得最低成本；另一种是在成本既定的条件下寻求最短工期。

网络计划的优化，一般工作量较大，每一次优化都要重新计算网络时间，重新确定关键线路，因此最好借助于电子计算机进行运算。

(6) 网络计划的编制程序。网络计划因使用对象不同，其编制过程有所差异，但它们的共同步骤如下：

①确定目标，进行调查研究。首先应确定什么任务应用网络计划技术，预期达到的目标。其中包括工期目标、资源的节约和费用降低值。要对完成的总任务及需要完成的各项任务、工作要求和该项工程所有的工序、参加人员、相互联系等，进行全面、充分、细致的了解和掌握，并进行深入分析。

②计划项目的分解。应将整个计划任务根据工艺技术和组织管理的要求，划分为相对独立的活动（工序），做到分工明确，程序清楚，工作内容及职责范围具体。

③确定活动之间的相互顺序和衔接关系。实际上就是确定作业活动的展开顺序，汇编成清单，以建立网络的逻辑关系。

④绘制网络草图。根据确定的逻辑关系和绘制网络图的规则将各作业活动在图纸上衔接起来，构成初步的网络图。

⑤根据作业工作量确定作业时间。明确完成每个作业活动所需的时间，根据工作量按工时定额计算作业时间；如无工时定额可查的情况下，可按三种可能时间（最快可能完成时间、最可能完成的时间和最大可能完成时间）进行估计。

⑥网络时间参数计算。计算结点和活动的时间参数。

⑦计算时差，确定关键线路和生产周期。通过时差计算，找出关键线路，便于分析研究和改善关键工序的工作。关键线路的作业总时间即为该工程任务的生产周期。

⑧网络图的综合平衡和选择最优方案。为了达到预定目标，对网络图进行改进和优化，使之更加科学，更加实际。通过召开会议，用征求意见和征集合理化建议方法，集中群众和各部门意见，分析研究和修改网络图，使网络图在可以预见的静态条件下达到比较完善的程度。

⑨编制正式网络图，下达生产任务。完善后的网络图作为正式网络计划，明确分工，衔接责任和完工日期，同时对每一个作业活动的技术标准和规范，按图纸和文字

的形式，下达给有关部门和操作者作为行动的准则。

（7）网络计划技术的优缺点。网络计划技术的优点：它促使主管人员去编制计划，因为不编制计划，不把各项工作有机地结合起来，就不可能进行时间网络事项分析；它促使上级把计划工作交付下去逐级完成，因为每个下层主管人员都必须对其所负责的工作做出计划；它把注意力集中于可能需要采取校正措施的那些关键问题；控制有了可能，因为如果主管人员不能缩短某些活动的时间，发生延误就要影响后续各个项目以至于影响整个工作；具有子系统的整个网络系统，可使主管人员在恰当的时间针对组织机构中适当的职位管理层次提出报告，并为采取行动施加压力。

网络计划技术的缺点：只强调时间因素而不强调费用因素，所以它只适用于注重时间因素的那些计划，或适用于那些时间因素与费用因素有密切的、直接关系的规划；由于作业时间的长短对于网络计划技术的运用关系重大，如计划本身模糊不清，对时间进度"瞎估计"，这样计划没有实际意义。

本章小结

控制是管理的一项基本职能，它是对各项活动的监视，从而保证各项活动按计划进行并纠正各项显著偏差的过程。控制和计划是紧密相连的。管理控制按控制点的位置可分为预先控制、过程控制和事后控制。按控制信息的性质可分为反馈控制和前馈控制。控制工作可分为三个步骤：确定控制标准、根据标准衡量执行情况、纠正偏差。控制工作要求有明确的目的性和良好的适应性而且及时、经济、客观、灵活以及把握好关键点和例外情况。控制的方法主要有预算控制和网络计划技术等。预算通过财务形式把计划数量化，并把这些计划分解落实到组织的各层次和各部门中去，主管人员可以根据这些计划进行控制，保证组织在预算的限度内完成任务。网络计划技术是一种利用网络理论来安排工程计划以求得最优结果的计划方案，同时也是可以用来组织和控制计划的执行以达到预期目标的科学管理方法。

思考题

1. 管理中控制的作用是什么？
2. 按控制点所在的位置，控制可以分为几种类型？各有哪些优缺点？
3. 试分析控制过程的步骤。
4 预算控制法有什么优缺点？
5. 网络计划技术的编制程序是什么？
6. 案例分析：

查克·皮克停车公司

如果你在好莱坞或贝弗利山举办一个晚会，肯定会有这样一些名人来参加，如尼科尔森、麦当娜、克鲁斯、切尔、查克·皮克。"查克·皮克?""当然!"没有停车服务员你不可能开一个晚会，在南加州停车行业内响当当的名字就是查克·皮克。查克停车公司中的雇员有100多人，其中大部分是兼职的，每周他至少为几十个晚会办理停车业务。在一个最忙的周六晚上，可能要同时为6~7个晚会提供停车服务，每一个晚会可能需要3~15位服务员。

查克停车公司是一家小企业，但每年的营业额差不多有100万美元。其业务包含两项内容：一项是为晚会料理停车；另一项是不断地在一个乡村俱乐部办理停车经营特许权合同。这个乡村俱乐部要求有2~3个服务员，每周7天都是这样。但是查克的主要业务来自私人晚会。他每天的工作就是拜访那些富人或名人的家，评价道路和停车设施，并告诉他们需要多少个服务员来处理停车的问题。一个小型的晚会可能只要3~4个服务员，花费大约400美元。然而一个特别大型的晚会的停车费用可能高达2000美元。

尽管私人晚会和乡村俱乐部的合同都涉及停车业务，但它们为查克提供的收费方式却很不相同。私人晚会是以当时出价的方式进行的。查克首先估计大约需要多少服务员为晚会服务，然后按每人每小时多少钱给出一个总价格。如果顾客愿意"买"他的服务，查克就会在晚会结束后寄出一份账单。在乡村俱乐部，查克根据合同规定，每月要付给俱乐部一定数量的租金来换取停车场的经营权。他收入的唯一来源是服务员为顾客服务所获得的小费。因此，在私人晚会服务时，他绝对禁止服务员收取小费，而在俱乐部服务时小费是他唯一的收入来源。

讨论内容：（1）你是否认为查克的控制问题在两种场合下是不同的?（2）在前馈、反馈和同步控制三种类型中，查克应采取哪一种手段对乡村俱乐部的业务进行控制? 对私人晚会停车业务，更适合采取何种控制手段?

《管理学简明教程（第二版）》

操作与习题手册

李宏林　主编

经济科学出版社

目　　录

第一章　管理与管理学

一、练习题

（一）选择题 （1~10 题为单项选择，11~20 题为多项选择）

1. 科学管理理论的创始人是（　　）。
   A. 法约尔　　　　　　B. 泰罗　　　　　　C. 巴纳德　　　　　D. 韦伯

2. 经营管理学派的创始人是（　　）。
   A. 泰罗　　　　　　　B. 梅奥　　　　　　C. 法约尔　　　　　D. 韦伯

3. 管理是一个（　　），是让别人与自己一道去实现既定的目标。
   A. 过程　　　　　　　B. 体系　　　　　　C. 方法　　　　　　D. 方式

4. 管理的主体是（　　）。
   A. 企业的目标　　　　B. 员工　　　　　　C. 管理者　　　　　D. 人力资源

5. 管理的载体是（　　）。
   A. 工作　　　　　　　B. 管理者　　　　　C. 技术　　　　　　D. 组织

6. 下列哪项不是管理的基本职能（　　）。
   A. 计划　　　　　　　B. 组织　　　　　　C. 目标　　　　　　D. 控制

7. 管理是生产过程的固有属性，是指管理的（　　）。
   A. 科学性　　　　　　B. 必要性　　　　　C. 目的性　　　　　D. 民主性

8. 马克思所说的"指挥劳动"体现了管理的（　　）。
   A. 科学性　　　　　　B. 社会性　　　　　C. 目的性　　　　　D. 自然性

9. 管理活动的首要职能是（　　）。
   A. 控制　　　　　　　B. 计划　　　　　　C. 组织　　　　　　D. 领导

10. 管理活动的核心环节是（　　）。
    A. 控制　　　　　　　B. 计划　　　　　　C. 组织　　　　　　D. 领导

11. 管理主体具有多样性的特点，下列哪些是管理主体（　　）。
    A. 国家领导人　　　　B. 政府部门的局长　　C. 国有企业的厂长　　D. 私营企业的经理

12. 形成一种管理活动，必须具备（　　）。
    A. 管理的主体　　　　B. 管理的客体　　　　C. 管理的环境　　　　D. 管理的目的

13. 管理的二重性是指（　　）。
    A. 科学性　　　　　　B. 民主性　　　　　C. 艺术性　　　　　D. 一般性

14. 管理学属于（　　）。
    A. 自然学科　　　　　B. 应用学科　　　　　C. 交叉学科　　　　D. 经济学科

15. 下列哪些属于管理的外部环境和条件（　　）。
    A. 自然资源状况　　　B. 生产力水平　　　　C. 特定的社会文化　　D. 政府的政策

16. 管理的基本特征包括（　　）。
    A. 管理是一种社会现象　　　　　　B. 管理是一种文化现象
    C. 管理的主题是管理者　　　　　　D. 管理的中心是决策
    E. 管理的核心是处理好人际关系
17. 按管理者在组织中所处的地位划分，管理者可分为（　　）。
    A. 高层管理者　　　B. 中层管理者　　　C. 基层管理者　　　D. 一线的操作人员
18. 管理学的研究的对象包括（　　）。
    A. 组织　　　　　　B. 管理技能　　　　C. 管理活动　　　　D. 管理过程
19. 管理学的研究方法是（　　）。
    A. 比较研究的方法　　　　　　　　B. 案例分析法
    C. 调查研究法　　　　　　　　　　D. 历史研究的方法和归纳演绎法
20. 管理活动中管理的客体即管理对象，主要有（　　）。
    A. 人　　　　　　　B. 财　　　　　　　C. 物　　　　　　　D. 信息、时间等

（二）判断题

1. 经营管理学派的创始人是泰罗。　　　　　　　　　　　　　　　　（　　）
2. 管理是生产过程的固有属性是指管理的科学性。　　　　　　　　　（　　）
3. 组织是管理的载体。　　　　　　　　　　　　　　　　　　　　　（　　）
4. 管理活动的首要职能是领导。　　　　　　　　　　　　　　　　　（　　）
5. 管理的性质是管理的二重性。　　　　　　　　　　　　　　　　　（　　）
6. 管理的出发点和归宿是组织。　　　　　　　　　　　　　　　　　（　　）
7. 最早系统并明确分析管理职能的是法约尔。　　　　　　　　　　　（　　）
8. 管理学属于社会科学的范畴。　　　　　　　　　　　　　　　　　（　　）
9. 市场营销管理人员、财务管理人员属于决策参谋人员。　　　　　　（　　）
10. 管理的实质是领导。　　　　　　　　　　　　　　　　　　　　　（　　）

（三）填空题

1. 科学管理学派的创始人是_____。
2. 管理的主体是_____。
3. 法约尔提出的管理的职能是_____。
4. 管理的二重性指的是_____。
5. 管理的人本性是指_____。
6. 在管理的对象中，最主要的是对_____的管理。
7. 按管理者的职责任务划分，可以把管理者分为_____、_____、和_____。
8. 管理学在研究管理的基本规律时，具体涉及_____、_____、和_____三个方面。
9. 决策理论学派的代表人物是_____。
10. 管理学的原理、原则和方法来源于_____。

（四）名词解释

1. 管理　　　　2. 管理学　　　　3. 管理职能　　　4. 管理者　　　　　　5. 人本性
6. 管理的艺术性　7. 职能管理者　　8. 管理对象　　　9. 比较研究的方法

（五）简答题

1. 如何正确理解管理的含义？
2. 管理的作用有哪些？
3. 如何理解管理的自然属性和社会属性？
4. 为什么说管理既是科学又是艺术？
5. 不同层次的管理者所要具备的知识和技能有何不同？
6. 按管理者的职责任务划分，管理者可分为哪些？
7. 管理者的工作怎样随组织等级的变化而变化？
8. 你学院的教师是管理者吗？试以法约尔的管理职能的观点来讨论。
9. 有效率的组织一定有效果吗？
10. 管理学有哪些特点？

（六）案例分析

1. 李强是国内某著名电器企业集团所属的电子研究所的高级工程师，他与所长王华是老朋友，经常在一起讨论问题。最近一个多月以来，集团组织高层管理人员参加企业高级管理研讨班，请著名的专家学者来讲座，以提高集团整体的管理水平。这天，王华刚从研讨班学习归来，就碰到了李强，两个人又聊了起来。李强说："我觉得管理学与其说是一门科学，不如说是一门艺术，因为它没有科学基础。拿我现在做的工作来说，我正在设计一套人工模拟系统，我知道自己在做什么，也知道自己该怎么做，因为我有电子学、工程学、计算技术和其他可以利用的科学知识。可是，作为这个项目的总负责人，能否做好整个项目的管理工作，我就没多少把握了。因为没有管理的科学理论来指导我。"

王华说："我记得你曾经向我借过两本管理学方面的书看过，没有得到什么启发吗？"

李强说："我是看过几本管理方面的书，我的印象是：管理人员必须在一个封闭的系统基础上进行管理，管理人员能够做的也就是亲切地同他的下属人员商量每件小事，同时制定严格的规章制度、工作程序，使下属人员不会做错，看不出管理上有更多的科学。现在有那么多的管理学书本、文章，有那么多的管理学派和理论，莫衷一是。与数学、物理学这些精确的科学相比，管理学远不能称为科学。"

听了李强一席话，王华很吃惊。因为在这一个多月的研讨班学习期间，专家学者们不断地强调管理知识如何有用，又如何重要。但是他认为李强说的又确实有道理。该怎么回答他呢？

问题：如果你是王华，你应该怎样答复李强？你认为管理学怎样才能更科学？

2. 蒋华是某新华书店邮购部经理。该邮购部每天要处理大量的邮购业务，在一般情况下，登记订单、按单备货、发送货物等都是由部门中的业务人员承担的。但在前一段时间里，接连发生了多起 A 要的书发给了 B，B 要的书却发给了 A 之类的事，引起了顾客极大的不满。今天又有一大批书要发送，蒋华不想让这种事情再次发生。

问题：邮购部经理的职责是什么？邮购部经理是否应该亲自核对这批书？

二、参考答案

（一）选择题

1. B	2. C	3. A	4. C	5. D	6. C	7. B
8. B	9. B	10. D	11. ABCD	12. ABC	13. AC	14. BC
15. ABCD	16. BCDE	17. ABC	18. CD	19. ABCD	20. ABCD	

（二）判断题

1. ×	2. ×	3. √	4. ×	5. √	6. ×	7. √
8. ×	9. ×	10. ×				

（三）填空题

1. 泰罗

2. 管理者

3. 计划、组织、指挥、协调和控制

4. 自然属性和社会属性

5. 指以人为根本，在管理过程中做到以人为中心，把理解人、尊重人、调动人的积极性放在首位，把人视为管理的重要对象及组织最重要的资源。

6. 人

7. 决策指挥者、职能管理者、决策参谋人员

8. 生产力、生产关系、上层建筑

9. 西蒙

10. 管理实践

（四）名词解释

1. 管理是指在一定组织中的管理者，运用一定的职能和手段来协调他人的活动，使别人同自己一起高效率地实现既定目标的活动过程。

2. 管理学是一门系统地研究管理活动基本规律和一般方法的科学。

3. 管理的职能就是管理者实行有效管理必须具备的功能，或者说管理者在担任其职务时应该做些什么工作。

4. 管理者泛指所有执行管理职能，并对组织目标实现做出实质性贡献的人。

5. 所谓"人本性"是指以人为根本，在管理过程中做到以人为中心，把理解人、尊重人、调动人的积极性放在首位，把人视为管理的重要对象及组织最重要的资源。

6. 管理的艺术性是指在掌握一定理论和方法的基础上，灵活运用这些知识和技能的技巧和诀窍，强调了管理人员必须在管理实践中发挥积极性、主动性和创造性，因地制宜地将管理知识与具体管理活动相结合，进行有效的管理。

7. 职能管理者是指负责组织中某一专门管理职能的管理人员，如计划管理人员、市场营销管理人员、财务管理人员、生产（业务）管理人员、人事管理人员等。

8. 管理对象也称管理的客体，是指能够被一定管理主体影响和控制的客观事物，即管理者对什么实施管理活动。

9. 把不同的或相类似的事物放在一起作比较，用以鉴别事物之间的异同，分辨出一般性和特殊性的东西，可为我借鉴的东西和不可为我借鉴的东西。

（五）简答题

1. 管理的含义有：（1）管理是以管理者为主体进行的活动。（2）管理是在一定环境和条件下进行的。（3）管理是为了实现特定的目标。（4）管理需要动员和配置有效资源。（5）管理具有基本的职能。（6）管理是一种社会活动。

2. 分析：（1）管理是促进人类社会进步的重要因素。

（2）管理既是形成生产力的条件，又是创造生产力的源泉。

（3）管理是决定人类社会组织存在和发展的重要条件。

3. 管理的属性：（1）管理的自然属性是指企业管理具有同社会化大生产和生产力相联系的特性，表现为管理过程就是对人、财、物、信息、时间等资源进行组合、协调和利用的过程。（2）管理的社会属性是指人类的活动，人类生存在一定的生产关系下和一定的社会文化中，必然要受到生产关系的制约和社会文化的影响的特性。（3）从根本上说，管理的二重性是因为它所管理的生产过程本身具有二重性，即生产过程是生产力和生产关系相互结合、相互作用的统一过程。（4）管理的二重性是相互联系、相互制约的。

4. 分析：管理的艺术性与管理的科学性二者之间是不矛盾的。管理需要科学的理论指导，没有理论指导的盲目的实践是要失败的。而每一项具体的管理活动都是在特定条件下展开的，这又要求管理者把理论和实际结合起来进行创造性的管理。同时，也应看到，管理艺术是对管理科学理论的合理发挥，一个不懂管理理论的人很难掌握管理的艺术性。

5. 分析：（1）高层管理者负责制订组织的发展战略和行动计划，分配组织拥有的一切资源。组织的兴衰存亡取决于他们对环境的分析判断，以及目标的选择和资源运用的决策。他们还要代表组织协调与其他组织（或个人）的关系，并对组织所造成的社会影响负责。因此，高层管理者知识要广、能力要强、素质要高。

（2）中层管理者负责制订具体的计划及有关细节和程序，贯彻执行高层管理者做出的决策和计划。他们主要将高层管理者的决策和指示传达给基层管理者，同时将基层的意见和要求反映到高层管理部门。是联接高层管理者与基层管理者的桥梁和纽带。中层管理者还要负责协调和控制基层生产活动，保证完成各项任务，实现组织目标。

（3）基层管理者。基层管理者又称一线管理人员。他们的主要职责是传达上级计划、指示，直接分配每一个成员的生产任务或工作任务，随时协调下属的活动，控制工作进度，解答下属提出的问题，反映下属的要求。他们工作的好坏，直接关系到组织计划能否落实，目标能否实现，所以，基层管理者在组织中有着十分重要的作用。一般来说，对基层管理者的技术操作能力要求较高，但对统筹全局的能力要求较低。

6. 按管理者的职责任务划分，可分为：

（1）决策指挥者。指在组织各层次中拥有决策指挥权的管理者。他们的基本职责是负责组织或组织内各层次的全面管理任务，拥有直接调动下级人员，安排各种资源的权力。通常指各管理层的"一把手"。

（2）职能管理者。指负责组织中某一专门管理职能的管理人员，如计划管理人员、市场营销管理人员、财务管理人员、生产（业务）管理人员、人事管理人员等。通常也称为"业务管理人员"。这类管理人员的职责是负责组织或组织内某一层次中的某一专门管理职能，以他们的专业知识对组织目标的实现做出贡献。

（3）决策参谋人员。指为各级决策指挥人员提供决策建议的智囊人员。这类人员没有直接的决策指挥权，但他们以自己的知识影响组织决策，有时这种影响还比较大。所以通常将他们也称之为管理人员。决策参谋人员的职责是收集、整理、提供与决策相关的各种信息，为决策者提供合理的建议、方案。

7. 分析：（1）一般性。管理学是从一般原理、一般情况的角度对管理活动加以研究的，并从中找出一些规律性的东西。从研究对象上看一般没有具体的管理主体和管理客体，它区别于专门研究各个空间领域特殊规律的领域管理学科，如社会管理学、军事管理学、科技管理学等；也区别于业务管理学，如计划管理学、领导科学、管理会计学等。它一般不涉及具体的业务和方法，但对具体的业务和方法研究具有指导作用。管理学中阐述的管理理论是管理活动中最普通、最基本的知识，是从事任何组织的任何专业管理活动都必须掌握的知识。它是学习其他专业管理知识的理论基础。

（2）综合性。管理学的综合性表现为，在内容上，它涉及的领域十分广阔，需要从社会的各个领域，各个类型组织的管理活动中概括出具有普遍指导意义的管理思想、原理和方法；在方法上，它把自然科学和社会科学的研究成果加以改造和运用，具有社会科学与自然科学相互渗透的特点。影响管理活动的因素复杂多变，要搞好管理工作，必须广泛应用自然科学和社会科学的研究成果，从不同角度进行综合研究。这样才能正确认识和把握管理规律，并提出普遍适用、行之有效的管理原则和方法。所以管理学是一门综合性学科。

（3）实用性。实用性也称实践性。管理学与其他纯理论科学比较，具有很强的实践性。管理学是为管理者提供管理理论、原则和方法的实用性学科，这些原理、原则和方法是实践经验的总结和提炼，它的基础是管理实践。同时，理论只有和实践结合起来，才能真正发挥它的作用。管理学只有服务于实践，才具有生命力，才能不断发展。管理学的实践性还表明，管理学的研究不能闭门造车，也不能盲目照抄照搬他国管理学理论。借鉴的同时要深入到本国的管理实践之中去，总结本国管理实践的新经验、新成果。

（4）社会性。管理学研究的是管理活动中的各种关系及其一般规律，而在管理活动中，人是最主要的管理主体和客体，这也就决定了管理学的社会性。同时，管理学的社会性还意味着它总是带有一定的生产关系特征，没有超阶级的管理学，所以，我们在学习、借鉴他国的管理理论时，尤其要注意这一点。

8. 分析：（1）高层管理者以组织职能为主，考虑整个组织的设计。（2）中层管理者以领导和组织职能为主，进行人际关系的沟通。（3）基层管理者以领导职能为主，领导工作小组和个人的工作设计。

9. 提示：从法约尔认为的管理职能：计划、组织、指挥、协调和控制来分析。

10. 分析：（1）如果组织的目标正确（与外部环境相适应），则效率越高，效果越好。（2）如果组织做的是错事，有效率也可能得不到好的效果。（3）不顾效率，如成本太高，也容易达到效果。

（六）案例（答案略）

第二章　管理理论的形成和发展

一、练习题

（一）选择题

1. 科学管理的中心问题是（　　）。
   - A. 提高劳动生产率
   - B. 科学挑选工人
   - C. 工时研究与标准化
   - D. 差别计件工资制

2. 泰罗认为为了提高劳动生产率，必须为工作（　　）。
   - A. 挑选"第一流的工人"
   - B. 工时研究
   - C. 差别计件工资制
   - D. 生产标准化

3. 法约尔认为管理活动包括 5 种职能，具体是（　　）。
   - A. 计划
   - B. 组织
   - C. 领导
   - D. 控制
   - E. 协调
   - F. 指挥

4. 被称为"科学管理之父"是（　　）。
   - A. 法约尔
   - B. 泰罗
   - C. 马克斯·韦伯
   - D. 梅奥

5. 被称为"组织理论之父"是（　　）。
   - A. 泰罗
   - B. 马克斯·韦伯
   - C. 法约尔
   - D. 梅奥

6. 关于人性的几种假设有（　　）。
   - A. 经济人
   - B. 社会人
   - C. 复杂人
   - D. 自我实现的人
   - E. 自然人

7. 甘特在管理思想方面的贡献主要有（　　）。
   - A. 提出一种"工作任务和奖金"的工资制度
   - B. 制定了用于生产控制的生产计划进度图，即甘特图
   - C. 强调对工人进行培训，强调工业民主，重视对人的领导方式
   - D. 提出动作研究和动作经济的原则

8. 下列各项中属于法约尔管理的 14 项原则的有（　　）。
   - A. 劳动分工
   - B. 统一领导
   - C. 纪律
   - D. 统一指挥

9. 提出"管理理论的丛林"的是（　　）。
   - A. 孔茨
   - B. 韦伯
   - C. 法约尔
   - D. 梅奥

10. 人际关系学说的主要内容是（　　）。
    - A. 职工是"社会人"
    - B. 企业中存在着"非正式组织"
    - C. 新的领导能力在于提高职工的满足度
    - D. 把职工看成是"经济人"

11. 通过"霍桑试验"得出的结论有（　　）。
    - A. 职工是"社会人"
    - B. 职工是"经济人"
    - C. 企业中存在"非正式组织"
    - D. 新型的领导能力在于提高职工的满足度

E. 存在着"霍桑效应"

12. 管理过程学派的创始人是（　　　）。

　　A. 法约尔　　　　B. 泰罗　　　　　C. 梅奥　　　　D. 切斯特·巴纳德

13. 社会系统学派的创始人巴纳德认为在一个正式组织中要建立这种协作关系，必须满足以下三个条件（　　　）。

　　A. 共同的目标

　　B. 组织中每一个成员都有协作意愿

　　C. 组织内部有一个能够彼此沟通的信息系统

　　D. 协作效果

14. 社会系统学派的代表人物是（　　　）。

　　A. 法约尔　　　　B. 西蒙　　　　　C. 巴纳德　　　　D. 卢桑斯

15. 社会系统与权变理论把人看作是（　　　）。

　　A. 经济人　　　　B. 社会人　　　　C. 自我实现人　　D. 复杂人

16. 以下哪些内容是法约尔提出的管理原则是（　　　）。

　　A. 统一指挥　　　B. 统一领导　　　C. 职能管理　　　D. 人员的团结

17. 经验主义学派的代表人物是（　　　）。

　　A. 德鲁克　　　　B. 马斯洛　　　　C. 麦格雷戈　　　D. 西蒙

18. 下列哪个学派提倡目标管理（　　　）。

　　A. 管理科学学派　　B. 经验主义学派　　C. 系统管理学派　　D. 管理过程学派

19. 经理人担任的角色主要有（　　　）。

　　A. 人际关系方面的角色　　　　　　　B. 决策方面的角色

　　C. 信息接受者角色、信息传播者角色　　D. 发言人角色

20. 认为并不存在一种普遍适用的"最好的"或"不好的"领导方式的管理学派是（　　　）。

　　A. 管理科学学派　　B. 权变主义学派　　C. 系统管理学派　　D. 管理过程学派

（二）判断题

1. 英国古典经济学家亚当·斯密提出了"社会人"的观点。　　　　　　　　　（　　　）

2. 空想社会主义者英国的罗伯特·欧文最早提出企业内部人力资源的重要性。　（　　　）

3. 科学管理之父是法约尔。　　　　　　　　　　　　　　　　　　　　　　（　　　）

4. 科学管理的中心问题是科学挑选工人。　　　　　　　　　　　　　　　　（　　　）

5. 泰罗认为为了提高劳动生产率，必须为工作挑选"第一流的工人"。　　　　（　　　）

6. 决策理论学派的西蒙采用"最优化原则"代替传统决策理论的"令人满意的准则"。（　　　）

7. 经验主义学派又称案例学派，其代表人物是美国管理学家彼得·德鲁克和欧内斯特·戴尔。其中心是强调管理的科学性。　　　　　　　　　　　　　　　　　　　　　　　（　　　）

8. 经验主义学派提倡实行目标管理。　　　　　　　　　　　　　　　　　　（　　　）

9. 经理角色学派的代表人物是巴纳德。　　　　　　　　　　　　　　　　　（　　　）

10. 权变理论认为，在组织管理中要根据组织所处的环境和内部条件的发展变化随机应变，没有什么一成不变、普遍适用的"最好的"管理理论和方法。　　　　　　　　　　　（　　　）

（三）填空题

1. 英国古典经济学家亚当·斯密提出了_____的观点，指出了管理控制和计算投资回收期的必要性。

2. 科学管理的实质是_____。

3. 泰罗认为提高劳动生产率，必须为工作配备_____。

4. 泰罗的计划职能实际上就是_____，执行职能则是工人的_____。

5. 法约尔认为经营和管理是两个不同的概念，并把整个企业经营活动概括为六个方面，即_____、商业活动、财务活动、安全活动、会计活动和_____。

6. "法约尔桥"是_____。

7. 管理过程学派的研究对象是_____。

8. 社会系统学派认为系统的存在取决于三个条件：_____，_____，_____。

9. 权变管理就是依据_____和_____之间的函数关系来确定一种最有效的管理方式。

10. 提出"管理就是决策"的主张管理学者是_____。

（四）名词解释

1. 科学管理理论　　2. 一般管理理论　　3. 组织理论　　4. 人际关系学说

5. 霍桑实验　　　　6. 正式组织　　　　7. 非正式组织　　8. 法约尔桥

9. 经验学派　　　　10. 群体行为学派　　11. 社会协作系统学派　12. 社会技术系统学派

13. 决策理论学派　　14. 系统学派　　　　15. 数学学派　　　16. 权变理论学派

17. 经理角色学派　　18. 经营管理

（五）简答题

1. 泰罗的科学管理制度包括哪些内容？

2. 法约尔认为管理活动包括哪些职能？法约尔管理的 14 项原则包括那些？

3. 试述霍桑试验的四个阶段。

4. 韦伯的行政组织体系理论的主要内容包括哪些？

5. 人际关系学说的主要内容是什么？如何对它进行评价？

6. 试述社会系统学派。

7. 试述决策理论学派观点。

8. 试述经验学派的主要观点。

9. 试述经理角色学派的观点。

10. 试述权变理论的基本观点。

（六）讨论题

1. 谈谈泰罗科学管理理论对中国企业管理的启发。

2. 你如何认识西蒙的决策程序就是全部的管理过程？

（七）案例分析

1. 王中是一个冷冻食品厂厂长，该厂专门生产一种奶油特别多的冰淇淋。在过去的 4 年中，每年的销售量都稳步递增。但是，今年的情况发生了较大的变化，到 8 月份，累计销量比去年同期下降 17%，生产量比所计划的少 15%，缺勤率比去年高 20%，迟到早退现象也有所增加。王中认为这种情况的发生，很可能与管理有关，但他不能确定发生这些问题的原因，也不知道应该怎样去改变这种情境。他决定去请教管理专家。

问题：假如王中分别去请教具有科学管理理论、行为管理理论的两位专家，您认为这两位位专家将如何诊断这一管理问题？

2. 海伦、乔、萨利三个人都是美国西南金属制品公司的管理人员。海伦和乔负责产品销售，萨利负责生产。他们刚参加过在大学举办的为期两天的管理培训班学习。在培训班里主要学习了权变理论、社会系统理论方面的内容。他们对所学的理论有不同的看法，现正展开激烈的争论。

乔首先说："我认为社会系统理论对我们这样的公司一定很有用的。例如，如果生产工人偷工减料或做手脚的话，如果原材料价格上涨的话，就会影响到我们的产品销售。系统理论中讲的环境影响与我们公司的情况很相似。我的意思是，在目前这种经济环境中一个公司会受到环境的极大影响。在油价暴涨期间，我们当时还能控制自己的公司。现在呢？我们在销售方面每前进一步，都要经过艰苦的战斗。其中的艰辛你们大概都深有感触吧？"

萨利插话说："你的意思我已经知道了。我们的确有过艰苦的时期，但是我不认为这与社会系统理论之间有什么必然的内在联系。我们曾在这种经济系统中受过伤害。当然，你可以认为这是与系统理论是一致的。但是我并不认为我们就有采用社会系统理论的必要。我的意思是，如果说每个东西都是一个系统的话，而所有的系统都能对某一个系统产生影响的话，我们又怎么能预见到这些影响所带来的后果呢？所以，我认为权变理论更适用于我们。如果你说事物都是相互依存的话，系统理论又能帮我们什么忙呢？"

海伦对他们这样的讨论表示有不同的看法。她说："对社会系统理论我还没有很好地考虑。但是，我认为权变理论对我们是很有用的。虽然我们以前亦经常采用权变理论，但是我却没有认识到自己是在运用权变理论。例如，我有一些家庭主妇顾客，听到她们经常讨论关于孩子和如何度过周末之类的问题，从他们的谈话中我就知道他们要采购什么东西了。顾客也不希望我们逼他们去买他们不需要的东西。我认为，如果我们花上一两个小时与他们自由交谈的话，那肯定会扩大我们的销售量。但是，我也碰到一些截然不同的顾客，他们一定要我向他们推荐产品，要我替他们在购货中做主。这些人也经常到我这里来走走，但不是闲谈，而是做生意。因此，你可以看到，我每天都在运用权变理论来对付不同的顾客呢。为了适应形势，我经常都在改变销售方式和风格，许多销售人员都是这样做的。"

问题：（1）你同意哪一个人的意见？他们的观点有什么不同？（2）如果你是海伦，你如何使萨利信服系统理论？

二、参考答案

（一）选择题

1. A　　　2. A　　　3. ABDEF　4. B　　　5. B　　　　6. ABCD　7. ABC

8. ABCD　9. A　10. ABC　11. ACDE　12. A　13. ABC　14. C
15. B　16. ABD　17. A　18. B　19. ABCD　20. B

（二）判断题

1. ×　2. √　3. ×　4. ×　5. √　6. ×　7. ×
8. √　9. ×　10. √

（三）填空题

1. 经济人

2. 工人和雇主双方进行的一场心理革命

3. 第一流的工人

4. 管理职能；劳动职能

5. 技术活动；管理活动

6. 不同权力系列的同一层次的组织之间，在上级授权的情况下，可以横向传递信息，直接商议解决问题，再分头上报

7. 管理过程和职能

8. 协作效果；协作效率；组织目标应和环境相适应

9. 环境自变数；管理思想及管理技术的因变数

10. 西蒙

（四）名词解释

1. 科学管理理论：泰罗倡导的以科学为依据的管理理论，其要点有以下几个方面：（1）科学管理的中心问题是提高劳动生产率。（2）科学挑选工人。（3）工时研究与标准化。（4）差别计件工资制。（5）职能管理。（6）管理上实行例外原则科学管理的实质是工人和雇主双方进行的一场心理革命。

2. 一般管理理论：亨利·法约尔（法国）提出的一般管理理论成为后来管理过程学派的理论基础，法约尔的研究与泰罗着重于车间、工场的生产管理研究不同，他着重于企业全面经营管理的研究。法约尔认为经营和管理是两个不同的概念，并把整个企业经营活动概括为六个方面，即技术活动、商业活动、财务活动、安全活动、会计活动和管理活动。在这六项活动中，管理活动居于核心地位。而且还指出，管理活动包括 5 种职能，具体是：计划、组织、协调、指挥、控制法约尔第一次对管理的一般职能做了明确的划分，使其形成了一个完整的管理过程。

3. 组织理论：韦伯对管理理论的贡献主要是提出了理想的行政组织体系理论，因此被称为"组织理论之父"。所谓理想的行政组织体系理论，原意是通过职务或职位而不是通过个人或世袭地位来管理。这是一个有关集体活动理性化的社会学概念。"理想的"不是指最合乎需要，而是指现代社会最有效和合理的组织形式。韦伯的理想的行政组织体系理论的主要内容包括：（1）实行职责分工。(2) 自上而下的等级系统。(3) 人员的任用。(4) 职业管理人员。(5) 遵守规则和纪律。(6) 组织中人与人的关系。韦伯认为，理想的行政组织体系最符合理性原则，效率最高。在精确性、稳定性、纪律性和可靠性方面优于其他组织形式，它能高度精确地计算出组织的领导人和成员的工作成果。

4. 人际关系学说：在霍桑试验的基础上，梅奥创立了早期的行为科学——人际关系学说。人际关系学说的主要内容：（1）职工是"社会人"。（2）企业中存在着"非正式组织"。（3）新的领导能力在于提高职工的满足度。

5. 霍桑实验：20世纪20年代至30年代间，以美国哈佛大学教授乔治·埃尔顿·梅奥为代表的研究人员在美国西方电器公司霍桑工厂进行了有关工作条件、社会因素与生产效率之间关系的试验。霍桑试验分为四个阶段：（1）工场照明试验。（2）继电器装配室试验。（3）谈话研究。（4）观察研究通过以上试验，梅奥等人认识到，人们的生产效率不仅要受到生理方面、物质方面等因素的影响，更要受到社会环境、心理等方面的影响。

6. 正式组织：为了有效地实现组织目标而规定组织成员之间职责范围和相互关系的一种结构。

7. 非正式组织：人们在共同工作或活动中，由于抱有共同的社会感情和爱好，以共同的利益和需要为基础而自发形成的团体。

8. 法约尔桥：不同权力系列的同一层次的组织之间，在上级授权的情况下，可以横向传递信息，直接商议解决问题，再分头上报。

9. 经验学派：经验主义学派又称案例学派，其代表人物是美国管理学家彼得·德鲁克和欧内斯特·戴尔。其中心是强调管理的艺术性。他们认为，古典管理理论和行为科学都不能完全适应企业发展的实际需要，有关企业管理的科学应该从企业管理的实际出发，以大企业的管理经验为主要研究对象，加以概括和理论化，向企业管理人员提供实际的建议。他们主张通过案例研究经验，不必企图去确定一些原则，只要通过案例研究分析一些经理人员的成功经验和他们解决特殊问题的方法，便可以在相仿情况下进行有效的管理。

10. 群体行为学派：该学派注重研究的是组织中群体的行为，包括群体的文化、行为方式和行为特点等，也常被称作组织行为学派。

11. 社会协作系统学派：社会系统学派是以组织理论为研究重点，从社会学的角度来研究组织的。其创始人是美国的管理学家切斯特·巴纳德。

12. 社会技术系统学派：社会技术系统学派是第二次世界大战以后社会系统学派进一步发展形成的新的管理学派。这一学派是由英国的特里斯特等人通过对英国达勃姆煤矿采煤现场的作业组织进行研究基础上形成的。他们根据对煤矿中"长壁采煤法"研究的结果认为，既要把组织看成是一个社会系统，又要把它看成是一个技术系统，而且技术系统对社会系统有很大的影响；要两者协调起来，从而提高劳动生产率，而管理者的一项主要任务就是要确保这两个系统相互协调。

13. 决策理论学派：该学派是当代西方影响较大的管理学派之一，代表人物是著名的诺贝尔经济学奖金获得者，美国卡内基——梅隆大学的教授西蒙。西蒙认为，决策程序就是全部的管理过程。决策贯穿于管理的全过程。决策过程是从确定组织目标开始，再寻找为达到该项目标可供选择的各种方案，经过比较做出优选决定，并认真执行控制，以保证既定目标的实现。西蒙采用"令人满意的准则"代替传统决策理论的"最优化原则"。他认为，不论从个人生活经验中，还是从各类组织的决策实践中，寻找可供选择的方案都是有条件的，不是漫无限制的。他还研究了决策过程中冲突的关系以及创新的程序、时机、来源和群体处理方式等一系列有关决策程序的问题。

14. 系统学派：系统管理学派是运用系统科学的理论、范畴及一般原理，分析组织管理活动的理论。其代表人物有美国的卡斯特、罗森茨韦克等。

15. 数学学派：管理科学学派又叫做数量学派，是泰罗"科学管理"理论的继续和发展。这一学派的特点是利用有关的数学工具，为企业寻得一个有效的数量解，着重于定量研究。

16. 权变理论学派：权变理论是 20 世纪 70 年代在经验主义学说基础上进一步发展起来的管理理论。权变理论认为，在组织管理中要根据组织所处的环境和内部条件的发展变化随机应变，没有什么一成不变、普遍适用的"最好的"管理理论和方法。权变管理就是依据环境自变数和管理思想及管理技术的因变数之间的函数关系来确定一种最有效的管理方式。

17. 经理角色学派：经理角色学派是 20 世纪 70 年代在西方出现的一个以经理所担任的角色的分析为中心管理学派。其主要代表人物是加拿大麦克吉尔大学管理学院教授明茨伯格。

18. 经营管理学派：管理过程学派又叫管理职能学派、经营管理学派。它的开山祖师就是古典管理理论的创始人之一法约尔。管理过程学派的研究对象是管理过程和职能。

（五）简答题

1. 其要点有以下几个方面：（1）科学管理的中心问题是提高劳动生产率。（2）科学挑选工人。（3）工时研究与标准化。（4）差别计件工资制。（5）职能管理。（6）管理上实行例外原则。

2. 职能：计划、组织、指挥、协调和控制。

法约尔管理的 14 项原则：（1）劳动分工；（2）权力与责任；（3）纪律；（4）统一指挥；（5）统一领导；（6）个人利益服从集体利益；（7）人员的报酬；（8）集中化；（9）等级系列；（10）秩序；（11）公平；（12）人员的稳定；（13）首创精神；（14）团结精神。

3. （1）工场照明试验。（2）继电器装配室试验。（3）谈话研究。（4）观察研究。

4. 韦伯的理想的行政组织体系理论的主要内容包括：（1）实行职责分工。（2）自上而下的等级系统。（3）人员的任用。（4）职业管理人员。（5）遵守规则和纪律。（6）组织中人与人的关系。

5. 人际关系学说的主要内容：（1）职工是"社会人"。（2）企业中存在着"非正式组织"。（3）新的领导能力在于提高职工的满足度。人际关系学说的出现，开辟了管理和管理理论的新领域，纠正了古典管理理论忽视人的因素的不足。同时，人际关系学说为以后行为科学的发展奠定了基础。

6. 社会系统学派是以组织理论为研究重点，从社会学的角度来研究组织的。其创始人是美国的管理学家切斯特·巴纳德把组织看作是一个社会协作系统，即一种人的相互关系的协作体系。这个系统的存在取决于三个条件：①协作效果，即组织目标能否顺利达成；②协作效率，即在实现目标过程中，协作的成员损失最小而心理满足较高；③组织目标应和环境相适应。巴纳德还指出，在一个正式组织中要建立这种协作关系，必须满足以下三个条件：①共同的目标；②组织中每一个成员都有协作意愿；③组织内部有一个能够彼此沟通的信息系统。此外，巴纳德还对一个管理者提出如下的责任要求：①规定目标；②善于使组织成员为实现组织目标做出贡献；③建立和维持一个信息联系系统。这一学派虽然主要以组织理论为其研究的重点，但它对管理所作的贡献是巨大的。

7. 西蒙认为，决策程序就是全部的管理过程。决策贯穿于管理的全过程。决策过程是从确定组织目标开始，再寻找为达到该项目标可供选择的各种方案，经过比较做出优选决定，并认真执行控制，以保证既定目标的实现。西蒙采用"令人满意的准则"代替传统决策理论的"最优化原则"。他认为，不论从个人生活经验中，还是从各类组织的决策实践中，寻找可供选择的方案都是有条件的，不是漫无限制的。他还研究了决策过程中冲突的关系以及创新的程序、时机、来源和群体处理方式等一系列有关决策程序的问题。

8. 经验学派的主要观点是：（1）关于管理的性质，他们认为管理是管理人员的技巧，是一个特殊的、独立的活动和知识领域。（2）关于管理的任务，德鲁克认为，作为主要管理人员的经理，有两项别人无法替代的特殊任务：第一，必须造成一个"生产的统一体"，经理好比一个乐队的指挥，他要使企业的各种资源，特别是人力资源得到充分发挥。第二，经理在做出每一决策和采取每一行动时，要把当前利益和长远利益协调起来。（3）提倡实行目标管理。

9. 在经理角色方面，这一学派认为经理一般都担任十种角色，渊源于经理的正式权力和地位。可归纳为三类，组成一个相互联系的整体。第一类是人际关系方面的角色，共有三种：挂名首脑的角色、领导者角色、联络者的角色。第二类是经理作为组织信息的神经中枢，充当三种角色：信息接受者角色、信息传播者角色、发言人角色。第三类是决策方面的角色，共分四种：企业家角色、故障排除者角色、资源分配者角色、谈判者角色。经理角色理论受到了管理学派和经理们的重视，但是经理的工作并不等于全部管理工作，管理中的某些重要问题，经理角色理论也没有详细论述。

10. 权变理论的基本观点主要有以下几个方面：（1）权变管理思想结构。（2）权变理论的组织结构观点。（3）权变的人事管理观点。（4）权变理论的领导方式观点。

（六）讨论题

1. 提示：（1）科学合理地制定职工的日工作量，特别是加工制造业，各种不同工种有不同的生产方式和工作效率，不能一条标准要求所有人。（2）用标准化的操作方法提高工作效率。对于加工企业来说，一般倾向于招收文化水平低，没有接受过专业训练的农村劳动力，这种职工进入工厂之后一般跟老师傅学习一段时间就独立工作了，所以，通过标准化的操作方法可以提高这些人的工作效率。（3）用差别计件工资制激励员工努力工作。很多企业"磨洋工"现象大量存在，究其原因就是激励制度不够合理，差别计件工资制根据完成的工作量给出不同级别的工资，大大提高了工人的积极性。（4）科学管理的最大意义在于科学生产观念的引入。它改变了人们长期靠经验决定一切的做法，重视科学技术和规范化在生产中的作用，是对工厂管理的一大突破。但是科学管理有自身局限性，对效率的追求使其忽视了对人的关怀，管理是管人和管事的结合，忽视了对人的关怀，仅仅把人看做是生产线的一部分，会造成员工情绪低落，尤其在我国，运用科学管理必须把提高效率与关怀员工结合起来。

2. 提示：应用西蒙决策理论分析。

（七）案例分析题（答案略）

第三章 现代管理的理论基础

一、练习题

（一）选择题 （1～10 题为单项选择，11～18 题为多项选择）

1. 下列不是未来管理理论的发展方向的是（　　）
   A. 对系统理论的重视　　　　　　　　B. 现代组织结构的发展
   C. 对组织中的人性、行为的研究　　　D. 对下属部门活动的控制的集中与强化

2. 信息论是（　　）提出的。
   A. 贝塔朗菲　　　　B. 普里高津　　　　C. 申农　　　　D. 哈肯

3. 研究动态系统在变化的条件下，如何保持平衡状态，即研究系统控制规律的理论是（　　）。
   A. 信息论　　　　B. 控制论　　　　C. 系统论　　　　D. 协同学

4. 国民经济系统、企业系统等属于（　　）。
   A. 自然系统　　　　B. 人造系统　　　　C. 实体系统　　　　D. 开放系统

5. 系统按与环境的关系分为（　　）。
   A. 自然系统和人造系统　　　　　　　B. 动态系统和静态系统
   C. 实体系统和概念系统　　　　　　　D. 开放系统和封闭系统

6. 自然界存在的系统都是（　　）。
   A. 自然系统　　　　B. 开放系统　　　　C. 实体系统　　　　D. 动态系统

7. 任何一个系统都是存在于一定物质环境（更大的系统）之中的，它要和外部环境发生物质、能量和信息的交换，必须适应外部环境的变化。不适应环境变化的系统是没有生命力的。这是说人造系统具有（　　）的特征。
   A. 集合性　　　　B. 目的性　　　　C. 环境适应性　　　D. 整体性

8. （　　）指任何一个稳定的领导活动的目标都是一个具有不同层次、不同能量的复杂系统，在这样的系统中，每一个单元根据本身能量的大小而处于不同的地位，以此来保证结构的稳定性和有效性。
   A. 能级原理　　　　B. 弹性原理　　　　C. 动力原理　　　　D. 系统原理

9. 由于管理的四个特性，就要求现代管理必须十分重视保持（　　）。
   A. 能级　　　　B. 弹性　　　　C. 动力　　　　D. 系统

10. 一个管理功能单位是否有生命力的标志关键在于其是否具有有效的（　　）系统。
    A. 能级　　　　B. 弹性　　　　C. 动力　　　　D. 反馈

11. 下列说法正确的是（　　）。
    A. 系统理论最初是20世纪40年代由美籍奥地利生物学家路德维希·冯·贝塔朗菲提出的
    B. 1948年申农发表的《通讯的数学理论》一文，成为信息论诞生的标志
    C. 系统理论包括贝塔朗菲提出的一般系统论，维纳提出的控制论，申农提出的信息论，

普里高津提出的耗散结构理论，哈肯提出的协同学，托姆提出的突变论等

  D. 现代系统论虽然产生于欧美，但中国古代劳动人民和思想家却最早实践了系统思想，产生了古代系统观

12. 关于系统分类的描述，下列命题正确的有（　　　）。

  A. 自然系统指自然界客观存在的系统，如宇宙系统、生态系统、生物系统等

  B. 静态系统指系统状态不随时间的变化而变化。这里的静态是绝对的

  C. 实体系统指由客观物质组成的系统，如自然系统、行政系统、神经系统等

  D. 开放系统指系统与环境经常进行物质、能量和信息等交换的系统，如自然界存在的系统都是开放系统

13. 人造系统的特征有（　　　）。

  A. 集合性   B. 相关性   C. 目的性   D. 整体性

  E. 环境适应性

14. 下列属于系统论的基本思想的是（　　　）。

  A. 整体性思想   B. 相关性思想   C. 有序性思想   D. 动态性思想

15. 下列说明了系统理论对管理学的贡献的是（　　　）。

  A. 推动了管理观念的更新   B. 提供了解决复杂问题的分析工具

  C. 系统理论给管理者带来了科学的分析方法 D. 促成了管理新模式的出现

16. 以下命题错误的是（　　　）。

  A. 反馈系统的灵敏、正确、有力的程度，是一个管理功能单位是否有生命力的标志

  B. 现代高效率的管理必须在整体规划下明确分工，在分工的基础上进行有效的综合，分工是管理的终结

  C. 为了达到现代管理的优化目标，必须运用系统理论对管理进行充分的系统分析

  D. 任何一个系统内的管理手段必须构成一个连续封闭的回路，才能形成有效的管理运动有效的管理要求进行封闭

17. 运用能级原理必须做到（　　　）。

  A. 能级的确定必须保证管理结构具有最大的稳定性

  B. 对不同能级应给予不同的权力、物质利益和精神荣誉

  C. 各类能级必须动态的对应

  D. 能级原理要求管理系统中的每一个元素都能在其位、谋其政、行其权、尽其责、取其酬、获其荣、惩其误

18. 关于弹性原理，下列命题正确的有（　　　）。

  A. 弹性原理即是管理必须保持充分的弹性，及时适应客观事物可能发生的变化，有效地实现动态管理

  B. 由于管理的四个特性，就要求现代管理必须十分重视保持弹性

  C. 管理的弹性有两类：一是局部弹性；二是整体弹性

  D. 局部弹性标志着系统的可塑性和适应能力

（二）判断题

1. 系统理论最初是 20 世纪 40 年代由美籍奥地利生物学家维纳提出的。（　　）

2. 系统按反馈分为开放系统和封闭系统。（　　）

3. 自然系统、行政系统、神经系统等属于实体系统。（　　）

4. 封闭原理是指任何一个系统内的管理手段必须构成一个连续封闭的回路，才能形成有效的管理运动，才能自如地吸收、加工和运作。（　　）

5. 管理的弹性有两类：一是局部弹性；二是整体弹性。（　　）

6. 系统分为实体系统和概念系统是按系统的物质属性划分的。（　　）

7. 静态系统是绝对静止的。（　　）

8. 根据人造系统的相关性特征系统是可分解的。（　　）

9. 系统要素在空间排列和时间运行上是有序的，充分发挥系统的整体功能主要在于合理安排系统要素的秩序，这是指系统论的有序性思想。（　　）

10. 现代管理中广为采用的全面质量管理、全面设备管理、目标管理等新模式的出现，与系统论的应用没有直接关系。（　　）

（三）填空题

1. 系统理论包括贝塔朗菲提出的一般系统论，维纳提出的_____，申农提出的信息论，普里高津提出的_____，哈肯提出的协同学，托姆提出的突变论等。

2. 人造系统指经过人_____或由人_____的系统，也叫有人系统，如国民经济系统、企业系统等。

3. 人造系统的特征有集合性、_____、目的性、_____和环境适应性。

4. 系统论的基本思想有整体性思想、_____、有序性思想、_____。

5. 现代管理的基本原理包括_____原理、_____原理、反馈原理、_____原理、能级原理、弹性原理和_____原理。

6. 为了达到现代管理的优化目标，必须运用系统理论对管理进行充分的系统分析，这就是管理的_____原理。

7. 现代高效率的管理必须在整体规划下明确分工，在分工的基础上进行有效的综合，这就是_____原理。

8. _____原理是指任何一个系统内的管理手段必须构成一个连续封闭的回路，才能形成有效的管理运动，才能自如地吸收、加工和运作。

9. _____即是管理必须保持充分的弹性，及时适应客观事物可能发生的变化，有效地实现动态管理。

10. _____就是管理必须有强大的动力，只有正确地运用动力，才能使管理的运动持续而有效地进行下去。

（四）名词解释

1. 系统论　　2. 信息论　　3. 控制论　　4. 系统原理　　5. 反馈原理

6. 弹性原理　　7. 整分合原理　　8. 封闭原理　　9. 能级原理　　10. 动力原理

（五）简答题

1. 现代管理的基本原理有哪些？

2. 小生产管理习惯于"平安无事"，"以不变应万变"，你认为现代管理的优势在哪里？应该从哪些方面进行管理？

3. 简述系统的分类。

4. 简述系统理论对管理学的贡献。

5. 简要分析人造系统的特征。

6. 简述不封闭的管理的害处。

7. 简述运用能级原理的原则。

（六）讨论题

谈谈系统原理对管理实践的指导意义。

（七）案例题

1. 在我们的企业还在像迷失方向的风筝一样胡乱飞的时候，真正的跨国公司已经明确了自己的发展方向，他们非常理解客户，注重客户感受，他们很清楚地知道客户是企业产品走向的决定。星巴克对于客户感受方面正是该公司成功的原因之一。星巴克真正能长久的原因是因其提供的产品都非常适合于消费者的定位和口感，而这些荣誉都跟他们长久注重客户感受有密切的关系，众所周知星巴克每推出一款新的咖啡，都会十分注重客户感受的反馈，任何人去星巴克消费咖啡时，都会额外地品尝一些新款的咖啡，并告知自己对该产品的感受，更为重要的是星巴克十分重视二次法则，在该店里如果你第二次要了同样的咖啡，那么你就会被问其你对该款产品感受，为什么会喜欢该种类的咖啡，这款咖啡给您有什么感受？并为星巴克填写一张调查问卷，然后他们把客户感受总结，以讨论哪种新品应该进入市场。

星巴克的客户感受是通过系统的体系管理的，星巴克无时不在重视客户感受，但又让客户不会觉得做作，那么贴近顾客是最重要的学问，走进星巴克的客户都有一种很放松的感觉，而在我们中国的企业有谁会真的注重客户感受，体系组建已经成为中国企业所必须学习和必须重视的法则。强调客户感受是为了更好地把握客户，了解客户，熟悉客户，进行与产品对接，是让客户真正了解产品属性，同时也让产品寻找到客户的属性，好的产品，核心买点也只有一个属性，这个买点只有客户才能真正领略到他们的需求。从百盛集团的"苏丹红事件"，而隐瞒消费者，造成消费者对其产品的不信任，并且不诚实的告知消费者，这只是中国企业的一个缩影，又有多少这样企业活在消费者的市场里，我们口口声声说顾客是上帝，可给上帝的服务和感受都是打折扣的，那么客户也是会给企业一个评估的，注重客户感受的企业才能踏实地活在客户心中。客户感受是一门真正使企业了解自己的一面神镜。关注客户感受、领略客户感受、认知客户感受是我们中国企业成熟的标志。

问题：根据系统原理，谈谈星巴克的管理对我国企业有何启示？

2. 康洁利公司是一家中外合资的高科技专业涂料生产企业。总投资594万美元，其中固定资产324万美元，中方占有60%的股份，外方占有40%的股份，生产玛博伦多彩花纹涂料等11大系列高档涂料产品。这些高档产品不含苯、铅和硝基等有害物质，无毒无味，在中国有广阔的潜在市场。

开业在即，谁出任公司总经理呢？外方认为，康洁利公司引进的20世纪90年代先进的技术、设备和原材料均来自美国，中国人没有能力进行管理，要使公司迅速发展壮大，必须由美国人来管理这个高新技术企业。中方也认为，由美国人来管理，可以学习借鉴国外企业管理方法和经验，有利于消化吸收引进技术和提高工作效率。因此，董事会形成决议：从美国聘请米勒先生任总经理，中方推荐两名副总经理参与管理。

米勒先生年近花甲，但身心爽健，充满自信。有18年管理涂料生产企业的经验，自称"血管里流淌的都是涂料"，对振兴康洁利公司胸有成竹。公司员工也都为有这样一位洋经理而庆幸，想憋足劲大干一场，好好地大赚其钱。

谁料事与愿违。公司开业9个月不但没有赚到一分钱，反而亏损70多万元。当一年的签证到期时，米勒先生被总公司的董事会正式辞退了。1994年3月26日，米勒先生失望地返美。来自太平洋彼岸的洋经理被"炒鱿鱼"的消息在康洁利公司内外引起了强烈的反响，这位曾经在日本、荷兰主持建立并成功地管理过涂料工厂的洋经理何以在中国"败走麦城"呢？这自然成了议论的焦点。

多数人认为：米勒先生是个好人，工作认真，技术管理上是内行，对搞好康洁利公司怀有良好的愿望，同时，在吸收和消化先进技术方面做了许多工作。他失败的主要原因是不了解中国的实际情况，完全照搬他过去惯用的企业管理模式，对中国的许多东西不能接受，在经营管理方面缺乏应有的弹性和适应性。中方管理人员曾建议根据中国国情，参照我国有关三资企业现成的成功管理模式，结合国外先进的管理经验，制定一套切实可行的管理制度，并严格监督执行。对此，米勒先生不以为然。他的想法是"要让康洁利公司变成一个纯美国式的企业"。对计划不信任，甚至忧虑，以致对正常的工作计划都持抵触态度，害怕别人会用计划经济的一套做法去干预他的管理工作。米勒先生煞费苦心地完全按照美国的模式设置了公司的组织结构并建立了一整套规章制度。但最终还是使一个生产高新技术产品且有相当实力的企业缺乏活力。在起跑线上就停滞不前，陷入十分被动的局面。

也有人认为，米勒先生到任后学会的第一个中文词就是"关系"，而他最终还是因搞不好关系而离华返美。

对于中国的市场，特别是中国"别具一格"的市场情况和推销方式，米勒先生也不甚了解。他将所有有关市场营销的事情都交给一位中方副总经理，但他和那位副总经理的关系并没有"铁"到使副总经理为他玩命去干的程度。

在管理体制上，米勒先生试图建立一套分层管理制度：总经理只管两个副总经理，下面再一层管一层。但他不知道，这套制度在中国，如果没有上下级间的心灵沟通与相互间的了解和信任，会出现什么样的状况和局面。最后的结果是，造成管理混乱，人心涣散，员工普遍缺乏主动性，工作效率尤为降低。

米勒先生还强调，我是总经理，我和你们不一样，你们要听我的。他甚至要求，工作进入正规后，除副总经理外的其他员工不得进入总经理的办公室。米勒先生不知道，聪明的中国企业负责人在职工面前总是强调和大家一样，以求得职工的认同。

米勒先生临走时扔下一句话："如果这个企业出现奇迹的话，肯定是上帝帮忙的结果。"

然而，上帝并未伸出援助之手，奇迹却出现了。康洁利公司在米勒先生走后，中方合资厂家选派了一位懂经营管理，富有开拓精神的年轻副厂长刘思才任总经理，并随之组成了平均年龄只有33岁的领导班子。新班子迅速制定了新的规章制度，调整了机构，调动了全体员工的积极性。在销售方面，基于这样一个现实，自己的产品虽好但尚未被人认识，因而采取了多种促销手段，并确定在1994年零利润的状态下，主动向消费者让利销售，使企业走上了良性循环。1994年5月，康洁利首先盈利3万元，宣告扭亏为盈。

问题：（1）试运用管理学中的有关原理分析康洁利公司起落的原因。（2）从本案例中你得到了什么启示？

二、参考答案

（一）选择题

1. D 2. C 3. C 4. B 5. D 6. B
7. C 8. A 9. B 10. D 11. ABCD 12. ACD
13. ABCDE 14. ABCD 15. ABD 16. BD 17. ABCD 18. ABC

（二）判断题

1. × 2. × 3. √ 4. √ 5. √
6. √ 7. × 8. × 9. √ 10. ×

（三）填空题

1. 控制论 耗散结构理论
2. 改造 创造
3. 相关性思想 动态性思想
4. 相关性思想 动态性思想
5. 系统 整分合 封闭 动力
6. 系统原理
7. 整分合原理
8. 封闭原理
9. 弹性原理
10. 动力原理

（四）名词解释

1. 系统论是把事物当成一个整体或系统来研究，并用数学模型去描述和确立系统的结构和行为的理论。

2. 信息论是用概率论和数理统计的方法，从量的方面来研究系统的信息如何获取、加工、处理、传输和控制的科学。

3. 控制论是研究动态系统在变化的条件下，如何保持平衡状态，即研究系统控制规律的理论。

4. 系统原理要求在进行管理时，要把管理对象看成一个系统，从整体出发，分析系统的构成要素以及要素之间的结构关系，分析系统与外部环境的联系，在系统分析的基础上，为达到管理的目标而制定出合理的管理决策。

5. 面对着永远不断变化的客观实际，管理是否有效，其关键在于是否有灵敏、正确、有力的反馈系统，其灵敏、正确、有力的程度，是一个管理功能单位是否有生命力的标志。这就是现代管理的反馈原理。

6. 弹性原理即是管理必须保持充分的弹性，及时适应客观事物可能发生的变化，有效地实现动态管理。

7. 现代高效率的管理必须在整体规划下明确分工，在分工的基础上进行有效的综合，这就是整分合原理。

8. 封闭原理是指任何一个系统内的管理手段必须构成一个连续封闭的回路，才能形成有效的管理运动，才能自如地吸收、加工和运作。

9. 能级原理指任何一个稳定的领导活动的目标都是一个具有不同层次、不同能量的复杂系统，在这样的系统中，每一个单元根据本身能量的大小而处于不同的地位，以此来保证结构的稳定性和有效性。

10. 动力原理，就是管理必须有强大的动力，只有正确地运用动力，才能使管理的运动持续而有效地进行下去。

（五）简答题

1. 现代管理的基本原理包括：（1）系统原理。现代管理的每一个基本要素都不是孤立的，它既在自己的系统之内，又与其他各系统发生各种形式的联系。（2）整分合原理。现代高效率的管理必须在整体规划下明确分工，在分工的基础上进行有效的综合。（3）反馈原理。面对着永远不断变化的客观实际，管理是否有效，其关键在于是否有灵敏、正确、有力的反馈系统。（4）封闭原理。任何一个系统内的管理手段必须构成一个连续封闭的回路，才能形成有效的管理运动。（5）能级原理。现代管理的任务是建立一个合理的能级，使管理的内容动态地处于相应的能级中。（6）弹性原理。管理必须保持充分的弹性，及时适应客观事物可能发生的变化，有效地实现动态管理。（7）动力原理。管理必须有强大的动力，只有正确地运用动力，才能使管理的运动持续而有效地进行。

2. 小生产的管理习惯于"平安无事"，"以不变应万变"。现代管理恰恰相反，它的信条是"善于找事"，"积小变为大变，不断完善"。事物发展无止境，始终存在改进的余地。因此，有效的管理要善于捕捉信息，及时反馈，及时做出相应的变革，把矛盾和问题解决在萌芽之中。决策、执行、反馈，再决策、再执行、再反馈……如此无穷地螺旋上升，使管理不断进步和完善。

3. （1）按自然属性分为自然系统和人造系统；（2）按运动属性分为动态系统和静态系统；（3）按物质属性分为实体系统和概念系统；（4）按与环境的关系分为开放系统和封闭系统；（5）按反馈属性分为开环系统和闭环系统。

4. 人造系统具有集合性、相关性、目的性、整体性和环境适应性的特征。集合性是分析解决系统组成的合理性；相关性分析建立组成系统的要素间的合理关系，以扫除要素间的盲目联系和无效行动；目的性分析解决系统有无存在价值的问题；整体性分析解决整体与局部、局部与局部间的关系及系统内部的协调的问题；环境适应性是解决系统与外部协调的问题，从而使系统具有生命力。

5. 如果管理系统缺少反馈机构，那么它的职能由执行机构代为行使，变成自己执行自己反馈，这会带来很多弊病：第一，执行者往往忙于日常事务，无暇顾及深入的调查研究和分析评价，因此反馈的信息不成系统。第二，执行者自己反馈，由于同切身利害有关，容易报喜不报忧。第三，执行机构的功能不同于反馈机构，它要求坚决地、不折不扣地贯彻决策中心的指令，才能使管理按预定的目标进行。而反馈机构却需要根据调查情况提出自己的不同看法，供决策者参考。

要实现封闭，就要从后果评估出发，从各种后果中循踪追迹，找出管理手段各环节中产生后果的原因，加以封闭，或者只对后果进行封闭。也要注意到管理中的封闭只是相对的，绝不能把它僵化凝固。

6. （1）能级的确定必须保证管理结构具有最大的稳定性。理论和实践都证明了，稳定的管理结构应该是金字塔形的；而倒立的三角形、棱形之类结构是不稳定的状态。

（2）对不同能级应给予不同的权力、物质利益和精神荣誉。为了充分发挥一个管理系统的效率，除了合理划分和组织能级以外，还必须使系统的各个不同能级与相应的权力、物质利益和精神荣誉相对应。能级原理要求管理系统中的每一个元素都能在其位、谋其政、行其权、尽其责、取其酬、获其荣、惩其误。

（3）各类能级必须动态的对应。现代管理要求使具有相应才能的人处于相应的能级岗位上去。也就是人尽其才，各尽其能。例如，指挥人才应具有高瞻远瞩的战略眼光，有出众的组织才能，善于识人用人，善于判断决断，有永不枯竭的进取心。执行人员必须忠实坚决，埋头苦干，任劳任怨，善于领会领导意图等。现代管理必须善于将不同才能的人，放在合理的能级上使用。

7. （1）三种动力要综合、协调运用。（2）要正确认识和处理个体动力和集体动力、眼前动力和长远动力的辩证关系。现代管理必须正确处理个体与集体之间的矛盾，因势利导，综合平衡，以取得任何情况下的最佳效率。一种比较理想的模式是让个体在大方向基本一致的前提下充分地、自由地发展。（3）在运用各种动力时，要注意"刺激量"这个概念。刺激量不足或刺激量过大，都不能有效地发挥动力的作用。因此，各种动力的量要适中，才能更好地激发人的积极性。

（六）讨论题

提示：（1）可以提高组织的整体效率，使管理人员不至于只是重视某些与自己有关的特殊职能而忽视了大目标，使全部人员将个人的目标内化，向组织靠拢，这就有利于组织目标的实现。（2）可以使组织时刻保持动态的平衡，与外界保持密切的联系，从而能迅速地应对外界的变化，尤其是市场的变化。（3）可以在组织内部实现资源共享，有效利用资源，降低成本，从而在竞争中取得优势。

（七）案例题（答案略）

第四章　管理与社会

一、练习题

（一）选择题（1~10题为单项选择，11~20题为多项选择）

1. 组织外部最普遍的因素是（　　）。
   A. 经营管理　　　　B. 科学技术　　　　C. 政治环境　　　　D. 文化素质

2. 社会外部环境是组织存在的前提，没有以社会化大生产为技术前提的商品经济运行，就无组织而言。这是说社会环境对组织的（　　）作用。
   A. 决定性　　　　B. 制约　　　　C. 影响　　　　D. 控制

3. 组织在市场中的动作必须合法，否则，会受到制止或惩罚其"犯规动作"，这里指的是社会环境对组织的（　　）作用。
   A. 决定性　　　　B. 制约　　　　C. 影响　　　　D. 控制

4. 环境发生变化后，组织决策者不得不想办法适应其变化，这种适应环境的方式是（　　）。
   A. 负面适应　　　B. 被动适应　　　C. 主动适应　　　D. 创新适应

5. 组织决策者能够影响甚至创造适合组织发展的新环境，这种适应环境的方式是（　　）。
   A. 负面适应　　　B. 被动适应　　　C. 主动适应　　　D. 创新适应

6. 组织适应外部环境有两种基本的形态：一是消极、被动的适应；二是（　　）。
   A. 积极、主动的适应　　　　　　　　B. 创新适应
   C. 负面适应　　　　　　　　　　　　D. 发展中适应

7. 组织决策者忽视环境因素的变化，甚至抵制和反对环境，造成与环境的冲突，这种适应环境的方式是（　　）。
   A. 负面适应　　　B. 被动适应　　　C. 主动适应　　　D. 创新适应

8. 组织的法律环境是以（　　）法律规范为核心的。
   A. 政治　　　　B. 文化　　　　C. 科技　　　　D. 经济

9. 下列反映企业对职工的社会责任的是（　　）。
   A. 企业对消费者的社会责任核心是保护消费者权益
   B. 企业要严格遵守一切有关维护生态平衡的法规，在减轻噪音和减少"三废"排放量上不断采取措施，尽可能减轻对生态环境的污染
   C. 惠普能吸引、留住并激励高级人才，不仅靠丰厚的物质待遇，更重要的是靠向这些员工提供良好的提高、成长和发展机会
   D. 2013年6月7日，"汤臣倍健快乐奖学金"颁奖仪式在中山大学顺利举办，汤臣倍健向第一批获奖本科学生颁发了奖学金

10. 企业排放"三废"不仅会影响到企业附近的生产经营、居民生活，还会影响到周围相当范围的区域；不仅在经济领域，而且还有可能引发社会问题和政治问题。这说明了企业社

会责任的（　　）。

A. 变动性　　　　　B. 有限性　　　　　C. 延续性　　　　　D. 相关性

11. 企业外部环境的特征有（　　）。

A. 复杂性　　　　　B. 变动性　　　　　C. 交叉性　　　　　D. 延续性

12. 组织适应外部环境的基本形态有（　　）。

A. 消极的适应　　　B. 被动的适应　　　C. 主动的适应　　　D. 积极的适应

13. 下列关于组织外部环境的说法正确的有（　　）。

A. 政府颁布的各种政策由于要受国内与国际各种因素的影响，通常处于动态的变化中，往往会对企业产生意想不到的影响

B. 法律的强制性对组织的行为具有导向和规范的作用

C. 经济环境是一般环境中对组织特别是企业的经营管理活动影响最不直接的部分

D. 一般环境中变化最迅速的就是技术

14. 组织的外部环境有（　　）。

A. 政治的环境　　　B. 法律的环境　　　C. 经济的环境　　　D. 科技的环境

E. 文化的环境

15. 下列属于组织第一级利益相关者的是（　　）。

A. 雇员　　　　　　B. 社区　　　　　　C. 媒体　　　　　　D. 竞争者

16. 下列不属于组织第二级利益相关者的是（　　）。

A. 行业协会　　　　B. 股东　　　　　　C. 信用机构　　　　D. 政府

17. 列举属于被称为企业"永恒的社会责任"的四大类问题是（　　）。

A. 企业与职工关系　　　　　　　　　B. 企业与消费者关系

C. 企业与社区关系　　　　　　　　　D. 企业与生态环境关系

18. 企业社会责任的特征有（　　）。

A. 变动性　　　　　B. 有限性　　　　　C. 延续性　　　　　D. 相关性

19. 下列命题正确的是（　　）。

A. 企业只有提供对社会有价值的服务才能存在，社会才会给予企业存在的特许权

B. 企业承担社会责任，从长期来看，实质上是一种自利行为

C. 企业拥有可使用于社会问题的宝贵资源，应该加以利用

D. 企业不应将社会责任揽于自身，否则会损害其经济利益的实现

20. 国家及社会可用以下方式督促企业自觉承担其社会责任（　　）。

A. 法律规范　　　　B. 政策规范　　　　C. 道德规范　　　　D. 经济手段

（二）判断题

1. 环境变动是多种因素作用的结果，环境的变动是有规律的。　　　　　　　（　　）

2. 外部环境是组织可以控制的。　　　　　　　　　　　　　　　　　　　（　　）

3. 对组织来说，自然环境的变化速度还是比较缓慢的，社会环境的变化周期则要快得多，对组织的威胁也要更大一些。　　　　　　　　　　　　　　　　　　　　　　（　　）

4. 不同的民族文化或同一文化区域人们的不同观念，不会对组织经营产生重要影响。（　　）

5. 组织应采取的环境适应方式是主动适应和被动适应，主动适应是最理想的方式。　（　　）

6. 政治环境中的结构性要素，具有较强的稳定性，一般不会有大的调整和变化；而政府颁布的各种政策由于要受国内与国际各种因素的影响，通常处于动态的变化中，往往会对企业产生意想不到的影响。　（　　）

7. 环境的不确定性是指环境变动难以预先确知。　（　　）

8. 法律的强制性决定法律环境对组织的影响具有硬性约束和刚性约束的特征，它规定了哪些事情能做，哪些事不能做，从而确定了组织的行为边界，对组织的行为具有导向和规范的作用。
　（　　）

9. 社会责任是法律和经济要求企业承担的义务。　（　　）

10. 环境的另一个特征是其内部的各种因素通常会发生连锁反应，一种因素的变化有可能引起诸多因素不同程度的变化，甚至导致整个经济形势发生逆转。　（　　）

（三）填空题

1. 现代管理一般将组织的环境分为_____环境和_____环境。

2. _____主要决定组织的资源优势或劣势，组织可以根据_____的特点，趋于利而避其劣。

3. 组织外部环境的特征有_____、_____和_____。

4. 企业"永恒的社会责任"的四大类问题，即企业与职工关系、企业与_____关系、企业与社区关系和企业与_____关系。

5. 企业追求有利于社会的长远目标的一种义务，它超越了法律和经济所要求的义务，这是企业的_____。

6. 企业对消费者的社会责任核心是_____。

7. 企业社会责任的特征有_____、_____、_____和延续性

8. 企业的社会责任围绕_____、_____和_____这三大基本问题而展开。

9. 社会对企业的评价标准应当是看它是否重视经济效益与_____的结合

10. 国家以及社会要协同起来，利用_____规范、_____规范、道德规范的力量，辅之以必要的经济手段，督促企业自觉承担其社会责任。

（四）名词解释

1. 环境　　　2. 自然环境　　3. 社会环境　　4. 社会责任　　5. 政治环境
6. 法律环境　7. 经济环境　　8. 文化环境　　9. 社会契约　　10. 科技环境

（五）简答题

1. 理解一下组织与外部环境之间的影响和作用。

2. 试分析社会环境与自然环境的区别。

3. 简述社会外部环境对组织的作用。

4. 简述 PESTIN 分析的主要内容。

5. 简述企业社会责任的含义。

6. 企业社会责任的内容。

7. 简述企业承担社会责任应该遵循的原则。

8. 企业的利益相关者有哪些？

9. 如何对组织的利益相关者进行管理？

10. 试分析企业是否应该承担社会责任？

（六）案例题

1. 情形 1：中国的永久、飞鸽自行车都是国内外久负盛名的优质产品，但在卢旺达却十分滞销，因为卢旺达是一个山地国家，骑自行车的人经常要扛车步行，中国的永久、飞鸽车重量大，令当地人感到十分不便。日本人瞅准这一空子，在做了详细的市场调查后，专门生产一种用铝合金材料作车身的轻型山地车，抢夺了市场。中国的企业由于只知己不知彼，错过了一个很好的占领市场的机会。

情形 2：20 世纪 80 年代初，中国向某阿拉伯国家出口塑料底鞋，由于忽视了研究当地人的宗教信仰和文字，设计的鞋底的花纹酷似当地文字中"真主"一词，结果被当地政府出动大批军警查禁销毁，造成了很大的经济损失和政治损失。

问题：案例反映了组织与外部环境的关系问题，组织外部环境主要有哪几类？社会环境对组织的作用有哪些？

2. 某建筑公司，经过几十年的发展，已经成为当地知名的建筑龙头企业。总结企业成功的经验，许多管理人员归结为天时、地利、人和，如国家经济的持续发展、与当地政府、银行的良好关系，几十年形成的固定客户和良好的信誉，良好的员工素质等等。在 2008 年北京奥运景气鼓舞下，公司确立了打破地区界限，成为全国乃至世界知名建筑企业的远景和使命。当企业树立这样的远景和使命并为之努力时，发现曾经作为优势的"天时、地利、人和"似乎不在。例如，就在前不久，日本一家建筑企业在与公司谈判时，让公司在两天内给出一个项目的报价。由于公司没有既懂建筑专业又精通日语的人员，没有能够及时报价，很遗憾地没有抓住公司项目。

问题：请分析该公司的内外部环境，以及应采取的措施。

3. 新闻分析：从三鹿奶粉事件看企业的社会责任

近年来，中国乳制品行业扩张速度惊人，自 1993 年开始，三鹿奶粉产销量连续 15 年实现全国第一，三鹿一直在高速道上快速行驶，创造了令人振奋的"三鹿速度"。然而，就在此时，震惊中外的"三鹿牌婴幼儿配方奶粉重大安全事故"发生了。

2008 年 6 月 28 日，兰州市的解放军第一医院收治了首宗患"肾结石"病症的婴幼儿。家长反映，孩子从出生起，就一直食用河北石家庄三鹿集团所产的三鹿婴幼儿奶粉。7 月中旬，甘肃省卫生厅接到医院婴儿泌尿结石病例报告后，随即展开调查，并报告卫生部。随后短短两个多月，该医院收治的患婴人数，迅速扩大到 14 名。

省委、省政府领导和各相关部门对"肾结石事件"也高度重视。省长徐守盛等于 9 月 10 日批示，要求卫生部门及各监管部门做好患儿救治的工作，迅速调查。

9 月 11 日，除甘肃省外，中国其他省区都有类似案例发生。

当晚卫生部指出，近期甘肃等地报告多例婴幼儿泌尿系统结石病例，调查发现患儿多有食用三鹿牌婴幼儿配方奶粉的历史。经相关部门调查，高度怀疑石家庄三鹿集团的产品受到三聚氰胺污染。三聚氰胺是种化工原料，可导致人体泌尿系统产生结石。

同日晚上，三鹿集团发布产品召回声明称，为对消费者负责，该公司决定立即从市场召回约700吨奶粉产品。

9月13日，卫生部证实，三鹿牌奶粉中含有的三聚氰胺，是不法分子为增加原料奶或奶粉的蛋白含量，而人为加入的。

问题： 从"三鹿奶粉事件"谈企业承担社会责任的必要性极其意义。

二、参考答案

（一）选择题

1. A　　　2. A　　　3. B　　　4. B　　　5. C　　　6. A　　　7. A
8. D　　　9. C　　　10. D　　　11. ABC　　　12. ABCD　　　13. ABD　　　14. ABCDE
15. AD　　　16. BC　　　17. ABCD　　　18. ABCD　　　19. ABC　　　20. ABCD

（二）判断题

1. ×　　　2. ×　　　3. √　　　4. ×　　　5. √　　　6. √　　　7. √
8. ×　　　9. √　　　10. √

（三）填空题

1. 自然　社会
2. 自然环境　自然环境
3. 复杂性　变动性　交叉性
4. 消费者　生态环境
5. 社会责任
6. 保护消费者权益
7. 变动性　有限性　相关性　延续性
8. 人口过剩　资源短缺　环境污染
9. 社会效益
10. 法律规范　政策规范

（四）名词解释

1. 环境是指对组织绩效起着现在影响的外部机构或力量。

2. 自然环境，有时也被称为地理环境。它所强调的是外在物质要素的条件、状况对人类活动的制约和影响。

3. 社会环境通常是指人们在一定物质生产活动基础上建立起来的各种相互联系、相互作用的状况的总体。

4. 社会责任是指企业追求有利于社会的长远目标的一种义务，它超越了法律和经济所要求的义务。

5. 政治环境，是指制约或影响组织的各种政治要素及其运行所形成的环境系统。

6. 法律环境是指与组织相关的社会法制系统及其运行状态。

7. 经济环境是指影响组织生存与发展的社会经济状况以及国家经济政策。

8. 文化环境是指社会环境中由文化诸要素及与文化要素直接相关联的各种社会现象而构成的实际状态。

9. 企业的运营须由社会大众同意，企业基本目的是要满足社会的需要——要令社会满意。

10. 科技环境主要是指组织所处的社会环境中的科技要素及与该要素直接相关的各种社会现象的总和，以及以此为基础形成的组织的经营管理方式的改变与国家科技政策的制定等内容。

（五）简答题

1. 管理工作是在一定的环境条件下开展的，环境既提供了机会，也构成了威胁。因此，必须将所服务的组织看作一个开放的系统，它不断地与外部环境产生相互的影响和作用。正视环境的存在，一方面要求组织为创造优良的社会物质环境和文化环境尽其"社会责任"；另一方面，管理的方法和技巧必须因环境的变化而变化，没有一种管理方法是万能的。

2. 自然环境，有时也被称为地理环境。它所强调的是外在物质要素的条件、状况对人类活动的制约和影响。社会环境，与自然环境相区别，在于它通常是指人们在一定物质生产活动基础上建立起来的各种相互联系、相互作用的状况的总体。它强调的是反映与一定生产力发展水平相适应的生产关系及在生产关系基础上建立、衍生出的各种社会关系。例如对于一个人或一个组织，除了他所从事的职业关系之外，他还有政治关系、法律关系、技术关系、文化关系等多方面的社会关系。这些关系不是各自孤立开来发生的作用，而是有机复合，从不同方面以不同角度发生影响与制约作用的，人与人、组织与组织间的经济关系，就同时反映着政治、法律、技术、文化方面社会制度的规定性。

人们虽然把组织环境分为自然环境和社会环境，但作为组成组织环境的主要因素的自然环境和社会环境，二者并不是完全割裂的，它们之间实际上也是在人类社会实践基础上建立起来的相互联系的统一体。社会环境固然都离不开自然环境，然而自然环境也并不是纯粹自在的自然界，它同样是与人类社会实践紧密联系着的。

3. 第一，社会环境对组织的决定性作用。这种作用首先表现为社会外部环境是组织存在的前提，没有以社会化大生产为技术前提的商品经济运行，就无组织而言。具体的要素环境直接地决定组织的生存与发展，而任何具体工作环境又总是一般社会外部环境的组成部分。因此说社会外部环境对组织具有决定性作用。

第二，社会环境对组织的制约作用。制约作用，主要是指社会外部环境作为外在条件对组织生存发展的限制与约束。这里仅以法律环境为例，组织生活在庞大而复杂的法律环境之中。这些法律规范体系以一定的标准衡量组织进入市场运行的资格；衡量组织在市场中动作的合法性，制止和惩罚"犯规动作"。由此可见，法律规范对规范和控制组织行为具有重要制约作用。

第三，社会环境对组织的影响作用。这主要是指某一事物行为对他事物或周围的人或社会行为的波及作用。如习俗观念，甚至迷信对组织经营也有重要影响。不同的民族文化或同一文化区域人们的不同观念，都对组织经营产生了重要影响。

4. （1）政治环境，是指制约或影响组织的各种政治要素及其运行所形成的环境系统。包括一国的政治体制、政党制度、政府颁布的政策、政治气氛等诸多因素。政治环境既有相对稳定的成分，又有动态变化的要素。

（2）法律环境是指与组织相关的社会法制系统及其运行状态。组织的法律环境包括多种环境要素，主要有法律规范、国家司法和执法机关、法律意识等。

（3）经济环境是指影响组织生存与发展的社会经济状况以及国家经济政策，包括社会经济水平、经济周期、产业结构、居民的购买力水平、消费结构、价格、财政税收制度、利率与通货膨胀水平以及国家的经济管理体制等要素。

（4）科技环境主要是指组织所处的社会环境中的科技要素及与该要素直接相关的各种社会现象的总和，包括新技术、新设备、新材料、新工艺的开发和采用，以及以此为基础形成的组织的经营管理方式的改变与国家科技政策的制定等内容。

（5）文化环境，是指社会环境中由文化诸要素及与文化要素直接相关联的各种社会现象而构成的实际状态。

（6）国际环境指包括国外产生的各种影响企业经营的事件或者是机遇。国际环境对于其他外部环境因素都有影响。

（7）自然环境强调的是外在物质要素的条件、状况对人类活动的制约和影响，对于组织而言，常常表现为组织经营地域内的能源供应情况、自然资源种类、地理位置、铁路、公路、空运、水运的条件等。

5. 企业的社会责任就是指企业决策者在追求自身利益发展的同时，所必须承担的一种义务，即保护和改善公众利益的义务。

由于企业所在的行业及所在的区域不同，所处时代的政治、经济、文化背景不同，其特定条件下企业的具体社会责任也不尽相同。因此，想要列出一个包罗万象的企业社会责任的一览表是不大可能的。但是我们可以从企业所处的纷杂的社会关系中抽象出一些共同面临的主要社会问题，这些问题既可能是由于企业行为所导致的，也可能是由于社会本身机能失调而作用于组织的。这样我们就可以找到企业所要承担社会责任的两个领域：一个领域是企业对社会的影响，另一个领域是社会对企业的影响。第一个领域涉及企业对社会做了些什么，第二个领域是说企业能为社会做些什么。但不管是企业影响社会，还是社会影响企业，这些问题都涉及企业与社会、国家的利益问题，甚至涉及整个人类生存发展的根本利益。

6. 社会责任的主要内容：（1）企业对职工的社会责任；（2）企业对消费者的社会责任；（3）企业对生态环境的社会责任；（4）企业对社区的社会责任

7. （1）长期利润与短期利润原则。（2）适度利润与最大利润关系原则。（3）股东利益和其他利益相关者关系原则。

8. 企业的利益相关者可以分为第一级利益相关者和第二级利益相关者。第一级利益相关者是与组织发生最直接关系的团体，包括雇员、股东、信用机构、供应商、顾客、批发商和竞争者。它们是通过正式的契约形式与企业在市场交易的过程中发生关系，约束着企业的战略和管理者的政策决定。第二级利益相关者是社会中那些直接或者间接受企业次级影响的团体，其与企业的关系在第一级利益相关者之后，包括政府、社区、行业协会、媒体、社会和政治团体。

9. 首先，确定谁是组织的利益相关者；其次，确定这些利益相关可能存在的特殊利益关系是什么；再次，确定每一个利益相关者对于组织决策和行动来说有多关键；最后，决定通过什么具体形式管理利益相关者。

10. 可从企业承担社会责任是否与其经济效益存在冲突的角度进行分析。

（六）案例题（答案略）

第五章　计划工作

一、练习题

（一）选择题（1~10题为单项选择，11~17题为多项选择）

1. 在管理中居于主导地位的是（　　）。
   - A. 计划　　　　　　　B. 组织　　　　　　　C. 指挥　　　　　　　D. 控制
2. 计划工作的核心是（　　）。
   - A. 确定计划的前提条件　　　　　　　B. 确定可供选择的方案
   - C. 决策　　　　　　　　　　　　　　D. 确定目标
3. 计划工作的意义之一在于弥补（　　）和不确定因素带来的问题。
   - A. 变化　　　　　　　B. 风险　　　　　　　C. 失误　　　　　　　D. 环境
4. 计划有利于管理人员把注意力集中于（　　）。
   - A. 管理　　　　　　　B. 顾客　　　　　　　C. 目标　　　　　　　D. 制度
5. 组织处于初创期时应该制订（　　）计划。
   - A. 指导性计划　　　　　　　　　　　B. 短期、具体计划
   - C. 长期、具体计划　　　　　　　　　D. 短期、指导性计划
6. （　　）组织最基本的目标，也是一个组织存在的基本理由。
   - A. 宗旨　　　　　　　B. 目标　　　　　　　C. 战略　　　　　　　D. 规划
7. 规定了处理问题的例行方法和步骤的是（　　）。
   - A. 规则　　　　　　　B. 程序　　　　　　　C. 预算　　　　　　　D. 政策
8. 预算也被称为（　　）。
   - A. 规划　　　　　　　B. 规则　　　　　　　C. 控制手段开支　　　D. 数字化计划
9. 将计划分为生产计划、财务计划、人员配备计划等计划是按以下哪项为标准的（　　）。
   - A. 计划的表现形式　　　　　　　　　B. 计划的职能
   - C. 计划所涉及的时间的长短　　　　　D. 计划所涉及的范围
10. 细致全面的计划工作能使主管人员从日常事务中解脱出来，从而把精力放在重大的非常事件上，这符合管理的（　　）。
    - A. 集权与分权原则　　　　　　　　　B. 统一领导原则
    - C. 目标统一原则　　　　　　　　　　D. 统一指挥原则
11. 按计划的表现形式分，计划包括（　　）。
    - A. 目标　　　　　　　B. 战略　　　　　　　C. 预算　　　　　　　D. 财务计划
12. 计划工作的特点是（　　）。
    - A. 目的性　　　　　　B. 首位性　　　　　　C. 普遍性　　　　　　D. 效率性

13. 计划按内容可以分为（　　）。
    A. 专项计划　　　　B. 生产计划　　　　C. 综合计划　　　　D. 营销计划
14. 广义的计划工作是指（　　）。
    A. 定计划　　　　　B. 计划　　　　　　C. 执行计划　　　　D. 检查计划
    E. 反馈结果
15. 计划的积极意义体现在（　　）。
    A. 指明方向，协调活动　　　　　　　　B. 预测变化，减少冲击
    C. 减少重复和浪费　　　　　　　　　　D. 有利于有效地进行控制
16. 影响计划工作的权变因素有（　　）。
    A. 组织层次　　　　　　　　　　　　　B. 组织的生命周期
    C. 组织文化　　　　　　　　　　　　　D. 环境的波动性
17. 计划工作讨论的问题包括（　　）。
    A. 做什么　　　　　B. 为什么做　　　　C. 谁去做　　　　　D. 何地做
    E. 何时做　　　　　F. 怎样做

（二）判断题

1. 计划有利于管理人员把注意力集中在管理上。　　　　　　　　　　　　（　　）
2. 规则决定了处理问题的例行方法和步骤。　　　　　　　　　　　　　　（　　）
3. 在组织中居于主导地位的工作是领导。　　　　　　　　　　　　　　　（　　）
4. 计划工作在管理的五大职能中居于承接地位。　　　　　　　　　　　　（　　）
5. 计划工作的核心是确定目标。　　　　　　　　　　　　　　　　　　　（　　）
6. 使计划数字化的工作是规划。　　　　　　　　　　　　　　　　　　　（　　）
7. 广义的计划工作是指制订计划、执行计划和检查计划的执行情况三个阶段的工作过程。
　　　　　　　　　　　　　　　　　　　　　　　　　　　　　　　　（　　）
8. 计划工作在管理职能中处于首要地位。　　　　　　　　　　　　　　　（　　）
9. 计划工作的经济性指的是计划指标既先进又可行。　　　　　　　　　　（　　）
10. 计划按照其明确程度可以分为战略计划和作业计划。　　　　　　　　　（　　）

（三）填空题

1. 影响计划工作重点的权变因素有_____、_____、_____、和_____。
2. 计划工作的特点有_____、_____、_____、_____、和_____。
3. 高层管理者计划工作的重点是_____。
4. 按广度计划可分为_____和_____。
5. 计划的表现形式主要有_____、_____、_____、_____、_____、
_____、_____、_____。
6. 计划的工具和方法主要有_____、_____、_____和_____。
7. 滚动计划法指的是_____。
8. _____是一个组织最基本的目标，也是一个组织存在的基本理由。

9. 计划工作的第一步是_____。

10. 既要"做正确的事"，又要"正确地做事"指的是计划的_____。

（四）名词解释

1. 计划工作 2. 宗旨 3. 使命 4. 预算 5. 规则

6. 目标 7. 程序 8. 估量机会 9. 滚动计划法 10. 运筹学方法

（五）简答题

1. 你是如何理解计划和计划工作的？

2. 计划工作的作用表现在哪些方面？

3. 影响计划工作的权变因素有哪些？

4. 说明计划工作的步骤。

5. 什么叫滚动计划法，它有什么特点？

6. 计划工作的特征有哪些？

7. 计划与决策的区别和联系

8. 最高管理者的计划工作与第一线监工的计划有何差别？

9. 计划怎么影响组织绩效？

10. 讨论计划于组织的生命周期。

（六）案例题

1. 我校某班级决定组织一次联欢，班长拟定了一份活动计划：12 月 31 日晚上 7 点开始联欢，全班同学出席，邀请辅导员和任课教师参加，内容有唱歌（卡拉 OK）、猜谜、最后是跳舞，由文艺委员主持，买一箱可乐，若干水果，招待出席者和教师，买一些文具作为奖品奖励演出者和猜谜成功者。晚上 11 点结束。

问题：（1）根据计划的结构指出计划的优点和不足。（2）重新制定一份班级联欢计划书。

2. 顾总的困惑

进入 12 月份以后，宏远公司的总经理顾军一直在想着两件事：一是年终已到，应抽个时间开个会议，好好总结一下一年来的工作，尽管公司想方设法拓展市场，但困难重重，看看问题到底在哪儿；二是该好好谋划一下今后怎么干，乃至于以后 10 年怎么干？

公司成立到现在一晃 15 年过去了，当初贩运水泥起家的顾氏三兄弟，今天已是拥有几千万资产的宏远公司的老板了。公司现有一家贸易分公司、建筑装饰公司和一家房地产公司，有员工近 300 人。老大顾军当公司总经理，老二、老三做副总经理，并分兼下属公司的经理。顾军老婆的叔叔任财务主管，他们表舅的大儿子任公司销售主管。总之，公司的主要职位都是家族里面的人担任，顾军具有绝对权威。

现在 A 市顾氏三兄弟的宏远公司已是大名鼎鼎，特别是去年，顾军代表宏远公司一下子拿出 50 万元捐给省里的贫困县建希望小学后，民营企业家顾军的名声更是非同凡响了。但顾军心里明白，公司这几年日子也不太好过。建筑公司任务完成得还可以，但由于成本上升创利已不能与前几年同日而语了，只能是维持，略有盈余。况且建筑市场竞争日益加剧，公司的前景难以预料。贸易公司能勉强维持已是不易了，今年做了两笔大生意，挣了点钱，其余的生意均没成功，况且仓库里还积压了不少货无法出手，贸易公司日子不好过。房地产公司更是一年不如一年，当初刚开办房地产公司时，由于时机抓准了，两个楼盘着实赚了一大笔，这为公司的发展立了大功。可是好景不长，房地产市场疲软，生意越来越难做。好在顾总当机立断，微利或持平把积压的房屋作为动迁房基本脱手了，要不后果真不堪设想，就是这样，现在还留着的几十套房子把公司压得喘不过气来。

面对这些困难，顾总一直在想如何摆脱现在这种状况。上个月在淮海大学听讲座时，顾军认识了A市的一家国有大公司的老总，交谈中顾总得知，这家公司正在寻找在非洲销售他们公司当家产品小型柴油机的代理商，据说这种产品在非洲很有市场。这家公司的老总很想与宏远公司合作，利用民营企业的优势，去抢占非洲市场。顾军深感这是个机会，但该如何把握呢？10月1日顾总与市建委的一位处长在一起吃饭，这位老乡告诉他，市里规划从明年开始江海路拓宽工程，江海路在A市就像上海的南京路，两边均是商店。借着这一机会，好多大商店都想扩建商厦，但苦于资金不够。这位老乡问顾军，有没有兴趣进军江海路。如想的话，他可牵线搭桥。宏远公司的贸易公司早想进驻江海路了，但苦于没机会，现在机会来了，机会很诱人，但投入也不会少，该怎么办？随着改革开放的深入，住房分配制度将有一个根本的变化，随着福利分房的结束，顾军想到房地产市场一定会逐步转暖。宏远公司的房地产公司已有一段时间没正常运作了，现在是不是该动了？

总之，摆在宏远公司老板顾军面前的困难很多，但机会也不少，新的一年到底该干什么？怎么干？以后的5年、10年又该如何发展？这些问题一直盘旋在顾总的脑海中。

问题：（1）你如何评价宏远公司？如何评价顾总？（2）宏远公司是否应制订短、中、长期计划？为什么？（3）如果你是顾总，你该如何编制公司发展计划？

二、参考答案

（一）选择题

1. A	2. C	3. A	4. C	5. A	6. A	7. B
8. D	9. B	10. B	11. ABC	12. ABCD	13. AC	14. ACD
15. ABCD	16. ABCD	17. ABCDEF				

（二）判断题

1. ×	2. ×	3. ×	4. ×	5. ×	6. ×	7. √
8. √	9. ×	10. ×				

（三）填空题

1. 组织层次、组织的生命周期、组织文化、环境的波动性
2. 目的性、首位性、普遍性、效率性和创新性
3. 战略计划
4. 战略计划和作业计划
5. 宗旨、使命、目标、战略、政策、程序、规则、规划、预算
6. 滚动计划法、运筹学的方法、线性规划、计量经济学方法
7. 滚动计划法是一种定期修订未来计划的方法。这种方法是根据计划的执行情况和环境变化

情况定期修订未来计划，并逐期向前推移，使短期计划、中期计划和长期计划有机地结合起来。

8. 宗旨

9. 估量机会

10. 效率性

（四）名词解释

1. 计划工作：（狭义）计划工作是指制订计划，即根据实际情况，通过科学的预测，权衡客观需要和主观可能，设立组织的未来目标，确定达到目标的一系列政策和方法，其目的就是使组织在将来获得最大的绩效。

2. 宗旨：一个组织的宗旨可以看作是它最基本的目标，也是一个组织存在的基本理由。

3. 使命：使命是管理人员选择的实现组织宗旨的途径。

4. 预算：预算作为一种计划，是以数字表示预期结果的一种报告书，它也可称之为"数字化"的计划。

5. 规则：规则是对具体场合和具体情况下，允许或不允许采取某种特定行动的规定。

6. 目标：组织的使命说明了组织要从事的事业，而组织的目标则更加具体地说明了组织从事这项事业的预期结果，是宗旨、使命的具体化。

7. 程序：程序规定了如何处理那些重复发生的例行问题的标准方法，也是一种计划。

8. 估量机会：管理者对环境中的机会做一个扫描，确定能够取得成功的机会。应该考虑的内容包括：组织期望的结果，存在的问题，成功的机会，把握这些机会所需的资源和能力，自己的长处、短处和所处的地位。

9. 滚动计划法：滚动计划法是一种定期修订未来计划的方法。这种方法是根据计划的执行情况和环境变化情况定期修订未来计划，并逐期向前推移，使短期计划、中期计划和长期计划有机地结合起来。

10. 运筹学方法：运筹学又是一种分析的、实验的和定量的科学方法，用于研究在物质条件（人、财、物）已定的情况下，为了达到一定的目的，如何统筹兼顾整个活动所有各个环节之间的关系，为选择一个最好的方案提供数量上的依据，以便能最经济、最有效地使用人、财、物做出综合性的合理安排，取得最好的效果

（五）简答题

1. 计划与计划工作是两个不同的概念。计划是一种结果，它是在计划工作所包含的一系列活动顺利完成之后产生的。计划工作有广义和狭义之分。广义的计划工作是指制订计划、执行计划和检查计划的执行情况三个紧密衔接的工作过程。狭义的计划工作是指制订计划，即根据实际情况，通过科学的预测，权衡客观需要和主观可能，设立组织的未来目标，确定达到目标的一系列政策和方法，其目的就是使组织在将来获得最大的绩效。

2. （1）指明方向，协调活动。未来的不确定性和环境的复杂多变使组织运行犹如船在大海上航行，应明确现在的位置和处境，把注意力集中在正确的航向上。良好的计划可以明确组织目标，指导组织各部门协调有序地开展工作，使主管人员能集中精力关注对未来的不肯定性和变化的把握，制定相应的对策，实现组织与环境的动态协调。

（2）预测变化，减少冲击。计划是面向未来的，而未来无论是组织生存的环境还是组织自身都具有一定的不确定性和变化性。比如，由于一场火灾，一个主要客户可能取消一项订货单。而

计划工作可以让组织通过周密细致的预测，尽可能地变"意料之外的变化"为"意料之内的变化"，制定相应的补救措施，并在需要的时候对计划做必要的修正，变被动为主动，变不利为有利，减少变化带来的冲击。

（3）减少重复和浪费。计划工作的一项重要任务就是要使未来的组织活动均衡发展。预先对此进行认真的研究能够消除不必要的重复的活动所带来的浪费，能够避免在今后的活动中由于缺乏依据而进行轻率判断所造成的损失。计划工作还有助于用最短的时间完成工作，减少迟滞和等待时间，减少误工损失，促使各项工作能够均衡稳定的发展。

（4）有利于有效地进行控制。组织在实现目标的过程中离不开控制，而计划则是控制的基础，控制中几乎所有的标准都来自于计划。如果没有既定的目标和规划作为衡量的尺度，管理人员就无法检查组织目标的实现情况，也就无法实施控制。

3.（1）组织层次。在通常情况下，高层管理者主要制定具有全局性、方向性、长期性的计划，计划工作的重点是战略计划，基层管理者主要制定局部的、具体的、短期的计划，其计划工作的重点在操作层面上。中层管理者制定的计划内容介于高层与基层管理者制定的计划之间。

（2）组织的生命周期。任何组织都要经历一个从形成、成长、成熟到衰退的生命周期。在组织生命周期的各个阶段上，计划工作的重点也不一样。组织处于形成期时，各类不确定因素很多，目标是尝试性的，要求组织具有很高的灵活性，要求计划也能随时按需要进行调整。所以，计划工作的重点应放在其方向性、指导性上，计划的期限宜短。在成长阶段，随着目标更确定，不确定因素减少（如资源更容易获取、顾客忠诚度的提高），因此，计划的重点可放在具体的操作上。当组织进入成熟期，这时组织面临的不确定性和波动性最少，计划工作的重点可放在长期性、具体的可操作性上。当组织进入衰退期时，目标要重新考虑，资源要重新分配，计划工作的重点又重新放在短期的、指导性的内容上。

（3）组织文化。组织文化有强弱之分，员工对组织的基本价值观念的接受程度和承诺越大，文化就越强，而且并非所有的文化都对员工有同等程度的影响，强文化（Strong cultures，强烈拥有并广泛共享基本价值观的组织）比弱文化（Weak cultures）对员工的影响更大。在强文化背景下，组织成员所共有的价值体系也会对计划工作的重点产生影响。在手段倾向型的组织文化中，组织的计划更侧重于具体的操作性内容；而在结果倾向型的组织文化中，组织的计划则会倾向于目标性和指导性内容。

（4）环境的波动性。若环境波动的频率高，即变化较多，则组织的计划重点应放在短期计划内容上，反之，计划的重点则可偏向于长远的规划上；另一方面，若环境变化的幅度大，计划的内容重点则应放在指导性的内容上，反之，组织的计划则可侧重于操作性的具体内容方面。

4.（1）估量机会。在实际的计划工作开始之前，管理者应该对环境中的机会做一个扫描，确定能够取得成功的机会。

（2）确定目标。在估量机会基础上，计划工作。第二步就是确定整个组织的目标和每个下属部门的目标。确立目标时要注意解决以下三个问题：确立目标的内容和顺序、选择适当的目标时间、目标要有明确的科学指标和价值

（3）确定前提条件。计划工作的第三步是确定一些关键性的前提条件，并使计划制定人员对此取得共识。

（4）确定备择方案。计划工作的第四步是探讨和制定可供选择的行为过程，即可行方案。

（5）评价备择方案。在找出了各种备择方案并考察了它们各自的优缺点后，计划工作的第五步就是按前提和目标来权衡各种因素，并以此对各个备择方案进行评价。

（6）选择方案。选择方案就是选择行为的过程，正式通过方案。

（7）制订派生计划。完成选择之后，计划工作并没有结束，还必须帮助涉及计划内容的各个下属部门制订支持总计划的派生计划。

（8）编制预算。完成以上几步之后，最后一项便是把决策和计划转化为预算，通过数字来反映整个计划。

5. 滚动计划法。滚动计划法是一种定期修订未来计划的方法。这种方法是根据计划的执行情况和环境变化情况定期修订未来计划，并逐期向前推移，使短期计划、中期计划和长期计划有机地结合起来。

滚动计划法的特点表现为：第一，可使计划更加切合实际，极大地提高了计划的准确性，更好地保证了计划的指导作用，提高计划的质量。第二，使长期计划、中期计划与短期计划相互衔接，短期计划内部各阶段相互衔接，这就保证了当环境变化出现某些不平衡时，能及时进行调整，使各期计划基本保持一致。第三，滚动计划大大增加了计划的弹性，这在环境剧烈变化的时代尤为重要，它可以提高组织的应变能力。

6. 计划工作的特征可以概括为五个方面：

（1）目的性。任何组织或个人制订计划都是为了有效地达到某种目标。

（2）首位性。计划工作在管理职能中处于首要地位。因为在有些情况下，计划职能是唯一需要完成的管理工作。计划工作可能得出一个结论，即没有必要采取进一步的行动。

（3）普遍性。任何管理者或多或少都有某些制订计划的权力和责任。高层管理者不可能也不必要对组织内的一切活动作出确切的说明，这也是有效的管理者所必须遵循的一条原则。

（4）效率性。计划工作不仅要确保实现目标，而且要从众多方案中选择最优的资源配置方案，以求得资源的合理利用和高效率。

（5）创新性。计划工作总是对需要解决的新问题和可能出现的新变化、新机会作出决定的，因而它是一个创新性的管理过程。

7. 提示：区别于两项工作解决的问题不同，决策是关于组织活动方向、内容和方式的选择，而计划是对组织内部不同部门和成员在一定时期内具体任务的安排。

联系：（1）决策时计划的前提，计划是决策的逻辑延续。（2）在实际工作中，计划是与决策相互渗透的，有时候甚至是不可分割地交织在一起。

8. 提示：高层管理者的是方向性、指导性的计划。一线监工的计划是具体性、操作性的计划。

9. （1）一般来说，"有计划"比"无计划"更与绩效成正比。（2）计划赶不上变化，计划的执行过程影响组织绩效。（3）计划是组织活动控制与组织运作的依据，计划正确与否与绩效好坏有较大关系。

10. 在组织生命周期的各个阶段上，计划工作的重点也不一样。组织处于形成期时，各类不确定因素很多，目标是尝试性的，要求组织具有很高的灵活性，要求计划也能随时按需要进行调整。所以，计划工作的重点应放在其方向性、指导性上，计划的期限宜短。在成长阶段，随着目标更确定，不确定因素减少（如资源更容易获取、顾客忠诚度的提高），因此，计划的重点可放在具体的操作上。当组织进入成熟期，这时组织面临的不确定性和波动性最少，计划工作的重点可放在长期性、具体的可操作性上。当组织进入衰退期时，目标要重新考虑，资源要重新分配，计划工作的重点又重新放在短期的、指导性的内容上。

（六）案例题（答案略）

第六章　目标与目标管理

一、练习题

（一）选择题

1. 目标具有的性质是（　　　）。
   A. 客观性　　　　　　B. 纵向性　　　　　C. 多样性　　　　　　D. 网络性
   E. 时间性　　　　　　F. 可考核性

2. 目标的作用主要体现在以下几个方面（　　　）。
   A. 为管理工作指明方向　　　　　　　　B. 激励作用
   C. 凝聚作用　　　　　　　　　　　　　D. 放大作用

3. 计划和管理的首要问题是（　　　）。
   A. 确定目标　　　　　B. 分解计划　　　　C. 战略规划　　　　　D. 决策

4. 确定目标的原则有（　　　）。
   A. 统一性　　　　　　B. 系统性　　　　　C. 预见性　　　　　　D. 科学性
   E. 应变性

5. 实际问题中目标的约束条件有（　　　）。
   A. 可以运用的资源条件
   B. 法律、条令、制度等方面的限制性规定
   C. 一些次要目标规定的必须达到的起码要求

6. 目标管理是由谁提出来的（　　　）。
   A. 麦格雷戈　　　　　B. 德鲁克　　　　　C. 莱文森　　　　　　D. 明茨伯格

7. 目标管理包含的几方面的含义（　　　）。
   A. 目标管理追求工作效果
   B. 目标管理是一种综合的科学管理方法
   C. 目标管理是一种立体的多维的管理体制
   D. 目标管理与传统的责任制有区别又有联系

8. 目标管理的基本特点是（　　　）。
   A. 具有目标体系，是一种总体的管理　　B. 实行参与管理，是一种民主的管理
   C. 实行自我控制，是一种自觉的管理　　D. 注重管理实效，是一种成果管理

9. 目标管理的基本内容是（　　　）。
   A. 工作目标管理　　　B. 领导授权管理　　C. 工作成果管理　　　D. 员工行为管理

10. 目标管理的基本活动过程包括（　　　）。
    A. 目标制定　　　　　B. 目标分解　　　　C. 目标实施　　　　　D. 目标成果评价

（二）判断题

1. 组织可以随意的制订自己的计划。　　　　　　　　　　　　（　　）

2. 组织目标是无法具体确定的。　　　　　　　　　　　　　　（　　）

3. 确定目标是计划和管理的首要问题。　　　　　　　　　　　（　　）

4. 目标的确定取决于制订计划所需要解决的问题。　　　　　　（　　）

5. 目标管理是明茨伯格提出的。　　　　　　　　　　　　　　（　　）

6. 目标管理即管理目标。　　　　　　　　　　　　　　　　　（　　）

7. 目标管理把"以作业为中心"的管理理论和方法同"以人为中心"的管理理论和方法综合起来。　　　　　　　　　　　　　　　　　　　　　　　　（　　）

8. 目标管理是调动人们努力工作并达到目标的科学管理方法。　（　　）

9. 目标管理与传统的责任制是一样的。　　　　　　　　　　　（　　）

10. X 理论是目标管理的基础理论之一，它给企业管理带来了相当大的影响，导致了西方企业管理思想和管理方式发生了较大的变化。　　　　　　　　　　　（　　）

（三）填空题

1. 目标是_____，它包括组织的目的、任务，具体的目标项目和指标，以及指标的时限。

2. 组织目标从另一个角度去考查，可以进一步概括为三个层次：_____，_____，_____。

3. 目标管理是_____。

4. 目标管理是_____提出的。

5. 目标管理把_____的管理理论和方法同_____的管理理论和方法综合起来。

6. 目标管理以_____为目标，通过横向协调和综合平衡，把目标层层展开，逐级落实。

7. 目标管理以目标激励员工，以自我控制实现组织和个人的目标，是一种_____的管理方式。

8. 目标管理非常强调成果，注重目标的实现，重视目标的评定，因此也叫做_____。

9. 目标管理的基本内容包括：工作目标管理、_____、工作成果管理和_____。

10. 目标确定以后，管理人员就应该充分放权，将关心的重点放在_____。

（四）名词解释

1. 目标　　　　　2. 目标管理

（五）简答题

1. 何为组织目标？它具有什么性质？

2. 目标具有哪些作用？

3. 确定目标时应注意哪些问题？

4. 什么叫目标管理？

5. 试述目标管理的基本特点。

6. 目标管理包括哪些内容？

7. 试述目标管理的基本活动过程。

（六）讨论题

你认为大学能引进目标管理方法吗？为什么？

（七）案例题

1. 北斗公司刘经理在一次职业培训中学习到很多目标管理的内容。他对于这种理论逻辑上的简单清晰及其预期的收益印象非常深刻。因此，他决定在公司内部实施这种管理方法。首先他需要为各部门制定工作目标，刘总认为：由于各个部门的目标决定了整个公司的业绩，要求他们如期完成，并口头说明在计划完成后要按照目标的要求进行考核和惩罚。但是他没有想到的是中层经理在收到任务书的第二天，就集体上书无法接受这些目标，致使目标管理方案无法顺利实施，刘总感到困惑。

问题：根据目标管理的思想和目标管理的实施过程，分析刘总的做法存在哪些问题？他应该如何更好地实施目标管理？

2. 洪亮机床厂从 2000 年开始推行目标管理。为了充分发挥各职能部门的作用，充分调动一千多名职能部门人员的积极性，该厂首先对厂部和科室实施了目标管理。经过一段时间的试点后，逐步推广到全厂各车间、工段和班组。多年的实践表明，目标管理改善了企业经营能力，挖掘了企业内部潜力，增强了企业的应变能力，提高了企业素质，取得了较好的经济效益。

按照目标管理的原则，该厂把目标管理分为三个阶段进行。

第一阶段：目标制订阶段。又分为总目标的制定、部门目标的制定和目标的进一步分解与落实。

（1）总目标的制定。该厂通过对国内外市场机床需求的调查，结合长远规划的要求，并根据企业的具体生产能力，提出了 2002 "三提高" "三突破" 的总方针。所谓 "三提高"，就是提高经济效益、提高管理水平和提高竞争能力；"三突破" 是指在新产品数目、创汇和增收节支方面要有较大的突破。在此基础上，该厂把总方针具体化、数量化，初步制订出总目标方案，并发动全厂员工反复讨论、不断补充，送职工代表大会研究通过，正式制定全厂 2002 年的总目标。

（2）部门目标的制定。企业总目标由厂长向全厂宣布后，全厂就对总目标进行层层分解，层层落实。各部门的分目标由各部门和厂企业管理委员会共同商定，先确定项目，再制定各项目的指标标准。其制定依据是厂总目标和有关部门负责人拟定、经厂部批准下达的各项计划任务，原则是各部门的工作目标值只能高于总目标中的定量目标值，同时，为了集中精力抓好目标的完成，目标的数量不可太多。为此，各部门的目标分为必考目标和参考目标两种。必考目标包括厂部明确下达目标和部门主要的经济技术指标；参考目标包括部门的日常工作目标或主要协作项目。其中必考核目标一般控制在 2～4 项，参考目标项目可以多一些。目标完成标准由各部门以目标卡片的形式填报厂部，通过协调和讨论最后由厂部批准。

（3）目标的进一步分解和落实。部门的目标确定了以后，接下来的工作就是目标的进一步分解和层层落实到每个人。①部门内部小组（个人）目标管理，其形式和要求与部门目标制定相类似，拟定目标也采用目标卡片，由部门自行负责实施和考核。要求各个小组（个人）努力完成各自目标值，保证部门目标的如期完成。②该厂部门目标的分解是采用流程图方式进行的。具体方法是：先把部门目标分解落实到职能组，任务级再分解落实到工段，工段再下达给个人。通过层层分解，全厂的总目标就落实到了每一个人身上。

第二阶段：目标实施阶段。该厂在目标实施过程中，主要抓了以下三项工作。

（1）自我检查、自我控制和自我管理。目标卡片经主管副厂长批准后，一份存企业管理委员会，一份由制定单位自存。由于每一个部门、每一个人都有了具体的、定量的明确目标，所以在目标实施过程中，人们会自觉地、努力地实现这些目标，并对照目标进行自我检查、自我控制和自我管理。这种"自我管理"，能充分调动各部门及每一个人的主观能动性和工作热情，充分挖掘自己的潜力，因此，完全改变了过去那种上级只管下达任务、下级只管汇报完成情况，并由上级不断检查、监督的传统管理办法。

（2）加强经济考核。虽然该厂目标管理的循环周期为一年，但为了进一步落实经济责任制，即时纠正目标实施过程中与原目标之间的偏差，该厂打破了目标管理的一个循环周期只能考核一次、评定一次的束缚，坚持每一季度考核一次和年终总评定。这种加强经济考核的做法，进一步调动了广大职工的积极性，有力地促进了经济责任制的落实。

（3）重视信息反馈工作。为了随时了解目标实施过程中的动态情况，以便采取措施、及时协调，使目标能顺利实现，该厂十分重视目标实施过程中的信息反馈工作，并采用了两种信息反馈方法：①建立"工作质量联系单"来及时反映工作质量和服务协作方面的情况。尤其当两个部门发生工作纠纷时，厂管理部门就能从"工作质量联系单"中及时了解情况，经过深入调查，尽快加以解决，这样就大大提高了工作效率，减少了部门之间的不协调现象。②通过"修正目标方案"来调整目标。内容包括目标项目、原定目标、修正目标以及修正原因等，并规定在工作条件发生重大变化需修改目标时，责任部门必须填写"修正目标方案"提交企业管理委员会，由该委员会提出意见交主管副厂长批准后方能修正目标。

该厂在实施过程中由于狠抓了以上三项工作，因此，不仅大大加强了对目标实施动态的了解，更重要的是加强了各部门的责任心和主动性，从而使全厂各部门从过去等待问题找上门的被动局面，转变为积极寻找和解决问题的主动局面。

第三阶段：目标成果评定阶段。目标管理实际上就是根据成果来进行管理的，故成果评定阶段显得十分重要。该厂采用了"自我评价"和上级主观部门评价相结合的做法，即在下一个季度第一个月的10日之前，每一部门必须把一份季度工作目标完成情况表报送企业管理委员会（在这份报表上，要求每一部门自己对上一阶段的工作做一恰如其分的评价）。企业管理委员会核实后，也给予恰当的评分。如必考目标为30分，一般目标为15分。每一项目标超过指标3%加1分，以后每增加3%再加1分。一般目标有一项未完成而不影响其他部门目标完成的，扣一般项目中的3分，影响其他部门目标完成的则扣分增加到5分。加1分相当于增加该部门基本奖金的1%，减1分则扣该部门奖金的1%。如有一项必考目标未完成则扣至少10%的奖金。

该厂在目标成果评定工作中深深体会到：目标管理的基础是经济责任制，目标管理只有同明确的责任划分结合起来，才能深入持久，才能具有生命力，达到最终的成功。

问题：（1）增加和减少员工奖金的发放额是实行奖惩的最佳方法吗？除此之外，你认为还有什么激励和约束措施？（2）你认为实行目标管理培养完整严肃的管理环境和制定自我管理的组织机制哪个更重要？（3）在这个实行目标管理的案例中，你认为现今环境下还应该做哪些修正？

二、参考答案

（一）选择题

1. ABCDEF　　　2. ABC　　　3. A　　　4. ABCDE　　　5. ABC　　　6. B　　　7. ABCD

8. ABCD　　　　9. ABCD　　　10. ACD

（二）判断题

1. ×　　　　2. ×　　　　3. √　　　4. √　　　　5. ×　　　　6. ×　　　　7. √
8. √　　　　9. ×　　　　10. ×

（三）填空题

1. 组织在一定时期内通过努力争取达到的理想状态或期望获得的成果

2. 环境层；组织层；个人层

3. 依据外部环境和内部条件的综合平衡，确定组织在一定时期内预期达到的成果，制定出目标，并为实现该目标而进行的组织、激励、控制和检查工作的管理制度

4. 德鲁克

5. "以作业为中心"；"以人为中心"

6. 预定优化的最终成果

7. "主动"

8. "根据成果进行企业管理的方法"

9. 领导授权管理；员工行为管理

10. 下级是否根据方针达到了目标

（四）名词解释

1. 目标：对目标的简单理解，目标就是组织在某一方面、某一预定时期所要达到的成果指标。从完整意义上来说，目标是组织在一定时期内通过努力争取达到的理想状态或期望获得的成果，它包括组织的目的、任务，具体的目标项目和指标，以及指标的时限。组织的目的是任何一个组织的最基本的目标；组织的任务是组织目的的明确化和具体化，它从战略角度概括地确定实现组织目的的活动领域、内容和对象等；目标项目和指标是组织任务的进一步具体化、明确化和定量化；目标的时限是指目标要在一定的时间内完成，没有时间限制的目标是没有意义的。

2. 目标管理：目标管理是依据外部环境和内部条件的综合平衡，确定组织在一定时期内预期达到的成果，制定出目标，并为实现该目标而进行的组织、激励、控制和检查工作的管理制度。此制度包含了以下几个方面的含义：（1）目标管理追求工作效果。（2）目标管理是一种综合的科学管理方法。（3）目标管理是一种立体的多维的管理体制。（4）目标管理与传统的责任制有区别又有联系。

（五）简答题

1. 对目标的简单理解，目标就是组织在某一方面、某一预定时期所要达到的成果指标。从完整意义上来说，目标是组织在一定时期内通过努力争取达到的理想状态或期望获得的成果，它包括组织的目的、任务，具体的目标项目和指标，以及指标的时限。组织的目的是任何一个组织的最基本的目标；组织的任务是组织目的的明确化和具体化，它从战略角度概括地确定实现组织目的的活动领域、内容和对象等；目标项目和指标是组织任务的进一步具体化、明确化和定量化；

目标的时限是指目标要在一定的时间内完成，没有时间限制的目标是没有意义的。目标具有以下几方面的性质：（1）客观性；（2）纵向性；（3）多样性；（4）网络性；（5）时间性；（6）可考核性。

2. 目标的作用主要体现在以下几个方面：（1）为管理工作指明方向。（2）激励作用（3）凝聚作用。

3. （1）确定目标的依据。（2）目标的约束条件。（3）多目标问题的处理。（4）目标的冲突问题。（5）目标的衡量标准。

4. 目标管理是依据外部环境和内部条件的综合平衡，确定组织在一定时期内预期达到的成果，制定出目标，并为实现该目标而进行的组织、激励、控制和检查工作的管理制度。此制度包含了以下几个方面的含义：（1）目标管理追求工作效果。（2）目标管理是一种综合的科学管理方法。（3）目标管理是一种立体的多维的管理体制。（4）目标管理与传统的责任制有区别又有联系。

5. 目标管理与其他管理方法相比较，具有以下几个方面的特点：（1）具有目标体系，是一种总体的管理。（2）实行参与管理，是一种民主的管理。（3）实行自我控制，是一种自觉的管理。（4）注重管理实效，是一种成果管理。

6. 目标管理的基本内容包括：（1）工作目标管理。（2）领导授权管理。（3）工作成果管理。（4）员工行为管理。

7. 目标管理主要由目标制定、目标实施和目标成果评价三个阶段形成一个循环周期。预定目标实现后，又要制定新的目标，进行新的一轮循环。

（六）讨论题

提示：大学教育不适合引进目标管理，主要原因：（1）目标管理是通过制定和分解可考核的目标，将责任明确落实到每个员工身上，减少实施目标过程的控制，让员工自主发挥，通过严格地按目标考核工作结果和按考核结果实施奖惩，激励员工自觉追求目标。（2）但应该看到，目标管理的两个基本假设，一是要制定目标管理，必须先制定可考核的量化目标；二是目标管理要求目标要分解到人，责任要落实到人。（3）从大学教育特点看，不适合目标管理，首先，教育与学习的成果不易被衡量。其次，教育工作具有渐进性，不能急于求成，不能忽冷忽热。

（七）案例题（答案略）

第七章 预测与决策

一、练习题

（一）选择题

1. 预测具有哪些特征（　　　）。
   A. 不确定性　　　　　　B. 科学性　　　　　　C. 近似性　　　　　　D. 局限性
2. 经济预测的具体作用表现在哪些方面（　　　）。
   A. 经济预测为计划工作提供可靠信息　　　B. 经济预测为科学决策提供可靠保证
   C. 经济预测可以促进统计工作的有效开展　　　D. 经济预测为计划工作提供科学依据
3. 影响预测准确度的因素有哪些（　　　）。
   A. 客观情况迅速变化，人们的认识的滞后　　　B. 客观事物的突变
   C. 限制预测实现的因素太多　　　　　　D. 预测研究是一门年轻的科学
4. 应用德尔菲法时要注意的问题有（　　　）。
   A. 预测问题要十分清楚明确，其含义只能有一种解释
   B. 问题的数量不要太多，一般以回答者在 2 个小时内答完为宜
   C. 要忠于专家们的回答，避免个人倾向
   D. 对于不熟悉这一方法的专家，应事先讲清楚预测的过程与方法
5. 依据预测的方法，经济预测可以分为（　　　）。
   A. 定性预测　　　　　　B. 定量预测　　　　　　C. 经济预测　　　　　　D. 资源预测
6. 下列方法属于定性预测方法的有（　　　）。
   A. 德尔菲法　　　　　　B. 用户意见法　　　　　　C. 集合意见法　　　　　　D. 回归预测法
7. 下列方法属于定量预测方法的有（　　　）。
   A. 指数平滑法　　　　　　B. 回归预测法　　　　　　C. 专家意见法　　　　　　D. 德尔菲法
8. 在应用指数平滑法预测时，当前期预测值与实际值误差较大时，则平滑系数 α 要（　　　）。
   A. 大一些　　　　　　B. 小一些　　　　　　C. 总是确定不变的　　　D. 无法确定
9. 决策的特征有（　　　）。
   A. 目标性　　　　　　B. 选择性　　　　　　C. 可行性　　　　　　D. 动态性
10. 决策在管理中的作用是（　　　）。
    A. 决策是决定组织管理工作成败的关键
    B. 决策正确，可以提高组织的管理效率和经济效益，使组织兴旺发达
    C. 决策失误，则一切工作都会徒劳无益，会给组织造成直接经济损失或灾难性的损失
    D. 决策是实施各项管理职能的根本保证
11. 按决策的作用范围，决策可以划分为（　　　）。
    A. 战略决策　　　　　　B. 战术决策　　　　　　C. 程序化决策　　　　　　D. 业务决策

12. 按决策的时间长短，决策可以划分为（　　　）。
　　A. 中长期决策　　　B. 战略决策　　　C. 短期决策　　　D. 战术决策

13. 按决策的重复程度，决策可以划分为（　　　）。
　　A. 程序化决策　　　B. 中长期决策　　　C. 战略决策　　　D. 非程序化决策

14. 按具备的条件和可能程度，决策可以划分为（　　　）。
　　A. 确定型决策　　　B. 风险型决策　　　C. 不确定型决策　　　D. 定量决策

15. 组织高层倾向于（　　　）。
　　A. 战略决策　　　B. 战术决策　　　C. 业务决策　　　D. 短期决策

16. 下列方法属于定量决策方法的有（　　　）。
　　A. 畅谈会法　　　B. 征询法　　　C. 哥顿法　　　D. 方案前提分析法

17. 从已有的定量分析资料中就可以直观明确地选出最优决策方案的决策方法是（　　　）。
　　A. 直观法　　　B. 哥顿法　　　C. 征询法　　　D. 方案前提分析法

18. 量本利分析法的中心内容是（　　　）。
　　A. 确定产量、销售量、销售额　　　　　B. 确定成本
　　C. 确定利润　　　　　　　　　　　　　D. 盈亏平衡点的分析

（二）判断题

1. 预测是面向未来，是对未来事物及其发展变化趋势预先做出的推断。　　　　　　（　　　）

2. 预测可以准确的确定事物的发展趋势。　　　　　　　　　　　　　　　　　　（　　　）

3. 德尔菲法属于定量预测方法。　　　　　　　　　　　　　　　　　　　　　　（　　　）

4. 决策就是选择最优的行动方案。　　　　　　　　　　　　　　　　　　　　　（　　　）

5. 按决策的作用范围，决策划分为战略决策、战术决策和业务决策。　　　　　　（　　　）

6. 按具备的条件和可能程度，决策划分为确定型决策和不确定型决策。　　　　　（　　　）

7. 定性决策方法又称决策的"软"方法，定量决策又称为决策的"硬"方法。　　（　　　）

8. 确定型决策问题，不同的行动方案，在确定状态下的损益值可以计算出来。　　（　　　）

9. 在进行风险型决策时，决策者对未来可能出现何种自然状态不能确定，而且出现的概率也不知道。　　　　　　　　　　　　　　　　　　　　　　　　　　　　　　　　（　　　）

10. 不确定型决策是在客观自然状态的概率完全不能确定的情况下进行的决策。　　（　　　）

（三）填空题

1. 预测是_____。

2. _____是收集经济变量或经济指标历史数据的主要途径。

3. 长期预测属于_____。

4. 定期预测方法有_____、_____、_____。

5. 决策是指_____，决策者为了实现特定目标，遵循决策的原理和原则，借助于一定的科学方法和手段，从若干个可行方案中选择一个_____并组织实现的全过程。

6. 定性决策方法又称决策的_____方法，而定量决策方法又称决策_____方法。

7. 决策遵循的是_____原则。

8. 确定型决策不同的行动方案，在确定状态下的损益值是_____。

9. 量本利分析法的中心内容是_____。

10. 风险型决策有_____的自然状态。

（四）名词解释

1. 预测　　2. 德尔菲法　　3. 指数平滑法　　4. 回归预测法　　5. 决策

6. 战略决策　7. 战术决策　　8. 业务决策　　9. 确定型决策　　10. 风险型决策

11. 不确定型决策　　12. 定性决策　　13. 量本利分析法

（五）简答题

1. 试述预测的步骤。

2. 经济预测有哪些作用？

3. 影响预测准确度的因素有哪些？如何才能提高预测的准确度？

4. 什么是德尔菲法？应用时应注意哪些问题？

5. 决策有哪些作用？

6. 试述决策的程序。

7. 什么是量本利分析法？

8. 开畅谈会议应注意哪些问题？

9. 试述确定型决策、风险型决策、不确定型决策的条件。

（六）计算题

某公司生产某产品的固定成本为 160 万元，单位产品售价为 1200 元，若年度产品订单为 4 万件，试问单位可变成本降至什么水平才不至于亏损？

（七）案例题

1. 开发新产品与改进现有产品之争

袁之隆先生是南机公司的总裁。这是一家生产和销售农业机械的企业。2005 年产品销售额为 3000 万元，2006 年达到 3400 万元，2007 年预计销售可达 3700 万元。每当坐在办公桌前翻看那些数字、报表时，袁先生都会感到踌躇满志。

这天下午又是业务会议时间，袁先生召集了公司在各地的经销负责人，分析目前和今后的销售形势。在会议上，有些经销负责人指出，农业机械产品虽有市场潜力，但消费者的需求趋向已有所改变，公司应针对新的需求，增加新的产品种类，来适应这些消费者的新需求。

身为机械工程师的袁先生，对新产品研制、开发工作非常内行。因此，他听完了各经销负责人的意见之后，心里便很快算了一下，新产品的开发首先要增加研究与开发投资，然后需要花钱改造公司现有的自动化生产线，这两项工作约耗时 3～6 个月。增加生产品种同时意味着必须储备更多的备用零件，并根据需要对工人进行新技术的培训，投资又进一步增加。

袁先生认为，从事经销工作的人总是喜欢以自己业务方便来考虑，不断提出各种新产品的要求，却全然不顾品种更新必须投入的成本情况，就像以往的会议一样。而事实上公司目前的这几种产品，经营效果还很不错。结果，他决定仍不考虑新品种的建议，目前的策略仍是改进现有的品种，以进一步降低成本和销售价格。他相信，改进产品成本、提高产品质量并开出具吸引力的价格，将是提高公司产品竞争力最有效的法宝。因为，客户们实际考虑的还是产品的价值。尽管他已做出了决策，但他还是愿意听一听顾问专家的意见。

问题：（1）你认为该企业的外部环境中有哪些机会与威胁？（2）如果你是顾问专家，你会对袁先生的决策如何评价？

2. 铱星的悲剧

2000 年 3 月 18 日，两年前曾耗资 50 多亿美元建造 66 颗低轨卫星系统的美国铱星公司，背负着 40 多亿美元的债务宣告破产。铱星所创造的科技童话及其在移动通信领域的里程碑意义，使我们在惜别铱星的时刻猛然警醒：电信产业的巨额投资往往使某种技术成为赌注，技术的前沿性固然非常重要，但决定赌注胜负的关键却是市场。

"他们在错误的时间，错误的市场，投入了错误的产品。"这是业界权威对铱星陨落的评价。

第一，技术选择失误。铱星系统技术上的先进性在目前的卫星通信系统中处于领先地位。但这一系统风险大，成本过高，维护成本相当高。

第二，市场定位错误。谁也不能否认铱星的高科技含量，但用 66 颗高技术卫星编织起来的世纪末科技童话在商用之初却把自己的位置定在了"喷族科技"上。铱星手机价格每部高达 3000 美元，加上高昂的通话费用，使得通信公司运营最基础的前提——用户发展数目远低于它的预想。在开业的前两个季度，铱星在全球只发展了 1 万用户，而根据铱星方面的预计，初期仅在中国市场就要达到 10 万用户，这使得铱星公司前两个季度的亏损即达 10 亿美元。尽管铱星手机后来降低了收费，但仍未能扭转颓势。

第三，决策失误。有专家认为，铱星系统在 1998 年 11 月投入商业服务的决定是"毁灭性的"。受投资方及签订的合约所限，在系统本身不完善的情况下，铱星系统迫于时间表的压力而匆匆投入商用，差劲的服务给用户留下的第一印象对于铱星公司来说是灾难性的。因此，到铱星公司宣布破产保护时为止，铱星公司的客户还只有 2 万多家，而该公司要实现盈利至少需要 65 万个用户，每年光维护费就要几亿美元。

第四，销售渠道不畅。铱星系统投入商业运营时未能向零售商们供应铱星电话机；有需求而不能及时得到满足，这也损失了不少用户。

第五，作为一个全球性的个人卫星通信系统，理论上它应该是在全球通信市场开放的情况下，由一个经营者在全球统一负责经营，而事实上这是根本不现实的。

由于以上这些原因造成了铱星的债务累累，入不敷出。

问题：结合铱星公司破产的案例，谈谈你对企业决策重要性的认识和体会。

3. A 市为了能够为今后城市的发展提供决策参考，进行了一次小规模的决策咨询，调查对象为有关专家和政府机关领导，调查的人数为 45 人，调查的内容是：预测未来几年内急需解决的十大问题，要求征询者按照轻重缓急的顺序进行填写，第一轮结果出来了，但问题提的很分散，归纳整理后有 107 个问题，于是，调查小组从中选择了 20 个意见比较集中地问题进行了第二轮咨询，要求从 20 个问题中选出 10 个，经过第二轮咨询为今后该市的发展提供了重要的参考价值。

问题：（1）该资料中 A 市的咨询方法属于预测方法中的哪一种方法？（2）该方法的优缺点是什么？

二、参考答案

（一）选择题

1. ABCD	2. ABCD	3. ABCD	4. ABCD	5. AB	6. ABC	7. AB
8. ABCD	9. ABCD	10. ABD	11. AC	12. AD	13. ABC	14. A
15. ABCD	16. A	17. D	18. D			

（二）判断题

1. √	2. ×	3. ×	4. ×	5. √	6. ×	7. √
8. √	9. ×	10. √				

（三）填空题

1. 科学分析的基础上，运用相应的预测方法，对预测对象在未来的状态及发展变化趋势进行预料推测的过程

2. 经济统计

3. 战略预测

4. 德尔菲法；用户意见法；集合意见法

5. 在一定的环境条件下；满意方案

6. "软"；"硬"

7. 满意

8. 可知的

9. 盈亏平衡点的分析

10. 两种以上

（四）名词解释

1. 预测：是在科学分析的基础上，运用相应的预测方法，对预测对象在未来的状态及发展变化趋势进行预料推测的过程。

2. 德尔菲法：又称专家调查法。它是把所要预测的问题和必要的资料，用信函的形式向专家们提出，得到答复后，把各种意见经过综合、整理和反馈，如此反复多次，直到预测的问题得到较为满意的结果的一种预测方法，具有匿名性、反馈性和统计性等特点。

3. 指数平滑法：它是采用一个平滑系数来调整实际数，反映数据近期性影响，对下一期进行预测的一种方法。

4. 回归预测法：是在研究经济变量之间因果关系的基础上，以一个或数个自变量的变化来推测另一个因变量变化的预测方法。

5. 决策：是指在一定的环境条件下，决策者为了实现特定目标，遵循决策的原理和原则，借助于一定的科学方法和手段，从若干个可行方案中选择一个满意方案并组织实现的全过程。它既

包括制定各种可行方案、选择满意方案的过程，又包括实施满意方案的全过程。

6. **战略决策**：是为了适应外部环境的变化、组织全局的长期的发展采取的对策（如经营方针决策）。

7. **战术决策**：是带有局部性的具体决策，关系着为实现战略决策所需要的资源的合理组织和利用，如财务决策等。

8. **业务决策**：是指组织为了提高日常业务活动而做出的决策，针对短期目标，考虑当前条件而做出的决定，直接关系到组织的生产经营效率和工作效率的提高。

9. **确定型决策**：是指各种方案只有一种确定的结果。确定型决策各种可行方案的条件都是已知的，问题的各种未来的自然状态非常明确，只要比较各种方案的结果，就可以选择出最优方案。例如，任务分配的决策等。

10. **风险型决策**：风险型决策的各种方案都存在着两种以上的自然状态，决策人可以根据已知概率计算出执行结果，进而做出决策。

11. **不确定型决策**：这种决策的各种方案出现的自然状态是已知的，其概率是未知的，每个方案的执行后果，决策人不能肯定，主要凭决策人的经验和估计做出的决策。例如，在市场变化不能肯定时，投产方案的决策等。

12. **定性决策**：是指在决策过程中，充分发挥专家集体的智慧、能力和经验，在系统调查研究分析的基础上，根据掌握的具体情况与资料，进行决策的方法。

13. **量本利分析法**：又称盈亏分析法。它是根据对业务量（产量、销售量、销售额、工作量），成本（费用），利润三者之间的依存关系进行综合分析，用以进行企业经营决策，利润预测，成本控制，生产规划的一种简便可行的方法。其中心内容是盈亏平衡点的分析。

（五）简答题

1. 科学的预测一般应遵循以下步骤：（1）提出预测的课题，确定预测目标；（2）调查、收集和整理资料；（3）选择预测方法，建立预测模型；（4）估计预测误差，评定预测结果；（5）提出预测报告，交付决策。

2. 经济预测具体作用表现在以下方面：（1）经济预测为计划工作提供可靠信息及科学依据。（2）经济预测为科学决策提供可靠保证。（3）经济预测可以促进统计工作的有效开展。

3. 影响预测准确度的因素有许多，主要有：（1）客观情况在不断迅速地变化，而人们的认识总是滞后的。这是影响预测不准确的主要原因。（2）客观事物发展有渐变，也有突变。在突变的情况下预测是难以准确的。（3）预测研究是一门年轻的科学，无论是人员、资料和方法都需要在实践中不断完善。（4）限制预测实现的因素太多等。

提高预测的准确度：（1）从预测资料的来源看。资料是否完全、正确，直接影响着预测结果的准确。因此，每次预测工作，要求在收集资料时注意资料的准确性、来源、时间，逐步积累，建立常用的数据库。（2）从预测的方式看。要善于利用各方面的预测成果的报告；要集思广益，广泛地吸收不同意见，最后由集体评定。（3）从预测的方法看。要注意研究预测的方法，不断改进预测技术；要针对不同的问题，选择不同的预测方法，以保证预测的准确性。

4. 德尔菲法又称专家调查法。它是把所要预测的问题和必要的资料，用信函的形式向专家们提出，得到答复后，把各种意见经过综合、整理和反馈，如此反复多次，直到预测的问题得到较为满意的结果的一种预测方法，具有匿名性、反馈性和统计性等特点。应用德尔菲法时要注意的问题：（1）预测问题要十分清楚明确，其含义只能有一种解释；（2）问题的数量不要太多，一般以回答者在2个小时内答完为宜；（3）忠于专家们的回答，避免个人倾向；（4）对于不熟悉这一方法的专家，应事先讲清楚预测的过程与方法。

5. 决策的作用表现在以下几方面：（1）决策是决定组织管理工作成败的关键；（2）决策是实施各项管理职能的根本保证。

6. （1）确定决策目标。（2）拟订被选方案。（3）选择决策方案。（4）实施决策方案进行跟踪决策。

7. 量本利分析法又称盈亏分析法。它是根据对业务量（产量、销售量、销售额、工作量），成本（费用），利润三者之间的依存关系进行综合分析，用以进行企业经营决策，利润预测，成本控制，生产规划的一种简便可行的方法。其中心内容是盈亏平衡点的分析。所谓盈亏平衡点是指产品销售收入等于产品总成本时的销售量或销售额。其中，产品成本分为固定成本和变动成本，固定成本是指在一定范围内不随产量变动而变动的成本，变动成本是指随产量变动而变动的成本。

8. 开畅谈会议有四条规矩：（1）鼓励每个人独立思考，开阔思路，不要重复别人的意见；（2）意见和建议越多越好，不要限制，也不怕矛盾；（3）对别人的意见不要反驳，不要批评，也不要做结论；（4）可以补充和发展相同的意见等。

9. （1）确定型决策问题，应具备以下条件：存在决策者希望达到的一个明确目标；只存在一个确定的自然状态；在可供决策者选择的两个或两个以上的行动方案；不同的行动方案，在确定状态下的损益值可以计算出来。

（2）风险型决策需要具备以下条件：具有一个决策者企图达到的明确目标；存在两个以上可供选择的行动方案；存在着不以决策者意志为转移的两种以上自然状态；各个行动方案在各个自然状态下的损益值可以计算出来；决策者对未来可能出现何种自然状态不能确定，但出现的概率可以大致估计出来。

（3）不确定型决策是在客观自然状态的概率完全不能确定的情况下进行的决策。这种决策主要取决于决策者的经验和智慧。

（六）计算题

解：根据 $Q = F / (P - V)$

得出 $V = (QP - F) / Q = (40000 \times 1200 - 1600000) / 40000 = 1160$（元）

所以，只有可变成本低于1160元时该公司才不会亏损。

（七）案例题（答案略）

第八章　战略管理

一、练习题

（一）选择题

1. 广义的战略管理主要代表是（　　　）。

    A. 德鲁克　　　　　　B. 安绍夫　　　　　C. 明茨伯格　　　　　D. 彼德圣吉

2. 战略管理的核心问题是（　　　）。

    A. 制定战略

    B. 实施战略

    C. 控制和评价战略

    D. 组织自身条件与环境相适应，求得组织的生存与发展

3. 战略通常具有哪些特征（　　　）。

    A. 全局性　　　　　B. 长远性　　　　　C. 纲领性　　　　　D. 适应性

    E. 竞争性

4. 战略管理的价值有（　　　）。

    A. 审时度势　　　　B. 扬长避短　　　　C. 应付自如　　　　D. 优化资源配置

5. 安绍夫战略构成要素有（　　　）。

    A. 产品与市场范围　B. 增长向量　　　　C. 竞争优势　　　　D. 协同作用

6. 整个战略的灵魂是（　　　）。

    A. 战略目标　　　　B. 战略思想　　　　C. 战略重点　　　　D. 战略阶段

7. 战略决策的核心是（　　　）。

    A. 战略目标　　　　B. 战略思想　　　　C. 战略重点　　　　D. 战略阶段

8. 夕阳红服装服饰公司以老年人为目标顾客，专门从事老年服装服饰的生产，并取得了良好的市场业绩，这种竞争战略属于（　　　）。

    A. 成本领先战略　　B. 差异化战略　　　C. 集中化战略　　　D. 密集化增长战略

9. 按经营层次，战略可以划分为（　　　）。

    A. 公司层战略　　　B. 事业层战略　　　C. 职能层战略　　　D. 市场战略

10. 按偏离战略起点的程度，战略可以划分为（　　　）。

    A. 紧缩战略　　　　B. 稳定型战略　　　C. 成长战略　　　D. 总体战略

11. 按范围和重要性，战略可以划分为（　　　）。

    A. 总体战略　　　　B. 一般战略　　　　C. 长期战略　　　D. 附属战略

12. 下列属于公司层战略的有（　　　）。

    A. 大战略—增长战略　　　　　　　B. 大战略—紧缩战略

    C. 大战略—稳定战略　　　　　　　D. 成本领先战略

13. 2012 年吉林修正药业决定自己建立胶囊生产厂，以保证胶囊的安全性，这是企业采取的（　　）战略。

    A. 前向一体化   B. 横向一体化   C. 后向一体化   D. 纵向一体化

14. 样化增长的形式有（　　）。

    A. 同心多样化   B. 水平多样化   C. 整体多样化   D. 纵向多样化

15. 向企业外部发展，与别的企业联成一体，实行联合化的战略是（　　）。

    A. 一体化增长   B. 直接扩张   C. 多样化增长   D. 稳定战略

16. 在业务组合矩阵称为 BCG 中，矩阵横轴表示市场份额，从低到高；纵轴表示预期的市场增长，也是由低到高。那么处于低增长，高市场份额的业务是（　　）。

    A. 现金牛   B. 明星   C. 问号   D. 瘦狗

17. 可以产生大量的现金的业务是（　　）。

    A. 现金牛   B. 明星   C. 问号   D. 瘦狗

18. 寻求通过独一无二的产品和服务获得竞争优势的战略是（　　）。

    A. 差异化战略   B. 成本领先战略

    C. 集中差异化战略   D. 集中成本领先战略

19. 在企业特定的职能管理领域制定的战略是（　　）。

    A. 公司层战略   B. 事业层战略   C. 职能层战略   D. 营销战略

20. 战略制定的方式有（　　）。

    A. 自上而下的方式

    B. 领导层挂帅与专门业务部门合作进行制定

    C. 以战略事业单位为核心制定战略

    D. 委托具有一定条件的单位制定

    E. 企业与咨询单位合作进行

（二）判断题

1. 战略管理的实质不是战略而是动态的管理，是一种崭新的管理思想和管理方式。（　　）

2. 战略管理与生产、经营管理是一样的。（　　）

3. 组织战略的重点是研究组织的某些局部性质的问题。（　　）

4. 战略目标的确定，是战略管理的核心问题。（　　）

5. 公司层战略回答"我们应当拥有什么样的事业组合"。（　　）

6. 事业部战略回答"我们应该怎么支撑总体战略和事业层战略"。（　　）

7. 职能层战略回答的是"在我们的每一项事业单位里应当如何进行竞争"。（　　）

8. 前向一体化是指生产企业与供应企业之间的联合。（　　）

9. 后向一体化是指生产企业和销售企业之间的联合。（　　）

10. 水平一体化是把性质相同或生产同类产品的其他企业合并起来，也就是与同行业的竞争者企业进行联合的战略。（　　）

11. 采用差异化战略的组织寻求通过独一无二的产品和服务获得竞争优势。（　　）

12. 采用集中化战略的组织将注意力集中于一个特殊的细分市场，以求比其他的竞争者能更好

的满足市场的需求。 （　　）

（三）填空题

1. 战略是管理者为了组织的长期生存与发展，通过_____，对事关组织_____、_____、重大问题所进行的谋划。

2. 战略管理的实质不是战略而是_____，是一种崭新的管理思想和管理方式。

3. 广义的战略管理是指运用战略对整个组织进行管理，其主要代表是_____。

4. 战略管理是对组织活动实行的_____，是组织制定、实施、控制和评价战略的一系列管理决策与行动，其核心问题是_____。

5. 企业战略作为一个系统，主要由五个要素构成，即战略思想、_____、战略重点、_____、战略对策。

6. 组织战略的重点不是研究组织的某些局部性质的问题，而是_____。

7. _____是指导战略制定和实施的基本思想，是整个战略的灵魂。

8. _____是战略决策的核心，又是战略管理其他环节进行活动的依据。

9. _____是指为实现战略指导思想和战略目标而采取的重要措施和手段。

10. _____是企业的战略总纲，是企业最高管理层指导和控制企业的一切行为的最高行动纲领。

11. 同心多样化是企业开发与企业_____的新产品。

12. 水平多样化是企业研究_____的新产品。

13. 整体多样化是指企业发展与原有生产技术、产品或市场_____的新业务。

14. _____是为提高效率和获得绩效而缩小经营规模。

15. _____是指维持现有的经济活动，不做出重大的经营变化。

16 _____是在企业总体战略的指导下，经营某一个战略经营单位的战略计划，是企业总体战略之下的子战略。

17. _____是在企业特定的职能管理领域制定的战略。

18. _____是指企业存在的目的或原因，它说明企业应该从事何种经营事业，满足用户何种需求。

（四）名词解释

1. 战略　　　　2. 战略管理　　　3. 公司层战略　　4. 事业层战略　　5. 职能层战略

6. 增长战略　　7. 紧缩战略　　　8. 稳定战略　　　9. 直接扩张　　　10. 一体化增长

11. 多样化增长　12. 后向一体化　13. 前向一体化　14. 水平一体化　15. 同心多样化

16. 水平多样化　17. 整体多样化　18. SWOT 分析

（五）简答题

1. 如何理解战略和战略管理？

2. 试述公司层战略。

3. 试述一体化增长战略。

4. 试述多样化增长战略。

5. 多样化增长战略有哪些优缺点及采取多样化战略应考虑的因素？

6. 试述波士顿咨询集团的业务组合矩阵。

7. 试述波特的一般战略模型。

8. 简述战略管理过程？

9. 试述制约战略实施的几个要素。

（六）讨论题

如何才能制定出有效的战略？

（七）案例题

1. "老牌"企业的竞争

海清啤酒成功的在中国西部一个拥有 300 万人口的 C 市收购了一家啤酒厂，不仅在该市取得了 95% 以上市场占有率的绝对垄断，而且在全省的市场占有率也达到了 60% 以上，成了该省啤酒业界名副其实的龙头老大。

C 市 100 公里内有一金杯啤酒公司，3 年前也是该省的老大。然而，最近金杯啤酒因经营不善全资卖给了一家境外公司。

金杯啤酒在被收购后，立刻花近亿的资金搞技改，还请了世界第四大啤酒厂的专家坐镇狠抓质量。但是新老板清楚得很，金杯啤酒公司最短的那块板就是营销。为一举获得 C 市的市场，金杯不惜代价从外企挖了 3 个营销精英，高薪招聘 20 多名大学生，花大力气进行培训。

省内啤酒市场的特点是季节性强，一年的大战在 4、5、6 三个月基本决定胜负。作为快速消费品，啤酒的分销网络相对稳定，主要被大的一级批发商控制。金杯啤酒没有选择正面强攻，主要依靠直销作为市场导入的铺货手段，由销售队伍去遍布 C 市的数以万计的零售终端虎口夺食。

金杯啤酒的攻势在春节前的元月份开始了，并且成功地推出了 1 月 18 号 C 市要下雪的悬念广告，推广还有礼品附送。覆盖率和重复购买率都大大超出预期目标。但是，金杯在取得第一轮胜利的同时，也遇到了内部的管理问题。该公司过度强调销售，以致把结算流程、财务制度和监控机制都甩在一边。销售团队产生了骄傲轻敌的浮躁，甚至上行下效不捞白不捞。公司让部分城区经理自任经销商，白用公司的运货车，赊公司的货，又做生意赚钱，又当经理拿工资。库房出现了无头账，查无所查，连去哪儿了都不知道。

面对竞争，海清啤酒在检讨失利的同时，依然对前景充满信心。他们认为对手在淡季争得的市场份额，如果没有充足的产量作保障，肯定要跌下来；而且海清的分销渠道并没有受到冲击，金杯公司强入零售网点不过是地面阵地的穿插。

如今，啤酒销售的旺季，也就是决胜的时候快到了，您认为海清啤酒应该怎样把对手击退，巩固自己的市场领导地位呢？

问题：（1）运用 SWOT 分析法，分析海清啤酒面临的环境。（2）如何评价金杯啤酒的竞争战略？（3）海清啤酒应采用什么战略？

2. "菁菁校园"的未来

"菁菁校园"是一所新型的私立学校，专门为大学生、高中生提供暑期另类课程如登山、探险、航海等集体项目的专业培训，以及为在职人员提供团队合作课程培训。该学校的创办人刘岩是个成功的企业家，他酷爱登山，并坚信这是一项锻炼个人品质，同时学习集体协作精神的完美运动。（优势1：定位）在刘岩看来，这个学校是个非营利性的企业，但是无论如何得自己维持自己的运转。因为如果没有充裕的资金，学校就不可能发展。学校开办以来，学生的数目逐年增多。（优势2：有成长的市场，学生认可）

学校的课程主要分两类，一类是普通课程，一类是特殊课程。普通课程是学校的起家项目，针对大中学生的集体训练开设。每年暑假，总是有大批学生报名参加登山、探险等充满新鲜感的这类项目。虽然这部分的收入占了整个学校全部营业收入的70%，但是这种项目并不赢利（劣势1：无利润，反映经营管理问题）。特殊课程是应一些大公司的要求，专门为此公司开办的短期团队合作培训（与普通课程具有关联性）。这部分课程是最近才设立的，深受各大公司经理们的欢迎，在非正式的反馈中，他们都认为在这些课程里获益很多，他们所属的公司也愿意继续扩大与菁菁校园的合作。同时，这类课程为学校带来丰厚的利润。（机会1：说明特殊课程市场有需求，并能获利）但是，在实施特殊课程的时候，刘岩和他的好友们也有疑虑：这种课程的商业化倾向非常重，如果过分扩张，可能会破坏"菁菁校园"的形象。另外，特殊课程的学员多是中高级经理，他们的时间非常紧，因此，如果课程一旦设立下来，就不能改动，因此总是会遇到与普通课程的冲突。

在学校成立初期，刘岩并没有特别关注管理问题，他觉得很简单：每年暑假开始，学校就招生开课，到暑假结束就关门。但是随着知名度的提高和注册学生的不断增多，学校变得日益庞大复杂，管理问题和财政状况开始受到关注。最明显的是学校暑期过于繁忙，设施不足，而淡季则设备人员闲置。他还发现无法找到足够的技术熟练、经验丰富的从事短期的工作的指导老师，但是要常年聘请他们花销实在太大。（劣势2：资源不足、管理问题）与此同时，在社会上出现了相似的竞争者，（威胁1：出现替代品）学校面临内外两方面的评估和战略方向的重新确定。

在这种情况下，你认为"菁菁校园"的未来在哪里？

问题：（1）你认为"菁菁校园"的未来应如何定位？（2）"菁菁校园"的项目组合如何发展？公司战略、竞争战略、职能战略都应该分别采用何种战略？（3）你认为"菁菁校园"的运营管理应如何改进？

二、参考答案

（一）选择题

1. B	2. D	3. ABCDE	4. ABCD	5. ABCD	6. B	7. A
8. B	9. ABC	10. ABC	11. ABD	12. ABC	13. C	14. ABC
15. A	16. A	17. A	18. A	19. C	20. ABCDE	

（二）判断题

1. √	2. ×	3. ×	4. ×	5. √	6. ×	7. ×
8. ×	9. ×	10. √	11. √	12. √		

（三）填空题

1. 利用内部优势、把握外部机会；全局的；长远的

2. 动态的管理

3. 安绍夫

4. 总体性管理；使组织自身条件与环境相适应，求得组织的生存与发展

5. 战略目标；战略阶段

6. 组织的整体发展

7. 战略思想

8. 战略目标

9. 战略对策

10. 公司层战略

11. 现有产品线的技术或营销有协调关系

12. 某种能满足现有顾客需求

13. 毫不相关

14. 紧缩战略

15. 稳定战略

16. 事业部战略

17. 职能层战略

18. 使命或宗旨

（四）名词解释

1. 战略：是管理者为了组织的长期生存与发展，通过利用内部优势、把握外部机会，对事关组织全局的、长远的、重大问题所进行的谋划。

2. 战略管理：是对组织活动实行的总体性管理，是组织制定、实施、控制和评价战略的一系列管理决策与行动，其核心问题是使组织自身条件与环境相适应，求得组织的生存与发展。

3. 公司层战略：是企业的战略总纲，是企业最高管理层指导和控制企业的一切行为的最高行动纲领。它主要回答企业应该在哪些经营领域里进行生产经营活动的问题，即回答"我们应当拥有什么样的事业组合"。

4. 事业层战略：是在企业总体战略的指导下，经营某一个战略经营单位的战略计划，是企业总体战略之下的子战略。它回答的是"在我们的每一项事业单位里应当如何进行竞争"。

5. 职能层战略：是在企业特定的职能管理领域制定的战略。它回答"我们应该怎么支撑总体战略和事业层战略"。

6. 增长战略：是一种公司层的战略，它寻求扩大组织的经营规模。

7. 紧缩战略：是为提高效率和获得绩效而缩小经营规模。

8. 稳定战略：是指维持现有的经济活动，不做出重大的经营变化。

9. 直接扩张：是从内部提高企业的销售额、扩大产能或扩大员工队伍，它不是通过收购或兼并其他企业，而是通过扩大原有业务来增长。

10. 一体化增长：是指向企业外部发展，与别的企业连成一体，实行联合化的战略。

11. 多样化增长：是指企业以运用某种有行或无形的资源（主要是技术或市场）为中心，发展与之相关的多种经营。

12. 后向一体化：是指生产企业与供应企业之间的联合，目的是为了确保原材料的供应。

13. 前向一体化：是指生产企业和销售企业之间的联合，目的是为了促进产品的销路。

14. 水平一体化：是把性质相同或生产同类产品的其他企业合并起来，也就是与同行业的竞争者企业进行联合的战略。

15. 同心多样化：是企业开发与企业现有产品线的技术或营销有协调关系的新产品。

16. 水平多样化：是企业研究某种能满足现有顾客需求的新产品，尽管这些新产品与企业的现有产品在技术上的关系不大。

17. 整体多样化：是指企业发展与原有生产技术、产品或市场毫不相关的新业务。

18. SWOT 分析：组织优势（strenght）和劣势（weakness）的内部分析，及环境机会（opportunity）和威胁（threat）的外部分析。

（五）简答题

1. 战略是管理者为了组织的长期生存与发展，通过利用内部优势、把握外部机会，对事关组织全局的、长远的、重大问题所进行的谋划。战略管理是对组织活动实行的总体性管理，是组织制定、实施、控制和评价战略的一系列管理决策与行动，其核心问题是使组织自身条件与环境相适应，求得组织的生存与发展。

2. 公司层战略是企业的战略总纲，是企业最高管理层指导和控制企业的一切行为的最高行动纲领。它主要回答企业应该在哪些经营领域里进行生产经营活动的问题，即回答"我们应当拥有什么样的事业组合"。描述公司层战略最常用的方法是大战略框架。（1）大战略—增长战略。（2）大战略—紧缩战略。（3）大战略—稳定战略。

3. 一体化增长战略是指向企业外部发展，与别的企业联成一体，实行联合化的战略。它是把几个分散的企业联合起来，组成一个统一的经济组织，即公司、联合企业或工业中心。联合主要发生于生产企业之间、生产企业与供应企业或销售企业之间，因此，一体化成长的形式有后向、前向和水平一体化三种。

4. 多样化增长是指企业以运用某种有行或无形的资源（主要是技术或市场）.为中心，发展与之相关的多种经营。多样化增长的形式，按照跨行业产品与企业原有产品的联系程度，可分三种：即同心多样化，水平多样化和整体多样化。

5. 采用多样化增长战略具有如下优点：能为企业提供本行业所不能提供的机会或利用其他行业优越的成长机会；能满足竞争和经济发展不景气的需要；便于开展国际间补偿贸易；有利于发挥企业优势，提高经济效益等．多样化战略也有一定的缺点：会使组织膨胀，大大增加了管理上的困难，容易失控；往往容易脱离本行，不利于发挥自己的优势等。因此，采用多样化增长战略，必须考虑以下主要因素：（1）要有明确的组织目标和发展目标，明确应向哪些领域重点发展，而不是盲目扩展。（2）有多种市场容量和用户，为开拓经营领域提供机会。（3）有实行多角经营的能力，包括对企业实力的分析和可用于多样化经营的资源。

6. 矩阵横轴表示市场份额，从低到高；纵轴表示预期的市场增长，也是由低到高。

现金牛（低增长，高市场份额）落在这个象限的业务可以产生大量的现金，但它未来的增长的潜力是有限的。

明星（高增长，高市场份额）这些业务处于快速增长的市场之中，并且占有主导的市场份额，它们对现金流的贡献取决于投入的资源。

问号（高增长，低市场份额）这些业务处于有吸引力的市场中，但只占有较小的市场份额。

瘦狗（低增长，低市场份额）处于这个范畴的业务不产生或不消耗大的现金，但这些业务只有低市场份额和低增长率。

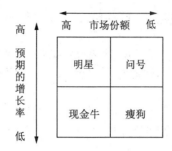

7. 波特的一般战略模型

竞争优势的来源

采用差异化战略的组织寻求通过独一无二的产品和服务获得竞争优势。他们开发与竞争对手明显不同的产品和服务，目标是吸引忠诚的长期顾客，要求组织在营销、研发、技术领先和创新等方面加强力量，它的成功依赖于顾客对产品质量和独特性的认知程度。

采用成本领先的组织提高生产、配送和其他组织系统方面的效率，目标是比竞争对手成本更低，从而获得较高的利润，这需要高效率的系统和严格的控制，并且产品易于生产和销售，但在经营过程中不能牺牲质量。

采用集中化战略的组织将注意力集中于一个特殊的细分市场，以求比其他的竞争者能更好的满足市场的需求。它将组织的资源和专长集中于某一特定的顾客群体、地理区域、产品线或服务，要求具有集中注意力的意愿和将资源用于单一领域形成独特优势的能力。

8. 战略管理具体过程：（1）确定企业的使命或宗旨。（2）战略分析。（3）战略制定的管理。（4）战略实施的管理。（5）战略控制的管理。（6）战略评估。

9. 制约战略实施的6项要素：（1）组织结构。（2）企业文化。（3）战略实施模型。（4）控制激励制度。（5）资源分配。（6）企业的人员。

（六）讨论题

分析：首先要确定企业的使命或宗旨，并对外部环境分析，识别机会和威胁，分析组织的资源和能力，识别优势和劣势，同时还要考虑企业的组织结构、企业文化、资源分配、企业的人员等因素，立足企业现实情况的基础上采用科学合理的方法制定战略，从而保证制定出的战略的有效性。

（七）案例题（答案略）

第九章　组织设计

一、练习题

（一）选择题

1. 组织职能的主要内容包括（　　）。
   - A. 组织结构的设计
   - B. 适度分权和正确授权
   - C. 组织内各职务人员的选择和配备
   - D. 组织文化的培育和建设
   - E. 组织运作和组织变革
   - F. 组织与外部环境的关系

2. 布劳的实惠分类说将组织划分为（　　）。
   - A. 互利组织
   - B. 服务组织
   - C. 企业组织
   - D. 公益组织

3. 正式组织有哪些特征（　　）。
   - A. 根据社会的需要，经过设计、规划、组建而成
   - B. 有明确的目标
   - C. 以效率逻辑为标准
   - D. 强制性
   - E. 不稳定性

4. 正式组织具有哪些特征（　　）。
   - A. 自发性
   - B. 不稳定性
   - C. 内聚性
   - D. 领袖人物作用较大
   - E. 强制性

5. 组织的基本作用是（　　）。
   - A. 人力汇集作用
   - B. 人员培训
   - C. 人力放大作用
   - D. 组织设计

6. 组织中各种职位是按垂直系统直线排列的，各级主管负责人执行统一指挥和管理职能，不设专门的职能机构的组织结构是（　　）。
   - A. 事业部制
   - B. 矩阵制结构
   - C. 直线制组织结构
   - D. 网络结构

7. 按产品或地区分别设立若干事业部，每个事业部在经营管理上拥有很大的自主权，是一种分权式的组织结构是（　　）。
   - A. 事业部制
   - B. 矩阵制结构
   - C. 直线制组织结构
   - D. 网络结构

8. 按职能划分的部门同按产品、服务或工程项目划分的部门结合起来的组织结构类型是（　　）。
   - A. 事业部制
   - B. 矩阵制结构
   - C. 职能制组织结构
   - D. 网络结构

9. 网络结构有哪些优势（　　）。
   - A. 跨越遥远的距离发展并维持伙伴关系
   - B. 降低一般的企业管理费用
   - C. 提高运营效率
   - D. 保持成本竞争优势

10. 管理幅度与管理层次成（　　）关系。
    - A. 正比
    - B. 反比
    - C. 线性
    - D. 无关系

11. 一个管理者的管理幅度为 4，那么他需要协调的关系数为（　　　）。

  A. 10   B. 18   C. 44   D. 100

12. 影响管理幅度的因素有（　　　）。

  A. 管理者和下属人员的技能和能力   B. 所需完成工作的性质

  C. 下属工作任务的相似形   D. 组织文化的凝聚力

  E. 管理者偏好的管理风格

13. 扁平结构的优点有（　　　）。

  A. 有利于缩短上下级距离   B. 信息纵向流通速度快

  C. 被管理者有较大的自主性和创造性 D. 有利于选择和培训下属人员

14. 直式结构的缺点有（　　　）。

  A. 需要的管理人员越多   B. 责任不清

  C. 影响下级人员的积极性与创造性 D. 上下级易于协调

15. 职能部门化是依据（　　　）来组合工作。

  A. 产品线   B. 地理区域   C. 职能   D. 工作程序

16. 产品部门化是依据（　　　）来组织工作。

  A. 产品线   B. 地理区域   C. 职能   D. 工作程序

17. 地区部门化是按照（　　　）进行工作的组合。

  A. 产品线   B. 地理区域   C. 职能   D. 工作程序

18. 工艺部门化是以（　　　）为基础组合各项活动。

  A. 产品线   B. 地理区域   C. 职能   D. 工作程序

19. 顾客部门化是依据（　　　）来组合工作。

  A. 产品线   B. 地理区域   C. 共同的顾客 D. 工作程序

20. 下列职权中哪种是一种完整的职权（　　　）。

  A. 参谋职权   B. 直线职权   C. 职能职权

21. 影响职权的因素有（　　　）。

  A. 上级的职权   B. 交叉职权   C. 下级个人权力

22. 衡量集权和分权程度的标志有（　　　）。

  A. 决策的数量 B. 决策的范围 C. 决策的重要性 D. 决策的审核

23. 管理者授权的意义是（　　　）。

  A. 管理人员可以从日常事务中解脱出来，专心处理重大问题

  B. 可以提高下属的工作积极性，增强其责任心，并增进工作效率

  C. 可以增长下属的才干，有利于管理人员的培养

  D. 可以充分发挥下属的专长，以补救授权者自身才能的不足

24. 授权的原则为（　　　）。

  A. 重要原则   B. 明责原则   C. 适度原则   D. 不可越级授权

（二）判断题

1. 正式组织是自发形成的。

                      （　　　）

2. 非正式组织是自发形成的。 （　）

3. 直线制组织结构中各种职位是按垂直系统直线排列的，各级主管负责人执行统一指挥和管理职能，并设有专门的职能机构。 （　）

4. 直线制组织结构对管理工作也进行专业化分工。 （　）

5. 直线制组织结构适用于企业规模不大，职工人数不多，生产和管理工作都比较简单的情况。 （　）

6. 事业部制组织是一种集权式的组织结构。 （　）

7. 事业部制组织适用于产品多样化和从事多元化经营的组织，也适用于面临环境复杂多变或所处地理位置分散的大型企业和巨型企业。 （　）

8. 按职能划分的部门同按产品、服务或工程项目划分的部门结合起来的组织结构类型是事业部制组织结构。 （　）

9. 矩阵制结构主要适用于科研、设计、规划项目等创新性较强的工作或单位。 （　）

10. 无边界组织力图取缔指挥链，保持合适的管理跨度，以授权的团队取代部门。 （　）

11. 管理幅度是指一名主管人员管理下属的人数。 （　）

12. 管理幅度与管理层次成正比关系。 （　）

13. 扁平结构具有上下级容易协调的优点。 （　）

14. 职能部门化是依据所履行的职能来组合工作。 （　）

15. 工艺部门化是以产品线为基础组合各项活动。 （　）

16. 顾客部门化是依据共同的顾客来组合工作。 （　）

17. 某一个人或团体有能力影响和改变另一个人或团体的行为，这种能力就是职权。 （　）

18. 直线主管为了改善和提高管理效率而授予参谋部门行使的职权参谋职权。 （　）

19. 参谋人员不具有直线职权。 （　）

20. 授权就是分权。 （　）

（三）填空题

1. 组织有两种含义：一方面，组织是＿＿＿＿＿；另一方面，组织又是＿＿＿＿＿，是人与人之间或人与物之间资源配置的活动过程。

2. 组织是为实现＿＿＿＿＿，经由＿＿＿＿＿及不同层次＿＿＿＿＿，而构成的人的集合。

3. ＿＿＿＿＿是指为了有效地实现共同目标和任务，合理地确定组织成员、任务及各项活动之间关系，并对组织资源进行合理配置的过程。

4. ＿＿＿＿＿是表明组织内各部分的排列顺序、空间位置、聚散状态、联系方式以及各要素之间相互关系的一种模式，是组织的"框架"。

5. 按职能划分的部门同按产品、服务或工程项目划分的部门结合起来的组织结构类型是＿＿＿＿＿。

6. 组织中央的核心通过关系"网络"与重要服务的承包人和供应商联系起来的组织结构类型是＿＿＿＿＿。

7. 横向的、纵向的或外部的边界不由某种预先设定的结构所限定或定义的组织是＿＿＿＿＿。

8. 网络结构的潜在优势有一部分是来自＿＿＿＿＿，潜在劣势主要源于＿＿＿＿＿。

9. 无边界组织的关键要求是没有层次、_____、技术的利用和接受临时性。

10. 无边界组织力图取缔指挥链，保持合适的_____，以_____取代部门。

11. 所有组织成员都参与到与工作有关问题的识别与解决中来，使组织形成了持续适应和变革能力的组织是_____。

12. 管理幅度是_____。

13. 扁平结构是_____。

14. 直式结构就是_____。

15. 部门是_____。

16. 部门化是_____。

17. 职能部门化是依据_____来组合工作。

18. 工艺部门化是以_____为基础组合各项活动。

19. 顾客部门化是依据_____来组合工作。

20. _____则是管理职位所固有的发布命令和希望命令得到执行的一种权力。

21. 直线主管为了改善和提高管理效率而授予参谋部门行使的职权是_____。

22. 集权是_____。

（四）名词解释

1. 组织　　　　2. 正式组织　　　　3. 非正式组织　　　　4. 组织结构

5. 直线制组织结构　6. 事业部制组织结构　7. 矩阵制组织结构　8. 网络结构

9. 无边界组织　　10. 学习型组织　　11. 管理幅度　　12. 职能部门化

13. 产品部门化　　14. 地区部门化　　15. 工艺部门化　　16. 顾客部门化

17. 职权　　　　18. 集权　　　　19. 分权　　　　20. 授权

（五）简答题

1. 如何理解组织的含义？

2. 试述组织职能。

3. 试比较正式组织和非正式组织。

4. 试述组织的作用。

5. 试述组织工作的原则。

6. 试述直线制组织结构，它有何特点？

7. 事业部制组织结构有什么特点？适用于什么样的组织？

8. 矩阵型结构有哪些优缺点？

9. 试述网络结构的优势来源及劣势。

10. 试述组织结构的程序？

11. 管理人员的管理幅度是宽些好还是窄些好，为什么？

12. 组织为什么要部门化？

13. 管理者可以采取哪些方式进行部门化？

14. 组织有哪几种发展趋势？你怎样看待它们？

（六）讨论题

1. 组织扁平化是企业组织变革的重要趋势之一，请问企业成功地推动组织扁平化应具备哪些条件?

2. 如何认识学习型组织?

（七）案例题

1. 某地方生产传统工艺品的企业，伴随着中国对外开放政策，逐渐发展壮大起来。销售额和出口额近十年来平均增长 15% 以上。员工也由原来的不足 200 人增加到了 2000 多人。企业还是采用过去的类似直线型的组织结构，企业一把手王厂长既管销售，又管生产，是一个多面全能型的管理者。最近企业发生了一些事情，让王厂长应接不暇。其一：生产基本是按订单生产，基本由厂长传达生产指令。碰到交货紧，往往是厂长带头，和员工一起挑灯夜战。虽然按时交货，但质量不过关，产品被退回，并被要求索赔。其二：以前企业招聘人员人数少，所以王厂长一人就可以决定了。现在每年要招收大中专学生近 50 人，还要牵涉到人员的培训等，以前的做法就不行了。其三：过去总是王厂长临时抓人去做后勤等工作，现在这方面工作太多，临时抓人去做，已经做不了做不好了。凡此种种，以前有效的管理方法已经失去作用了。

问题： 请从组织工作的角度说明企业存在的问题以及建议措施。

2. "宇宙"冰箱厂的机构设置

H 市"宇宙"冰箱厂近几年来有了很大的发展，该厂厂长周冰是个思路敏捷、有战略眼光的人，早在前几年"冰箱热"的风潮中，他已预见到今后几年中会渐渐降温，变畅销为滞销，于是命该厂新产品开发部着手研制新产品，以保证企业能够长盛不衰。果然，近来冰箱市场急转直下，各大商场冰箱都存在着不同程度的积压。好在宇宙厂早已有所准备，立即将新研制生产出的小型冰柜投放市场，这种冰柜物美价廉，一问世便受到广大消费者的欢迎，宇宙厂不仅保证了原有的市场，而且又开拓了一些新市场。但是，近几个月来，该厂产品销售出现了一些问题，用户接二连三地退货，要求赔偿，影响了该厂产品的声誉。究其原因，原来问题主要出在生产上。主管生产的副厂长李英是半年前从本市二轻局调来的，她今年 42 岁，是个工作勤恳、兢兢业业的女同志，口才好，有一定的社交能力，但对冰箱生产技术不太了解，组织生产能力欠缺，该厂生产常因所需零部件供应不上而停产，加之质量检验没有严格把关，尤其是外协件的质量常常不能保证，故产品接连出现问题，影响了宇宙厂的销售收入，原来较好的产品形象也有一定程度的破坏。这种状况如不及时改变，该厂几年的努力也许会付诸东流。周厂长为此很伤脑筋，有心要把李英撤换下去，但又为难，因为李英是市二轻局派来的干部，和上面联系密切，并且她也没犯什么错误，如硬要撤，搞得不好，也许会弄僵上下级之间的关系（因为该厂隶属于市二轻局主管）。不撤换吧，厂里的生产又抓不上去。长此以往，企业很可能会出现亏损局面。周厂长想来想去，不知如何是好，于是就去找厂咨询顾问某大学王教授商量，王教授听罢周厂长的诉说，思忖一阵，对周厂长说："你何不如此这般呢……"周厂长听完，喜上眉梢，连声："好办法、好办法"，于是便按王教授的意图回去组织实施，果然，不出两个月，宇宙厂又恢复了生机。王教授到底如何给周厂长出谋划策的呢? 原来他建议该厂再设一个生产指挥部，把李英升为副指挥长，另命一名懂生产有能力的赵翔为生产指挥长主管生产，而让李英负责抓零部件、外协件的生产和供应，这样既没有得罪二轻局，又使企业的生产指挥的强化得到了保证，同时又充分利用了李、赵两位同志的特长，调动了两人的积极性，解决了一个两难的问题。

小刘是该厂新分来的大学生，他看到厂里近来的一系列变化，很是不解，于是就去问周厂长："厂长，咱们厂已经有了生产科和技术科，为什么还要设置一个生产指挥部呢？这不是机构重复设置吗？我在学校里学过的有关组织设置方面的知识，从理论上讲组织设置应该是因事设人咱们厂怎么是因人设事，这是违背组织设置原则的呀！"周厂长听完小刘一连串的提问，拍拍他的肩膀关照说："小伙子，这你就不懂了，理论是理论，实践中并不见得都有效。"小刘听了，仍不明白，难道是书上讲错了吗？

问题：（1）企业中应如何设置组织结构？到底应该"因事设人"还是"因人设事"？（2）你认为王教授的建议是否合适？（3）你怎样看待小刘的疑问？

3. 比特丽公司是美国一家大型联合公司，总部设在芝加哥，下属有 450 个分公司，经营着9000 多种产品，其中许多产品，如克拉克棒糖，乔氏中国食品等，都是名牌产品。公司每年的销售额达 90 多亿美元。

多年来，比特丽公司都采用购买其他公司来发展自己的积极进取战略，因而取得了迅速的发展。公司的传统做法是：每当购买一家公司或厂家以后，一般都保持其原来的产品，使其成为联合公司一个新产品的市场；另一方面是对下属各分公司都采用分权的形式。允许新购买的分公司或工厂保持其原来的生产管理结构，这些都不受联合公司的限制和约束。由于实行了这种战略，公司变成由许多没有统一目标、彼此又没有什么联系的分公司组成的联合公司。

1976 年，负责这个发展战略的董事长退休以后，德姆就是在这种情况下被任命为董事长。

新董事长德姆的意图是要使公司朝着他新制定的方向发展。根据他新制定的战略，德姆卖掉了下属 56 个分公司，但同时又买下了西北饮料工业公司。

据德姆的说法，公司除了面临发展方向方面的问题外，还面临着另外两个主要问题：一个是下属各分公司都面临着向社会介绍并推销新产品的问题，为了刺激各分公司的工作，德姆决定采用奖金制，对下属干得出色的分公司经理每年奖励 1 万美元。但是，对于这些收入远远超过 1 万美元的分公司经理人员来说，1 万美元奖金恐怕起不了多大的刺激作用。另一个面临的更严重的问题是，在维持原来的分权制度下，应如何提高对增派参谋人员必要性的认识，应如何发挥直线与参谋人员的作用问题。德姆决定要给下属每个部门增派参谋人员，以更好地帮助各个小组开展工作。但是，有些管理人员则认为只增派参谋人员是不够的，有的人则认为，没有必要增派参谋人员，可以采用单一联络人联系几个单位的方法，即集权管理的方法。

公司专门设有一个财务部门，但是这个财务部门根本就无法控制这么多分公司的财务活动，因此造成联合公司总部甚至无法了解并掌握下属部门支付支票的情况，等等。

问题：（1）比特丽公司可以在分权方面做得更好吗？（2）你对德姆的激励方法有何看法？（3）参谋人员有何作用？如何协调直线与参谋人员之间的关系？

二、参考答案

（一）选择题

1. ABCDEF   2. ABCD   3. ABCD   4. ABCD   5. AC   6. C   7. A

8. B	9. ABCD	10. B	11. C	12. ABCDE	13. ABCD	14. ABC
15. C	16. A	17. B	18. D	19. C	20. B	21. ABC
22. ABCD	23. ABCD	24. ABCD				

（二）判断题

1. ×	2. √	3. ×	4. ×	5. √	6. ×	7. √
8. ×	9. √	10. √	11. ×	12. ×	13. ×	14. √
15. ×	16. √	17. ×	18. ×	19. ×	20. ×	

（三）填空题

1. 实体组织；管理的一项职能

2. 某一共同目标；分工与合作；权力和责任制度

3. 组织职能

4. 组织结构

5. 矩阵型结构

6. 网络结构

7. 无边界组织

8. 对技术的创新性运用；复杂的商业关系系统的协调性要求

9. 团队成员的授权

10. 管理跨度；授权的团队

11. 学习型组织

12. 指一名主管人员有效地管理直接下属的人数

13. 指管理幅度大而管理层次少的结构

14. 管理层次多而管理幅度小的结构

15. 指组织中主管人员为完成规定的任务有权管辖的一个特殊的领域

16. 指将工作和人员组合成可以管理的单位的过程

17. 所履行的职能

18. 工作程序

19. 共同的顾客

20. 职权

21. 职能职权

22. 指决策权在组织系统中较高层次的一定程度的集中

（四）名词解释

1. 组织：有两种含义：一方面，组织是人类社会最常见、最普遍的现象，工厂、机关、学校、医院、各级政府部门、各个党派和政治团体等都是组织，它代表某一实体本身，又称为实体组织；另一方面，组织又是管理的一项职能，是人与人之间或人与物之间资源配置的活动过程。

2. 正式组织：为了有效地实现组织目标而规定组织成员之间职责范围和相互关系的一种结构。

3. 非正式组织：人们在共同工作或活动中，由于抱有共同的社会感情和爱好，以共同的利益和需要为基础而自发形成的团体。

4. 组织结构：是表明组织内各部分的排列顺序、空间位置、聚散状态、联系方式以及各要素之间相互关系的一种模式，是组织的"框架"，并随着生产力和社会的发展而不断发展的。

5. 直线制组织结构：是最早使用也是最为简单的一种结构，又称单线制结构，或军队式结构。其主要特点是组织中各种职位是按垂直系统直线排列的，各级主管负责人执行统一指挥和管理职能，不设专门的职能机构。

6. 事业部制组织结构：是西方经济从自由资本主义过渡到垄断资本主义以后，在企业规模大型化、企业经营多样化、市场竞争激烈化的条件下，出现的一种分权式的组织形式。事业部制的主要特点是在总公司的领导下，按产品或地区分别设立若干事业部，每个事业部在经营管理上拥有很大的自主权，总公司只保留预算、人事任免和重大问题的决策等权力，并运用利润等指标对事业部进行控制。

7. 矩阵制织织结构：是一种把按职能划分的部门同按产品、服务或工程项目划分的部门结合起来的组织结构类型。在这种结构中，每个成员既要接受垂直部门的领导，又要在执行某项任务时接受项目负责人的指挥。

8. 网络结构：在这种结构中，组织中央的核心通过关系"网络"与重要服务的承包人和供应商联系起来。这种网络组织利用最新的计算机和信息技术，以支持战略联盟和商业合同之间不断变化的相互组合，这可以使企业在避免拥有所有不同部门的成本的情况下保持正常运行。

9. 无边界组织：是指其横向的、纵向的或外部的边界不由某种预先设定的结构所限定或定义的这样一种组织。

10. 学习型组织：是指由于所有组织成员都参与到与工作有关问题的识别与解决中来，从而使组织形成了持续适应和变革能力的这样一种组织。

11. 管理幅度：是指一名主管人员有效地管理直接下属的人数。

12. 职能部门化：是依据所履行的职能组合工作。

13. 产品部门化：是依据产品线来组织工作。

14. 地区部门化：是按照地理区域进行工作的组合。

15. 工艺部门化：是以工作程序为基础组合各项活动，从而划分部门的一种方法。

16. 顾客部门化：是依据共同的顾客来组合工作，这组顾客具有某类相同的需要或问题，要由相应的专家才能更好地予以满足。

17. 职权：是管理职位所固有的发布命令和希望命令得到执行的一种权力。

18. 集权：是指决策权在组织系统中较高层次的一定程度的集中。

19. 分权：是指决策权在组织系统中较低层次的一定程度的分散。

20. 授权：是指管理者将分内的某些工作托付给下属（或他人）代为履行，并授予被托付人完成工作所必要的权利，使被托付人有相当的自主权、行动权。

（五）简答题

1. 从管理学的角度分析，组织有两种含义：一方面，组织是人类社会最常见、最普遍的现象，工厂、机关、学校、医院、各级政府部门、各个党派和政治团体等都是组织，它代表某一实体本身，又称为实体组织；另一方面，组织又是管理的一项职能，是人与人之间或人与物之间资源配置的活动过程。

2. 组织职能是指为了有效地实现共同目标和任务，合理地确定组织成员、任务及各项活动之间关系，并对组织资源进行合理配置的过程。组织职能的主要内容包括：（1）组织结构的设计。（2）适度分权和正确授权。（3）组织内各职务人员的选择和配备。（4）组织文化的培育和建设。（5）组织运作和组织变革。（6）组织与外部环境的关系。

3. 分析：正式组织和非正式组织的特征。

4. 分析：组织的基本作用可以概括为以下两个方面：（1）人力汇集作用；（2）人力放大作用。

5. 分析：（1）统一指挥；（2）分工协作；（3）权责一致；（4）集权分权相结合；（5）有效管理幅度原则；（6）弹性结构；（7）经济原则。

6. 分析：直线制是最早使用也是最为简单的一种结构，又称单线制结构，或军队式结构。其主要特点是组织中各种职位是按垂直系统直线排列的，各级主管负责人执行统一指挥和管理职能，不设专门的职能机构。直线制组织结构设置简单、权责分明，便于统一指挥、集中管理，管理费用低。缺点是对管理工作没有进行专业化分工。它要求管理者精明能干，具有多方面的知识和技能。这种组织结构只有在企业规模不大，职工人数不多，生产和管理工作都比较简单的情况下才适用。

7. 分析：事业部制的主要特点是在总公司的领导下，按产品或地区分别设立若干事业部，每个事业部在经营管理上拥有很大的自主权，总公司只保留预算、人事任免和重大问题的决策等权力，并运用利润等指标对事业部进行控制。由于各事业部具有独立经营的自主权，这样既有利于调动各事业部的积极性和主动性，又提高了管理的灵活性和适应性，还能为管理人才的成长创造良好的机会，但是，事业部制主要缺陷是资源重复配置，管理费用较高，且事业部之间协作较差，也加剧了高层管理者对各事业部管理的难度，容易产生以各自为中心，不顾全局的本位主义。因此，主要适用于产品多样化和从事多元化经营的组织，也适用于面临环境复杂多变或所处地理位置分散的大型企业和巨型企业。

8. 分析：矩阵结构创造了双重指挥链，可以说是对统一指挥原则的一种有意识的违背。主要优点是灵活性和适应性较强，有利于加强各职能部门之间的协作和配合，并且有利于开发新技术、新产品和激发组织成员的创造性。主要缺陷是组织结构稳定性较差，双重职权关系容易引起冲突，同时还可能导致项目经理过多、机构臃肿的弊端。这种结构主要适用于科研、设计、规划项目等创新性较强的工作或单位。

9. 分析：网络结构的潜在优势有一部分是来自对技术的创新性运用。处于技术前沿的公司能够雇佣较少的人员在不太复杂的内部系统中运营，它们可以很容易的跨越遥远的距离发展并维持伙伴关系。网络也有助于组织通过降低一般的企业管理费用和提高运营效率来保持成本竞争优势。网络结构的潜在劣势主要源于复杂的商业关系系统的协调性要求。如果网络的一部分终止运行或传输失败，那整个系统也难逃厄运。

10. 分析：组织结构的设计是一项复杂的系统工程，因而必须服从科学的程序。（1）确定组织目标；（2）确定业务内容；（3）确定组织结构；（4）配备职务人员；（5）规定职责权限；（6）联成一体。

11. 管理幅度最有效的方法是随机制宜，依据所处的条件而定，影响管理幅度的因素有：（1）管理者和下属的技能；（2）所完成工作的特性；（3）任务的相似性；（4）任务的复杂性；（5）下属工作地点的相近性；（6）使用标准程序的程度；（7）组织文化的凝聚力；（8）组织管理信息系统的先进程度；（9）管理者偏好的管理风格。

12. 部门化是指将工作和人员组合成可以管理的单位的过程。划分部门的目的，是为了以此来明确职权和责任归属，以求分工合理，职责分明，并有利于各部门根据其工作性质的不同而采取不同的政策，加强本部门的内部协调。

13. 应采取的方式：（1）职能部门化；（2）产品部门化；（3）地区部门化；（4）工艺部门化；（5）顾客部门化。

14. 分析：（1）组织结构的扁平化趋势（2）组织结构的柔性化趋势（3）组织结构的分立化趋势（4）组织结构的网络化趋势。

（六）讨论题

1. 提示：（1）分权与集权相结合。（2）企业实行团队式管理。（3）建立学习型组织，人员素质较高。（4）计算机网络技术能很好职称企业的运作。

2. 提示：何为学习型组织及其主要特征表现。

（七）案例题 （答案略）

第十章　人员配备

一、练习题

（一）选择题（1～10 题为单项选择，11～20 题为多项选择）

1. 人员配备是（　　）工作的逻辑延续。

    A. 控制　　　　　　　　B. 领导　　　　　　　C. 组织设计　　　　　　D. 计划

2. （　　）是主管人员配备工作当中最基础的工作，也是出现最早的工作。

    A. 招聘与录用　　　B. 培训　　　　　　C. 绩效考评　　　　D. 职务分析

3. 只从内部提升主管人员的做法存在着若干弊端。在下面所列出的几条中，哪一条并不属于内部提升制度的弊端？（　　）

    A. 能造成"近亲繁殖"　　　　　　　　　B. 组织对晋升者的情况不能深入了解

    C. 会造成同事之间的紧张关系　　　　D. 会引起同事的不满

4. 从外部选聘主管人员是人员配备的一条主要途径，这种做法具有若干有利之处。下面所列举的几条优点中，哪一条不对？（　　）

    A. 为组织带来新鲜的血液

    B. 利用外来优势

    C. 有利于提高组织成员的士气，调动工作的积极性

    D. 有可能缓和内部竞争职位者之间的矛盾

5. 有位名人说过："人们从事工作，会有各种各样的动机，而每个人的动机又各不相同。你必须探知你所接触的每个人的不同动机，以便掌握和开启发挥各人潜能的钥匙"。这句话表明，管理人员必须进行（　　）。

    A. 授权　　　　　　　　B. 激励　　　　　　　C. 人员配备　　　　　　D. 沟通

6. 保兰公司是一家生产普通建材的小企业，从总经理到普通员工都倾心于主业的发展。近年来公司发展迅速，又进入家具、化妆品、房地产等领域。为协调和规划公司多种业务的发展，贯彻持久有效的战略，公司决定立即成立"企划部"。从公司的历史和发展要求来看，你认为企划部部长的选聘最好采取什么方法？（　　）

    A. 内部选拔

    B. 外部选拔

    C. 从内部特色有潜力的人，选送出去参加培训，回来任用。

    D. 由现任总经理兼任。

7. （　　）方法给员工提供了一个平等竞争的机会，让员工看到了可能的晋升机会，这样他们就会更加努力提高自己的工作绩效了。

    A. 公告征召　　　　　　　　　　　B. 职业生涯开发系统

    C. 广告招聘　　　　　　　　　　　D. 员工推荐

8. 使各级人员在不同的部门的不同主管位置或非主管位置上轮流工作，以使其全面了解整个组织的不同工作内容得到各种不同的经验，为其今后在较高层次上任职打好基础的培训方法是（　　）。

    A. 理论培训   B. 在"副职"上培训

    C. 提升   D. 职务轮换

9. （　　）会吸引许多不合格的应聘者，工作量比较大。

    A. 校园招聘   B. 公共就业机构

    C. 广告招聘   D. 员工推荐

10. 员工培训不能采取类似普通教育"齐步走"的模式，而要（　　）。

    A. 讲究实效   B. 因材施教   C. 理论联系实际   D. 适当激励

11. 下列属于人员配备的原则的是（　　）。

    A. 因事择人原则   B. 因材起用原则   C. 用人所长原则   D. 动态平衡原则

12. 下列不属于人员配备的一般程序的是（　　）。

    A. 确定人员需要量   B. 确定员工的个人需求

    C. 根据个人的特点配置岗位   D. 制定和实施人员培训计划

13. 人员需求预测的基本方法有（　　）。

    A. 经验估计法   B. 统计预测法   C. 工作研究预测   D. 人员流动率预测

14. 下列属于人员供给分析的内容的是（　　）。

    A. 了解组织目前的员工状况

    B. 掌握组织员工提拔和调动的情况，保证工作和职务的连续性

    C. 掌握组织员工的内外部来源和渠道，并对其可能出现的变动加以分析

    D. 分析在所有的空缺职位中，有多少可以通过从组织内部招聘或者提升来加以补充

15. 以下命题正确的有（　　）。

    A. 对于一个正在成长和发展的组织，净人员流动率一般大于离职率

    B. 对于一个处于衰退中的组织，净人员流动率一般等于新进率

    C. 处于常态下的组织，其净人员流动率、离职率、新进率一般相等

    D. 对组织来说，保持适度的人员流动率是必要的，这是组织新陈代谢、保持活力的保证

16. 下列命题错误的是（　　）。

    A. 对于一个正在发展的组织来说，最好不要有员工流动

    B. 一般来讲，蓝领工人的流动率可以大一些，而白领员工的流动率要尽可能的小一些，以保证组织高层的稳定

    C. 西方国家的有关专家通常认为：如果年轻的专业技术人员能在一个组织维持较长的稳定性，则足以说明该组织的管理具有过人之处，组织具有较强的吸引力

    D. 人员流动率作为测量组织内部稳定程度的尺度，其大小与组织的用人政策和劳资关系基本上没有太大的关系

17. 职务分析可以为解决以下哪些问题提供答案（　　）。

    A. 员工需要完成什么样的工作   B. 此项工作将在什么时候完成

    C. 如何完成此项工作   D. 完成此项工作需要具备哪些条件

18. 下列属于职务分析的程序的是（　　　）。

    A. 收集、积累相关的资料并加以分析　　　B. 选择分析样本

    C. 对相关人员进行访问　　　D. 制定职位描述和职位说明书

19. 下列不属于面谈法的优点的是（　　　）。

    A. 可获得完全的工作资料以免去员工填写工作说明书之麻烦

    B. 最便宜及迅速

    C. 容易进行，且可同时分析大量员工

    D. 可以收集到最详尽的资料

20. 下列属于外部招聘的优点的是（　　　）。

    A. 人员来源广，选择余地大，有利于招到一流人才

    B. 新员工能带来新技术、新思想、新方法

    C. 当内部有多人竞争而难做出决策时，向外部招聘可在一定程度上平息或缓和内部竞争

      者之间的矛盾

    D. 人才现成，节省培训投资费

（二）判断题

1. 在人员配备中可以出现因人设岗、因人设机构的状况。（　　）

2. 贡献考评既是对下属的考评，也是对上级的考评。（　　）

3. 在人员配备过程中，随着环境和员工素质的变化，人与事的配合需要不断地调整。（　　）

4. 一般来讲，蓝领工人的流动率可以小一些，而白领员工的流动率要尽可能的大一些，以保证组织高层的稳定。（　　）

5. 西方国家的有关专家通常认为：如果年轻的专业技术人员能在一个组织维持较长的稳定性，则足以说明该组织的管理具有过人之处，组织具有较强的吸引力。（　　）

6. 人员考核是合理使用员工的基础。（　　）

7. 对于一个正在成长和发展的组织，净人员流动率一般大于离职率。（　　）

8. 职位分析问卷的优越之处在于其可读性比较强，只要具备相当阅读水平的人才就能够理解其各个项目，因而对分析者和阅读者的要求不是很高。（　　）

9. 公告征召给员工提供了一个平等竞争的机会，让员工看到了可能的晋升机会，但是这种方法也比较费时，企业内部可能还会缺乏一定的稳定性。（　　）

10. 广告招聘使双方信息比较对称，有利于防止逆向选择问题的出现。（　　）

（三）填空题

1. 人员配备的原则有因事择人原则、_____原则、用人所长原则和_____原则。

2. 由有关专家或专业人员利用现有的情报和资料，结合本组织的发展目标和特点，对组织的人员需求进行预测是_____法。

3. 职务分析的成果包括_____和_____两个部分。

4. 职务分析的方法可以分为两大类，一类是传统的_____，一类是_____。

5. 人员需求预测的基本方法有经验估计法、_____和工作研究预测。

6. 净人员流动率是指_____占工资册月平均人数的百分比。

7. 任务调查表是用来收集_____或_____的调查表。

8. 招聘与录用的原则有公开招聘的原则、_____的原则、全面考核的原则和_____的原则。

9. 招聘的途径有两种：_____征召和_____征召。

10. _____是一种向员工通告现在企业内部职位空缺以进行内部招聘的方法。

（四）名词解释

1. 人员配备　　2. 因事择人　　3. 因材起用　　4. 用人所长　　5. 动态平衡

6. 人员流动率　7. 职务分析　　8. 招聘与录用　9. 职业生涯开发系统　10. 人员培训

（五）简答题

1. 人员配备的重要性有哪些？

2. 简述人员配备的一般程序。

3. 简述人员供给分析的主要内容。

4. 简述职务分析的程序。

5. 简要分析面试的具体形式。

6. 简述招聘和录用的程序。

7. 列举人员培训的方法。

8. 简述外部征召的渠道和方法的优缺点。

9. 简述内部招聘与外部招聘的优缺点？

10. 简述人员培训的原则。

（六）讨论题

企业在岗位设置的时候经常面对"因人设岗"和"因事设岗"的问题，在不同的企业往往有不同的倾向，谈谈你是如何看待这个问题？

（七）案例题

1. 苏珊·普查曼是美国西部一连锁店企业——冯氏超级市场（Von's Supermarket）的南方地区分部经理。苏珊手下有5位片区主管人员向她汇报工作，而每个片区主管人员分别监管8～12家商店的营业。

有一个春季的早上，苏珊正在查看送来的早晨工作报告，内部通信联络系统传来了她秘书的声音："普查曼女士，你看过今天晨报的商务版了吗？"苏珊应答："没有，什么事啊？""噢，报上说查克·巴利已经接受了安途公司亚利桑那地区经理的职位。"苏珊马上站起来看与自己有关的这篇文章。

苏珊的关心并不是没有根据的。查克·巴利事是她属下的一位片区主管，他已为冯氏公司在目前职务上干了4年。冯氏是从阿尔法·贝塔商业中心将他聘过来的，他那时是个商店经理。苏珊从报纸上得知查克离职的消息，觉得内心受到了伤害，但她知道自己需要尽快恢复过来。对她更重要的是，查克是位很有成效的监管人员——他管辖的片区一直超过其他4个片区的绩效。苏珊该到哪儿去找这样一位能干的顶替者？

几天过去了。苏珊同查克谈了一次话，诚恳地祝愿他在新工作岗位上顺利。她也同他谈到了顶替者的问题。最后，苏珊决定将她属下的一个小片区的主管人员调换到查克分管的片区，同时她也立即着手寻找合适的人选填补该小片区主管的空缺。

苏珊翻阅了她的案卷，找出片区主管人员职位的职务说明书（没有职务规范）。该项职务的职责包括：确保达到公司订立的整洁、服务和产品质量的标准，监管商店经理的工作并评价其绩效，提供片区的月份、季度和年度收入和成本预估，为总部或下属商店经理提出节约开支建议，协调进货，与供应商广告宣传合作方案，以及参与同工会的谈判。

问题：（1）你建议苏珊采取哪一种招聘渠道？为什么？（2）从该片区主管人员职位的职务说明书，可以看出此职位需要的人应该具备哪些素质？（3）案例给你哪些启示？

2. 随着中国入世以来，企业面临新的机遇和挑战。某国有大型企业为了适应来自国内外的竞争，以及企业长期健康发展，认识到要转变观念，加快建立现代企业制度的步伐，同时需要苦练内功提高自身管理水平。而培训是先导。过去，企业搞过不少培训，但基本上是临时聘请几个知名专家，采用所有员工参加、上大课的培训方式，在培训过程疏于控制。培训过后，有人认为在工作中有用，有的人认为没有什么用，想学的没有学到；也有人反映培训方式太单一，没有结合工作实际，等等。

问题：如果你是公司负责人力资源管理工作的副总经理，你该如何管理公司的培训工作。

3. 假设你是某公司的经理，你招聘了一名很有希望的年轻下属并在工作上给了他许多的指导和关心。可现在，你听到一些小道消息，说其他职员认为你对这位年轻人过于关心了。这时，你应该怎么办？

A. 给这个年轻人安排一项重要工作，让他向其他职员证明他的能力

B. 疏远这个年轻人，接近其他职员，以证明你是公平对待每个人的

C. 重新评价这个年轻人的能力和潜力，据此决定下一步应该怎样做

D. 不理会小道消息，继续现在的做法

问题：请你从这四种方案中选择效果最好的一种方案并说明理由。

二、参考答案

（一）选择题

1. C	2. A	3. B	4. C	5. D	6. B	7. A
8. D	9. C	10. B	11. ABCD	12. BC	13. ABC	14. ABCD
15. BCD	16. AD	17. ABCD	18. ABCD	19. BCD	20. ABCD	

（二）判断题

1. √	2. √	3. √	4. ×	5. √	6. √	7. ×
8. ×	9. √	10. ×				

（三）填空题

1. 因事择人　动态平衡

2. 人员的需求预测

3. 职务描述　职位说明书

4. 职务分析方法　结构化的职务分析方法

5. 统计预测法

6. 补充人数

7. 工作信息　职业信息

8. 公平竞争　择优录取

9. 内部　外部

10. 公告征召

（四）名词解释

1. 人员配备就是指由于原有职位出现空缺或出现新职位，组织根据从事该项职位的工作所应具备的条件，利用测试、考核等手段，通过外部招聘或内部调整、晋升等渠道对候选人进行选拔、任命。

2. 因事择人是指应以所设职位和工作的实际要求为标准，来选拔符合标准的各类人员。

3. 因材起用是指根据人的能力和素质的不同，去安排不同要求的工作。

4. 用人所长是指在用人时不能够求全责备，管理者应注重发挥人的长处。

5. 动态平衡就是要使那些能力发展充分的人，去从事组织中更为重要的工作，同时也要使能力平平、不符合职位需要的人得到识别及合理的调整，最终实现人与职位、工作的动态平衡。

6. 人员流动率指的是一定时期内某种岗位的员工变动（离职或新进）占员工总数的比率。

7. 职务分析就是指对组织中某个特定职务的设置目的、性质、任务、职责、权利和隶属关系、工作条件和环境、任职资格等相关信息进行收集与分析，并对该职务的工作做出明确的规定，且确定完成该工作所需的行为、条件、人员的过程。

8. 招聘与录用就是从组织人员需求的实际情况出发，结合职务分析所做出的职务描述和职位说明书的要求，采用各种方式，从组织内外部择优调入或聘用急需的经营管理人员、技术人员或熟练工人的人事活动。

9. 职业生涯开发系统就是针对特定的工作岗位，在组织内挑选出最合适的候选人，将他们置于职业生涯路径上接受培养或训练。

10. 人员培训是指通过对员工有计划、有针对性的教育培训，使其能够改进目前知识和能力的一项连续而有效的工作。培训旨在提高员工队伍的素质，促进组织的发展。

（五）简答题

1. 分析：人员配备是组织有效活动的保证在管理的五大职能中，人员配备主要涉及的问题是人。因此，人员配备在整个管理过程中占有极为重要的地位在组织的所有人员中，最重要的是主管人员。主管人员配备的恰当与否尤其重要，与组织的兴衰存亡密切相关人员配备是组织发展的准备人员配备的另一个重要性表现为，它是在复杂多变的环境中为从事组织活动所需要的主管人员做好准备。

2. 分析：（1）确定人员需要量。（2）选配人员。（3）制订和实施人员培训计划。

3. 分析：（1）组织目前的员工状况，如组织员工的部门分布、技术知识水平、专业、年龄构成等，了解组织员工的现状。（2）分析目前组织员工的流动情况及其原因，预测将来员工流动的态势，以便采取相应的措施避免不必要的流动，或及时予以补充。（3）掌握组织员工提拔和调动的情况，保证工作和职务的连续性。（4）分析工作条件的改变和出勤率的变动对员工供给的影响。（5）掌握组织员工的内外部来源和渠道，并对其可能出现的变动加以分析。（6）分析在所有的空缺职位中，有多少可以通过从组织内部招聘或者提升来加以补充。

4. 分析：（1）确定将要收集的信息的用处，以正确地选择需要收集什么样的资料以及如何去收集这些资料。（2）收集、积累相关的资料并加以分析。这些资料一般包括组织结构图、操作流程图、过去或者其他组织相关职位的描述等。（3）选择分析样本。即选择有代表性的职位加以分析，以节省时间和经费。当存在许多相似的职位需要分析时，对其中有代表性的职位进行分析就可以了。（4）进行实际分析。分析工作包括收集该职位应该进行的活动的资料，完成该职位工作对员工行为的要求，该职位的工作条件，对员工能力和人文特征的要求，等等。（5）对相关人员（如以前的任职者或其直接管理上司等）进行访问。根据对任职者和其上级的访问调查的结果，对已经做出的职务分析进行修正，以保证信息的完整性和正确性。（6）制定职位描述和职位说明书。

5. 分析：①个别面试。在这种形势下，一个应聘者与一个招聘者进行交谈，有利于双方建立比较密切的关系，加深相互了解。相反由于只有一个面试人员，所以决策难免有偏颇。②小组面试。即由两个以上人员组成的面试小组对各个应聘者分别进行面试。面试小组可以从多个角度对应聘者进行考察，有利于提高判断的准确性，克服个人偏见。③成组面试。即由两个以上人员组成面试小组同时对几个应聘者进行面试。有利于对应聘者的逻辑思维能力、解决实际问题的能力、人际交往能力、领导能力等进行测试，以便于做出用人决策。

6. 分析：（1）编制招聘计划。（2）拟定招聘简章。（3）发布招聘信息。（4）报名登记和初次面谈。（5）综合测试。（6）人员甄选。（7）确定录用名单。（8）发布录用信息。

7. 分析：（1）理论培训；（2）职务轮换；（3）提升；（4）在"副职"上培训；（5）受训人员参加集体研讨会、参观考察，以及接受上级主管人员的辅导等。

8. 分析：（1）广告招聘的优点：覆盖面广；可以有目标的针对某一特殊群体；缺点：会吸引许多不合格的应聘者，工作量大。（2）员工推荐的优点：通过现有员工提供信息，招聘双方彼此会有一定的了解；缺点：不利于增加员工的种类和改变员工结构。（3）公共就业机构的优点：成本低；有时还能免费；缺点：通常为非熟练或受过很少训练的候选人。（4）私人就业机构的优点：有利于获得高级人才和临时人才；缺点：花费大。（5）校园招聘的优点：针对性强，选择面宽；缺点：应聘者缺乏实际工作经验；流失率比较高。（6）临时招聘的优点：能够满足组织的临时用人要求；缺点：应聘者忠诚度不高。

9. 分析：内部招聘的优点：①了解全面，准确性高；②可鼓舞士气，激励员工进；③应聘者可更快适应工作；④使组织培训投资得到回报；⑤选择费用低。

内部招聘缺点：①人员来源广，选择余地大，有利于招到一流人才；②新员工能带来新技术、新思想、新方法；③当内部有多人竞争而难做出决策时，向外部招聘可在一定程度上平息或缓和内部竞争者之间的矛盾；④人才现成，节省培训投资费。

外部招聘的优点：①来源局限于企业内，水平有限；②容易造成"近亲繁殖"，出现思维和行为定势；③可能会因操作不公或员工心理原因造成内部矛盾。

外部招聘的缺点：①不了解企业情况，进入角色慢，较难融入企业文化；②对应聘者了解少，可能招错人；③内部员工得不到机会，积极性可能受到影响。

10. 分析：（1）理论联系实际，学用一致原则。（2）讲究实效原则。（3）因材施教原则。（4）全员培训与重点提高原则。（5）激励原则。

（六）讨论题

提示：两种方式各有优劣性，使用范围各有限制，要根据实际情况选择。

（1）因事设岗优缺点：减少冗员，提高生产率，有利于人才流动，有利于发挥大多数人的积极性，有利于人尽其才，但也会使一些人失去工作。

（2）因事设岗适用条件：企业所需人才在市场上大量丰富，设计组织战略时，能完美地企业战略进行分解，落实为部门责任。

（3）因人设岗优缺点：发挥一些特殊人才的作用，减少一些战略人才的流失，使企业走上多种经营的道路，减少风险，但冗员越来越多，影响其他员工的积极性。

（4）因人设岗适用条件：员工流动较快；对一些知识性企业，人才是企业竞争的关键因素。

（七）案例题（答案略）

第十一章 组织文化

一、练习题

（一）选择题（1～10题为单项选择，11～20题为多项选择）

1. 组织文化各层次中，最重要、最核心的部分是（ ）。

   A. 精神层   B. 物质层   C. 制度层   D. 外显层

2. 能够将组织成员的行为动机引导到组织目标上来的是（ ）。

   A. 组织前景   B. 组织文化   C. 组织风气   D. 组织宣传

3. 组织的思想政治工作、在生产中以"质量第一"为核心的生产活动、在销售中以"顾客至上"为宗旨的推销活动。这里说的是组织的（ ）。

   A. 组织标志   B. 工作环境   C. 规章制度   D. 经营管理行为

4. 深层的企业文化是指（ ）。

   A. 厂容厂貌   B. 职工风貌

   C. 沉淀于企业及职工心里的意识形态   D. 产品形象

5. 现在电视、广播里的广告越来越多，色彩缤纷的广告牌、广告画更是铺天盖地。以上的情况是企业文化哪种功能的体现？（ ）

   A. 凝聚功能   B. 激励功能   C. 辐射功能   D. 导向功能和约束功能

6. 某公司是一个网络公司，它最适合以下哪种企业文化类型？（ ）

   A. 硬汉式文化   B. "拼命干，尽情玩"文化

   C. 攻坚文化   D. 过程文化

7. 每个组织的文化，都不是凭空产生或依靠空洞的说教就能够建立起来的，它只能在生产经营管理和生产经营实践的过程中有目的地培养而形成。组织文化具有的特征（ ）。

   A. 独特性   B. 可塑性   C. 实践性   D. 综合性

8. 美国的以"S"为标志的喜来登管理集团在全世界有500多家饭店，该集团"一切从小处着眼，对顾客服务无微不至"的组织精神辐射到全世界，成为许多组织学习的榜样。以上的情况是企业文化哪种功能的体现？（ ）

   A. 凝聚功能   B. 激励功能   C. 辐射功能   D. 导向功能和约束功能

9. 销售组织、房地产公司、连锁店、办公设备生产厂等是具有（ ）的组织文化。

   A. 硬汉式   B. 玩命工作—拼命享受

   C. 攻坚   D. 过程

10. 一家公司的价值观重视个人的首创精神和企业家精神。所有的新雇员都要参加关于风险行为的课程，在课堂上他们被告知去追求实现自己的理念，即使这意味着冒犯自己的上司。这说明该公司的组织文化是（ ）。

    A. 适应型/企业家型   B. 使命型   C. 小团体式   D. 官僚制

11. 组织文化的特征可以用以下哪些程度加以描述（　　）。

    A. 成员的一致性　　　　　　　　　　B. 对人的关注

    C. 报酬标准　　　　　　　　　　　　D. 系统的开放性

12. 下列命题错误的是（　　）。

    A. 强文化比弱文化对员工的影响更大

    B. 所有的文化对雇员都有同等程度的影响

    C. 弱文化的组织中，文化对管理者的影响很大

    D. 当组织的文化变得更强时，它将会对管理人员的行为产生越来越大的影响

13. 组织文化的特征有（　　）。

    A. 实践性　　　　　B. 独特性　　　　　C. 可塑性　　　　　D. 综合性

14. 下列属于组织文化的功能的是（　　）。

    A. 导向功能　　　　B. 约束功能　　　　C. 凝聚功能　　　　D. 激励功能

    E. 辐射功能

15. 关于组织文化的形成，下列命题正确的是（　　）。

    A. 组织文化是一定环境中组织为求得生存发展而形成的

    B. 组织文化发端于少数人的倡导与示范

    C. 组织文化是坚持宣传、不断实践和规范管理的结果

    D. 组织文化一般都是自发管理的结果

16. 下列不是组织文化的显性内容的是（　　）。

    A. 组织标志　　　　B. 组织哲学　　　　C. 价值观念　　　　D. 道德规范

17. 迪尔与肯尼迪将组织文化分为（　　）。

    A. 硬汉型文化和过程型文化　　　　　B. 玩命工作——拼命享受型文化

    C. 赌徒型文化　　　　　　　　　　　D. 过程型文化

18. 下列命题错误的是（　　）。

    A. 适应型/企业家型文化集中关注于组织目标的清晰、愿景、特定目标的达成

    B. 小团体式文化主要强调组织成员的参与、共享和外部环境所传达的快速变化的期望

    C. 使命型文化企业的管理者通过建立愿景和传达一种组织的期望来塑造雇员行为

    D. 官僚制文化的企业并不只是快速地对环境变化作出反应，而是积极地创造变化

19. 下列反映组织文化对管理的影响正确的是（　　）。

    A. 创新文化的管理者重视创新，可能尝试建立一个有机的组织结构，即扁平的、层次较少的结构

    B. 保守文化下的管理者，信奉严格的组织等级制度，建立清晰的报告关系

    C. 在创新文化中，管理者可能具有民主的领导风格

    D. 保守文化的组织中的管理者可能是独裁式的领导

20. 下列属于组织文化培养的有（　　）。

    A. 看看组织创建以来，已经形成了什么样的文化，其中哪些是积极向上的，哪些是保守落后的；哪些是应该发扬的，哪些则应该摒弃的

    B. 把组织最优秀的东西加以完善和条理化，用富于哲理的语言表达出来，形成制度、规

范、口号、守则

C. 通过各种手段强化新的价值观念，使之约定俗成，得到广大成员的接受和认可

D. 在组织不同的发展阶段，组织文化应有不同的内容和风格，应当根据形势的发展和需要，使组织文化在不断更新中再塑和优化

（二）判断题

1. 但并非所有的文化对雇员都有同等程度的影响，强文化比弱文化对员工的影响更大。
（   ）

2. 企业文化包括物质层、技术层和精神层。 （   ）

3. 如果一个组织的文化是以对雇员的不信任为基础的话，管理者将实行民主的领导方式，而不是独裁式的领导方式。 （   ）

4. 企业精神是领导者思想观念的集中体现。 （   ）

5. 迪尔与肯尼迪将组织文化分为适应型、企业家型文化，使命型文化，部落型文化和官僚型文化。 （   ）

6. 赌徒型文化的特征是风险大、信息反馈快。 （   ）

7. 物质层规范和制约着精神层和制度层；精神层是物质层和制度层的思想内涵，是企业文化的核心和灵魂。 （   ）

8. 以内向式的关注、一致性导向来应对稳定的环境的类型是使命型文化。 （   ）

9. 广告、娱乐、建筑、咨询和外科医疗等行业的企业通常是硬汉型文化。 （   ）

10. 美籍日裔教授威廉·大内认为，美国企业要提高绩效，必须将其 J 型文化转变成 Z 型文化。
（   ）

（三）填空题

1. 一个组织的_____是对组织文化类型影响最大的管理者。

2. 一个组织文化的强弱，取决于组织的规模、历史、雇员的流动性和文化起源的强烈程度。现在，大多数组织已向_____转变。

3. 企业文化具有_____、独特性、_____和综合性的特征。

4. 企业文化具有导向功能、_____功能、_____功能、激励功能和_____功能。

5. 企业文化大致分三个层次：_____层次、_____层次和_____层次。

6. 组织文化的显性内容有组织标志、_____、规章制度和_____。

7. 组织文化的隐性内容有_____、价值观念、道德规范和_____。

8. _____文化的特征是风险大、信息反馈快；_____型文化的特征是风险小、信息反馈快；_____文化决策风险大，信息反馈慢；_____型文化的特征是风险小，信息反馈少。

9. 美籍日裔教授威廉·大内把企业文化分为_____、_____和_____。

10. 培养组织文化包括以下 6 个环节：分析与诊断；_____；自我设计；倡导与强化；_____;实践与提高。

（四）名词解释

1. 组织文化　2. 组织标志　3. 组织哲学　　　4. 价值观念　　　5. 组织精神

6. A 型文化　7. Z 型文化　　8. 适应型/企业家型文化 9. 小团体式文化　10. 官僚制文化

（五）简答题

1. 简要描述组织文化的特征。

2. 组织文化的作用主要体现在哪些方面？

3. 组织文化结构的内容及其相互关系。

4. 组织文化在哪些方面对管理职能产生影响？

5. A 型文化、J 型文化和 Z 型文化的特点。

6. 中国企业应该怎样重塑或优化组织文化？

7. 谈谈你对组织文化如何形成的理解。

8. 列举培养组织文化的环节。

9. 迪尔和肯尼迪将组织文化分成了哪几种类型？

10. 丹尼森—达夫特是如何对组织文化进行分类的？

（六）讨论题

如何建设学校的组织文化。

（七）案例题

1. L 公司是一家投资近 3 亿美元的中外合资企业，坐落于上海浦东高新技术开发区。整个厂区宽敞、漂亮，整片的绿地与现代化的厂房交相辉映，令人感觉不到这是一个年销售收入高达 10 亿元人民币的企业。

L 公司的张总经理是中方选派的。张总经理对企业的发展与管理颇有自己的想法："我们 L 公司技术设备先进，产品先进。作为一个高科技的企业，作为一个新成立的企业，我们并不担心技术与市场的问题，而担心文化的冲突，担心新员工进入企业后能否迅速整合的问题。"中外合资企业中通常拥有不同投资方所在国文化的背景，来自不同国家的员工具有不太一致的价值观、思维方式、行为习惯。这些不一致可能导致一个企业内存在文化的冲突。我以为解决这个问题的关键在于迅速建立本公司的特定文化。"我设想的本公司的企业文化要有一个核心理念，要有一整套将核心理念层层演化于各部门、各员工的具体表述。但是我反对形式化、千篇一律、没有变化。企业文化活动应丰富多彩，应以员工为中心。"

张总经理不久便在公司成立了企业文化建设委员会，开始研究，希望在不久的将来可建立 L 公司自己的文化。企业文化建设委员会经过研究开始了工作。

一是员工座右铭活动。员工座右铭活动是这样展开的：每个新入公司的员工应自己掏钱买一棵公司指定范围内的树，然后亲手种在公司的地域之内。这棵树上挂上种植人的姓名，并由种植人负责照看，意即"十年树木，百年树人"，员工与公司一起成长。与此同时，每个员工在经过公司的新员工培训后，提出自己的人生座右铭。公司希望每个员工的人生座右铭能够成为他们各自生活、工作的准则。当你的座右铭确定后，也可以修改，但公司要组织评选，看一看哪一位员工的座右铭最好、最有意义。

二是集思广益活动。集思广益活动是指全体员工为了把生产、经营、管理等诸方面的工作做得更好而出主意想办法提建议。员工有建议有设想，就可把这些写出来贴在公司各处安放的集思广益招贴板上，如果其他人对这些意见有不同看法或更进一步的想法，可以把自己的意见贴在旁边，以期讨论。每周五，部门、车间等安排一个小时的时间讨论本周内尤其是本部门内的各项建议，以期取得一致意见，安排具体改进的人员和任务；如果本周没什么建议，则可研究下周的工作安排等事项。

三是文化活动。公司开展了一系列文化活动，如摄影比赛、体育比赛、书画活动等，让每个员工都参与活动，充分展示他们各自的才能，同时让每个员工参加这些活动并比赛评奖。例如，摄影比赛可评出一等奖、二等奖，但评选方法并不是去找几位领导和专家来打分决定，而是把选票放在展品旁边，每个人都可以去投一票，选出你认为的最佳或最差的作品。

更有意思的是，公司将食堂的桌椅都设计得富有变化，如桌子的形状有三角形、六角形、长方形、正方形、圆形等，椅子的色彩也富有变化。

一段时间后，上述这些活动变得难以深入展开了，因为老是这些活动，便成了形式化，员工们也开始厌倦。怎么办？是公司的理念未定，还是企业文化本身就很难从变化中建立？张总经理也陷入深思，他希望从更高层次上来看待企业文化的问题，但从何处着手呢？

问题：（1）企业文化建设如何摆脱形式化，从而真正具有丰富多彩的个性化特点？（2）中外合资企业的文化冲突有哪些解决的思路与方法？

2. 海尔集团是在 1984 年引进德国利勃海尔电冰箱生产技术成立的青岛电冰箱总厂基础上发展起来的国家特大型企业。经过短短 15 年的时间，海尔集团从一个亏空 147 万元的集体小厂迅速成长为拥有白色家电、黑色家电和米色家电的中国家电第一品牌，到 1999 年海尔产品包括 58 大门类 9200 多个品种，企业销售收入以平均每年 81.6% 的速度高速、持续、稳定增长，1999 年，集团工业销售收入实现 215 亿元。1997 年 8 月，海尔被国家经贸委确定为中国六家首批技术创新试点企业之一，重点扶持冲击世界 500 强。而海尔长期的成功的企业文化的建设，对海尔的崛起有着举足轻重的作用。以下就是海尔文化的具体体现：

A. 美国海尔人：当日的工作决不往后拖！

1999 年 7 月中旬，美国洛杉矶地区的气温高达 40 多度，连路上也少有人在这么热的天气里走动。一次，因运输公司驾驶员的原因，运往洛杉矶的洗衣机零部件多放了一箱，这件事本来不影响工作，找机会调回来即可，但美国海尔贸易有限公司零部件经理丹先生不这么认为，他说：当天的日清中就定下了要调回来的内容，哪能把当日该完成的工作往后拖呢?! 于是丹先生冒着酷暑把这箱零部件及时调换了回来。

B. 金昌顺现在工作为何这么"顺"？

金昌顺经过培训上岗，干起了冰箱总装焊接工，他的梦想是想当"海尔焊接大王"。光想当不行，更要平日好好练。怎么个练法？因为心急，刚开始金昌顺就碰了"钉子"，在一次焊接比赛中成绩不理想，便一度产生了消沉情绪。他的师傅发现这个现象后，便开导他说：任何能力的提高都有一个过程，不要心急，工作效果如果日事日毕，日清日高，每天提高1%，长期坚持下来，就会有几何级数的提高。师傅的话深深触动了金昌顺。从此后，他苦练基本功，工余时间寻来些废旧的切割管子，天天晚上进行练习。同事们说："发现废旧管子就给小金，他这个拼劲真让人佩服！"金昌顺焊接技术天天有提高，他终于实现了自己的梦想，在 1998 年冰箱事业部举行的焊接比武中，金昌顺连续三次夺得焊接明星，并受到公司的嘉奖。

C. 这位员工的上级应负责什么责任！

1995 年 7 月的一天，原洗衣机有限总公司公布了一则处理决定，某质检员由于责任心不强，造成洗衣机选择开关差错和漏检，被罚款 50 元。这位员工作为最基层的普通员工承担了她所应该承担的工作责任，但是，从这位员工身上所反映出的质保体系上存在问题——如何防止漏检的不合格品流入市场，这一责任也应该像处理这位员工这样落到实处，找到责任人。这位员工问题的背后，实际还存在着更大的隐患，毕竟当时的洗衣机有限总公司的产品开箱合格率和社会返修与第一名牌的要求还有很大的差距，这一切绝不是这位员工一个人有能力造成的，体系上的漏洞使这位员工的"偶然行为"变成了"必然"。既然如此，掌握全局的干部更应该承担责任在前，先检查系统保障的问题，才能使错误越来越少。根据 80/20 原则，这位员工的上级——原洗衣机有限总公司分管质量的负责人也自罚 300 元并做出了书面检查。

问题：请从企业文化角度分析海尔崛起的原因。

二、参考答案

（一）选择题

1. A	2. B	3. D	4. C	5. D	6. A	7. C
8. C	9. B	10. A	11. ABCD	12. BC	13. ABCD	14. ABCDE
15. ABC	16. ABC	17. BCD	18. AD	19. ABCD	20. ABCD	

（二）判断题

1. √	2. √	3. ×	4. ×	5. ×	6. ×	7. √
8. √	9. √	10. ×				

（三）填空题

1. 创始人

2. 强文化

3. 实践性　可塑性

4. 导向　约束　凝聚　辐射

5. 物质层　制度层　精神层

6. 工作环境　经营管理行为

7. 组织哲学组织精神

8. 硬汉型　玩命工作——拼命享受型　赌徒型　过程型

9. A 型文化、J 型文化和 Z 型文化

10. 条理化　倡导与强化

（四）名词解释

1. 组织文化是组织所处的社会和商业环境中形成的，为全体员工所接受和认同的对组织的性质、准则、风格和特征等的认识。

2. 组织标志是指以标志性的外化形态，来表示本组织的组织文化特色，并且和其他组织明显地区别开来的内容。

3. 组织哲学是一个组织全体职工所共有的对客观事物的一般看法，用它指导组织的生产、经营、管理等活动，处理人际关系等，它是一种方法论，因此，组织哲学是对贯穿于组织各种活动的统一规律的认识。

4. 价值观念是人们对客观事物的一种评价标准，是对客观事物和人是否具有价值以及价值大小的总的看法和根本观点。

5. 组织精神是指组织群体的共同心理定势和价值取向。

6. 威廉·大内把美国企业的文化称为 A 型文化。

7. 威廉·大内把美国少数几个企业（如 IBM 公司、P&G 公司等）自然发展起来的、与 J 型具有许多相似特点的企业文化，称为 Z 型文化。

8. 适应型/企业家型文化强调通过灵活性和变革以适应顾客需求，战略重点集中于外部环境上。

9. 小团体式文化主要强调组织成员的参与、共享和外部环境所传达的快速变化的期望。

10. 官僚制文化以内向式的关注、一致性导向来应对稳定的环境。

（五）简答题

1. 分析：（1）实践性。每个组织的文化，都不是凭空产生或依靠空洞的说教就能够建立起来的，它只能在生产经营管理和生产经营的实践过程中有目的地培养而形成。同时，组织文化又反过来指导、影响生产实践。因此，离开了实践过程，企图靠提几个口号或短期的教育来建设组织文化是不可能的。

（2）独特性。每个组织都有自己的历史、类型、性质、规模、心理背景、人员素质等因素。这些内在因素各不相同，因此在组织经营管理的发展过程中必然会形成具有本组织特色的价值观、经营准则、经营作风、道德规范、发展目标等。在一定条件下，这种独特性越明显，其内聚力就越强。因此，在建设组织文化的过程中，一定要形成组织的个性特征。

（3）可塑性。组织文化的形成，虽然受到组织传统因素的影响，但也受到现实的管理环境和管理过程的影响。而且，只要充分发挥能动性、创造性，积极倡导新准则、精神、道德和作风，就能够对传统的精神因素择优汰劣，从而形成新的组织文化。

（4）综合性。组织文化包括了价值观念、经营准则、道德规范、传统作风等等精神因素。这些因素不是单纯地在组织内发挥作用，而是经过综合的系统的分析、加工，使其融合成为一个有机的整体，形成整体的文化意识。

2. 分析：（1）组织文化的导向功能。组织文化的导向功能，是指组织文化能对组织整体和组织每个成员的价值取向及行为取向起引导作用，使之符合组织所确定的目标。

（2）组织文化的约束功能。组织文化是用一种无形的思想上的约束力量，对每个组织成员的思想，心理和行为具有约束和规范的作用，形成一种软约束，以此来弥补硬性措施的不足。

（3）组织文化的凝聚功能。组织文化具有凝聚功能，当一种价值观为该组织员工所共同认可后，它就会成为一种粘合剂，把各个方面、各个层次的人都团结在本组织文化的周围，对组织产生一种凝聚力和向心力。

（4）组织文化的激励功能。组织文化的激励功能，是指组织文化具有使组织成员从内心产生一种高昂情绪和发奋进取精神的效应。

（5）组织文化的辐射功能。组织文化的辐射功能，是指组织文化一旦形成较为固定的模式，它不仅会在组织内发挥作用，对本组织员工产生影响，而且也会通过各种渠道对社会产生影响。

3. 分析：组织文化机构大致可分为三个层次，即物质层、制度层和精神层。

组织文化的精神层、制度层和物质层是密不可分的。精神层决定了制度层和物质层；制度层是精神层和物质层的中介；物质层和制度层是精神层的体现。它们相互影响、相互作用，共同构成组织文化的完整体系。

4. 分析：（1）计划。提倡新文化的高层管理者将鼓励较低层次的管理者和员工参与计划过程，采用灵活的方法制订计划。他们善于听取不同的意见，敢于冒险开发新的产品。

持保守文化的高层管理者将实施从上到下的制订计划的方法，他们将通过正规的渠道听取来自下属的建议，计划程序非常正规。在这种文化的公司里，管理者考虑更多的是如何保住他们的位置，而不是思考应该做什么才能跟上迅速变化的形势。

（2）组织。创新文化的管理者重视创新，可能尝试建立一个有机的组织结构，即扁平的、层次较少的结构。在这种组织结构中，职权被分散，鼓励以自我管理的、被授权的团队形势进行工作。

保守文化下的管理者，信奉严格的组织等级制度，建立清晰的报告关系。

（3）领导。在创新文化中，管理者可能具有民主的领导风格。保守文化的组织中的管理者可能是独裁式的领导。

（4）控制。鼓励发展创新价值观的管理者，可能会鼓励冒险，注重对组织最终成果的控制，注重长期的绩效衡量，建立适应长期的、不确定的创新过程的灵活的目标管理系统。

鼓励保守价值观的管理者，他们往往为下属制定明确的、困难的目标，经常监督这些目标的进展情况，制定期望下述遵守的规则。

5. 分析：（1）A 型文化。①短期雇用；②迅速的评价和升级，即绩效考核期短，员工得到回报快；③专业化的经历道路，造成员工过分局限于自己的专业，但对整个企业并不了解很多；④明确的控制；⑤个人决策过程，不利于诱发员工的聪明才智和创造精神；⑥个人负责，任何事情都有明确的负责人；⑦局部关系。

（2）J 型文化。①实行长期或终身雇用制度，使员工与企业同甘苦、共命运；②对员工实行长期考核和逐步提升制度；③非专业化的经历道路，培养适应各种工作环境的多专多能人才；④管理过程既要运用统计报表、数字信息等清晰鲜明的控制手段，又注重对人的经验和潜能进行细致而积极的启发诱导；⑤采取集体研究的决策过程；⑥对一件工作集体负责；⑦树立牢固的整体观念，员工之间平等相待，每个人对事物均可做出判断，并能独立工作，以自我指挥代替等级指挥。

（3）Z 型文化。①长期雇用制；②制定一种缓慢的评价和提升制度，目的是要培育职工的长期观点与协作态度；③扩大职业发展道路，有计划地实行横向职务轮换，以培养人的多种才能；

④主张在企业内部建设高度一致的文化，用自我指挥取代等级指挥，从而是彻底内在的控制；⑤找出可以让基层雇员参与的领域，实行参与管理；⑥提倡强化共同目标，使每个人都能自觉对集体做出的决定负责，从而避免紧张状态；⑦建立员工个人和组织的全面整体关系。

6. 分析：（1）借鉴国内外先进组织文化，取其精华，为我所用。组织文化要学会继承。不是学形，而是要学神。继承的不是表面的东西，而是实质的东西。组织文化在于企业精神的塑造，形成企业的一种共识。

（2）不断创新，与时俱进，保持时代先进性。优秀的组织文化需要创新，企业文化是不断发展的。

（3）不要操之过急，要水到渠成。组织文化形成非短时之功，需要长时间潜移默化和渗透到心灵深处，才能成为企业员工的共同行为规范和共同意志。

（4）摒弃错误观念，完善文化内涵。组织文化有许多误区。一是企业文化口号化，二是企业文化的文体化，三是企业文化的表象化。这些曲解或片面观点，必须尽快纠正。我们要扎扎实实对照优秀组织文化的几个特征，一步一步向前推进，塑造企业自身的核心价值观念，营造出特有的管理氛围，真正形成独具特色的、优秀的组织文化。

7. 分析：可以从以下方面进行分析：（1）组织文化是一定环境中组织为求得生存发展而形成的。（2）组织文化发端于少数人的倡导与示范。（3）组织文化是坚持宣传、不断实践和规范管理的结果。

8. 分析：一般来说，培养组织文化包括以下6个环节。

（1）分析与诊断。首先应全面收集资料，对组织现存的文化进行系统分析，自我诊断。看看组织创建以来，已经形成了什么样的传统作风、行为模式和特点；现有文化中哪些是积极向上的，哪些是保守落后的；哪些是应该发扬的，哪些则应该摒弃的。

（2）条理化。在分析诊断的基础上，进一步归纳总结，把组织最优秀的东西加以完善和条理化，用富于哲理的语言表达出来，形成制度、规范、口号、守则。

（3）自我设计。在现有组织文化的基础上，根据本组织的特色，发动组织全体成员参与组织文化的设计。通过各种设计方案的归纳、比较、融合、提炼，集组织员工的信念、意识和行为准则于一身，融共同理想、组织目标、社会责任和职业道德于一体，设计出具有特色的组织文化。

（4）倡导与强化。通过各种手段强化新的价值观念，使之约定俗成，得到广大成员的接受和认可。

（5）实践与提高。用新的价值观指导实践，在活动中进一步把感性的东西上升为理性的东西，把实践的东西变成理论的东西，把少数人的看法变为全员的观念，不断提高组织文化的层次。

（6）适时发展。在组织不同的发展阶段，组织文化应有不同的内容和风格，应当根据形势的发展和需要，使组织文化在不断更新中再塑和优化。

9. 分析：（1）硬汉型文化。特征是风险大、信息反馈快。

（2）玩命工作—拼命享受型文化。特征是风险小、信息反馈快。

（3）赌徒型的文化。特征是决策风险大，信息反馈慢。

（4）过程型文化。特征是风险小，信息反馈少。

10. 分析：（1）适应型/企业家型文化强调通过灵活性和变革以适应顾客需求，战略重点集中于外部环境上。

（2）使命型文化集中关注于组织目标的清晰、愿景、特定目标的达成。

（3）小团体式文化主要强调组织成员的参与、共享和外部环境所传达的快速变化的期望。

（4）官僚制文化以内向式的关注、一致性导向来应对稳定的环境。

（六）讨论题

提示：学校作为一个庞大的组织体系，组织文化建设的具体建设策略包括以下几个方面：

第一，科学地确定组织文化的内容。主要有：（1）根据社会发展趋势和文化的渐进性，结合组织未来目标和任务考虑文化模式。（2）根据组织外部环境和组织内部，形成组织的共性文化和个性文化。（3）博采众长，借鉴吸收其他学校的优秀文化。（4）重视个性发展。（5）着眼学校发展战略，注重培育组织创新精神。

第二，宣传倡导，贯彻落实。例如，（1）广泛宣传，达成共识。（2）领导带头，身体力行。（3）完善制度，体质保证。（4）树立榜样，典型引导。（5）加强培训，提高素质。

第三，积极强化，持之以恒。组织文化建设应是组织长期行为，靠短期突击不能奏效，而且是有害的。

（七）案例题（答案略）

第十二章 领导与领导工作

一、练习题

(一) 选择题 (1~10 题为单项选择，11~19 题为多项选择)

1. 运用权力与影响引导下属为实现目标而努力的过程属于 ( )。
 A. 管理　　　　　　 B. 组织　　　　　　 C. 领导　　　　　　 D. 激励

2. 管理的基本特征之一，也就是管理的核心是 ( )。
 A. 完善的组织结构　　　　　　 B. 处理好人际关系
 C. 实施组织的目标　　　　　　 D. 制定有效的决策

3. 领导者的根本宗旨是 ( )。
 A. 管理　　　　　　 B. 服务　　　　　 C. 当官做老爷　　　 D. 激励

4. 四分图理论是由哪个国家的领导行为研究者首先提出来的 ( )。
 A. 德国　　　　　　 B. 英国　　　　　 C. 日本　　　　　　 D. 美国

5. 提出管理方格图理论的是 ( )。
 A. 利克特等人　　 B. 赫茨伯格　　　 C. 马斯洛　　　　　 D. 布莱克和莫顿

6. 领导连续流理论的提出者是 ( )。
 A. 布莱克和莫顿　　　　　　 B. 利克特
 C. 坦南鲍母与施密特　　　　 D. 三隅二不二

7. 领导连续流的倡导者们认为一个适宜的领导方法取决于 ( )。
 A. 环境和个性　　 B. 群众的水平　　 C. 员工的性别　　　 D. 领导人的素质

8. 在三隅二不二的四种类型中哪一种最有效 ( )。
 A. P 型　　　　　　 B. M 型　　　　　 C. PM 型　　　　　 D. pm 型

9. 在领导方格图理论中，领导者很少甚至不关心生产，而只关心人的是哪一种 ( )。
 A. 贫乏型的管理　　　　　　 B. 任务型的管理
 C. 俱乐部型的管理　　　　　 D. 团队型管理

10. 下列哪项不属于菲得勒权变理论中影响领导风格选择的关键性因素 ( )。
 A. 职位权力　　　　　　　　 B. 任务结构
 C. 领导者和下属的关系　　　 D. 规章制度

11. 下列由领导者在组织中所处的职位所决定权力有 ( )。
 A. 惩罚权　　　　 B. 奖赏权　　　　 C. 合法权　　　　　 D. 模范权
 E. 专长权

12. 管理方格图中的 1.9 型管理 (乡村俱乐部型管理) 的特点包括 ( )。
 A. 主管人员非常关心生产　　 B. 主管人员很少或根本不关心生产
 C. 主管人员不关心人　　　　 D. 主管人员很关心人
 E. 管理人员宽松但协作程度低

13. 下列关于领导问题的理论是（　　）。

    A. 波特—劳勒模式　　　　　　　　B. 双因素理论

    C. 期望理论　　　　　　　　　　　D. 利克特的四种管理方式

    E. 性格理论

14. 下列有关领导权变理论的描述中正确的是（　　）。

    A. 为了获得有效的领导，领导者所采取的领导方式与环境变化无关

    B. 在领导最有利的环境下，采取以"任务为中心"的指令型领导方式，效果较好

    C. 在领导最不利的环境下，采取以"任务为中心"的指令型领导方式，效果很好

    D. 对处于中间状态的环境，采用"以人为中心"E 的宽容型领导方式，效果较好

    E. 为了获得有效的领导，领导者所采取的领导方式应该于环境类型相适应

15. 菲得勒提出，对一个领导者的工作最有影响作用的有哪些方面（　　）。

    A. 职位权力　　　B. 任务结构　　　　C. 上下级关系　　　　D. 外部环境

16. 研究有关领导的理论可以归纳为哪几大类（　　）。

    A. 领导权变理论　　　　　　　　　B. 领导性格理论

    C. 领导行为理论　　　　　　　　　D. 领导连续流理论

17. 管理方格图中 1.1 型（贫乏型管理）的特点包括（　　）。

    A. 主管人员极少关心人　　　　　　B. 主管人员极少关心生产

    C. 主管人员非常关心生产　　　　　D. 主管人员非常关心人

18. 三隅二不二的 PM 领导类型图设计了哪些维度（　　）。

    A. 目标达成倾向　　B. 团体维持倾向　　C. 对生产的关心　　D. 对人的关心

19. 领导者素质主要包括（　　）。

    A. 政治素质　　　B. 知识素质　　　　C. 能力素质　　　　D. 身心素质

（二）判断题

1. 利克特等人提出了管理方格图理论。（　　）

2. 惩罚权、奖赏权和专长权属于职权。（　　）

3. 勒温认为专制的领导方式工作效率最低。（　　）

4. 管理方格图中 1.9 型管理主管人员非常关心生产而不关心人。（　　）

5. 在领导最有利的环境下，采取"以任务为中心"的指令型领导方式效果最好。（　　）

6. 领导连续流理论认为存在两种领导作风，即民主和独裁。（　　）

7. 采用"协商式的"领导方式的领导者对下属在一切事务上都抱有充分的信心和信赖。（　　）

8. 一般来说采用高组织高关心人的领导方式的组织工作效率和有效性都较高。（　　）

9. 管理方格图中 9.1 型管理主管人员非常关心组织的目标而不关心人。（　　）

10. 在三隅二不二的 PM 领导模式中 pm 型领导方式的产量最高。（　　）

（三）填空题

1. 连续流理论的提出者是_____。

2. 方格图理论中 1.9 型管理又叫_____。

3. 不二将领导方式划分为四种类型是_____、_____、_____、_____。

4. 高领导的有效性应该从几个方面入手：_____、_____、_____。

5. 领导的理论主要类型有_____、_____、和_____。

6. 勒温人为的三种极端的领导工作方式是_____、_____、和_____。

7. 领导者是集_____为一体的个人或集体（集团）。

8. 过程是由_____、_____、_____这三个因素所组成的复合函数。

9. 领导者的权力包括_____和_____。

10. 要求各级领导者应具有一定的职务、权力、责任和利益，努力做到事有人管，管事有权，权连其责，利益与成绩相关的原则是_____。

（四）名词解释

1. 领导　　　　2. 领导者　　　3. 管理方格理论　　4. 领导权变理论　　5. 1.9 型管理

6. 9.1 型管理　7. 领导连续流　8. 领导素质　　　　9. 领导艺术　　　　10. 放任自流方式

（五）简答题

1. 勒温的领导方式理论中有哪些领导方式？各种方式具有哪些特点？

2. 利克特提出了哪些管理方式？

3. 什么是"抓组织"？什么是"关心人"？四分图理论的四种结果包括哪些内容？

4. 布莱克和莫顿在管理方格中列出了哪几种典型的领导方式？其中哪种是最有效的领导方式？

5. 三隔二不二将领导方式划分为几类？

6. 菲德勒提出对一个领导者的工作最起影响作用的有哪些方面？该模式有哪些现实意义？

7. "途径—目标"理论认为，有几种领导方式可供同一领导者在不同环境下选择使用？

8. 弗鲁姆和耶顿提出了选择领导方式的原则有哪些？

9. 如何才能提高领导的有效性？

10. 试述领导艺术及其基本内容。

（六）讨论题

领导者和管理者有什么不同？

（七）案例题

1. 某市建筑工程公司是个大型施工企业，下设一个工程设计研究所，三个建筑施工队，研究所由 50 名高中级职称的专业人员组成。施工队有 400 名正式职工，除少数领导骨干外，多数职工文化程度不高，没受过专业训练。在施工旺季还要从各地招收 400 名左右农民工补充劳动力的不足。

张总经理把研究所的工作交给唐副总经理直接领导、全权负责。唐副总经理是位高级工程师，知识渊博，作风民主，在工作中，总是认真听取不同意见，从不自作主张，硬性规定。公司下达的施工设计任务和研究所的科研课题，都是在全所人员共同讨论、出谋献策取得共识的基础上，作出具体安排的。他注意发挥每个人的专长，尊重个人兴趣、爱好，鼓励大家取长补短、相互协作、克服困难。在他领导下，科技人员积极性很高，聪明才智得到了充分发挥，年年超额完成创收计划，科研方面也取得显著成绩。

公司的施工任务，由张总经理亲自负责。张总是工程兵出身的复员转业军人，作风强硬，对工作要求严格认真，工作计划严密、有部署、有检查，要求下级必须绝对服从，不允许自作主张、走样变形。不符合工程质量要求的，要坚决返工、罚款；不按期完成任务的扣发奖金；在工作中相互打闹、损坏工具、浪费工料、出工不出力、偷懒耍滑等破坏劳动纪律的都要受到严厉的批评、处罚。一些人对张总的这种不讲情面、近似独裁的领导很不满意，背地骂他"张军阀"。张总深深地懂得，若不迅速改变职工素质低、自由散漫的习气，企业将难以长期发展下去，于是他亲自抓职工文化水平和专业技能的提高。在张总的严格管教下，这支自由散漫的施工队逐步走上了正轨，劳动效率和工程质量迅速提高，第三年还创造了全市优质样板工程，受到市政府的嘉奖。

张总经理和唐总经理这两种完全不同的领导方式在公司中引起了人们的议论。

问题：（1）你认为这两种领导方式谁优谁劣？（2）为什么他们都能在工作中取得好成绩？

2. 某厂的供销部由供应科、销售科、车队、仓库、广告制作科组成。当 A 调任该部经理时，听到不少人反映广告制作科、仓库管理科迟到早退现象严重，劳动纪律很差，工作效率低。虽然经过多次批评教育，成效不大，群众反映很大。为了做好领导工作，A 经理对这两个科室进行了调查分析，情况如下：

文化水平及修养：广告制作科的员工全是大专以上文化程度，平时工作认真，干劲大，但较散漫；仓库管理科的员工文化程度普遍较低，思想素质较差。

工作性质：广告制作是创造性工作，工作具有独立性，好坏的伸缩性也较大，难于定量考核工作量；仓库管理科是程序化工作，内容固定，且必须严格规章制度执行，工作量可以定量考核。

工作时间：广告制作工作有较强的连续性，不能以 8 小时来衡量，有时完成一项工作光靠上班 8 小时是远远不够的；而仓库管理 8 小时内的工作是关键，上下班的准时性、工作时间不能随意离开岗位是十分重要的，否则就会影响正常的收发货物，有的还会直接影响车间的正常生产。

问题：根据以上情况，你认为 A 经理对这两个部门应如何实施领导？

3. 皮尔·卡丹既是举世闻名的时装设计师，又是杰出的企业家。皮尔·卡丹精力过人，设计、生产、经营、人事等一切重大问题都由他本人拍板定案。他从不召集会议，而是由他本人跟各主管经理直接对话，了解情况，作出决定，然后放手让主管经理去执行。

人才是企业的灵魂。一个企业不仅要有优秀的人才，而且还要考虑怎样运用这些人才。卡丹在用人上非常有眼光，他以用人之长作为标准。只要他发现某人在某一方面有专长，就会毫不犹豫地用其所长完全没有年龄及资格作为限制。

卡丹的成功正在于他善于用人，敢于用人，并及时地纠正自己的偏差，使他能在激烈的市场竞争中站稳脚跟。北京崇文门外马克西姆餐厅开业的时候，卡丹从法国聘请了一名经理，但由于这位经理对中国的情况毫不了解，经营起色不大。卡丹发现后，把他调离了北京。新经理上任后，面貌很快大有改观。

问题：皮尔·卡丹采取的哪一种领导方式？并做简要分析。

二、参考答案

（一）选择题

1. C   2. B   3. B   4. D   5. D   6. C   7. A

8. C   9. C   10. D   11. ABC   12. BD   13. DE   14. BCDE

15. ABC   16. ABC   17. AB   18. AB   19. ABCD

（二）判断题

1. ×   2. ×   3. ×   4. ×   5. √   6. ×   7. ×

8. √   9. √   10. ×

（三）填空题

1. 坦南鲍母与施密特

2. 俱乐部型的管理

3. P 型—目标达成型、M 型—团体维持型、PM 型—两者兼备型、pm 型—两者均弱型

4. 提高领导者、被领导者的素质，创造和谐的组织环境

5. 领导权变理论、领导特性理论和领导行为理论

6. 专制方式、民主方式和放任自流方式

7. 权、责、服务

8. 领导者、被领导者和所处环境

9. 职权和权威

10. 权责利一致的原则

（四）名词解释

1. 领导：领导是一种影响力，是影响个体、群体或组织来实现期望目标的各种活动的过程。

2. 领导者是致力于实现领导过程的个人和集体，或者说领导者是集权、责、服务为一体的个人或集体（集团）。可以用公式：领导者 = f（权、责、服务）。

3. 在俄亥俄州立大学管理四分图的基础上，罗伯特·布莱克和简·莫顿于 1964 年就企业中的领导行为方式提出了管理方格图。这是一张九等分的方格图，横坐标表示领导者对生产的关心程度，纵坐标表示领导者对人的关心程度，这两个基本因素相结合的一个领导方式。

4. 领导权变理论是近年来国外行为科学家重点研究的领导理论，这种研究比素质理论、领导行为理论要晚，从内容上说，它是在前面两种研究的基础上发展起来的。这个理论所关注的是领导者与被领导者的行为和环境的相互影响，该理论认为，某一具体领导方式并不是到处都适用，领导的行为若想有效，就必须随着被领导者的特点和环境的变化而变化，而不能是一成不变的。这是因为任何领导者总是在一定的环境条件下，通过与被领导者的相互作用，去完成某个特定目标。

5. 1.9 方式为俱乐部型的管理。在这类管理中，领导者很少甚至不关心生产，而只关心人。他们促成一种人人得以放松，感受友谊与快乐的环境，而没有人关心去协同努力以实现组织的目标。

6. 9.1 方式为任务型的管理。领导作风是非常专制的，领导集中注意于对生产任务和作业效率的要求，注重于计划、指导和控制职工的工作活动，以完成组织的目标，但不关心人的因素，很少注意职工的发展和士气。

7. 该理论是由组织行为学家坦南鲍母与施密特于 1958 年提出来的。他们指出，领导包含多种多样的作风，从以领导者为中心到以下属为中心的各种作风，民主与独裁仅是两个极端的情况

8. 领导者素质指的是领导者的品质、性格、学识、能力、体质方面特性的总和。入才智、主动性、自信、决断能力等。

9. 领导艺术是指领导者在行使领导职能时，所表现出来的技巧。它是建立在一定知识、经验基础上的，非规范化，有创造性的领导技能。

10. 放任自流的领导方式，是指工作事先无布置，事后无检查，权力完全给予个人，毫无规章制度。

（五）简答题

1. 分析：勒温认为存在着三种极端的领导工作方式，即专制方式、民主方式和放任自流方式。

具有专制方式的领导者是以理服人，即依靠权力和强制命令让人服从。具体特点是：独断专行，从不考虑别人意见，所有的决策都是由领导者自己决定。从不把任何消息告诉下级，下级没有任何参与决策的机会，而只能察言观色，奉命行事。主要依靠行政命令、纪律约束、训斥和惩罚，只有偶尔的奖励。有人统计，具有专制方式的领导者和别人谈话时，有 60% 左右采取命令和指示口吻。领导者预先安排一切工作的程序和方法，下级只能服从。领导者很少参加群体的社会活动，与下级保持相当的心理距离。

具有民主方式的领导者，是指那些以理服人、以身作则的领导者。他们使每个人做出自觉的有计划的努力，各施其长，各尽所能，分工合作。其特点是：所有的政策是在领导者的鼓励和协作下由群体讨论而决定的，而不是由领导者单独决定的。政策是领导者和其下属共同智慧的结晶。分配工作时，尽量照顾到个人的能力、兴趣和爱好。对下属的工作，不安排得那么具体，个人有相当大的工作自由、较多的选择性与灵活性。主要应用个人权力和威信，而不是靠职位权力和命令使人服从。谈话时多使用商量、建议和请求的口气，下达命令仅占 5% 左右。领导者积极参加团体活动，与下级无任何心理上的距离。

放任自流的领导方式，是指工作事先无布置，事后无检查，权力完全给予个人，毫无规章制度。放任自流的领导方式工作效率最低。只达到社交目标，而完不成工作目标。

勒温根据试验认为专制型领导作风虽然通过严格管理达到了工作目标，但群体成员没有责任感，情绪消极，士气低落，争吵较多。民主型领导作风工作效率最高，不但完成工作目标，而且群体成员关系融洽，工作积极主动，有创造性。

2. 分析：利克特提出了四种管理方式，作为研究和阐明他的概念的指导原则。

管理方式 1 被称为"压榨和权威式的"方式。采用这种方式的领导者非常专制，对下属很少信任；主要用恐吓和惩罚，偶尔也用奖赏去激励人们；习惯只采用上情下达的方式，决策权也只局限于上层。此外还有一些其他类似的特点。

管理方式 2 被称为"开明和权威式的"方式。采用这种方式的领导者对下属抱有一种屈尊就教式的信任和信心，主要用奖赏，也兼用恐吓和惩罚来激励下属；允许一定程度的上情下达，向

下级征求一定的看法和意见，也下放一定的决策权，但对政策性的控制绝不放松。

管理方式3可称之为"协商式的"方式。采用这种方式的领导者对下属抱有相当大的但并非十足的信心和信赖，他们通常设法积极采用下级的看法和意见；在激励方面基本采用奖励办法，偶尔也实行惩罚和一定的参与；他们的思想沟通方法是上下双向的；一般性的政策和总的决策由上层来做，允许下层作出具体问题上的决策，对其他问题则采取协商的态度。

管理方式4是最富于参与性的，因而把它称之为"集体性参与的"方式。采用这种方式的领导者对下属在一切事务上都抱有充分的信心和信赖，他们总是征求下级的看法和意见并设法采用，例如在确定目标和评价所取得的进展方面，让群众参与其事，并给予物质奖励；他们使上下级之间和同级之间信息畅通，鼓励各级组织做出决策，或者以群体一员的身份与其下属一起进行工作。

3. 分析："抓组织"是以工作为中心。指的是领导者为了实现工作目标，既规定了自己的任务，也规定了下级的任务，包括进行组织设计、制订计划和程序，明确职责和关系，建立信息和途径，确立工作目标等。"关心人"是以人际关系为中心，包括建立互相信任的气氛，尊重下级的意见，注意下级的感情和问题等。四分图理论的四种结果包括：（1）最关心的是工作任务；（2）低组织低关心人的领导者，对组织对人都不关心，这种领导方式效果较差；（3）低组织高关心人的领导者，大多数较为关心领导者与下级之间的合作，重视互相信任和相互尊重的气氛；（4）高组织高关心人的领导者，对工作对人都比较关心。一般说这种领导方式其工作效率和有效性都较高。

4. 分析：布莱克和莫顿在管理方格中列出了五种典型的领导方式：1.1方式为贫乏型的管理。对职工和生产几乎都漠不关心，只以最小的努力来完成必须做的工作。这种领导方式将会导致失败，这是很少见的极端情况。9.1方式为任务型的管理。领导作风是非常专制的，领导集中注意于对生产任务和作业效率的要求，注重于计划、指导和控制职工的工作活动，以完成组织的目标，但不关心人的因素，很少注意职工的发展和士气。1.9方式为俱乐部型的管理。在这类管理中，领导者很少甚至不关心生产，而只关心人。他们促成一种人人得以放松，感受友谊与快乐的环境，而没有人关心去协同努力以实现组织的目标。9.9方式为团队型管理。即对生产和人都极为关心，努力使职工个人的需要和组织的目标最有效地结合，注意使职工了解组织的目标，关心工作的成果。建立"命运共同体"的关系，因而职工关系协调，士气旺盛，能进行自我控制，生产任务完成得极好。5.5方式为中间型管理。即对人的关心度和对生产的关心度，虽然都不算高，但是能保持平衡。一方面能比较注意领导者在计划、指挥和控制上的职责。另一方面也比较重视对职工的引导鼓励，设法使他们的士气保持在必需的满意的水平上。但是，这种领导方式缺乏创新精神，只追求正常的效率和较满意的士气。布莱克和莫顿认为9.9型的领导方式是最有效的，领导者应该客观地分析组织内外的各种情况，努力创造条件，将自己的领导方式转化为9.9型，以求得最高的效率。

5. 分析：三隅二不二按领导者的两种主要职能进行分类，即：P因素，指领导者为完成生产目标而作的努力和工作绩效（Performance）；M因素，指领导者为维持团体而作的努力（Maninenance）。根据这两个因素，他将领导方式分成四种类型：P型—目标达成型。M型—团体维持型。PM型—两者兼备型。pm型—两者均弱型。

6. 分析：菲德勒提出对一个领导者的工作最起影响作用的三个基本方面是：职位权力、任务结构、领导者与被领导者之间的关系。

职位权力指的是与领导者职位相关联的正式职权，以及领导者从上级和整个组织各方面所取得的支持程度。这一职位权力是由领导者对下属的实有权力所决定的。正如菲德勒指出的，有了明确和相当大职位权力的领导者，才能比没有此种权力的领导者更易博得他人真诚的追随。

任务结构是指任务的明确程度和人们对这些任务的负责程度。当任务明确，每个人都能对任务负责，则领导者对工作质量更易于控制；群体成员也有可能比在任务不明确的情况下，能更明确地担负起他们的工作职责。

菲德勒认为，上下级关系对领导者来说是最重要的，因为职位权力与任务结构大多置于组织的控制之下，而上下级关系可影响下级对领导者信任和爱戴的程度，以及是否愿意追随其共同工作。

7. 分析："途径—目标"理论认为，有四种领导方式可供同一领导者在不同环境下选择使用。这四种领导方式是：支持型领导方式。这种领导方式对下级友善、关心，从各方面给予支持。参与型领导方式。领导者在做决策时征求并采纳下级的建议。指导型领导方式。给予下级以相当具体的指导，并使这种指导合乎下级所要求的那样明确。以成就为目标的领导方式。领导者给下级提出挑战性的目标，并相信他们能达到目标。

8. 分析：弗鲁姆和耶顿提出了选择领导方式的七个原则，其中前三个原则是决策质量原则，后四个是决策可接受原则，依据这些原则领导者就能发现最迅速和最能接受的选择领导方式的方法。这些原则是：

（1）信息的原则。如果决策的质量是重要的，而你又没有足够的信息或单独解决问题的专业知识，那么，就要排除第 1 种专制决策的领导方式的可能性。否则你做出的决策会质量就不高。

（2）目标合适的原则。如果决策质量重要的，而下属又不具备为组织做出合适决策的能力，那么就排除采用第 5 种领导方式的可能。

（3）非结构性的原则。如果决策的质量是重要的，但你却缺乏充分的信息和专业知识，并且问题又是非结构性的，那么就排除用第 1、3 种专制的领导方式。

（4）接受性原则。如果下属对决策的接受性是有效贯彻决策的关键，那么就排除第 1.2 种专制的领导方式。

（5）冲突的原则。如果决策的接受性是很重要的，那么下属将不会接受第 1.2 种专制的领导方式。下属也不赞成过于正确的决定，通过采用第 3、4 种参与决策的领导方式能最好的消除冲突。

（6）合理的原则。如果决策的质量并不重要，而决策的接受性却很重要，那么最好采用第 5 种参与决策的领导方式。

（7）接受最优的原则。如果接受性是主要的，而且不一定是由于专制决策所引起的，并且要激励下属实现组织的目标，为了最好的解决问题，采用高参与的领导方式为好。

9. 分析：（1）从领导者自身入手，明确领导工作的要求；科学地配备主管人员；科学地运用领导艺术。（2）从被领导者入手，不断地提高他们的素质，使他们从不成熟到成熟。（3）从环境入手，不断地创造一种和谐的环境。

10. 分析：所谓领导艺术，是指领导者在行使领导职能时，所表现出来的技巧。它是建立在一定知识、经验基础上的，非规范化，有创造性的领导技能。领导艺术有随机性、经验性、多样性和创造性的特点。

（1）待人艺术。待人艺术也就是人际交往艺术，或协调人际关系的艺术。因为领导工作的核心内容是管好人、用好人，协调好各方面的人际关系，充分调动各方面的积极性和创造性，去有效地完成组织的目标。领导者的待人艺术主要包括三个方面：对待下级的艺术；对待同级的艺术和对待上级领导的艺术。

（2）提高工作效率的艺术。首先，领导者干领导的事。事必躬亲是小生产的"美德"，这些都是现代领导者应该力求避免的。其次，坚持工作简化原则。尽量简化工作提高工作效率的途径就会逐步显现出来。再次，提高会议效率。没有明确议题的不开；议题过多的不开；没有充分准备的不开；可用其他方式替代的不开；没有迫切需要的不开；会议成本过高的不开。最后，善于运筹时间。珍惜时间这种最稀缺的资源，充分利用自己的有限时间，往往是现代领导者取得成功的最重要的因素。

（六）讨论题

提示：管理者是指那些协调和监督他人的活动达到组织目标的人；而领导者是指那些能够影响他人并拥有职权的人。领导者和管理者既相互区别，又相互联系。（1）从范围上看。理论上讲，所有的管理者都应当是领导者，因为领导是四大管理职能之一，一个人是领导者，但不一定是管理者，那些未在正式组织中拥有管理职位的领导者，称为非正式领导。（2）从能力上看，管理者可以依靠特定职位所赋予的职权而指挥下属，领导者无论是组织任命的，还是从一个群体中崛起的，可以运用更广泛的权力。（3）从职能的内涵和性质上看。领导职能只是管理职能的一个组成部分，一个好的领导未必是一个有效的管理者。

（七）案例题 （答案略）

第十三章 激 励

一、练习题

（一）选择题 （1～10题为单项选择，11～20题为多项选择）

1. 比较马斯洛的需求层次理论和赫兹伯格的双因素理论，马斯洛提出的五种需求中，属于保健因素的是（　　）。
   A. 生理和自尊的需要
   B. 生理、安全和自我实现的需要
   C. 生理、安全和社交的需要
   D. 安全和自我表现实现的需要

2. 曹雪芹虽食不果腹，仍然坚持《红楼梦》的创作，是出于其是（　　）。
   A. 自尊需要
   B. 情感需要
   C. 自我实现的需要
   D. 以上都不是

3. 按照双因素理论，下述哪一种因素属于激励因素：（　　）。
   A. 奖金
   B. 上下级关系
   C. 工作内容的吸引力
   D. 工作的保障

4. 从期望理论中，我们得到的最重要的启示是：（　　）。
   A. 目标效价高低是激励是否有效的关键
   B. 期望概率的高低是激励是否有效的关键
   C. 存在着负效价，应引起领导者注意
   D. 应把目标效价和期望概率进行优化组合

5. 中国企业引入奖金机制的目的是发挥奖金的激励作用，但到目前，许多企业的奖金已成为工资的一部分，奖金变成了保健因素，这说明（　　）。
   A. 双因素理论在中国不怎么适用
   B. 保健和激励因素的具体内容在不同的国家是不一样的
   C. 防止激励因素向保健因素转化是管理者的重要作用
   D. 将奖金设计成为激励因素本身就是错误的

6. 一企业对优秀员工给予丰厚的报酬和奖励，为员工提供养老和医疗保险，组织员工学习，提高技能等，从而吸引和留住了大批优秀人才。这体现了激励哪方面的作用（　　）。
   A. 有利于挖掘人的潜力
   B. 有利于组织吸引人才
   C. 有利于实现组织目标
   D. 有利于员工素质的提高

7. 下列哪项不属于内容型激励理论（　　）。
   A. 需要层次论
   B. 双因素理论
   C. "ERG" 理论
   D. 期望理论

8. 对自身和自己的能力感觉良好、被其他人尊重和获得认同和欣赏的需要。这是指人的（　　）。
   A. 尊重的需要
   B. 求知的需要
   C. 安全的需要
   D. 自我实现的需要

9. 下列哪项不属于"ERG"理论（　　）。
   A. 成长的需要
   B. 求美的需要
   C. 关系的需要
   D. 生存的需要

10. 如果感觉不公平，员工会竭力地采取措施来消除不公平感，而不是下列哪项（　　）。

　　A. 曲解自己或比较对象的投入或产出

　　B. 采取某种行为来改变自己的投入或产出

　　C. 采取行为使比较对象的投入或产出发生改变

　　D. 更加努力工作，而无怨言

11. 下列属于激励的作用的是（　　）。

　　A. 有助于引进大量的、组织需要的优秀人才

　　B. 有助于激发和调动职工的工作积极性

　　C. 有助于进一步激发在职职工的创造性和革新精神，从而大大提高工作绩效

　　D. 有助于将员工的个人目标导向实现企业目标的轨道

12. 划分激励的方法，比较流行是按其所研究的激励侧面的不同及其与行为关系的不同，把各

　　种激励理论归纳和划分为（　　）。

　　A. 内容型激励理论　　　　　　　　B. 过程型激励理论

　　C. 行为改造型激励理论　　　　　　D. 需要型激励理论

13. 下列属于内容型激励理论的是（　　）。

　　A. 需要层次论　　　　　　　　　　B. E. R. G 论

　　C. 成就需要论　　　　　　　　　　D. 双因素论

14. 下列命题错误的是（　　）。

　　A. 需要层次论是由美国著名的心理学家和行为学家马斯洛提出来的

　　B. E. R. G 理论是由美国心理学家赫兹伯格于 1959 年提出的

　　C. 成就需要激励理论是美国哈佛大学教授麦克利兰及其学生在 20 世纪 50 年代提出来的

　　D. 双因素论属于过程型激励理论

15. 下列属于保健因素的是（　　）。

　　A. 公司的政策和行政管理　　　　　B. 工作安全性

　　C. 与上级的关系　　　　　　　　　D. 地位

16. 下列不属于激励因素的是（　　）。

　　A. 工资　　　　　B. 奖励　　　　　C. 工作环境　　　　　D. 成就感

17. 下列属于 E. R. G 理论的内容的有（　　）。

　　A. 生存需要　　　B. 相互关系需要　　C. 求美的需要　　　D. 成长需要

18. 有一种人一般寻求领导者的地位；他们常常表现出喜欢争辩、健谈、强有力、直率和头脑

　　冷静，并且善于提出问题和要求。根据成就需要激励理论，这种人表现的不是（　　）。

　　A. 权力的需要　　　　　　　　　　B. 对归属和社交的需要

　　C. 对成就的需要　　　　　　　　　D. 对生理的需要

19. 下列属于过程型激励理论的有（　　）。

　　A. 期望理论　　　B. 公平理论　　　　C. 强化理论　　　　　D. 挫折理论

20. 可以进行有效激励的方法是（　　）。

　　A. 培训激励　　　B. 榜样激励　　　　C. 工作设计　　　　　D. 职工参加管理

（二）判断题

1. 激励就是在分析人们需要的基础上，不断激发、引导人们沿着有利于实现组织目标的方向去行动，以取得预期的效果，它是对需要和动机的诱导。　　　　　　　　（　　）

2. 根据需要层次论，五个层次的需要可以同时对个人产生激励作用。　　（　　）

3. 研究表明，需要并不一定如马斯洛所述依循等级层次而上升。　　　（　　）

4. 人有知道、了解和探索事物的需要，从而达到自我实现的需要。　　（　　）

5. 赫茨伯格的重要贡献在于指明了一些因素可产生或消除不满，而另一系列因素可产生更高层次的激励作用。　　　　　　　　　　　　　　　　　　　　　　（　　）

6. 归因理论认为个人会对其行为进行观察并归结原因，从而找出内因与外因和人们所产生行为之间的关系。　　　　　　　　　　　　　　　　　　　　　　　　（　　）

7. 强化理论是基于这样的假设：受到奖励的行为会重复进行，而招致惩罚后果的行为会更加趋向于重复发生。　　　　　　　　　　　　　　　　　　　　　　　（　　）

8. 激励因素是人的高层次需要，而保健因素是人的低层次需要。　　　（　　）

9. 有效的激励来自于领导者准确了解下属最急迫的需要，并使他们相信，只要他们为实现组织目标而努力工作，他们的需要就一定会得到满足。　　　　　　　　　（　　）

10. 人们在面对挫折时的行为表现为逃避现实、压抑欲望，这是人的不良适应方式。　（　　）

（三）填空题

1. 激励过程的出发点是＿＿＿＿。

2. 行为动机的形成有两个条件：一是人的＿＿＿＿；二是外部提供的诱导和刺激。

3. 马斯洛在《人的动机理论》一文中，把人的需要分成生理需要、安全需要、＿＿＿＿的需要、尊重的需要、＿＿＿＿的需要五个层次。

4. 当某人力图与他人交往，建立亲近和睦关系时，表现出对＿＿＿＿的需要。

5. 通过不予理睬来减弱某种不良行为的强化方式是＿＿＿＿。

6. 双因素理论是由美国心理学家＿＿＿＿提出，这里的双因素指＿＿＿＿和＿＿＿＿。

7. "ERG" 理论包括生存的需要、＿＿＿＿和＿＿＿＿。

8. 通过和参照对象进行比较以获得激励是＿＿＿＿理论。

9. 有＿＿＿＿需要的人对胜任和成功有强烈的要求，同样也担心失败；他们乐意、甚至热衷于接受挑战，往往为自己树立一定难度而又不是高不可攀的目标。

10. 豪斯的公式强调了任务本身效价的＿＿＿＿作用，而要提高人们的积极性，必须从＿＿＿＿两个方面入手。

（四）名词解释

1. 激励　　2. 保健因素　　3. 激励因素　　4. 强化　　5. 正强化
6. 惩罚　　7. 负强化　　8. 衰减　　9. 归因理论　　10、挫折

（五）简答题

1. "人往高处走，水往低处流"这句俗话主要体现了哪些管理学原理？

2. 有些企业单位的领导者在管理工作中总是爱好"只罚懒，不奖勤"，你认为这样做是否合理？为什么？

3. 简述激励的过程。

4. 根据马斯洛需求层次论理论，企业如何设计激烈机制？

5. 简述激励的作用。

6. 双因素理论的主要内容是什么？如何应用？

7. 期望理论提出在进行激励时要处理好哪些关系？

8. 试述公平理论在管理上的应用。

9. 强化的种类有哪些？如何应用强化理论？

10. 列举管理人员在进行员工激励时的注意事项。

（六）讨论题

1. 张某大学毕业，来到某公司应聘车间主管的岗位。在面试时，主考人问道："你上任后将如何带领你的职工一起奋发前进？"小张回答说："我将严格按公司的规章制度办，充分利用经济利益机制，对部下进行严格的管束，以形成一个令行禁止的有战斗力的团队。"你认为主考官对小张的回答会满意吗？为什么？

2. 最近，王总参加了一个人力资源培训班。学习期间，他获得了许多新的管理知识，十分欣喜。尤其让他深受启发的是教授关于激励的演讲。那节课上，教授讲道："激励人的因素有很多，如富有挑战性的工作、让人感觉有趣的工作、时常带来新鲜感的工作、行动的自由、承担责任、成就感、成长的需要……良好的人际关系、薪水……"他觉得，这位教授在激励因素中将薪水列在最后一位，这多好啊，企业可以既省钱，又最大限度地使用好员工的智慧和能力。培训结束后，王总便经常和部下谈挑战、谈成长，而很少考虑部下提出的加薪要求。你觉得这样下去会出现怎样的结果？为什么？

（七）案例题

1. 优秀企业家马恩华是河北省保定棉纺厂厂长，在他上任之前，由于企业经营困难，有2000多名职工要求调走，另谋出路，即使来上班的职工也心不在厂里。马恩华没有怨职工，他说："职工涣散，关键是领导没有把大家的心凝聚在一起。企业越是困难的时候，领导越要关心群众的疾苦，职工才能和企业共渡难关。"他任厂长的第二天，就到职工反映较大的食堂去和食堂管理人员研究如何提高饭菜质量。他在厂工会建立职工家庭经济、住房条件、健康状况等小档案，他定期调阅，实实在在地为职工的信任，也充分调动了职工的劳动积极性和主动性，经过10年努力，不仅使一个濒临倒闭的企业恢复了勃勃生机，而且使企业进入全国同行业一流水平，1994年实现利润居全国同行业之首，固定资产净值相当于1984年的10倍。

马恩华为国家和人民创造了财富，而他当厂长十几年间，始终房子面前不伸手，票子面前不动心，生活待遇不特殊，最后积劳成疾，不幸病逝。这位曾荣获"全国劳动模范"等光荣称号的前河北省保定第一棉纺织集团公司董事长、总经理兼党委书记，被誉为"社会主义企业家"。

问题：马恩华以情动人，激励职工的事例，主要是运用了精神激励方法，请问，目前企业经常采用的精神激励方式主要有哪几种？

2. 魏亮老师为何想不通

魏亮是高山大学的经济系讲师，负责工商管理的教学工作。去年他是全校的先进教师。他热爱教学。仔细研究教法，但在研究与著述方面业绩平平，没有多大起色。今年系里来了一批年轻的硕士、博士生，改变了教师队伍的结构。这些人的特点是学历高、基础好、知识新且广，但并不像魏老师那样认真仔细地教学。他们中最有名的是孙强，刚满 32 岁，博士毕业，来校不足 3 个月，就在有关专业杂志上发表了三篇论文。后来有人传说学校为了提高知名度，将调整先进教师的标准，要十分重视研究成果和著述。对这种说法魏老师并不相信，只认为"老师主要是教好书"。可在今年年底评比时，孙强被评为先进教师，并获奖金 1000 元；而魏亮却没被评上，至今他还想不通呢。

问题：（1）魏亮为何想不通？（2）他应怎样对待奖金与荣誉？请用公平理论来分析。

3. 佳林服装厂是劳动密集型企业，雇用一批女工，因需要加班，每天工作近 12 个小时，包括加班工资在内收入 1500 元左右。前段时期女工离职率近 10%，人力资源部离职访谈表明，提出离职的主要的原因是工作时间太长影响了家庭生活。后来，企业调整女工工作时间为 8 小时/天，并提供学习和培训机会，但女工离职率反而升至 30%。

问题：请利用相关激励理论分析导致这一结果的可能原因。

二、参考答案

（一）选择题

1. A	2. C	3. C	4. D	5. C	6. B	7. D
8. A	9. B	10. D	11. ABCD	12. ABC	13. ABCD	14. BD
15. ABCD	16. AC	17. ABD	18. BCD	19. AB4	20. ABCD	

（二）判断题

1. √	2. ×	3. √	4. ×	5. √	6. √	7. ×
8. √	9. √	10. ×				

（三）填空题

1. 需要

2. 内在需要和愿望

3. 友爱和归属　自我实现

4. 友爱和归属

5. 负强化

6. 赫兹伯格　保健因素　激励因素

7. 关系的需要　成长的需要

8. 公平

9. 成就

10. 内激励　内、外激励

（四）名词解释

1. 激励是指通过一定的手段使员工的需要和动机得到满足，以调动他们的工作积极性，使他们积极主动地发挥个人潜能从而实现组织目标的过程。

2. 所谓保健因素就是使人们能够维持现状工作起保健作用的因素。

3. 所谓激励因素就是对员工积极性起调动作用的因素。

4. 强化指通过不断改变环境的刺激因素来达到增强、减弱或消失某种行为的过程。

5. 正强化是指在行为发生以后，立即用某种有吸引力成果，即物质的精神的鼓励来肯定这种行为，在这种刺激的作用下，个体感到对他有利，从而增强以后行为反应的频率。

6. 惩罚是指当某一不合要求的行为发生以后，即以某种带有强制性和威胁性的结果，以示对这种不合要求的行为的否定。从而达到减少消极行为或消除消极行为的目的。

7. 负强化指预先告知某种不符要求的行为或不良绩效可能引起的后果，允许人们通过按所要求的方式行事或避免不符合要求的行为，来回避一种令人不愉快的处境。

8. 衰减是指撤销对原来可以接受的行为的正强化，即对这种行为不予理睬，以表示对该行为的轻视或某种程度的否定。

9. 根据人的行为外部表现，对其心理活动进行解释和推论；研究人们的心理活动的产生应归结为什么原因，对人们的未来行为进行预测。

10. 挫折指为个人从事某项活动时遇到障碍或干扰，使其动机不能获得满足的情绪状态。

（五）简答题

1. 分析：这名俗语形象地描述了人们不断追求更高需求层次的愿望，主要体现了马斯洛的需求层次理论。人本主义心理学家马斯洛提出的需求层次理论系统地阐述人类需求的规律。该理论包括三个基本点：（1）人的需求分为五个层次，即生理的、安全的、社交的、自尊的和自我实现的需求。（2）这五种需求并非并列的，而是从低到高排列的。（3）人的行为是由主导需求决定的。

2. 分析：这种管理方法不合理。心理学家斯金纳的强化理论认为，人的行为是对其所获刺激的函数，它分为两大类型：（1）正强化，即奖励那些符合组织目标的行为，以便使这些行为得到进一步的加强，重复地出现，从而有利于组织目标的实现。（2）负强化，就是惩罚那些不合组织目标的行为，以便使这些行为削弱甚至消失，从而保证组织目标的实现。强化理论认为，管理者应把重点放在积极的强化即正强化上，而不是简单的惩罚。惩罚产生的作用可能很快，但效果可能是暂时的，甚至可能起消极作用。

3. 分析：激励是一个循环过程，即当人们产生了某种需要，该需要又有了一定的强度，而且一时又不能得到满足时，心理上就会产生一种不安和紧张状态，并成为一种内在的驱动力，这种内在驱动力就是动机。在一定外界刺激下，动机促使人们采取某种行为或者行动，如果行为的结果与期望的目标一致，就会产生一种满足感，从而产生新的需要，强化行为。如果行为不能满足目标期望，行为者就受到挫折，其反映有两种：一是调整目标；二是调整行为，在较低的程度上获得满足，然后产生新的需要。

4. 分析：（1）马斯洛在《人的动机理论》一文中，首次提出了需要层次论，把人的需要分成生理需要、安全需要、友爱和归属的需要、尊重的需要、自我实现的需要五个层次。

（2）针对不同的需要设计不同的激励计划，企业可以有如下多种选择：①绩效工资；②分红；③总奖金；④知识工资；⑤员工持股计划；⑥灵活的工作日程。

5. 分析：（1）激励有利于挖掘人的潜力。人的潜在能力与人平时所表现出来的能力有很大差别，前者会大大超过后者。通过激励可以调动人的积极性，人的积极性越高，人的潜在能力越容易发挥出来。

（2）激励有利于组织吸引人才。人才管理是组织人力资源管理的主要内容，它关系到组织的长远利益和根本利益。成功的组织为了吸引人才，大多采取许多激励方法。例如，对优秀员工给予丰厚的报酬和奖励，为员工提供养老和医疗保险，组织员工学习，提高技能等。有效的激励措施可以吸引和留住大批优秀人才。

（3）激励有利于实现组织目标。激励对员工行为进行有目的的引导，针对组织制定的目标，采取措施，充分调动员工的积极性，使员工自觉地发挥潜能，为完成组织目标而努力工作。有效的激励措施可以使员工的努力方向与组织目标趋于一致。

（4）激励有利于员工素质的提高。提高员工素质，可以通过培训和激励的方法实现。例如，对坚持学习文化知识与业务知识的员工，给予表扬，有利于形成良好的学习风气。

6. 分析：（1）赫兹伯格发现对上述两个问题有两类明显不同的反映。经过分析，他认为企业中影响人的积极性的因素可按其激励功能不同，分为激励因素和保健因素。①保健因素。保健因素是指和工作环境或条件相关的因素。赫兹伯格发现保健因素主要有 10 个：公司的政策和行政管理；技术监督系统；与监督者个人之间的关系；与上级的关系；与下级的关系；工资；工作安全性；个人的生活；工作环境；地位。②激励因素。激励因素是指和工作内容联系在一起的因素。赫兹伯格认为激励因素主要有 6 个：工作本身具有挑战性；奖励；晋升；成长；负有较大的责任；成就感。

（2）赫兹伯格的双因素论，强调内在激励，在组织行为学中具有划时代意义，为管理者更好地激发职工工作的动机提供了新思路。①管理者在实施激励时，应注意区别保健因素和激励因素，前者的满足可以消除不满，后者的满足可以产生满意。②管理者在管理中不应忽视保健因素，如果保健性的管理措施做得很差，就会导致职工产生不满情绪，影响劳动效率的提高。另一方面，也没有必要过分地改善保健因素，因为这样做只能消除职工对工作的不满情绪，不能直接提高工作积极性和工作效率。③管理者若想持久而高效地激励职工，必须改进职工的工作内容，进行工作任务再设计，注意对人进行精神激励，给予表扬和认可，注意给人以成长、发展、晋升的机会。用这些内在因素来调动人的积极性，才能起更大的激励作用并维持更长的时间。

7. 分析：（1）努力与绩效的关系。人总是希望通过一定的努力能够达到预期的目标，如果个人主观认为通过自己的努力达到预期目标的概率较高，就会有信心，就可能激发出很强的工作力量。但是如果他认为目标太高，通过努力也不会有很好的绩效时，就失去了内在的动力，导致工作消极。这种关系可在公式的期望值这个变量中反映出来。（2）绩效与奖励的关系。人总是希望取得成绩后能够得到奖励，这种奖励是广义的，既包括提高工资、多发奖金等物质方面的奖励，也包括表扬、自我成就感、得到同事们的信赖、提高个人威望等精神方面的奖励。如果他认为取得绩效后能够获得合理的奖励，就有可能产生工作热情，否则就可能没有积极性。（3）奖励与满足个人需要的关系。人总是希望自己所获得的奖励能满足自己某方面的需要。然而由于人们在年龄、性别、资历、社会地位和经济条件等方面都存在着差异，他们对各种需求得到满足的程度就不同。因而对于不同的人，采用同一种办法给予奖励能满足的需求程度不同，所激发出来的工作动力也就不同。

8. 分析：（1）公平奖励职工。要求公平是任何社会普遍存在的一种社会现象。公平理论第一次把激励和报酬的分配联系在了一起，说明人是要追求公平的，从而揭示了现实生活中的许多现象。比如一名研究生的月工资是1500元，他并没有觉得不满，但当单位新来的一名大学生每月也拿1500元时，他就会觉得不公平，马上会产生不满情绪。所以管理者在激励工作中不应用孤立的眼光看待某个人，而应该考虑其参照对象，充分运用公平理论的原理。管理者在工作任务的分配、工作绩效的考核、工资奖金的评定以及待人处事等方面，能否做到公正合理，这既是衡量工作水平高低的重要因素，又是保证企业安定、人际关系良好、职工积极性充分发挥的重要因素。企事业领导要坚持绩效与奖酬挂钩的原则，公平奖励职工。（2）加强管理，建立平等竞争机制。人的工作动机不仅受绝对报酬的影响，而且更重要的是受相对报酬的影响。人们在主观上感到公平合理时，心情就会舒畅，人的潜力就会充分发挥出来，从而使组织充满生机和活力。这就启示我们管理者必须坚持"各尽所能，按劳分配"的原则，把职工所作的贡献与他应得的报酬紧密挂钩。只有打破平均主义，才能调动职工的积极性。合理的奖酬是以公正科学的评价为基础的。一些组织出现的不公平现象，主要是由于缺乏科学的评价标准和措施。因此，企业还要科学地建立系统的评价指标体系，以公正地评价职工的劳动，建立平等的竞争机制。（3）教育职工正确选择比较对象和认识不公平现象。公平理论表明公平与否都源于个人感觉，个人判别报酬与付出的标准往往都会偏向于自己有利的一方，也就是说，人们在心理上会自觉不自觉地产生出低估价别人的工作绩效，过高估计别人的工资收入倾向，而且也常常选择一些比较性不强的比较对象，这些情况都会使职工产生不公平感，这对组织是不利的。因此，管理者应能以敏锐的目光察觉个人认识上可能存在的偏差，适时做好引导工作，确保个人工作积极性的发挥。

9. 分析：（1）根据强化的性质和目的可分为四种类型：①积极强化。②惩罚。③消极强化（逃避性学习）。④自然消退（也称衰减）。

（2）①因人制宜采取不同的强化模式。人们的年龄、性别、职业和文化不同，需要就不同，强化方式也应不一样。对一部分人有效的，对另一部分人不一定有效。要依照强化对象的不同需要采用不同的强化措施。②要设立一个目标体系，分步实现目标，不断强化行为。在鼓励人前进时，不仅要设立一个鼓舞人心而又切实可行的总目标，而且要将总目标分成许多小目标。这是因为：对于庞大的、复杂的（一般也是远期的）目标，不是一次性强化就了事，在实现目标过程中职工不能经常得到成功结果的反馈和强化，积极性会逐渐消退。相反，应把这个庞大目标分成若干阶段性目标，通过许多"小步子"的完成而逐渐完成。对每一小步取得的成功结果，管理者都应予以及时强化，以长期保持职工奔向长远目标的积极性，而且通过不断地激励可能增强信心。③要及时反馈、及时强化。所谓及时反馈就是通过某种形式和途径，及时将工作结果告诉行动者。无论结果好与坏，对行为都具有强化的作用，好的结果能鼓舞信心，继续努力，坏的结果能促使其分析原因，及时纠正。④奖惩结合、以奖为主。强化理论认为，一种行为长期得不到正强化，就会逐渐消退。根据这个规律，一些成功的企业，都十分注意采用以奖励为主的正强化办法调动职工积极性。即使是在运用惩罚等强化手段时，一并告诉职工应该怎样做，力求严肃认真、实事求是、处理得当。当有所改正的表现时，随即就给以正强化。

10. 分析：（1）认清个体差异。（2）进行人与工作的匹配。（3）运用目标。（4）确保个体认为目标是可达到的。（5）个别化奖励。（6）奖励与绩效挂钩。（7）检查体制是否公平。（8）不要忽视钱的因素。

（六）讨论题

1. 分析略，结合本章内容作答。

2. 分析略，结合本章内容作答。

（七）案例题 （答案略）

第十四章　沟　通

一、练习题

（一）选择题（1~10题为单项选择，11~20题为多项选择）

1. （　　）在管理学领域被视为一种管理功能。
   A. 沟通　　　　　　B. 控制　　　　　　C. 领导　　　　　　D. 组织设计

2. 为了检验沟通的效果如何，（　　）是必不可少的。
   A. 思想　　　　　　B. 编码　　　　　　C. 反馈　　　　　　D. 理解

3. 按沟通的组织系统，沟通可以分为（　　）。
   A. 口头沟通和书面沟通　　　　　　　B. 非言语方式沟通和电子媒介沟通
   C. 上行沟通和下行沟通　　　　　　　D. 正式沟通和非正式沟通

4. 按沟通方向的可逆性可以把沟通分为（　　）。
   A. 口头沟通和书面沟通　　　　　　　B. 单向沟通和双向沟通
   C. 上行沟通和下行沟通　　　　　　　D. 正式沟通和非正式沟通

5. 下列命题错误的是（　　）。
   A. 非正式沟通信息传递快而且也不受限制，它起着补充正式沟通的作用
   B. 自上而下的沟通主要是启发式的，它通常存在于参与式的和民主的环境之中
   C. 从管理的角度来看，横向交叉沟通具有有利的一面，同时也有不利的一面
   D. 书面和口头沟通这两种形式各有利弊，因而两种方式经常同时使用，并使之互为补充

6. （　　）可以集思广益，不仅能使人们彼此了解共同的目标，还可以了解自己的工作与他人工作的关系，可使每个成员更好地选择自己的工作目标，明确自己能怎样更好地为组织作出贡献。
   A. 会议　　　　　　B. 指示　　　　　　C. 交谈　　　　　　D. 建立沟通网络

7. （　　）是一个纵向沟通网络，其中只有一个成员位于沟通内的中心，成为沟通的媒介。
   A. 链式沟通　　　　B. 圆周式沟通　　　C. Y式沟通　　　　D. 轮式沟通

8. （　　）对于解决复杂问题，增强组织合作精神，提高士气均有很大作用。但是，由于这种网络沟通渠道太多，易造成混乱，且又费时，影响工作效率。
   A. 链式沟通　　　　B. 圆周式沟通　　　C. Y式沟通　　　　D. 全通道式沟通

9. 有些沟通者事先缺乏必要的准备和思索，或用词不当或说话意图不清，使听者不知所云，从而产生沟通障碍。这里说的是沟通的（　　）。
   A. 选择性知觉　　　　　　　　　　　B. 语言障碍
   C. 信息超负荷　　　　　　　　　　　D. 信息传递方式障碍

10. 信息发送者在接收者心目中的形象不好，则后者对前者所讲述的内容往往不愿意听或专挑毛病，有时虽无成见，但认为所传达的内容与己无关，从而不予理会，或拒绝接受。这里

说的是沟通的（　　）。

    A. 选择性知觉　　　　B. 语言障碍　　　　C. 信息超负荷　　　　D. 信息传递方式障碍

11. 沟通联络的原则有（　　）。

    A. 明确的原则　　　　B. 完整性原则　　　　C. 互补性原则　　　　D. 效率性原则

    E. 战略上使用非正式组织的原则

12. 下列属于沟通目的的是（　　）。

    A. 设置并传播一个组织的目标　　　　　　B. 制订实现目标的计划

    C. 选拔、培养、评估组织中心成员　　　　D. 控制目标的实现

13. 下列不属于沟通作用的是（　　）。

    A. 以最有效果和效率的方式来组织人力资源及其他资源

    B. 领导和激励人们并营造一个人人想要作出贡献的环境

    C. 提供充分而确实的材料，是正确决策的前提和基础

    D. 在组织成员之间、特别是领导者和被领导者之间建立良好的人际关系

14. 以下命题正确的是（　　）。

    A. 非正式沟通代表组织，比较慎重；正式沟通代表个人，比较灵活

    B. 自下而上的沟通主要是启发式的，它通常存在于参与式的和民主的环境之中

    C. 横向交叉的沟通用来加速信息的流动，促进理解，并为实现组织的目标而协调各方面的努力

    D. 下行沟通在具有独裁主义气氛的组织中尤为突出

15. 按沟通的方法可以把沟通分为（　　）。

    A. 口头沟通　　　　B. 书面沟通　　　　C. 非言语方式沟通　　D. 电子媒介沟通

16. 下列命题不正确的有（　　）。

    A. 书面沟通的特点是亲切、反馈快、弹性大、双向、效果好

    B. 电子媒介沟通使得组织的界限变得越来越不重要了，例如网络化就使得组织中的员工可以跨越纵向层级而工作，可以全天在家里工作，可以与其他企业的员工保持不断的交流

    C. 任何口头沟通都包含有非言语信息

    D. 非言语方式沟通往往随后需要用很多书面和口头情报来澄清，这既增加了沟通的费用，也容易引起混乱

17. 可供选择的沟通方法有（　　）。

    A. 发布指示　　　　B. 会议　　　　C. 个别交谈　　　　D. 建立沟通网络

18. 下列说法正确的是（　　）。

    A. 链式沟通网络传递信息的速度最快

    B. 圆周式沟通网络能提高组织成员的士气，即大家都感到满意

    C. 在解决复杂问题时，轮式最为有效

    D. "Y"式兼有轮式和链式的优缺点，即沟通速度快，但成员的满意感较低

19. 提高沟通的有效性必须掌握以下原则（　　）。

    A. 明确的原则　　　　　　　　　　B. 完整性的原则

    C. 战略上使用非正式组织的原则　　D. 互补性原则

20. 以下可以产生沟通障碍的有（   ）。

A. 语言障碍　　　　B. 信息损耗　　　　C. 选择性知觉　　　　D. 信息超负荷

E. 地位差异

（二）判断题

1. 沟通过程中会出现特殊的沟通障碍，这种障碍不仅是由于信息通道（即传递）的失真或错误，而且还由于人们所特有的心理障碍所产生的。　　　　　　　　　　　　　　（　　）

2. 沟通不仅妨碍了各项管理职能的有效行使，而且也不能使组织同外部环境联系起来。

（　　）

3. 按信息的流动方向，沟通可以分为正式沟通和非正式沟通。　　　　　　　　（　　）

4. 下行沟通在具有独裁主义气氛的组织中尤为突出。　　　　　　　　　　　　（　　）

5. 当正式的垂直通道受到破坏时，当成员绕过或避开自己的直接领导做事时，横向交叉沟通会导致组织功能失调和人际冲突。　　　　　　　　　　　　　　　　　　　　（　　）

6. 书面沟通的特点是亲切、反馈快、弹性大、双向、效果好。　　　　　　　　（　　）

7. 计算机、电话、公共邮寄系统、闭路电视、复印机和传真机等都是电子媒介沟通的方式。

（　　）

8. 严格地讲，单向沟通并不是真正的沟通，双向沟通才是真正的沟通，但是不能因此而否定单向沟通。　　　　　　　　　　　　　　　　　　　　　　　　　　　　　（　　）

9. 人们之所以经常聚会，是因为会议的确可以满足人们的某种需要。会议是最有效的沟通方式。

（　　）

10. 轮式和链式解决简单问题时效率最高；而在解决复杂问题时，则圆周式和全通道式最为有效。　　　　　　　　　　　　　　　　　　　　　　　　　　　　　　　　（　　）

（三）填空题

1. _____是指一个信息的发送者通过选定的渠道把信息传递给接收者。

2. 沟通经常受到_____的干扰。无论是在发送者方面，还是在接收者方面，_____就是指妨碍沟通的任何因素。

3. 按沟通的组织系统，沟通可以分为_____和_____。

4. 按信息的流动方向，沟通可以把沟通分为_____、_____和_____。

5. _____是指同一级之间，或对角线即处于不同层次的没有直接隶属关系的成员之间的沟通。

6. 按沟通的方法，沟通分为_____、书面沟通、非言语方式沟通和电子媒介沟通。

7. 按沟通方向的_____可以把沟通分为单向沟通和双向沟通。

8. 沟通的方法有_____、_____、_____和_____。

9. 莱维特最早通过实验提出了五种沟通网络形式：_____，_____，_____，_____，_____。

10. 管理学家罗宾斯认为_____是人际间有效沟通的障碍。

（四）名词解释

1. 沟通　　　2. 正式沟通　　　3. 非正式沟通　　　4. 上行沟通　　　5. 下行沟通

6. 横向交叉沟通　　7. 口头沟通　　　8. 书面沟通　　　9. 电子媒介沟通　　10. 双向沟通

（五）简答题

1. 什么是沟通？沟通的信息模式是什么？

2. 简述信息沟通的目的。

3. 试述沟通的作用。

4. 有哪几种沟通的类型？

5. 有哪些信息沟通的方法？

6. 对比说明五种沟通网络的优劣势。

7. 信息沟通的原则有哪些？

8. 在组织沟通中通常存在的沟通障碍有哪些？

9. 试述怎样提高沟通的有效性。

10. 口头沟通、书面沟通、非言语方式沟通和电子媒介沟通的优缺点各是什么？

（六）案例题

1. 请阅读下面的一段对话：

美国老板：完成这份报告要花费多少时间？

希腊员工：我不知道完成这份报告需要多少时间？

美国老板：你是最有资格提出时间期限的人。

希腊员工：十天吧。

美国老板：你同意在 15 天内完成这份报告吗？

希腊员工：没有做声。（认为是命令）

15 天过后，

美国老板：你的报告呢？

希腊员工：明天完成。（实际上需要 30 天才能完成）

美国老板：你可是同意今天完成报告的。

第二天，希腊员工递交了辞职书。

问题：请从沟通的角度分析美国老板和希腊员工对话，说明希腊员工辞职的原因并提出建议。

2. 杨瑞的困惑

杨瑞是一个典型的北方姑娘，在她身上可以明显地感受到北方人的热情和直率，她喜欢坦诚，有什么说什么，总是愿意把自己的想法说出来和大家一起讨论，正是因为这个特点她在上学期间很受老师和同学的欢迎。今年，杨瑞从西安某大学的人力资源管理专业毕业，她认为，经过四年的学习自己不但掌握了扎实的人力资源管理专业知识而且还具备了较强的人际沟通技能，因此她对自己的未来期望很高。为了实现自己的梦想，她毅然只身去广州求职。

经过将近一个月的反复投简历和面试，在权衡了多种因素的情况下，杨瑞最终选定了东莞市的一家研究生产食品添加剂的公司。她之所以选择这家公司是因为该公司规模适中、发展速度很快，最重要的是该公司的人力资源管理工作还处于尝试阶段，如果杨瑞加入她将是人力资源部的第一个人，因此她认为自己施展能力的空间很大。但是到公司实习一个星期后，杨瑞就陷入了困境中。

原来该公司是一个典型的小型家族企业，企业中的关键职位基本上都由老板的亲属担任，其中充满了各种裙带关系。尤其是老板给杨瑞安排了他的大儿子做杨瑞的临时上级，而这个人主要负责公司研发工作，根本没有管理理念更不用说人力资源管理理念，在他的眼里，只有技术最重要，公司只要能赚钱其他的一切都无所谓。但是杨瑞认为越是这样就越有自己发挥能力的空间，因此在到公司的第五天杨瑞拿着自己的建议书直接走向了上级的办公室。

"王经理，我到公司已经快一个星期了，我有一些想法想和您谈谈，您有时间吗？"杨瑞走到经理办公桌前说。

"来来来，小杨，本来早就应该和你谈谈了，只是最近一直扎在实验室里就把这件事忘了。"

"王经理，对于一个企业尤其是处于上升阶段的企业来说，要持续企业的发展必须在管理上狠下工夫。我来公司已经快一个星期了，据我目前对公司的了解，我认为公司主要的问题在于职责界定不清；雇员的自主权利太小致使员工觉得公司对他们缺乏信任；员工薪酬结构和水平的制定随意性较强，缺乏科学合理的基础，因此薪酬的公平性和激励性都较低。"杨瑞按照自己事先所列的提纲开始逐条向王经理叙述。

王经理微微皱了一下眉头说："你说的这些问题我们公司也确实存在，但是你必须承认一个事实——我们公司再继续盈利这就说明我们公司目前实行的体制有它的合理性。"

"可是，眼前的发展并不等于将来也可以很好的发展，许多家族企业都是败在管理上。"

"好了，那你有具体方案吗？"

"目前还没有，这些还只是我的一点想法而已，但是如果得到了您的支持，我想方案只是时间问题。"

"那你先回去做方案，把你的材料放这儿，我先看看然后给你答复。"说完王经理的注意力又回到了研究报告上。

杨瑞此时真切地感受到了不被认可的失落，她似乎已经预测到了自己第一次提建议的结局。

果然，杨瑞的建议书石沉大海，王经理好像完全不记得建议书的事。杨瑞陷入了困惑之中，她不知道自己是应该继续和上级沟通还是干脆放弃这份工作，另找一个发展空间。

问题：从管理沟通的目标、原则、策略等角度分析本案例中沟通失败的原因并在此基础上提出了几点沟通建议。

3. 假定你是一家大型全国性公司的一分支机构经理，你对地区事业部经理负责。你的分支机构有120名员工，在他们与你之间有两个层次的管理人员——作业监督人员和部门负责人。你所有下属人员都在本分支机构的所在地工作。请对下面描述的两种情形分别制订出有效的沟通方案或策略。并说明你采取这种策略的理由。

情形1，你的1名新任命的部门经理明显地没有达到该部门预算的目标。成本控制人员的分析报告表明，该部门在再上个月，原材料和设备费、加班费、维修费和电话费等项目超支了40%。当时你没有说什么，因为这是部门经理就任的头1个月。但这次你感到必须采取某种行动了，因为上月份该部门的开支又超预算55%，而其他的部门并没有这样的问题。

情形2，你刚刚从地区事业部经理的电话中听说，你们的公司已被一家实力雄厚的企业收购。这项交易在1小时内就会向金融界宣布。事业部经理不知道具体的细节，但要求你尽快将这消息告诉你的手下人。

问题：面对以上两种不同的情况，你计划如何进行沟通？为什么要这样沟通？

二、参考答案

（一）选择题

1. A	2. C	3. D	4. B	5. B	6. A	7. C
8. D	9. B	10. A	11. ABE	12. ABCD	13. AB	14. BCD
15. ABCD	16. AD	17. ABCD	18. ABD	19. ABC	20. ABCDE	

（二）判断题

1. √	2. ×	3. ×	4. √	5. √	6. ×	7. √
8. √	9. ×	10. √				

（三）填空题

1. 沟通过程

2. "噪声"；噪声

3. 正式沟通；非正式沟通

4. 上行沟通；下行沟通；横向交叉的沟通

5. 横向交叉的沟通

6. 口头沟通；非言语方式沟通

7. 可逆性

8. 发布指示；会议；个别交谈；建立沟通网络

9. 链式沟通；圆周式沟通；Y式沟通；轮式沟通；全通道式沟通

10. 选择性知觉

（四）名词解释

1. 沟通指人与人之间传达思想或交换情报的过程。

2. 正式沟通就是通过组织明文规定的渠道进行信息传递和交流。

3. 非正式沟通是在正式沟通渠道之外进行的信息传递或交流。

4. 上行沟通是指下级的意见、信息向上级反映。

5. 下行沟通是指自上而下的沟通，是信息从高层次成员朝低层次成员的流动。

6. 横向交叉的沟通是指同一级之间，或对角线即处于不同层次的没有直接隶属关系的成员之间的沟通。

7. 口头沟通是借助于口头语言进行的沟通。

8. 书面沟通是利用文字进行沟通。

9. 电子媒介沟通是指将言语和包括计算机、电话、公共邮寄系统、闭路电视、复印机和传真机等在内的电子设备结合在一起，从而实现的一种更新式的沟通方式。

10. 双向沟通是指信息发送者与信息接收者之间的地位不断发生变化，信息在二者之间反复变换传送方向。

（五）简答题

1. 分析：沟通可以理解为：人与人之间传达思想或交换情报的过程。

沟通过程是指一个信息的发送者通过选定的渠道把信息传递给接收者，这个过程的具体步骤如图所示。

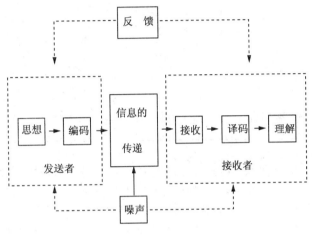

沟通过程的一般模式

结合上图进行分析作答。

2. 分析：组织中的沟通的目的是促进变革，即对有助于组织利益的活动施加影响。由于沟通把各项管理职能联成一体，所以它对组织内部职能的行使是必不可少的。在一个组织内，沟通主要用来：（1）设置并传播一个组织的目标；（2）制订实现目标的计划；（3）以最有效果和效率的方式来组织人力资源及其他资源；（4）选拔、培养、评估组织中心成员；（5）领导和激励人们并营造一个人人想要作出贡献的环境；（6）控制目标的实现。

此外，沟通不仅促进了各项管理职能的有效行使，而且也把组织同外部环境联系起来了。任何一个组织只有通过沟通才能成为一个与其外部环境发生相互作用的开放系统。

3. 分析：沟通的作用在于使组织内的每一个成员都能够做到在适当的时候，将适当的信息，用适当的方法，传给适当的人，从而形成一个健全的迅速的有效的信息传递系统，以有利于组织目标的实现。（1）沟通可提供充分而确实的材料，是正确决策的前提和基础。（2）沟通是组织成员统一思想和行动的工具。（3）沟通是在组织成员之间、特别是领导者和被领导者之间建立良好的人际关系的关键。

4. 分析：（1）按沟通的组织系统，可以分为正式沟通和非正式沟通。（2）按沟通信息的流动方向可以把沟通分为上行沟通、下行沟通和横向交叉的沟通。（3）按沟通的方法可以把沟通分为口头沟通、书面沟通、非言语方式沟通和电子媒介沟通。（4）按沟通方向的可逆性可以把沟通分为单向沟通和双向沟通。

5. 分析：沟通的方法主要有：（1）发布指示；（2）会议；（3）个别交谈；（4）建立沟通网络

6. 分析：结合下表作答。

五种沟通形态的比较

沟通形态 评价标准	链式	轮式	Y式	环式	全通道式
集中性	适中	高	较高	低	很低
速度	适中	1. 快（简单任务） 2. 慢（复杂任务）	快	慢	快
正确性	高	1. 高（简单任务） 2. 低（复杂任务）	较高	低	适中
领导能力	适中	很高	高	低	很低
全体成员满意	适中	低	较低	高	很高
示例	命令链锁	主管对四个部属	领导任务 繁重	工作任 务小组	非正式沟通 （秘密信息）

7. 分析：沟通联络原则包含的内容有：（1）明确的原则。当信息沟通所用的语言和传递方式能被接收者所理解时，就是明确的信息。提出信息并用别人能理解的文字、口气来表达，是信息发出者的责任。还可克服情报沟通中的各种障碍，接收者也必须进行有效沟通。（2）完整性原则。当主管人员为了达到组织目标，要实现和维持良好合作时，他们之间就需要进行情报沟通，以促进他们之间的相互了解。坚持这一原则要注意，组织的完整性部分地取决于上级主管人员对下级主管人员的支持，上级主管人员不能越级指挥。（3）战略上使用非正式组织的原则。非正式组织可起到及早传递信息的作用，利用非正式组织发送和接收情报，以此来补充正式组织的信息，做好组织协调工作。这样，就可以了解到原来了解不到的信息。

8. 分析：常见的信息沟通障碍有以下几种：语言障碍，产生理解差异；环节过多，引起信息损耗；信息沟通中的偏见、猜疑、威胁和恐惧，妨碍沟通；地位差异，妨碍交流；信息表达不清，沟通要求不明，渠道不畅，影响沟通；地理障碍，沟通困难；信息超负荷。

9. 分析：（1）沟通要有认真的准备和明确的目的性。（2）沟通的内容要确切。（3）沟通要有诚意，取得对方的信任并建立起感情。（4）提倡平行沟通。（5）提倡直接沟通、双向沟通和口头沟通。（6）设计固定沟通渠道，形成沟通常规。

10. 分析：口头沟通是借助于口头语言进行的沟通。它的特点是亲切、反馈快、弹性大、双向、效果好，但事后难于准确查证。又由于种种原因，许多听话者提不出应提的问题，因而只得到一些不完整的或断章取义的情报，可能导致代价高昂的错误，而且也不一定能节省时间。

书面沟通是利用文字进行沟通。它的特点是正式、准确、具有权威性，又可以把传送的情报作为档案或参考资料保存下来，往往比口头沟通更为仔细。进行书面沟通，可以使接收者反复阅读，但也不一定能达到预期效果，因为写得不好的书面信息往往随后需要用很多书面和口头情报来澄清，这既增加了沟通的费用，也容易引起混乱。书面和口头沟通这两种形式各有利弊，因而两种方式经常同时使用，并使之互为补充。

非言语方式是一些极有意义的非口头形式也非书面形式的沟通方式。非言语方式沟通中最为人所知的领域是体态语言和语调。体态语言包括手势、面部表情和其他身体动作，而语调指的是个体对此会或短语的强调。

电子媒介沟通是指将言语和包括计算机、电话、公共邮寄系统、闭路电视、复印机和传真机等在内的电子设备结合在一起，从而实现的一种更新式的沟通方式，它的出现丰富了传统的沟通手段。

（六）案例题（答案略）

第十五章 控 制

一、练习题

（一）选择题（1~10题为单项选择，11~20题为多项选择）

1. 控制工作的第一个步骤是（   ）。

   A. 纠正偏差   B. 确定控制标准   C. 衡量执行情况   D. 总结经验

2. "可以防患于未然"是哪一种控制的优点？（   ）

   A. 前馈控制   B. 过程控制

   C. 反馈控制   D. 以上都不对

3. 控制活动应该（   ）。

   A. 与计划工作同时进行   B. 优于计划工作进行

   C. 在计划工作之后   D. 与计划工作结合进行

4. 控制工作的关键是（   ）。

   A. 制订计划   B. 拟定标准   C. 纠正偏差   D. 衡量执行情况

5. "指导未来的控制"指的是哪一种控制方法（   ）。

   A. 前馈控制   B. 反馈控制   C. 预先控制   D. 过程控制

6. 企业为了生产出高质量的产品而对进厂原材料进行检验属于哪一种控制（   ）。

   A. 前馈控制   B. 过程控制   C. 反馈控制   D. 以上都不对

7. 企业的高层管理者们制定出一系列规章制度让员工遵守，并偶尔到车间进行指导。这种做法属于（   ）。

   A. 前馈控制   B. 事后控制   C. 过程控制   D. A 和 C

8. "容易在控制者和被控制者之间形成对立情绪，伤害被控制者工作积极性"的是哪一种控制（   ）。

   A. 前馈控制   B. 现场控制   C. 反馈控制   D. 以上都不对

9. 预算是指用数字来说明企业经济活动的（   ）。

   A. 综合计划   B. 财务计划   C. 管理计划   D. 业务计划

10. 从某种意义上说，网络计划技术是一种（   ）控制。

    A. 前馈   B. 反馈   C. 过程   D. 事后

11. 控制工作的基本步骤是（   ）。

    A. 确定控制标准   B. 衡量执行情况   C. 纠正偏差   D. 事后跟踪

12. 按控制点的位置划分，控制可以分为（   ）。

    A. 预先控制   B. 过程控制   C. 事后控制   D. 反馈控制

13. 下列属于控制工作的要求的是（   ）。

    A. 控制的及时性   B. 控制的目的性   C. 控制的灵活性   D. 控制的适应性

14. 按控制信息的性质划分，控制可以分为（　　）。

    A. 前馈控制　　　　B. 反馈控制　　　　C. 预先控制　　　　D. 事后控制

15. 预算的种类包括（　　）。

    A. 收支预算　　　　B. 现金预算　　　　C. 资产负债表预算　　D. 全面预算

16. 一个较好的控制体系，在内容上一般包括（　　）。

    A. 数量标准　　　　B. 质量标准　　　　C. 综合标准　　　　D. 时间标准

17. 按综合程度不同可将预算分为（　　）。

    A. 一般预算　　　　B. 全面预算　　　　C. 收支预算　　　　D. 现金预算

18. 关键线路的计算方法主要有（　　）。

    A. 最长路线法　　　B. 最短路径法　　　C. 时差法　　　　　D. 破圈法

19. 网络计划的优化包括（　　）。

    A. 时间优化　　　　B. 时间—资源优化　C. 时间—成本优化　D. 资源优化

20. 网络计划技术的优点有（　　）。

    A. 它促使主管人员去编制计划，因为不编制计划，不把各项工作有机地结合起来，就不可能进行时间网络事项分析

    B. 它促使上级把计划工作交付下去逐级完成，因为每个下层主管人员都必须对其所负责的工作做出计划

    C. 它把注意力集中于可能需要采取校正措施的那些关键问题

    D. 控制有了可能，因为如果主管人员不能缩短某些活动的时间，发生延误就要影响后续各个项目以至影响整个工作

    E. 具有子系统的整个网络系统，可使主管人员在恰当的时间针对组织机构中适当的职位管理层次提出报告，并为采取行动施加压力

（二）判断题

1. 通过提高主管人员的素质来进行控制工作是间接控制。　　　　　　　　　　　（　　）

2. 控制的关键点原理强调主管人员应该注意重要的偏差。　　　　　　　　　　（　　）

3. 控制工作的关键是纠正偏差。　　　　　　　　　　　　　　　　　　　　　（　　）

4. 控制活动按控制点处于事物发展进程的阶段可以划分为预先控制、过程控制和事后控制。

    （　　）

5. "指导未来的控制"指的是预先控制。　　　　　　　　　　　　　　　　　（　　）

6. "关键线路"指的是占用时间最短，宽裕时间最多的活动序列。　　　　　　　（　　）

7. 一般预算是以货币及其他数量形式反映的组织未来一段时期内全部经营活动的计划目标与相应措施的数量说明。　　　　　　　　　　　　　　　　　　　　　　　　　（　　）

8. 控制结果的控制是间接控制。　　　　　　　　　　　　　　　　　　　　　（　　）

9. 预算的优点是比较灵活。　　　　　　　　　　　　　　　　　　　　　　　（　　）

10. 前馈控制的着眼点是通过预测被控制对象的投入或者过程进行控制，保证获得期望的产出。　　　　　　　　　　　　　　　　　　　　　　　　　　　　　　　　　　（　　）

（三）填空题

1. 控制活动按控制点处于事物发展进程的阶段可以划分为_____、_____、_____三种类型。

2. 一个较好的控制体系，在内容上一般包括_____、_____、_____和_____。

3. 控制工作分为三个步骤：_____、_____和_____。

4. _____是以货币及其他数量形式反映的组织未来一段时期内全部经营活动的计划目标与相应措施的数量说明。

5. 网络图是_____、_____和_____三个部分组成。

6. 按照控制信息的性质可以把管理控制划分为_____和_____。

7. 控制的前提是_____。

8. 在人力、材料、设备和资金得到保证的条件下，寻求最短的生产周期是_____优化。

9. 前馈控制是_____。

10. 工厂招工考试和大学入学考试属于_____控制。

（四）名词解释

1. 控制   2. 反馈控制   3. 前馈控制   4. 预算   5. 网络计划技术
6. 全面预算   7. 关键路线   8. 时间—资源优化   9. 过程控制   10. 控制的关键点原理

（五）简答题

1. 为什么控制对于一个组织来说非常重要？

2. 计划和控制的关系如何？

3. 试述控制的一般步骤。

4. 事后控制有何优点和缺点？

5. 论述控制工作的要求。

6. 简述预算的不足之处。

7. 论述网络计划技术的优缺点。

8. 网络计划的编制程序是什么？

9. 简述预算的编制程序。

10. 按控制点的位置，控制可以分为哪些类型？

（六）案例题

1. 美国白虎公司的领导者在对公司进行控制的过程中明白并不是所有的控制都能达到预期目标，为此，领导者有意识地对企业进行控制，一次在经营财务上出现2万美元的偏差，对于白虎公司来说，这点偏差对企业并不算影响，但领导者责成必须马上采取措施加以纠正，并把责任追查到底；对于经营活动的控制，领导们也要求必须有控制范围、程度、频度的规定；对于企业经营活动状况及其变化规定每个月要开会进行客观评估等。

问题：结合白虎公司的案例，分析说明有效控制的原则以及需要注意哪些方面？

2. 查克停车公司的两项业务

你要是在好莱坞举办一个晚会，肯定会有这样一些名人参加：切尔、麦当娜、克鲁斯、查尔·皮克。

"查尔·皮克?"

"自然!"

没有停车服务员，你不能成功的举办晚会，在南加州。停车业内响当当的名字就属查尔·皮克了。

查克停车公司是一家小企业，但每年的营业额有几百万美元。公司拥有雇员100多人，其中大部分为兼职人员。每个星期，查克公司至少要为几十个晚会料理停车业务。在最忙的周六晚上，公司可能同时要为6~7场晚会提供停车服务。每个可能需要3~15名服务员。

查克公司经营的业务包含两项：一是为晚会料理停车事业；另一是同一个乡村俱乐部办理停车业务经营特权合同。在这个乡村俱乐部主航道需要2~3个服务员来处理停车问题，每周7天都是这样。但查克的主要业务还是来自于私人晚会，他每天的工作就是拜访那些富人或者是名人的家，评价道路和停车设施，并告诉他们需要多少个服务员来处理停车问题。一个小型的晚会可能需要三四个服务员，花费大概四百美元。然而一个特别大型的晚会的停车费用可能达到两千美元。

尽管私人晚会和乡村俱乐部的合同都涉及停车业务，但它们为查克提供收入的方式却很不同，私人晚会是以出价的方式进行的。查克首先估计大约需要多少服务员为晚会服务。然后按每人每小时多少钱给出一个总价格。如果顾客愿意买他的服务，查克就会在晚会结束后寄出一份账单。在乡村俱乐部，查克根据合同规定，每个月要付给俱乐部一定数量的租金来换取停车场的经营权。他收入的唯一来源就是服务员为顾客服务所获得的小费。在私人晚会上他绝对禁止服务员收取小费，因此，在俱乐部服务时小费则是他唯一收入的来源。

问题：（1）你是否认为查克停车公司在控制问题在两种场合下是不同的？如确实如此，为什么？（2）在前馈、反馈和现场控制三种类型中，查克应该采取哪一种手段对乡村俱乐部业务进行控制？对私人晚会停车业务，又适宜采取哪种控制手段？

二、参考答案

（一）选择题

1. B	2. A	3. D	4. C	5. A	6. A	7. D
8. B	9. A	10. A	11. ABC	12. ABC	13. ABCD	14. AB
15. ABCD	16. ABCD	17. AB	18. ACD	19. ABC	20. ABCD	

（二）判断题

1. ×	2. ×	3. √	4. √	5. ×	6. ×	7. ×
8. √	9. ×	10. √				

（三）填空题

1. 预先控制、过程控制和事后控制

2. 数量标准、质量标准、综合标准和时间标准等

3. 确定控制标准；根据标准衡量执行情况；纠正实际执行中偏离标准或计划的误差

4. 全面预算

5. 活动、事项和线路

6. 反馈控制和前馈控制

7. 计划

8. 时间

9. 前馈控制即充分利用各方面的信息来预测外部干扰和输入变量之间的相互作用对系统行为的影响，以及这种影响使系统在运行过程中可能产生的偏差，并据此对系统的输入做出相应的调整以实现控制

10. 预先控制

（四）名词解释

1. 控制：控制是管理的一项基本职能，控制是对各项活动的监视，从而保证各项活动按计划进行并纠正各项显著偏差的过程。

2. 反馈控制：反馈控制是根据反馈原理对系统进行调节的一种方式，就是施控系统根据反馈信息调节受控系统的输入来实现控制目的。

3. 前馈控制：前馈控制即充分利用各方面的信息来预测外部干扰和输入变量之间的相互作用对系统行为的影响，以及这种影响使系统在运行过程中可能产生的偏差，并据此对系统的输入做出相应的调整以实现控制。

4. 预算：预算是一种计划，是用数字编制的反映组织在未来某一时期的综合计划。

5. 网络计划技术：网络计划技术是一种利用网络理论来安排工程计划以求得最优结果的计划方案，同时也是可以用来组织和控制计划的执行以达到预期目标的科学管理方法。

6. 全面预算：是以货币及其他数量形式反映的组织未来一段时期内全部经营活动的计划目标与相应措施的数量说明。

7. 关键路线：在网络图中，时差为零的关键工序连接起来的线路就是关键路线。

8. 时间—资源优化：时间—资源优化是指在一定的工期条件下，通过平衡资源求得工期与资源的最佳结合，达到既缩短时间又节省资源的目的。

9. 过程控制：过程控制是指控制点处于事物发展的过程中，是对正在进行的活动给以指导与监督，保证活动按规定的政策、程序和方法进行。

10. 控制的关键点原理：指主管人员应该把有限的精力，投入到对计划的执行和完成有举足轻重的关键问题上，尽可能选择计划的关键点作为控制标准。

（五）简答题

1. 分析：（1）在一个组织中如果没有良好的控制，再完美的计划在执行的过程中也会出现问题，这些问题对组织来说可能是致命的。（2）尽管计划可以制订出来，组织结构可以调整得适合执行计划，员工的积极性也可以有效地调动起来，但是这仍不能保证所有的行动都按计划来进行，因为企业面临的环境是复杂多变的，这些变化要求企业对原先制订好的计划进行调整。同时员工

的工作能力也不同，对计划的认识和理解可能会有差异。所以光有计划是不能保证组织的目标一定就能实现的，控制对组织来说是极其重要的。（3）控制重要的另一个原因是管理者需要向员工授权。许多管理者由于害怕下属犯错而由他来承担责任而不愿意向员工授权，从而许多管理者试图自己做事来避免分权。但是，如果形成一种有效的控制系统，这种现象就会大大减少，这种控制系统可以向管理者反馈员工的工作表现，管理者可以及时纠正员工的错误和偏差，保证活动按计划进行。而且，管理者也不可能什么事都自己做，所以控制对管理者来说是非常重要的。

2. 分析：控制和计划紧密相连，控制是通过制订计划或业绩的衡量标准来建立信息反馈系统检查实际工作的完成情况，及时发现偏差并采取措施纠正偏差的一系列活动。在管理活动中，管理人员首先得制订出计划，然后再根据计划制定出评价活动结果和业绩的标准，明确、全面和完整的计划有利于控制活动的实施。没有计划就无法衡量行动是否偏离计划更谈不上纠正偏差。因此，计划是控制的前提，控制是完成计划的保证，计划和控制是密不可分的。

3. 分析：（1）确定控制标准；（2）据标准衡量执行情况；（3）纠正偏差。

4. 分析：（1）与预先控制和过程控制相比，事后控制在两个方面要优于它们。首先，事后控制为管理者提供了关于计划的效果究竟如何的真实信息。如果标准与现实之间只有很小的偏差，说明计划的目标是达到了；如果偏差很大，管理者就应该利用这一信息使新计划制定得更有效。其次，事后控制可以增强员工的积极性。因为人们希望获得评价他们绩效的信息，而结果正好提供了这样的信息。（2）事后控制的最大弊端是在实施矫正措施之前偏差就已经产生。但人们可以通过事后控制认识组织活动的特点和规律，为进一步实施预先控制和现场控制创造条件，进而实现控制工作的良性循环，并在不断的循环过程中提高控制效果。

5. 分析：控制的目的性、控制的及时性、控制的经济性、控制的客观性、控制的灵活性、控制的适应性、控制的关键点与例外情况。

6. 分析：预算的不足之处有以下几方面：一是容易导致控制过细，可能束缚主管人员所必需的自主权，出现预算过细而死的危险；二是预算目标有时会取代组织目标，使主管人员只把注意力集中在使自己部门的经营费用不超过预算，而忘记了自己的职责首先是实现组织的目标；三是容易导致效能低下，在编制预算的同时，如果不复查计划措施转化为数字所依据的标准和换算系数，预算可能成为懒散又无效的管理部门的保护伞；四是预算的最大缺陷是它缺乏灵活性。因为实际情况常常不同于预算，这种差异可以使一个刚编出来的预算很快过时。若这时主管人员还受预算约束的话，那么预算的有效性就会减弱或者消失。

7. 分析：网络计划技术的优点：（1）它促使主管人员去编制计划，因为不编制计划，不把各项工作有机地结合起来，就不可能进行时间网络事项分析；（2）它促使上级把计划工作交付下去逐级完成，因为每个下层主管人员都必须对其所负责的工作做出计划；（3）它把注意力集中于可能需要采取校正措施的那些关键问题；（4）控制有了可能，因为如果主管人员不能缩短某些活动的时间，发生延误就要影响后续各个项目以致影响整个工作；（5）具有子系统的整个网络系统，可使主管人员在恰当的时间针对组织机构中适当的职位管理层次提出报告，并为采取行动施加压力。

网络计划技术的缺点：（1）只强调时间因素而不强调费用因素，所以它只适用于注重时间因素的那些计划，或适用于那些时间因素与费用因素有密切的、直接关系的规划。（2）由于作业时间的长短对于网络计划技术的运用关系重大，如计划本身模糊不清，对时间进度"瞎估计"，这样计划没有实际意义。

8. 分析：（1）确定目标，进行调查研究；（2）计划项目的分解；（3）确定活动之间的相互顺序和衔接关系；（4）绘制网络草图；（5）根据作业工作量确定作业时间；（6）网络时间参数计算；（7）计算时差，确定关键线路和生产周期；（8）网络图的综合平衡和选择最优方案；（9）编制正式网络图，下达生产任务。

9. 分析：预算的步骤一般有：（1）上层主管人员将可能列入预算或影响预算的计划和决策提交预算委员会。预算委员会在考虑了以上种种因素后，就可估计或确定未来某一时期内的销售量或生产量（或业务量）。根据预测的销售量、价格与成本，又可预测该时期的利润。（2）负责编制预算的主管人员，向各部门主管人员提出有关预算的建议，并提供必要的资料。（3）各部门主管人员根据企业的计划和他所拥有的资料，编制出本部门的预算，并由他们相互协调可能发生的矛盾。（4）企业负责编制预算的主管人员将各部门的预算汇总整理成总预算，并预拟资产负债表及损益表计算书，以表示组织未来预算期限中的财务状况。最后，将预算草案交预算委员会和上层主管人员核查批准。

10. 分析：控制活动按控制点处于事物发展进程的哪一阶段可以划分为预先控制、过程控制和事后控制三种类型：预先控制是指控制点处于事物发展的初始端，即整个活动过程的开始点，因而预先控制具有特殊意义。过程控制是指控制点处于事物发展的过程中，是对正在进行的活动给以指导与监督，保证活动按规定的政策、程序和方法进行。事后控制，是指活动结束后，通过活动结果与计划的比较，肯定成绩，分析不足，总结经验和教训，为后续的计划提供参考与借鉴。

（六）案例题（答案略）